19대 대통령

19대 대통령

세 친구의 2017 대선 전망

박시영 / 이상일 / 김지연 지음

TaLK SHOW

2016년 11월, 대통령이 탄핵당했다.

국회의 탄핵소추, 헌법재판소의 탄핵심판 절차와 무관하게 국민은 이미 18대 대한민국 대통령을 탄핵했다. 광장에 100만 개가 넘는 촛불이 켜진 순간 대통령은 국민으로부터 탄핵을 당했고, 남은 것은 법적 절차의 문제 뿐이다.

대통령은 국민이 위임한 권력을 스스로 훼손하고 사적 인연으로 맺어진 사람과 국정운영 및 인사를 의논했다. 국가 예산과 기업의 돈을 사사로운 이해관계를 좇아 몰아주었다는 의혹이 수사를 통해 사실로 드러났다. 대통령직이 지녀야 할 최소한의 위엄도 갖추지 못한 채 사적 채널을 통해 대통령 주변의 일들이 결정되고 실행되었다는 정황이 속속 드러나고 있다.

사적 인연으로 공적 체계를 무너뜨린 이 사건이 국가적 쟁점이 되는 까닭은 다른 누구도 아닌 '대통령'의 문제이기 때문이다. 평소 사람들은 대통령의 일거수일투족에 큰 관심을 보이지 않는다. 일상과의 거리가 너무 먼 대상이고, 국정이라는 것이 당장 생활과 피부에 와 닿지 않기 때문이다. 그러나 대통령 직(職)이 갖는 무게와 중대성까지 잊고 사는 것은 아니다. 국가를 운영한다는 추상적인 말이 궁극적으로 국민이 살아가는 나라의 여러 조건을 좌우하는 실체가 될 것을 알기 때문이다. 바로 이것이 여러 사건에 대통령이 관련된 문제가 불거질 때마다 많은 사람이 큰 관심을 가질 수밖에 없는 까닭이다.

이 책은 19대 대통령 선거를 바라보는 민심, 주요 화두 그리고 대통령 선거를 준비하는 사람들에 대해 논의한 내용을 담았다. 세 사람이 참여했다. 노무현 정부의 청와대에서 여론조사를 담당했던 박시영, 이명박 정부와 박근혜 정부에서 같은 일을 했던 나 그리고 20년간 여론조사와 선거 예측조사를 업으로 삼아 온 김지연. 세 친구 각자의 방향은 조금씩 달라도 공통된 주제를 놓고 심도 있게 고민해 온 우리가 바라본 2017년 대선에 대한 이야기다.

세 친구 모두 여러 선거를 겪었다. 조사 전문가, 여론 분석가, 정치 컨설턴트 등 다양한 위치에서 많은 선거를 치러내며 우리나라 대부분의 선거가 지역 구도나 다소 맹목적인 이념 구도를 중심으로 승패가 좌우되는 걸 목격했다.

그런 선거 흐름이 바뀌고 있다. 2016년 총선은 유권자들이 퇴행하는 정치권을 다층적으로 심판해 낸 선거로 평가된다. 보수세력의 퇴행과 진보 진영의 분열이 모두 심판받았다. 지역주의는 크게 완화됐고 세대 간 의식 격차와 사회경제적 이슈에 대한 각 개인의 입장이 분명해지는 흐름이 형성됐다.

우리 경제가 성장엔진을 잃고, 외형성장의 그늘에서 신분 간 격차는 커지며, 계층이동의 벽이 두꺼워졌다는 우려가 심화되고 있다. 빠르게 고령화 사회로 진입하는 동시에 저출산 심화로 인구절벽의 심각성이 제기된 게 오래전의 일이다. 이대로 간다면 심각한 위기 상황에 직면할 것이라는 걸 전문가가 아니어도 누구나 느낄 정도이다. 그런 흐름 속에서 2017년, 대한민국은 다음 시기를 이끌어 갈 대통령을 뽑는다.

세 친구는 힘겹게 지탱해 가는 대한민국호 선장이 될 다음 대통령의 책임과 역할이 막중하다는 점에 만장일치로 동의했다. 그런 막중한 책임을 제대로 수행하려면 다음 대통령이 되려는 후보와 정당이 무엇을 고민하고 준비해야 하는지, 국민은 무엇을 보고 대선 후보와 정당을 평가할 것인지에 논의를 집중했다.

토론의 쟁점들을 보다 선명하게 살펴보기 위해 세 사람이 살아온 길에서 축적된 입장들을 취했다. 김지연은 여론조사 데이터를 중심으로 중립적 입장에서 토론의 진행을 맡았다. 박시영은 진보 정권에 참여했던 경험과 인연을 바탕으로 진보적 시각에서 이슈를 바라보고 진보의 승리 방정식에 대해 고민했다. 나는 보수 정권에서 일했던 경험을 토대로 위기에 빠진 보수진영이 재집권 계획을 꿈꾼다면 무엇을 어떻게 바꾸고 개혁해야 할 것인가에 대해 생각했다.

피상적이고 주관적인 분석과 전망에 그치지 않기 위해 대선에 대한 기획 여론조사를 먼저 진행했다. 대선에 대한 일반적 사안부터 주요 사회적 이슈에 대한 여론, 대선주자들에 대한 평가와 인식, 그리고 전망까지 가능한 다양한 각도에서 대선 민심을 조사하고 분석했다. 그 분석을 토대로 각자의 해석을 곁들여 보수진영의 입장, 진보진영의 입장을 고민해 보고 토론을 이어갔다.

그런데 아쉽게도 조사 시점의 편차 때문에 '최순실 게이트' 이후의 민심 변화를 조사의 테두리로 다 담아내지는 못했다. '최순실 게이트'로 불릴 희대의 사건이 대통령 탄핵이라는 초유의 사태로 확대되면서 대선 구도와 일정까지 변화될 것이라는 전망이 우세하다. 따라서 최순실 국정농단 사건이 19대 대선에 미칠 파장에 대해서는 추후 심층적인 토론을 통해 내용을 보완했다.

정치가 무엇을 해야 하고, 진보는 어떤 점을 보완해야 하며 보수가 혁신해야 할 과제는 무엇인지 짚어보면서 선거를 준비하는 쪽이나 평가하는 유권자 모두 '콘텐츠'에 더 집중하길 바랐다. 인물평과 호감도 정도만 가지고 대통령 후보의 우열이 평가돼서는 안 된다. 그런 선거가 치러져도 무방할 만큼 태평성대라면 모를까.

선거를 바라보는 유권자들의 눈이 냉정하고 이성적일수록 정치는 그만큼 발전한다. 무엇이 중요한 본질인가에 대해 더 많은 사람이 고민하고 토론하길 기대하며, 이 책이 그런 이야기들에 작은 보탬이나마 되길 희망한다.

책이 나오기까지 많은 분의 도움이 있었다.

먼저, 기획에서 출판까지 긴 시간을 함께하며 방향을 잡아주신 유윤선 대표님, 두서없는 논의를 책으로 담아내 주신 김수진 편집장님 그리고 우리 세 친구의 든든한 버팀목이자 힘이 되어준 가족들에게 고맙다는 인사를 하고 싶다. 그리고 이 책에 사용된 여론조사의 기획과 진행에 큰 도움을 주신 트렌드리서치 김용수 대표님께도 각별한 감사의 인사를 드린다. 토론을 진행하며 고민스러운 대목마다 활발한 의견을 개진해 준 아젠다센터 식구들과 이근형 대표님을 비롯해 홍태식 본부장, 김성은 과장, 정주현 과장, 서지성, 박소영 등 윈지코리아컨설팅 식구들에게도 감사의 인사를 전한다.

책을 쓰는 전 과정을 적극적으로 지원해 주신 칸타퍼블릭 김정훈 사장님을 비롯한 임직원 여러분께도 고마움을 표하고 싶으며, 특히 자료 정리와 분석, 그래픽 작업을 도와준 이제욱 이사, 문희정 부장, 황성주 차장에게 다시 한번 감사의 말씀을 드린다.

2016년 12월
여름에서 가을까지 긴 토론을 이어간 세 친구를 대표해서,
이상일 씀.

2016년 총선을 앞두고 2015년 중반부터 전혀 새로운 팟캐스트를 선보였다. '알고 찍자'는 팟캐스트였는데 매주 여론조사를 한 후 그 조사를 토대로 일주일의 민심을 읽고 해설하는 내용이었다.

그때 여론조사를 담당한 책임자가 바로 박시영 부대표였다.

우리들의 의도는 '민심을 제대로 읽자'는 거였다.

정치권에 있거나 혹은 나름 정치권을 들여다본다는 수많은 정치 평론가들은 자신의 견해로 정치권을 분석했다. 국민은 정치적 시기마다 그들의 입을 바라보고 그들의 눈을 통해서 정치권을 들여다보았다.

그런데 민심을 주도한 그들의 눈과 입은 개인적 경험과 느낌만을 대부분 판단 기준으로 삼았다. 그들의 잘못된 경험적 판단은 단순한 오판을 넘어 정치권 전체의 흐름을 왜곡하는 심각한 오류의 결과를 낳았다.

잘못된 판단과 불확실한 예측! 이것의 피해자는 누구일까?

유권자, 즉 국민이다. '국민이 피해자'라는 의미는 우리 사회 전체가 그 피해의 직접적 대상이라는 말과 같다. 더 나아가 역사가 피해자라는 것이다. 이제 이런 오류에서 좀 벗어나기 위한 치열한 노력이 필요하다.

정치는 로고스 logos와 파토스 pathos가 복잡 미묘하게 얽힌 가장 흥미진진한 드라마이다. 그리고 이 드라마는 철저한 자기 시스템을 갖고 있으며 복잡 미묘한 만큼 과학적 관점으로 분석해야 한다. 아니 정치는 '과학 중의 과학'이라고 봐야 하는 것이 맞다. 정치를 과학으로 받아들이지 않는 한 국민과 사회, 역사는 늘 피해의 한복판에 존재할 수밖에 없다.

지난 4.13총선에서 새누리당의 낙승은 피할 수 없는 결과로 보였다. 야권이 '더민주당'과 '국민의당'으로 분열된 상황에서 과반 확보는 피할 수 없는 현실이었고, 새누리당이 180석까지도 획득할 것이란 분석이 조심스럽게 나왔다. 하지만 이 책을 엮은 필자 박시영 부대표와 함께 수많은 여론 조사를 통해 함께 총선을 들여다본 팟캐스트 '정봉주와 전국구'는 새누리당의 과반 붕괴를 자신 있게 예측했다.

많은 빈축을 샀지만, 우리의 분석은 접을 수 있는 것이 아니었다. 여론 조사라고 하는 과학에 근거했기 때문이었다. 결과적으로 우리의 분석이 맞았을 뿐 아니라, 심지어 '새누리당'은 1당의 지위를 '더민주당'에게 양보하는 수모를 겪었다. 우리의 정확한 예측에 많은 이들이 열광했다. 하지만 과학적 분석에서 그 답을 찾으면 그 흐름의 결과를 자연스럽게 읽을 수 있을 것이라는 점을 다시 한번 입증한 것에 불과하다.

대선이 곧 다가온다.

대선은 누가 이기고 지는 게임이 아니라, 우리의 운명과 역사를 결정하는 중요한 분수령이다. 정확하게 예측하고 이 예측에 근거해서 대책과 전략을 세워야 한다. 적어도 정치권에 발을 들여놓은 사람이라면 그렇게 해야 한다. 정치인이라면, 정치 평론가라고 한다면, 사적 영역이 아닌 공적 영역을 자기 삶의 토대로 하는 사람이라면 그래야 한다. 그것이 그 삶에 부과한 역사적 책임이다.

정치를 과학으로 보자!

그것이 우리 삶에 대한 책임 있는 자세이다.

이 책이 '정치는 과학이다'라는 명제를 우리 삶의 한복판으로 끌어내는 사다리가 될 것이다. 이 사다리에 올라타 정치적 현상을 과학적으로 보고, 이 과학적 관점으로 또다시 국민의 한복판으로 들어가는 지혜를 얻기 바란다.

적어도 '정치'라는 단어를 자기 삶의 한구석에 부여안고자 하는 사람이라면 그래야 한다. 그것이 역사와 사회에 대한 책임이다. 박시영 부대표와 그의 반대편에 서서 논쟁과 대립과 동의를 함께 하고 있는 역설적 친구인 그들이 이 책임을 완성할 역사의 메신저가 되기를 기대한다.

정봉주
전 국회의원, 팟캐스트 〈정봉주의 전국구〉

추천사

19대 대통령 선거를 1년여 앞두고 새누리당에 대형 악재가 터졌다. 대선전 징크스일까? 절체절명의 위기에 빠진 새누리당의 모습은 5년 전 그 전신인 한나라당의 모습과 참 많이 닮았다.

당시 한나라당의 상황은 말이 아니었다. 서울시장 보궐선거 패배와 중앙선관위 홈페이지에 대한 디도스 공격 사건으로 당 지지율은 급락했고 지도부 리더십은 급속히 와해됐다. 당의 위기를 극복하고 새롭게 당의 밑그림을 그리고자 비상대책위원회를 출범하였다. 그때 나는 누구도 예측하지 못한 비대위원에 임명되었다.

19대 총선과 18대 대선을 앞두고 주어진 나의 특별한 미션. 책임감에 어깨가 무거웠다. 하지만 나 스스로 그 미션에 감성적 의미를 부여하였다.

'우리가 어울리는 공동체 마당에 새로운 씨앗을 뿌리고 꽃을 피우자.'

국민에게 희망을 주는 아름다운 꽃. 그 향기가 18대 대통령선거 과정에서 흩날리기를 꿈꾸며 뜨겁게 일했던 기억이 새롭다.

선거는 민주주의의 꽃이라고 말한다. 꽃은 정성껏 가꾸지 않으면 금방 시든다. 민주주의는 망가진다. 그래서일까. 요즘은 조화가 꽃으로 둔갑한다. 조화처럼 겉은 화려하지만, 인공적이고 거짓된 선거 쇼를 통해 유권자를 현혹한다.

튼튼한 정책과 비전 경쟁에 뿌리를 둔 선거가 아니라 자극적인 스토리와 이미지, 달콤한 정책과 공약을 남발하는 선거가 치러지기도 한다. 그래서 유권자와 정치인에게는 꽃을 가꾸고 판별할 수 있는 안목이 있어야 한다. 꽃잎 한 장에 사로잡히는 것이 아니라 큰 숲을 바라보려고 하는 통찰이 우리 모두에게 절실하다.

'세 친구의 2017 대선 전망 『19대 대통령』은 제목에서도 알 수 있듯, 세 명의 저자가 각자의 전문적인 안목으로 19대 대통령선거를 전망하고 통찰한다. 선거에 대한 이론과 전략, 여론조사에 대한 질문과 이해, 선거 캠페인에 대한 토론 등 다양한 방식과 정보를 활용해 대선의 과정과 이면을 꿰뚫는다.

민주주의 사회에서 대통령 선거는 국민에게 가장 큰 권력을 위임받는 순간이라는 점에서, 19대 대선이 갖는 의미와 차기 대통령의 책임과 역할, 유권자가 고려해야 할 점을 세세하게 짚어간다.

정치하는 사람들에게 혹은 현실정치를 이해하고 연구하고자 하는 사람들에게는 유용한 실용서가 될 것이다.

이 책을 읽다가 그동안 내가 치렀던 선거에서 벌어졌던 여러 가지 장면들이 겹치기도 하였다. 그리고 기존 양당체제와는 달리 3당 구도에서 펼쳐질 19대 대통령선거는 과연 어떤 전략과 전술, 이슈와 캠페인이 전개될지 분석도 하고 전망도 하였다.

19대 대통령 선거가 1년 앞으로 다가왔다. 대한민국은 곧 대선 분위기로 뜨거워질 것이다.

문제는 정치다. 맞는 말이다. 하지만 문제가 많다고 정치를 외면할 수는 없다. 더 큰 상상력과 더 큰 통찰력으로 우리가 사는 공동체에 희망의 씨앗을 뿌리고 꽃을 피우는 꿈을 함께 꾸자.

19대 대통령과 함께, 아름다운 민주주의의 꽃향기는 흩날릴 것이다.

주광덕
새누리당 국회의원, 국회 예산결산특별위원회 간사

추천사

In our democracies, elections are always, for citizens as for candidates, moments of very specific democratic intensity. For pollsters, they look like period of unparalleled

tension. In the weeks ahead of the election, no electoral expert can escape the lingering question about their workload: "the moment must be quite tense, isn't it ?".

Of course it is. Less because of the light it sheds on our productions than because the electoral unwinding will finally measure the quality of our long term work.

But it is also actually always a bit frustrating to see people shrink what we do to the pure electoral period. As an archer who has to work for years ahead of the day of the competition to allow his arrow to reach the heart of the target at the right moment we need an intensive preparation to be as precise and "good" as we can be on the D Day.

For this, we rely on fundamentals such as experience, collaboration, methodology (and sometimes failure we learn from

too), we analyse short and long trends, we dive deep into
our data and we take some distance to interpret them.

In a moment where — all over the world — the political ecosystem is rapidly transforming and the techniques we use to measure those changes evolve so rapidly, it is even more important to combine and aggregate multiple expertise and experience as well as to step back from the day to day and take a more measured look at events and trends. For those reasons, books as the one you are now reading are more than useful and valuable.

Edouard Lecerf

Kantar Public

Global Director, Political & Opinion

우리가 살아가는 민주주의 시대에서 '선거'는 항상 국민과 후보 모두에게 민주주의가 가장 명확하게 실현되는 순간입니다. 이 시기에 여론조사 전문가들이 느끼는 긴장감은 그 무엇과도 견줄 수 없습니다. 선거를 앞두고 그 어떤 선거 전문가들도 선거 업무가 주는 긴박함으로부터 도망칠 수 없습니다.

당연한 일입니다. 이는 우리들의 예측결과가 대중의 주목을 받기 때문이라기보다는, 선거 결과로 우리가 오랜 기간 공들인 작업이 평가받기 때문입니다.

그렇지만 외부 사람들이 선거기간에 실제로 우리가 하는 일에 대해 알게 되었을 때 놀라는 모습을 보면 조금 당황스러운 것이 사실입니다. 대회를 위해 몇 년간 실력을 갈고닦은 양궁 선수가 대회에서 과녁을 정확하게 맞힐 수 있듯, 우리는 선거일에 가능한 한 정확하고 좋은 결과를 낼 수 있도록 철두철미하게 준비해야 합니다.

이를 위해 우리는 그동안의 경험, 협력, 방법론 그리고 과거 실패한 사례로부터 배운 교훈과 같은 기본 원칙을 기반으로 단기 및 장기 트렌드를 분석하고, 우리가 보유한 데이터를 깊이 있게 파고들어 객관적으로 해석하기 위해 노력합니다.

지금도 전 세계의 정치 체계는 빠르게 변화하고 있으며, 그러한 정치 체계를 분석하기 위한 우리의 기술들도 더불어 빠르게 진화하고 있습니다. 따라서 다양한 전문지식과 여러 가지 경험을 결합하고 종합하는 것뿐만 아니라, 근시안적인 태도에서 벗어나 각종 이슈와 사회 흐름을 보다 신중하게 관측하는 것 또한 매우 중요합니다.

이러한 이유로 지금 여러분께서 읽고 계신 이 책은 상당히 유용하고 가치 있다고 말할 수 있습니다.

에드아르 레세프
칸타퍼블릭
정치여론조사 부문 글로벌 디렉터

Contents

Contents

반기문 _402

안 나와도 걱정, 나와도 걱정, 왜 나왔는지, 후회막급할 걸?
빨라진 대선 시계, 대선행보 가속해야 진지구축 가능하다

김무성 _414

골목대장 수준으로 전락, 이제 계보 수장도 내려놔야
자기 희생으로 보수개혁 문 열어, 당 재건 성공하면 재평가될 것

오세훈 _418

세상을 거꾸로 사는 사람이야, 참 희한해
불분명한 태도 문제, 세대교체 개혁주자 포지션 명확히 해야

남경필 _424

반 박자 빠른 사람, 큰 재목은 아니나 의미 있는 존재다
부지런한 대선 준비 강점, 기회보다 '가치' 중심 행보 필요

Contents

프롤로그

세 친구의 인연

김지연 『19대 대통령』 토크 진행을 맡은 여론조사 전문기관 칸타퍼블릭의 김지연 부사장입니다.

박시영 윈지코리아컨설팅 부대표를 맡고 있는 박시영입니다.

이상일 아젠다센터 대표 이상일입니다.

김지연 이 책을 엮어갈 우리 세 친구가 어떤 사람인지 그리고 어떻게 살아왔

는지 독자 여러분들께서 궁금해하실 것 같아요. 간단하게 들어 볼까요?
이 대표님부터 말씀해 주세요.

이상일 고등학교 시절과 대학 1, 2학년 때는 문학에 관심이 많았습니다. 책
읽기를 좋아하고 글 쓰는 것에도 관심이 있었는데 '88년도에 대학에 들어
가서 사회문제에 자연스럽게 관심을 가졌어요. 운동권이라고 하긴 그렇지
만 정치, 사회문제에 목소리를 내는 집회와 시위에 남들만큼 열심히 다녔
죠. 대학원 다니면서 통계공부를 좀 했는데, 덕분에 여론조사 회사에 취
업했습니다. 그 선택이 결국 인연이 되어서 우연한 기회에 청와대 경험도

했습니다.

2015년부터 아젠다센터라는 컨설팅회사를 만들어 여론조사와 정치 컨설팅, 정책홍보 일들을 꾸려가고 있습니다. 조사기관이나 PR회사에 몸담고 있던 선후배들과 함께 작지만 알찬 컨설팅, 기획, 분석을 제공하는 회사로 만들어 가는 중입니다.

박시영 저는 흔히 얘기하는 학생운동권 출신 맞고요. 대학 다닐 때 부총학생회장 하면서 수배도 받았지만, 다행히 구속은 면했지요. '95년 지방자치단체 민선 시대가 열리면서 사회 첫발을 구청에서 시작했죠. 그 이후 벤처사업도 해 봤고, 또 실패도 맛보고 그러다가 우연한 기회에 노사모에 참여하게 되었는데 얼떨결에 노사모 사무총장을 맡게 되면서 정치 쪽과 인연을 맺게 되었어요. 그 후 노무현 후보가 대통령에 당선되면서 자연스럽게 정치권에 몸을 담게 되었죠. 열린우리당 창당에 뛰어들었고 청와대 생활을 거쳐 지금까지 이쪽에서 일을 쭉 하게 되었어요. 진행자이신 김지연 부사장님도 학생 때 화염병 좀 던져보지 않으셨어요?

김지연 저도 그런 쪽에 있었죠. 박 부대표님처럼 학생회 간부는 아니었고 동아리 연합회 간부로 활동했습니다. '89년 이철규 열사 명동성당 농성 때 11일 동안 단식했던 기억이 가장 많이 나요. 수배도 받아봤고, 경찰서도 몇 번 가보았습니다. 그나저나 우리 세 사람이 언제 만났죠?

이상일 2003년이나 2004년 그때쯤인 것 같아요.

김지연 그때는 같은 분야에서 선거조사를 하는 일종의 경쟁상대였지요. 이 대표님은 TNS에 근무했고, 저는 미디어리서치에 근무했었는데 만나보니

묘한 동질감이 느껴지더라고요. 이 대표님이나 저나 일단 자기 회사도 중요하지만, 전체를 보려고 한다는 측면에서 통했습니다. 그런데 어느 순간에 보니까 청와대에 들어가고 지금 회사를 만들었죠. 이상일 대표님, 박시영 부대표님 두 분은 어떤 인연으로 만나신 거죠?

박시영 제가 참여정부 시절 2004년 6월경부터 2007년 5월경까지 여론조사비서관실에서 행정관으로 근무했는데요. 그때 김지연, 이상일 두 분이 청와대 여론조사 수행업체 담당자여서 일 관계로 만났었죠. 요새 표현으로 하면 '갑'과 '을'의 신분으로요.

김지연 박시영 부대표님은 노무현 정부 당시 여론조사비서관실 소속 행정관으로 일하셨잖아요? 이상일 대표님이 일하셨던 이명박 정부 청와대에는 여론조사비서관이라는 직제가 없었죠?

이상일 정무비서관실 안에 여론조사 기능이 들어가 있었고, 저는 정무수석실 소속으로 일했습니다. 4년 반 있었는데, 2년 반은 정무수석실에서 여론조사를 담당했고, 2년 정도는 홍보수석실에서 홍보기획, 이슈 분석이나 대응을 중심으로 일했고요.

박시영 이 대표님은 워낙 능력이 출중해서 여론조사와 홍보 두 가지 일을 다하셨지만 다른 사람들은 청와대에서 그렇게 하기가 쉽지 않죠. 김지연, 이상일 두 분은 원래 여론조사업계 출신이셨지만 저는 여론조사업계 출신은 아니었고, 청와대 들어가서 본격적으로 여론조사 일을 시작하게 되었습니다. 여론조사비서관실에서 국장으로 일하다가 두 분을 알게 되었는데, 모두 뛰어난 실력이어서 자주 어울리며 여론조사에 대해 깊은 의견을

나눴죠.

김지연 진심인가요? (웃음)

박시영 실력도 좋고 매너도 있는 데다 엇비슷한 동년배여서 더 친하게 됐는데, 그게 참 특이했어요. 보통 동종업계는 서로 못 잡아먹어서 안달이잖아요. 우리가 더 잘해, 쟤네들은 별로야, 뭐 이런 식의 경쟁심이 강한데 두 분은 그런 생각이 별로 없었던 것 같아요. 만날 때마다 어떻게 하면 여론조사를 더 잘할까 궁리하고, 조사업계의 잘못된 관행을 토로하며 우리는 선배 세대와 다르게 제대로 잘하자는 다짐도 하고, 각 회사의 강점에 대한 평가도 인색하지 않았어요. 그런 모습들을 접하면서 신선한 충격을 받았죠.

그렇게 잘 알고 지내다가, 2007년 제가 청와대를 그만두고 난 뒤로는 몇 개월 동안 두 분을 못 만났죠. 그러던 중 제가 2008년 18대 총선 때 통합민주당의 공천조사 일을 맡게 되면서 모처럼 재회했는데, 그 무렵 2008년 이명박 정부가 막 시작되면서 당시 TNS 이사였던 이상일 대표님이 청와대

행정관으로 발탁이 되어 제대로 이야기도 못 나눴죠. 하루아침에 저와 이 대표님 입장이 뒤바뀐 거죠.

저는 총선 마치고 월드리서치에 잠시 머문 후 그 이듬해 청와대에서 모셨던 이근형 비서관과 함께 회사를 차렸습니다. 여론조사를 기반으로 정치컨설팅과 정책컨설팅을 하는 윈지코리아컨설팅을 만들었어요. 그때 이 대표님은 MB정부에서 국장으로 계셨고, 김지연 부사장님은 그 당시에 이사였다가 상무로, 지금은 부사장님으로, 이렇게 계속 승진을 하셨죠. 2012년 하반기에 이 대표님이 청와대에서 나오셨는데 박근혜 캠프에서 일한 인연으로 또다시 박근혜 정부에서도 청와대 일을 하게 되는데요. 그러다 보니 상당 기간 동안 '갑'의 이상일, '을'의 박시영과 김지연의 관계가 쭉 이

어진 셈입니다. 이 대표님이 청와대에서 나와 2015년 아젠다센터를 만들기 전까지 말이죠.

김지연 이상일 대표님은 박근혜 정부의 정무수석실에서 여론조사를 담당하는 국장으로 일하셨죠?

이상일 박근혜 정부에서 2년 일했고요, 작년 초에 퇴직했습니다.

김지연 퇴직한 다음에 정치 컨설턴트로서 활동하고 계시는데, 고객층은 아무래도 보수 정권이겠죠? 야권이랑 일해 본 경험도 있으신가요?

이상일 공직에서 퇴직해 일을 시작한 지 2년밖에 되지 않아 아직 경험이 많지 않습니다. 야당이나 야권에 속한 분들의 일을 맡아서 해 본 경험은 없는데요. 제가 하고 싶지 않은 게 아니라 우선 저를 잘 모르는 분들이 많고, 혹 아시는 분들은 '저 사람은 보수 정권에 몸담았던 사람이다.' 이렇게 평가를 하시기 때문에 아마 야권과 일을 할 기회가 쉽게 오지는 않을 것 같습니다.

그런데 개인적으로 여야를 가리지 않고 일을 해보고 싶은 생각은 있습니다. 그 점은 윈지코리아컨설팅도 마찬가지일 텐데요. 정치컨설팅이나 정책홍보라는 영역에서 전문가로 일하기로 한 이상, 어떤 개인적 인연이나 진영논리에 갇혀 일 할 이유는 전혀 없다고 생각합니다.

프로가 되고자 하면 프로답게 직업윤리와 전문성을 갖고 일을 하고 그런 점을 보고 일을 맡기고 그래야 하는데 아직 우리 정치권은 정치컨설턴트를 볼 때 어느 쪽 사람인가, 하는 점을 중요하게 보는 것 같아요. 그런 문화가 바뀌어서 다양한 상황과 선거를 접해보고 전략을 기획하여 상황을 분석하는 일을 해보고 싶은 건 아마 저뿐만 아니라 이런 일을 하시는 분들의 공통된 바람이 아닐까 싶습니다.

박시영 이 바닥이 실력도 따지지만, 신뢰와 보안, 이 세 가지 요소를 다 따지다 보니까 벽을 치는 거예요.

김지연 실력, 신뢰, 보안. 제가 봐도 아직 우리 정치권에서는 실력 못지않게 신뢰가 중요한 것 같아요.

박시영 여러 요소를 다 반영하려다 보니 고객들의 시각이 아직은 자유스럽지 못하죠. 하지만 본선 경쟁이 치열한 지역일수록 고객들의 인식이 조금씩 바뀌고 있습니다. 회사의 실력을 최우선으로 고려하는 흐름이 강해졌지요.

김지연 박 부대표님은 야당이나 진보정당 일도 많이 하시지만, 보수정당 일도 하시죠?

박시영 새누리당 차원의 일을 맡아서 하지는 않고요. 총선이나 지방선거에서 새누리당 후보나 보수적인 교육감 후보 몇 명은 맡아봤습니다. 우리 회사가 횟수로 만 7년이 넘은지라 보수 후보를 맡아서 한 경험이 좀 있죠. 그리고 이상일 대표님이 MB정부 시절 청와대 일을 할 때는 청와대 용역 일도 몇 번 수행한 적이 있습니다. 다른 시각, 중도적이거나 야권의 시각에서 보는 상황분석을 들어 볼 필요가 있겠다 싶어서 우리 회사에 맡긴 거죠.

김지연 이상일 대표님은 미디어에도 출연하고 계시죠?

이상일 총선 전부터 YTN 객원해설위원으로 방송에 간간이 나가고 있습니다. 선거 시즌에는 자주 나갔고, 한동안 뜸했는데 최순실 게이트가 대선 판까지 흔들면서 요즘 다시 출연이 잦아졌네요. 방송 출연이 본업이 아니고, 사실 순발력 있게 말하는 걸 잘 못 하기 때문에 방송 출연은 늘 부담스러워요.

김지연 돈 많이 주나요?

이상일 가서 앉아있는 시간에 비해 많이 주는 것 같습니다.

김지연 박 부대표님은요?

박시영 저는 한 군데만 지금 나가고 있는데, '정봉주의 전국구'라고 하는 팟캐스트입니다.

김지연 유명하죠.

박시영 방송에 나간 지 2년 넘은 것 같아요. 정치 분야와 선거 분야에 세미 고정으로 나가는 편인데요. 지난 20대 총선 때 정당이나 후보들의 의뢰로 안심번호 여론조사 등 여러 방식의 여론조사를 많이 해보게 되었거든요. 심층 분석을 통해 여당의 과반이 무너지고 더불어민주당이 선전하겠다는 확신이 들었습니다. '전국구' 방송에서 총선 예측 결과와 근거를 발표했는데 운 좋게 근사치가 맞아서 네티즌들의 관심을 좀 끈 적이 있었죠.

김지연 여론조사를 매개로 만난 우리 세 친구의 이야기를 나눠 보았습니다.

일러두기

김지연 먼저 박시영 부대표님께서 이 책을 기획하게 된 배경에 관해서 이야기해 주셨으면 좋겠어요.

박시영 대선이 다가오면 정치평론가들이나 교수님들이 민심 풍향과 대선 전망, 집권 전략 등을 담은 책을 가끔 내잖아요. 책을 읽다 보면 아쉬움이 들곤 했습니다. 통찰력이 있는 책도 있지만, 객관적 인식에 기초하지 않고 주관적인 기대를 근거로 집필한 책도 제법 많은 것 같아요. 그렇다고 여론조사 전문가들이 남들보다 대선을 정확하게 전망할 수 있다고 자신하진 못합니다. 민심 파악은 기본이고 정치적 흐름을 읽는 눈까지 있어야 하는 거니까요. 여의도 메커니즘도 당연히 알아야 한다고 봅니다. 구도의 변수 등을 읽어내야 하거든요. 다행히 저나 이 대표님 같은 경우는 여론조사도 알고 선거컨설팅도 하다 보니까 다른 분들과는 좀 다르지 않을까 생각한 겁니다. 여론조사 베이스에 날카로운 통찰력이 뒷받침된다면 대선을 제대로 조망할 수 있지 않겠냐는 생각을 한 거죠.

김지연 본인이 통찰력이 있다고 생각하시는 겁니까?

박시영 뭐, 약간은요. 그런데 저 혼자 일방적인 주장을 내세우는 방식의 책보다는 저와 비슷한 길을 걸었던 이상일 대표님과 함께 책을 내는 게 더 낫다고 본 거죠. 저는 진보 정권으로 볼 수 있는 참여정부에서 일해 봤고, 이 대표님은 보수 정권인 MB정부와 박근혜 정부에서 일한 경험이 있잖아요. 진보와 보수, 여와 야 입장에서 대선과 관련된 이야기를 하면 재미있고 유익하겠구나 생각한 겁니다.

그리고 둘이 대담을 할 때 중간에서 매끄럽게 조율해줄 진행자가 필요하다고 봤습니다. 중립적이면서도 조사 전문성을 갖춘 사람이면 좋겠다고 생각했는데 저나 이 대표님 모두 김지연 부사장님이 적임자라고 판단한 거죠. 한쪽의 시각만 담겨서 너무나 뻔한 얘기를 다루는 책이 아닌, 서로 말을 섞으면서 비슷한 건 비슷한 것대로 다른 건 다른 것대로 책 내용이 모이면 좋겠다는 생각이 들었습니다. 진보와 보수 양측의 여론조사 전문가들이 진단하는 민심 그리고 선거컨설턴트로서의 대선 전망, 이런 내용을 책으로 모아보면 좋을 것 같다는 생각에서 제가 제안을 드렸고 두 분다 흔쾌하게 수락해 주셔서 일이 시작된 겁니다.

이상일 기획의도에 대한 말씀을 들으면서 재미있을 것 같다고 생각했어요. 막연한 추론이나 전망을 넘어서, 그동안의 정치 상황과 객관적인 지표나 자료들을 가지고 보수와 진보, 여당과 야당이 처한 현실을 대입해서 토론해 본 후 나름의 전망을 세워보는 것은 의미 있는 일이 될 것 같습니다. 특정한 캠프에 몸담고 고민하는 입장을 떠나 서로 다른 정치적 울타리 안에서 선거와 정치를 바라본 사람들이 모여 나름의 관점을 풀어내고 토론하다 보면 선거를 둘러싼 여러 주제를 두루 짚어볼 수 있지 않을까요?

박시영 하나 더 보태면 보통 정치권에 있는 사람들은 여의도 시각에 갇혀있다, 정치공학적이다, 이런 일각의 비판이 있잖아요. 그러면서 여의도 밖, 일반 민심에 근거해야 한다고 주장을 폅니다. 제가 볼 때는 일반 민심과 여의도 정가 중간 정도에 정답이 있는 게 아닌가 싶어요. 둘 다 알아야 하죠. 정치권의 움직임이나 세력 간의 역학관계도 파악해야 하고 표층 여론이 아닌 국민들의 심층 여론을 짚어낼 안목도 필요합니다. 이런 두 가지 측면의 접목을 우리 세 친구는 잘해 낼 수 있지 않을까, 그런 생각이 들었습니다.

김지연 사실 많은 정치 전문가들이 숫자를 이용해서 자신의 주장을 객관화하는 경향이 많은 것 같아요. 특히 여론조사 결과라든지 선관위 자료 같은 것을 인용하면서 자기주장을 펼치는데, 제가 볼 때 거기에 함정이 있는 것 같아요. 여러 개의 숫자 중에서 자신의 입맛에 맞는 숫자만을 취사선택하는 경우를 흔히 봅니다.

이런 측면에서 우리 세 친구 모임의 장점이 있다고 봅니다. 그래도 우리는 객관성과 과학성이 생명인 여론조사를 평생 해 왔기 때문에, 체질적으로 자기 생각이나 감각을 포기할 줄 아는 훈련이 되어 있지요. 그런데 우리들의 단점은 항상 과학이라는 테두리 안에서만 머물려고 한다는 것이에요. 그러다 보니 연구자의 예상은 항상 누구나 알고 있는 뻔한 얘기, 재미없는 얘기가 될 가능성이 있지요.

박시영 여론조사라는 것이 어떻게 조사하느냐에 따라서 결과가 많이 달라지는데 독자는 그 이해도가 떨어지고, 그걸 인용하는 사람들은 자기 입맛에 맞는 얘기만 하니까 오도되는 측면이 있거든요. 우리가 이와 관련된 방향성을 잘 잡아줘서 독자들이 이 책을 읽고 나면 '여론조사를 이렇게 해석하는 게 바르구나' 라고 깨닫게 되는 하나의 과정이 됐으면 좋겠네요.

이상일 교육이라고 하면 좀 거창하고요. 여론조사를 둘러싸고 말이 많잖아요. 하도 여론조사에 대한 논란이 심하니까, 아예 여론조사를 사기라고 말하는 분들까지 생길 정도죠. 하지만 이렇게 다원화되고 복잡한 사회에서 국민이 어떤 생각을 하고 있고, 어떤 것을 원하는지 파악하는 데 여론조사만큼 유용한 도구는 없을 겁니다. 꼭 선거뿐만 아니라 중요한 사회이슈들에 대한 민심이 무엇인지 파악할 때 여론조사가 없다면 어떤 상황이

생길지 상상해 보세요. 정치권은 정치권대로, 언론은 언론대로 자기들이 좋다고 믿는 것만 민심이라고 주장하며 늘 싸우지 않겠어요? 그래도 여론 조사가 있어서 전체적인 민심의 방향이 파악되기 때문에 사회적 비용을 줄이고 어떤 합의를 이끌어 갈 수 있는 장점이 분명히 있다고 봅니다.

김지연 이 책이 독자들에게 어떤 의미와 도움을 줄 수 있으리라고 생각하세요? 책의 목적이겠죠.

박시영 대선 필독서가 필요하다고 생각했는데, 이 책이 다층적인 분석을 통해 주권자인 독자들의 정치 안목을 높이는 데 기여했으면 좋겠다는 마음에서 출발했고요. 다른 한편으로는 진영 논리에 너무 갇히지 말고 진보나 보수 상호 간의 시각 차이를 좀 좁혀 보자는 생각도 하게 되었습니다. 이런 노력으로 우리의 정치 수준을 한 단계 끌어올리는 데 조금이라도 기여할 수 있지 않을까 기대하면서 말이죠. 그리고 독자 여러분의 민심을 읽는 눈을 길러주고 싶은 마음에서 저희가 습득한 여론조사 노하우를 공개했습니다. 끝으로 대선을 준비하는 정당이나 각 캠프에 정세 인식 및 대선 전략에 대한 의견을 드리고 싶었습니다. 이런 마음에서 세 친구가 용기를 내어 책을 출간하기로 한 거죠. 술자리에서 선거나 정치 이야기가 술안주로 떠오를 때 상대를 압도할 비장의 카드가 책 내용 곳곳에 숨어 있습니다. 잘 찾아보시면 보입니다. 그 재미도 쏠쏠할 겁니다.

김지연 덧붙여 말하자면, 기존 다른 책들과 차별화될 수 있게 다양한 여론조사결과와 통계자료를 토론에 활용할 예정입니다. 무엇보다도 중요한 것은 실제 이 책을 쓰기 위해서 단순한 전화 여론조사가 아니라 유권자 심층 분석이 가능한 학술적 목적의 조사를 실시하였습니다. 이 책을 읽는

[조사 개요]

조사대상	전국 19세 이상 성인 남녀
표본수	1,200명
표본오차	±2.8%p(95%신뢰수준)
조사방법	온라인 패널을 활용한 웹조사(CAWI)
조사도구	구조화된 질문지(Structured Questionnaire)
조사일시	2016년 9월 1일(목) ~ 9월 6일(화)
조사기관	밀워드브라운미디어리서치

※ 보다 자세한 자료는 중앙선거여론조사공정심의위원회(www.nesdc.go.kr) 홈페이지에서
확인하실 수 있습니다.

독자들은 다른 언론 등에 공표되지 않은 여론조사 결과와 분석 결과를 보실 수 있을 것입니다. 그리고 추가로 발간되는 e-book에서는 전체 조사 결과와 교차분석표 그리고 원자료(raw-data)를 제공할 예정입니다.

또한, 이 책에 인용되는 여론조사에 대한 조사 개요 등 자세한 내용은 중앙선거여론조사 공정심의위원회 홈페이지에서 확인하실 수 있음을 알려드립니다.

노무현 대통령과의 에피소드

김지연 청와대와의 인연은 두 분보다 제가 먼저 시작한 것 같아요. 1995년부 터니까 22년 전인 것 같습니다. 당시 신입사원으로 입사해서 선배들을 따 라 보고서를 제출하러 처음 청와대에 갔을 때 무척 긴장했던 기억이 납니 다. YS정부부터 현재의 박근혜 정부까지 5개 정부의 청와대 비서진들과 일을 했는데요. 일하는 스타일과 문화는 조금씩 달랐던 것 같습니다.

YS와 DJ 청와대 비서진들은 엘리트 이미지가 강했고 일을 잘할 수 있게 힘이 집중된 느낌을 받았습니다. 하지만 노무현 대통령 집권 이후에는 청 와대가 정부기관이나 공공영역에 군림하는 느낌을 거의 받지 못했습니다.

아무튼, 저 같은 일반인은 대통령을 직접 볼 수 없고, 언론이나 청와대에 근무하고 있는 사람들을 통해서 대통령을 알 수밖에 없어요. 그래서 질문 드립니다. 두 분 모두 청와대에서 근무하셨는데 당시 대통령과 관련된 재미난 이야기 좀 들려주세요.

박시영 참여정부 때 야당과 언론이 노 대통령에게 저주에 가까운 비난을 퍼붓는 데다가 정권을 창출한 여당의 지지기반이 취약해져서 높은 수치의 대통령 지지도를 기대하긴 어려웠죠. 그러다 보니 대통령이 원래 여론조사를 중시하지 않는다는 지적부터 조사결과를 보는 것 자체를 꺼리시는 것 같다는 이야기까지 별별 얘기가 정치권이나 언론에 떠돌았죠. 청와대에서 여론조사를 담당하는 저희들 내부에서도 약간 긴장감을 가졌던 시기였어요.

2004년 12월로 기억하는데요. 대통령께서 외국 순방 중에 자이툰 부대를 깜짝 방문한 적이 있었습니다. 다들 기억나시죠? 해병대 전우와 감격적으로 포옹하는 사진이 세간의 화제가 됐었잖아요. 해외 일정을 마치고 새벽에 청와대에 도착하셨다고 하던데, 여운이 채 가시지 않아 잠이 잘 안 오셨을 거 아닙니까? 이 분이 오전 7시 반쯤에 느닷없이 우리 여론조사비서관실에 들어오신 거예요. 점퍼 차림에 수행원 한 명만 데리고 아무 예고도 없이요. 저희가 얼마나 놀랐겠어요? 마침 방문을 열어 놓은 채 아침회의를 하고 있었던 터라 다행이지 뭡니까, (웃음) 놀고 있었으면 좀 난처할 뻔했었지요. 벌떡 일어나서 인사드리고 경외의 눈빛으로 쳐다보고 있는데 대통령께서 쑥스러운 표정을 지으며 물으시더군요.

"자이툰 부대 갔다 온 것에 대해서 국민 반응이 어때요?"
(그 전 날 방문했는데, 여론조사가 나왔을 리 없잖아요.)
"국민들 반응이 괜찮은 것 같고, 뉴스에서도 호의적으로 보도하는 것 같습니다. 좋습니다."

"지지도에 영향이 있겠나?"

"대폭 오르지는 않겠지만 지지도 상승의 큰 전환점이 될 것 같습니다. 앞으로 이런 행보가 축적되면 지지도는 많이 오를 것 같습니다."

이렇게 말씀을 드렸더니 머리를 약간 긁적긁적하시더라고요. 대통령의 그 표정이 아직도 생생합니다. 이 분도 겉으로 내색 한 번 하지 않으셨지만, 지지도가 낮아 얼마나 까맣게 속을 태울까, 바로 느껴지더군요. 국민 지지가 받쳐주지 않으면 중요 정책이나 국정운영 기조가 탄력을 받지 못하고 정치권에 말발이 먹히지 않거든요. 그날 대통령의 모습을 보고 '왜 그렇게 국민 여론을 중시하지 않으실까'라는 일각의 의문이 있었는데 말끔히 풀렸습니다.

김지연 아무래도 청와대 직원들이 대통령과 직접 이야기할 상황은 많지 않죠?

박시영 참여정부 때에는 수석 또는 비서관의 경우 대통령께 보고하거나 상호 토론하는 자리가 많았습니다. 그에 반해 행정관들은 대통령과 대화할 기회가 그리 많지 않습니다. 부속실이나 정무비서관실, 연설비서관실 등 일부 부서의 행정관을 제외하면 대부분 그렇습니다. 그런데 2005년 말경 대통령께서 갑자기 여론조사비서관실 직원을 다 부르셨어요. 대통령 집무실에서 오찬을 함께 하자고 연락이 온 겁니다. 특정 비서관실 직원 전체를 다 부르는 경우는 이례적이라고 하더라고요. 국민 여론이 좋지 않을 때였는데 조사전문가 입장에서 대통령이 개선할 점이나 국민 여론에 대해 기탄없이 얘기해 달라며 화두를 꺼내셨죠.

제가 당시 부서 선임 행정관이었는데 드리고 싶은 말씀이 좀 있었어요.

그런데 상사인 비서관이 별말 않고 가만히 있어서 제가 먼저 나서기는 좀 주저되더라고요. 모두 뜸을 들이고 있자 대통령이 말씀을 꺼내시는데 그분의 고뇌가 얼마나 깊은지 느껴지더군요. 그날 대통령께서 반주도 곁들이며 얘기 많이 해달라고 분위기를 띄우셨는데, 적극적으로 얘기를 못 한 게 두고두고 아쉬움으로 남았어요.

역대 정부 처음으로 청와대에 여론조사비서관실을 독립 부서로 운영했던 정부가 바로 참여정부였습니다. '대통령께서 어떤 의미로 여론조사비서관실을 만드셨을까?' 늘 궁금했었는데 대통령이 그런 뜻깊은 자리를 마련해 주시니 보람과 자부심으로 한동안 뿌듯했죠.

김지연 여론조사 기관 입장에서 봐도 노무현 대통령 때의 청와대가 르네상스 시절이 아니었나 싶습니다. 잘 아시다시피 이전 그리고 그 이후 청와대에서는 여론조사를 담당했던 행정관이 1~2명 정도였고 모두 정무비서관실 소속이었습니다.

박 부대표님이 근무했던 여론조사비서관실은 대체로 일하는 풍토가 실용적이었지만 상당히 학문적인 흐름도 있었던 것 같습니다. 같이 프로젝트를 진행하면서 아이디어도 많이 냈고 개인적으로 공부도 많이 되었습니다. 좌담회(FGI, Focus Group Interview)를 진행한 적이 있었는데, 행정관들이 직접 모니터링 방에서 좌담회를 관찰하겠다고 해서 놀랐습니다. 이전에는 한 번도 이런 일이 없었거든요. 정말 신선한 충격이었습니다. 좌담회를 마치고 곱창집에서 밤늦게까지 소주를 기울이며 좌담회 결과와 시사점에 대해 토의를 했던 기억이 있네요.

이명박, 박근혜 청와대 여론조사

김지연 이젠 이 대표님 차례입니다. MB정부와 박근혜 정부 청와대에서 근무하셨잖아요. 정무 쪽에서 조사하여 대통령께 올리면 결과를 받아들이는 반응이 있잖아요. 의미 해석이나 그걸 바탕으로 메시지, 행보, 전략 등을 수정하는 것들이 눈에 띈 적이 있었나요?

이상일 이명박 정부 당시 세종시 원안 수정 결정이나 앞서 쇠고기 파동 때 미국과의 재협상 결정, 이런 결정 배경에는 여론조사로 드러난 국민 여론이 상당하게 작용하지 않았나 생각돼요. 굵직한 사회이슈나 정책들은 대부분 복잡다단한 이해관계를 갖기 때문에 여론만 갖고 판단할 수 없는 경우들이 많습니다만, 조사 결과가 비중 있게 논의되었다거나 관심을 두고 봤다는 얘기를 듣긴 하죠. 상당히 중요한 요소로 작용하는 것 같습니다.

박시영 MB정부와 박근혜 정부 둘 다 경험을 해 보셨으니까, 두 정부만 놓고 봤을 때 상대적으로 여론조사를 중시했던 대통령은 어떤 대통령이었나요?

이상일 두 정부 모두 큰 차이는 없는 것 같아요. 어느 대통령이든 나름의 사명감이나 국정철학 같은 게 있어서 자신이 추구하는 방향으로 가다 보면 외부에서 여론을 중시하지 않는 것 같다는 평가가 나오기 쉽지만, 그렇다고 여론을 무시하거나 외면할 수는 없지 않을까요?

청와대 안에서 일하다 보면 여론조사 결과가 회의에서 논의되거나 관심을 받았다는 이야기를 듣는 경우들이 있고, 언론에서 발표하는 여론조사도 늘 모니터해서 보고해요. 두 정권 모두 여론 추이에 상당히 관심을 기울였다고 생각합니다. 지금 박근혜 정부의 최순실 게이트를 보면서 국민은 그런 정권이 도대체 여론을 의식하기는 한 거냐고 반문하시겠지만, 그건 또 다른 문제라고 봅니다. 공적인 청와대 체계에서 여론을 중시한 건 분명한데 그런 시스템을 무력화시킨 사적 채널이 작동한 것이죠. 청와대가 아예 국민 여론을 무시한 건 아니라고 생각합니다.

박시영 개인적으로 박근혜 정부보다는 이명박 정부 때 일하기가 더 편하지 않았나요?

이상일 전체 기류가 약간 개방적이랄까요. 보통 집단토론이 많이 이루어질 때 의사소통이 더 쉽게 된다는 느낌을 받으니까요. 다들 아시다시피 박근혜 대통령은 직무회의나 공개 행보 외에는 좀 은둔하는 스타일이잖아요. 행사나 회의 챙기는 직원 외에는 청와대 직원들도 대통령을 보기 어려운 분위기였죠. 박 대통령의 그런 폐쇄적 기질이 최순실이라는 오랜 사적 인연과 연결된 고리에 의존하게 되면서 결과적으로는 공적 체계를 무너뜨린 정부로 낙인찍히는 결과가 되었지만요.

김지연 이 대표님은 정권을 갈아타며 거의 7년 동안 근무하신 것 같은데 신기록이 아닌가 싶습니다. 전문성을 인정받아서겠지요.

이상일 어떻게 두 정권과 인연이 되어서 청와대에서 일하게 되었는지 말씀드릴게요. 2008년 2월에 이명박 정부가 출범했는데 사실 저는 MB 대선 캠프와 무관한 사람입니다. MB정부 합류 직전까지 TNS라는 여론조사 기관에 몸담고 있었는데, 회사 일로도 MB캠프의 일을 맡아서 한 적은 없어요. 전혀 모르는 사이였죠.

2007년 초에 시사 주간지에서 여론조사 전문가들에게 1년 뒤 있을 대선의 흐름과 결과를 예상하라는 질문을 받고 답을 한 적이 있었어요. 당시는 한나라당이 야당, 열린우리당이 여당일 때죠. 노무현 정부에 대한 평가가 박하기는 했지만 그래도 대선전망에서는 나중에 보수·진보 세력이 서로 결집해서 힘을 겨루면 대선이 박빙 승부로 갈 수 있을 거라는 전망이 많았습니다. 그런데 저는 아니었어요. 이기는 쪽이 크게 이기는, 두 배 점수까지 갈 가능성이 높다, 그리고 확률은 한나라당 쪽이 더 높다는 이야기를 했던 것 같아요.

그 기사를 본 후 MB캠프에서 BBK나 대선 이슈에 대한 여론 반응에 관하여 묻는 전화를 몇 번 받았고, 저는 제 나름의 생각을 이야기했어요. 그러고 나서 한두 번 만나 선거판에 대해 의논을 했던 것으로 기억합니다. 그게 전부예요. 제가 MB정부와 인연을 맺게 된 이야기는 이게 답니다. (웃음)

그리고 박근혜 정부는 대선 캠프부터 합류했다가 청와대로 들어갔는데요. 이것도 묘하죠. 워낙 친이(親李) 친박(親朴) 사이에 앙금이 남은 채 대선이 치러졌어요. 대선 캠프에는 MB정부에서 일했던 분들이 일부 참여했지만, 청와대로 들어온 경우는 거의 없었습니다. 저는 여론조사라는 전공 분야가 있었고 정치권 출신이 아니어서 아마 MB정부 청와대에서 오래 일했는데도 박근혜 정부에 합류하게 된 것이 아닌가 싶어요. 지인들의 추천도 있었고요.

두 정권의 청와대를 거치면서 보수진영의 특성에 대해 느낀 점이 있습니다. 참 다양한 분들을 만나서 함께 일했는데요. 보수의 강점은 동질성이나 친소관계보다 업무에 적합하다고 판단되면 좀 이질적인 사람도 쉽게 받아들이고 동료로 인정하는 점인 것 같아요. 진보진영과 차이가 나는 부분이죠.

진보 운동권이 사람을 평가하는 중요한 기준 중의 하나는 '순혈주의'라고 부르는 동질성, 이념적 동지의식이죠. 보수가 과거 수구 보수, 꼴통이라는 평가를 딛고 재기해서 10년 정권을 이어 온 배경에는 다양한 자리에 다양한 사람들을 끌어들여 포용하는 기류도 크게 기여한 게 아닌가 싶어요. 물론 지난 총선에서 계파 갈등의 막장을 보여주면서 새누리당이 과거와 같은 포용성을 그대로 갖고 있는지 요즘은 좀 의문이 들긴 해요.

김지연 저도 비슷한 느낌이 있습니다. 예전에 청와대 비서실의 몇몇 분들과 여론조사 회사 책임자들 간의 저녁 식사 자리에 간 적이 있었는데요. 박근혜 대통령에 대한 충성도가 강하다는 느낌을 받았습니다. 말을 듣는 자리인데 잘 듣지 않고 주로 하려고 하더라고요.

이상일 김 부사장님이 볼 때, 다른 정권과 보수 정권 10년간에 어떤 차이가 느껴지시던가요?

김지연 아까 말했듯이 이명박, 박근혜 대통령 청와대에서는 제가 직접 프로젝트를 진행하지 않아서 비교하기는 어려운데요. 저는 YS정부 때부터 청와대 여론조사를 계속했었고, DJ정부 때도 초반에는 거의 일을 못 받다가 임기 끝나기 1년 정도 전부터 일했던 것 같아요. 그 당시만 하더라도 전임 대통령 비서실과 일했던 조사 회사들은 거의 배제되는 분위기였거든요. 그러던 것이 노무현 대통령 때부터는 전문성을 훨씬 중요하게 봤는지 계속 청와대와 일을 할 수 있었습니다.

질문에 답변을 드리자면, 과거 정권보다 노무현, 이명박, 박근혜 정권의 여론조사 분야가 가장 강했던 것 같습니다. 당연히 두 분이 계셨기 때문이지요. (웃음) 다만 비서실 전체에서 여론조사 분야가 차지하고 있는 위치랄까, 여론조사 활용빈도 측면에서는 진보 정권보다 보수 정권 10년이 덜 중요시하는 느낌이 있었습니다. 물론 제 개인적 생각이에요.

박시영 보수든 진보든 앞으로 다음 정권을 누가 잡느냐를 떠나서 저는 이런 생각을 해요. 청와대에서 여론조사를 담당하는 사람은 대통령한테 올리는 양질의 보고뿐만 아니라 그 내부에서 일하는 여러 부서의 수석이나 비서관들이 국민의 인식을 제대로 파악하게 만드는 가교 구실, 즉 리더십을 발휘할 필요가 있다고 봅니다. 단순히 대통령 지지도가 어떻다는 것을 넘어 왜 이렇게 나왔는지에 대한 철저한 분석과 청와대 내부의 공론화 작업이 중요한데 보고서 공유만으로는 한계가 있어요. 지면의 특성상 받아들이는 사람이 자기중심적으로 해석하는 경향이 있어서 그렇습니다. 그래서 여론조사 담당자의 리더십 발휘가 중요한 거예요. 청와대 내부에서 국민의 인식을 바라보는 시각이 하나로 모여야 국정을 한 방향으로 끌고 갈 수 있는 거 아니겠어요. 따라서 여론조사 담당자의 자질 중에 조사 전문성은 기본이고 그 못지않게 소통과 설득의 리더십이 요구된다고 생각합니다.

1부

2016년 한국 정치 지형

1. 승부처

박시영 **"4말5초다.**
특히 50대 초반"

이상일 **"정치적 중위연령**
상향,
50대가 승부처"

김지연 선거 이야기를 할 때 가장 먼저 하는 작업이 있죠. 바로 유권자 분석입니다. 최근 선거에서 전문가들이 가장 주목하는 변수가 바로 유권자의 연령, 혹은 세대라고 할 수 있는데요. 잘 알려진 바와 같이 2010년 이후 시행된 대부분의 선거에서 전형적인 세대 간 대결이 벌어졌습니다. 저연령-진보, 고연령-보수의 전형적인 대결 양상에서 주목받는 집단이 중간계층이라고 할 수 있습니다. 이를 40대로 보기도 하고 50대로 보기도 하며, 386세대로 표현하기도 합니다만, 하여튼 이 계층의 중요성이 커질 수밖에 없습니다.

2015년 인구조사를 보면 우리나라의 중간 연령이 40세를 넘었다고 합니다. 통계적으로 보면, 중위 연령(Median age)이 맞는 표현이지만요. 미연방통계국 자료를 인용한 퓨리서치센터 발표에 의하면 미국 백인의 중위 연령은 43세로 아시아계(36세)나 흑인(33세), 히스패닉(28세)보다 훨씬 높아 최고령 인종으로 나타났습니다. 고령화된 백인이 미국의 보수화를 이끈다는 분석이 가능합니다.

한국에서는 아직 중위 연령의 정치적 의미에 대해 크게 다뤄진 적은 없는데, 제 아이디어는 어쨌든 그렇습니다.

연령대를 5세 간격 혹은 세부적으로 나누어 과거 선거에서 가장 핵심적인 역할을 했던, 캐스팅보트 역할을 했거나 당선에 중요한 역할을 했던 연령 집단이 존재하는지 파악해 봅니다. 만약 그러한 집단이 몇 개 선거에서 일관성 있게 존재한다면, 그 집단의 변화 그리고 내년 대선에서의 역할을 예상해 보는 것이 의미 있어 보입니다. 만약 그 집단이 볼륨이 크고 사회적 영향력, 여론 전파력이 큰 계층이라면 더욱 그러할 것입니다. 이러한 의미에서 저는 유권자 세대 분석의 출발을 중위 연령 분석에서 시작하고 싶습니다.

먼저 우리나라 19세 이상 유권자만을 대상으로 재계산된 중위연령은

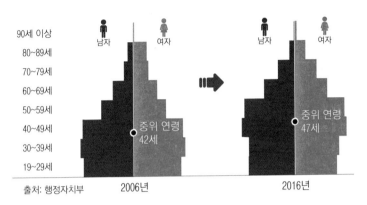

[유권자 연령 비중 변화]

90세 이상
80~89세
70~79세
60~69세
50~59세
40~49세
30~39세
19~29세

남자　여자　　남자　여자

중위 연령 42세　　중위 연령 47세

출처: 행정자치부　2006년　　2016년

2006년 42세에서 올해 47세로 높아졌습니다. 이것이 우리나라 선거에 어떤 의미를 가지나요? 두 분 역시 40대 후반, 50대 초반에 주목하시나요?

박시영 2002년 대선 결과를 연령 변수로 보면 30대 후반과 40대 초반 표심이 결정적이었죠. 2012년 대선은 40대 후반과 50대 초반, 즉 45~55세가 중요했죠. 지난 선거 때 이들 계층에서 박근혜 후보가 54%, 문재인 후보가 46%로 문 후보가 크게 밀렸습니다.

둘 간의 격차를 5세 단위로 나누어 보면 40대 후반과 50대 초반에서 거의 차이가 나지 않았습니다. 방송사 출구 조사 결과를 보면 그렇다는 겁니다. 그럼 다음 대선은 누가 핵심 타깃이냐? 2017년 대선에서도 40대 후반과 50대 초반이 승부처라고 봅니다. 특히 50대 초반이 승부처입니다. 50~54세, 이 연령층이 어떤 선택을 하느냐에 따라서 차기 대선의 향배가 달렸지 않나, 저는 그렇게 보고 있습니다.

이상일 정치적인 태도를 가르는 세대 구분에 대해서 주목을 하는 건데요.

[5세 간격 연령별 득표율 비교]

구분	2012년		2002년		격차(2012~2002)	
	문재인	박근혜	노무현	이회창	야당후보	여당후보
20대 초	64.6	35.4	60.2	33.6	4.5	1.7
20대 후	68.0	32.0	62.6	30.9	5.4	1.2
30대 초	67.3	32.7	61.3	31.7	6.0	1.0
30대 후	65.5	34.5	56.9	37.4	8.6	-3.0
40대 초	66.6	33.4	48.9	46.5	17.7	-13.1
40대 후	45.9	54.1	45.1	52.2	0.8	1.9
50대 초	45.8	54.2	40.8	55.7	5.0	-2.5
50대 후	29.0	71.0	39.2	57.7	-10.3	12.3
60대	29.2	70.8	38.2	60.4	-9.0	10.4
70세 이상	25.8	74.2	42.9	54.9	-17.1	19.3

2002년 KBS 출구조사자료
2012년 미디어리서치 전화예측자료

아까 말씀하신 것처럼 과거는 일반적으로 정치사회를 바라보는 시각을 세대 기준으로 구분할 때 2030 대 5060, 그리고 가운데 40대로 놓고 봤잖아요. 2~30대 젊은 층 인식과 5~60대가 정치나 정치인을 보는 태도가 다르다, 그런 세대 대결 구도에서 결국 대통령 선거 같은 중요한 선거가 있을 때 40대 표심이 어느 쪽으로 기우느냐에 따라서 승부가 좌우되는 게 아니냐 하는 분석이 일반적으로 쓰였고 실제 선거 결과를 보면 그랬죠.

그런데 그런 현상이 최근 들어서 달라진 흐름을 보이기 때문에 세대 구분과 의식 격차에 주목하는 건데요. 지난 대통령 선거와 이번 총선 전까지는 우리 사회가 고령화되면서 고령층 인구 비중이 늘어나고 있으므로 세대 대결 구도에서 보수진영이 유리할 것이라는 관측이 많았습니다. 그런데 지난 대선에서 표차가 그다지 크지 않았고, 지난 총선은 보수 여당이 참패를 했죠. 이런 현상 속에서 두 가지 문제를 보게 되는데요.

하나는 세대 대결이라는 것도 어느 정도 정상적인 정치 상황에서 보수-진보가 격돌할 때 나타나는 것이지, 지난 총선처럼 막장 공천 정도의 정치적 패착이 있을 때는 세대 정서와 무관한 투표 경향이 나타난다는 것이 그 하나고요.

다른 하나는 고령화 효과를 상쇄시킬 만큼 세대 대결 구도의 축이 바뀌지 않았나 하는 부분입니다. 예전의 2030 대 5060의 대립구도가 2040 대 6070 대립구도로 바뀌고 정치적 중간세대가 50대로 상향된 것으로 보입니다. 40대가 중간이 아니라 40대는 청년세대와 동질화된 경향을 보이는 거죠. 최근의 각종 여론조사를 들여다보면 사드 같은 이슈나 정당지지 경향, 대통령에 대한 평가를 볼 때 여론 동조화가 되는 게 2040이 한 그룹으로 묶입니다.

그리고 6070 세대는 이후 세대와 전혀 다른 경향을 보이고, 50대가 중간층 역할을 하는 것으로 봐야 할 것 같습니다. 박 부대표님은 4말 5초 말씀을 하셨는데 저는 이미 86그룹이 주로 50대로 포진했고 정치적 중간세대가 50대로 올라선 상황에서 내년 대선이 치러질 것이라고 봅니다. 그렇다고 할 때 그 부분을 어떻게 주목하고 정치적으로 접근하느냐에 따라서 내년 대선 판도가 좌우될 거고, 아무리 고령층이 급격히 증가했다 하더라도 보수가 50대에서 우위를 점하지 못하면 사실상 승리 가능성은 없다고 봐야 할 것 같아요. 그래서 이 부분을 주목하는 것이고요. 6070 세대보다 뒤에 태어난 세대와 어떻게 소통할 것인가 하는 문제가 보수진영의 큰 숙제로 대두해 있다고 생각되네요.

김지연 우리가 정치에서 연령 효과(age effect)와 세대 효과(cohort effect)의 영향력에 관해 이야기를 많이 하잖아요. 이 대표님 말씀은 세대 효과가 크다는 얘기인 것 같아요.

이상일 세대효과(generation effect)와 연령효과(age effect)는 간단히 설명하고 가야 할 것 같네요. 정치학이나 사회학 학술지에 주로 등장하는 용어라서요.

연령효과는 나이가 들어감에 따라서 자연스럽게 생각이 변하는 현상을 말합니다. 젊을 때는 뭔가 변화와 개혁에 대한 욕구가 더 강할 수밖에 없고 점차 나이가 들어서 경제적 여건이 안정되고 나면 급격한 변화보다 안정이나 점진적 변화를 더 선호하는 게 자연스러운 흐름이라는, 연령에 따라 사고방식이 조금씩 변하는 현상을 설명하는 용어지요.

세대효과는 어떤 시기에 태어나서 자란 세대가 특정한 사건이나 시대를 경험하면서 그 세대만이 갖는 고유한 특질이 나이가 들어도 잘 변하지 않고 유지되는 현상을 설명하는 말입니다. 386세대를 쉽게 예로 들 수 있는데요. 대학 또는 사회 초년기에 민주화운동과 직선제 개헌을 경험한 이 세대는 그 시절을 겪으면서 형성된 가치관이 오랫동안 유지되는 특징이 나타난다는 거죠. 밀레니엄 세대, 전 후 세대 이런 용어들이 다 세대효과를 염두에 둔 명칭들입니다.

정치와 선거로 좁혀 설명하면 이렇습니다. 연령효과가 더 세면 나이가 들어감에 따라 보수화하는 유권자가 많고 고령화 현상으로 보수층 유권자가 더 많아져야 합니다. 그러나 세대효과가 더 클 경우 386세대처럼 이미 50대가 된 유권자들도 진보적 가치관과 개혁 지향적 성향을 그대로 갖고 있을 가능성이 높아서 연령효과가 상쇄되어 버리는 거죠.

박시영 최근 정치적이나 이념적으로 40대가 2030세대 쪽에 가까워지면서 2040 대 5060으로 세대 간의 인식이 쫙 갈렸습니다. 세대투표 현상도 뚜렷해졌고요. 그런데 명심해야 할 점은 최근 40대 전반과 40대 후반의 정서가 다소 다르다는 겁니다. 50대 전반도 50대 후반보다는 40대 후반과 정서적으로 유사한 패턴을 보입니다. 따라서 다음 대선에서도 40대 후반과 50대 전반, 즉 45~54세가 한 덩어리로 움직일 가능성이 여전히 높습니다. 지난 대선 때도 이들 계층 간의 투표 패턴이 비슷했습니다.

지난 2012년 대선 때 40대 후반이 2017년 대선 때는 50대 초반이 됩니다. 대선 주기가 5년이니까요. 지난 대선 때 40대 후반에서 문 후보가 8%p 정도 졌는데, 최근 여론조사 흐름을 보면 이 층이 야당 쪽으로 확실히 넘어왔습니다. '박근혜-최순실 게이트'가 터지기 전에도 그랬는데 국정농단 사건 이후 더 확고해졌습니다. 정권을 교체하려면 핵심 승부처인 50대 초반 연령대에서 야당 후보가 10%p 이상은 앞서 나가야 합니다.

김지연 여야 모두 50대 초반이.

박시영 승부처다.

2. 다시 뜨는 86세대

박시영 **"전대협 세대의
세 번째 도전"**

이상일 **"현실 안주에서
벗어나 '가치'를
다시 외치다"**

김지연 우리나라에서 세대를 연구한 학자들이 그리 많지는 않습니다만, 대체로 분류해 보자면 6·25전쟁 이전세대, 산업화세대, 민주화 세대 혹은 386세대, 지금은 밀레니얼세대도 나오고 있는 것 같습니다. 저도 이쪽으로 논문을 썼지만, 핵심은 모든 세대에 효과가 있는 게 아니라 특히 세대효과가 증폭되는 지점이 있는데, 그게 386세대였습니다. 우리나라에서 정치적 의미의 세대효과는 386세대가 유일한 것 같은데 두 분은 어떻게 생각하세요?

박시영 나머지 세대들은 거의 연령 효과죠.

이상일 386 이후 연령층에서 보수화 경향이 나타나는 것을 보면 그런 것 같습니다.

박시영 우리가 세대 구분을 할 때 흔히 말하는 386, 지금은 86그룹으로 부르죠. 이들을 규정할 때 그 세대 안에서 이질성은 없는지 살펴봐야 합니다. 저는 대학 학번을 기준으로 '80년대 초반 학번과 '80년대 중반 이후 학번이 정서적으로 차이가 좀 있다는 느낌이 있습니다. 한마디로 전대협세대와 그 이전 세대로 구분될 수 있을 텐데요. '87년 6월 항쟁을 주도하며 대중운동을 촉발한 전대협세대는 넓게 잡아 84~85학번부터 92학번 정도까지가 되겠죠. 나이로 치면 64~65년생부터 72~73년생까지를 전대협세대라고 볼 수 있을 겁니다.

전대협 이전 세대는 '80년 광주항쟁의 충격 속에 암울하게 청년 시기를 보냈던 세대입니다. 학내에 전투경찰이 주둔하는 등 살벌한 시절에 대학을 다녔고 노동운동에 뛰어들며 혁명을 위해 자신의 청춘을 헌납했던 전투력이 강한 세대들이죠. 대학으로 치면 80학번부터 83~84학번까지로 볼 수 있을 것 같습니다. 여론조사를 해보면 86그룹 내에서도 전대협 세대가 그 이전 세대보다 야당 지지현상이 더 높습니다.

김지연 잠깐만, 박 부대표님의 말은 기존 386세대(1960~1969년 출생)의 개념적 정의를 좀 더 확장한 것으로 볼 수 있겠네요.

박시영 86그룹 내의 정서가 시대 상황에 따라 좀 다르고 전대협 영향권에 있었던 '70년대 초반생까지는 '60년대 중반, 후반과 비슷한 성향이라는 겁니다. 이런 특성 때문에 45~54세 연령층의 정치적 인식이 비슷하게 나오는 거 아닌가 싶습니다.

김지연 84에서 94학번 정도요?

박시영 92학번 정도일 것 같아요. 전대협이 92년까지 활동했으니까요. 학생운동도 92년 대선 패배 이후 퇴조현상이 뚜렷했거든요.

김지연 우리나라 나이로 보면 몇 세인가요?

박시영 40대 후반부터 50대 중반, 이 연령대의 정서가 386 정서인 것 같아요. 경제에 민감하지만, 기득권세력에 대한 저항감이나 사회정의에 대한 갈급히 큰 집단이죠. 최근 여론조사를 해 보면 과거처럼 연령이 20대, 30대, 40대, 50대, 60대 이렇게 10세 단위로 잘 묶어지지 않습니다. 5세 단위로 더 잘 묶입니다. 35~44세로 묶이고, 45~54세로 묶이죠. 잘 묶인다는 의미는 동일 연령층 내의 정치적 특성이 비슷하다는 것을 뜻합니다. 따라서 연령대를 30대(30~39세), 40대(40~49세) 이렇게 구분하지 말고 35~44세, 45~54

세 이렇게 구분하여 분석하는 것이 더 적절합니다.

45~54세가 한 덩어리로 움직이는 것은 야권에 좋은 징조죠. 50대 전반이 40대 후반과 비슷해졌다면 야권의 집권 가능성이 더 커졌다는 의미니까요.

김지연 이 대표님은 86세대를 어떻게 바라보고 계시나요?

이상일 저는 86세대는 우리 사회에서 특히 정치적으로 고유한 특질을 갖게 된 세대라고 봅니다. 연령효과보다 강한 정서적 공감대를 보유하고 있죠. 부연하면, '80년대 학번 60년대 생을 말하는 86세대는 자기가 사는 개인의 사회경제적 수준이나 여건과 무관하게, 사회와 정치에 대한 고유한 인식을 오랜 기간 지속시켜온 세대가 아닌가 하는 생각입니다. 민주화 운동이 우리 사회 발전의 큰 축이 되었다는 자부심도 강하고, 진보 개혁적 마인드가 올바른 삶의 태도라는 확신도 강한 세대죠.

20대 학창시절을 거치면서 민주화 운동의 주축이 된 세력 중 하나였고, 민주주의나 사회정의, 공권력, 독재 이런 것들에 대해 강하게 현실적 문제와 직면했던 경험이 개인적 여건을 떠나서 정치나 사회가 어떠해야 하고 어떤 것이 정의라는 당위를 강하게 형성한 세대가 아니었나 싶어요. 다른 세대라고 해서 그런 생각이 없는 것은 아니겠지만, 특히 86세대는 그런 것 같아요. 예를 들어서 대기업의 간부가 되고 전문직 종사자로 살아가면서도 대통령이나 정부의 정책 방향에 대해 개인적 이해관계를 떠나 평가하려 하고 20대 당시의 사회관을 유지한 채 정치를 바라보는 특성이 강한 것이 아닌가 싶습니다. 지금 개인의 이해관계만 따지면 보수 정권이 유지되는 것도 내가 살아가는 데 나쁘지 않다고 판단할 수 있는 사람들도 정치적인 선택에서 어떤 것이 자신이 생각해 온 사회정의에 부합하고 바람직한

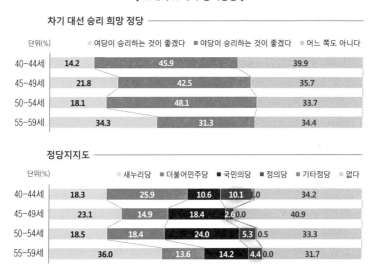

[40대와 50대의 정치성향]

차기 대선 승리 희망 정당

단위(%)   ■ 여당이 승리하는 것이 좋겠다   ■ 야당이 승리하는 것이 좋겠다   ■ 어느 쪽도 아니다

연령	여당	야당	어느 쪽도
40-44세	14.2	45.9	39.9
45-49세	21.8	42.5	35.7
50-54세	18.1	48.1	33.7
55-59세	34.3	31.3	34.4

정당지지도

단위(%)   ■ 새누리당   ■ 더불어민주당   ■ 국민의당   ■ 정의당   ■ 기타정당   ■ 없다

연령	새누리당	더불어민주당	국민의당	정의당	기타정당	없다
40-44세	18.3	25.9	10.6	10.1	1.0	34.2
45-49세	23.1	14.9	18.4	2.6	0.0	40.9
50-54세	18.5	18.4	24.0	5.3	0.5	33.3
55-59세	36.0	13.6	14.2	4.4	0.0	31.7

가 하는 틀을 가지고 투표를 하는 경향이 강하다는 거죠.

그 세대가 30대와 40대를 거쳐 50대로 상당 부분 편입되고 있으므로 올해 총선과 내년 대선에서 50대는 과거 '중·고령층'으로 불렸던 50대와는 다른 경향을 보일 가능성이 높습니다. 물론 맹목적인 보수혐오나 진보지지를 뜻하는 건 아닙니다. 386세대가 노무현 정부를 탄생시키기도 했지만, 무능력에 절망하면서 다시 이명박 정부를 선출하기도 했으니까요.

박시영 86세대가 세대효과의 상징 세대라는 점은 저랑 이 대표님 간의 이견이 없는 것 같은데요. 저는 86세대 중 특히 전대협세대는 정치의식이나 가치관 형성에 영향을 준 역사적 경험을 몇 번 갖고 있지 않나 싶습니다. 첫 번째는 군부독재에 맞서 싸우며 정의를 부르짖었던 20대 때의 학생운동, 민주화운동의 경험이고요. 두 번째는 30대 때 맞이한 2002년 대선 과정과

2004년 노무현 대통령 탄핵 규탄투쟁이라고 봅니다. 20대 때 형성된 역사의식, 시대 인식이 정치개혁의 열망으로 표출된 것이죠. 노풍의 주역이었고 2004년 총선승리와 탄핵 심판국면을 이끈 세대라고 봅니다. 대선과 총선에서 승리를 맛봤던 세대죠. 참여하면 이길 수 있다는 값진 경험을 온몸으로 체득한 세대가 바로 전대협 세대입니다. 이번 박근혜 게이트 규탄 촛불시위에서도 맨 앞에 나서고 있죠. 전대협 세대는 대학생, 청소년 자녀들을 데리고 온 가족이 함께 광장에 나오고 있습니다. 이들의 세 번째 도전이 시작되고 있습니다.

앞에서 언급했듯이 86세대가 하나로 묶이지 않습니다. 전대협 세대와 그 이전 세대의 인식과 정서가 약간 다릅니다. '60년대 초반 연령대는 지난 18대 대선에서 보수로 이탈한 것이 확인되었습니다. 문 후보가 박 후보에게 졌잖아요. 문 후보의 인물경쟁력을 낮게 본 것도 이유겠지만, 이들의 정치의식의 변화가 더 큰 원인입니다. 경제를 중시하고 실용적 태도를 보이는 등 진보진영에 썩 호의적이지 않습니다. 86세대가 한 묶음으로 같이 가지 않을 겁니다. 그 세대 안에서도 분화가 적잖게 일어났고 일어날 수도 있습니다. 86세대가 똘똘 뭉쳐 매번 야당, 진보 진영에 늘 손을 들어주는 집단으로 보는 건 대단한 착각입니다. 다만 19대 대선을 앞둔 지금 시점에 왜 86세대 전체가 야권 쪽을 지지하는 흐름이 생긴 거냐? 그 이유는 보수 정권 10년에 대한 절망감이 너무 커서 그렇다고 봅니다. 이는 박근혜-최순실 게이트가 발생하기 전부터 나타난 현상입니다.

보수 정권의 정책 기조와 통치방식이 시대에 역행하고 있는데 궤변으로 일관하고 있다고 판단하는 거죠. 역주행 정권으로 보는 겁니다. 86세대는 배운 세대이고 세계적인 흐름에 민감한 합리적인 세대입니다. 그들의 눈에는 보수 정권이 비상식적인, 비이성적인 집단으로 비친 거죠. 권력을 사유화하고 부패로 썩어 있고 국민을 무시하고 이기려는 자세에 염증을 내는 겁니다. 이번 최순실 사태로 자신들의 판단이 틀리지 않았다고 확신을 하게 되었죠. 인간으로서의 기본 소양도 갖추지 못한, 정신이 온전치 못한 자들이 대통령이 되고 전횡을 일삼는 모습을 보고 분통을 터트렸고 보수 세력 전반에 대해 환멸을 느낀 거죠.

김지연 제가 들어보면 두 분이 86세대에 대하여 약간 다른 의견을 갖고 계신 것 같은데요. 이 대표님께서는 86세대는 기본적인 입장이 진보적이고 당시에 학생운동을 같이했던 사람들의 정서를 바탕으로 하므로 어쨌든 야권에 가까운 게 아닌가 하시는 의견이고, 박 부대표님께서는 이들이 진보만을 지지하는 것은 아니고 때에 따라 보수와 진보를 선택해 왔다고 말씀하시는 거죠?

박시영 그렇죠. 지난번 대선 때 40대 후반에서 박근혜 후보가 앞섰잖아요.

김지연 제가 그 예측 조사를 담당했었는데요. 약간 의외였었죠.

박시영 어쨌든 그걸 본다면 경제 부분, 진영 평가, 인물 우위 등 모든 걸 보고 종합적으로 고민하지, 이들이 항상 한쪽 편을 든다고 생각하는 건 착각이라는 거죠.

이상일 저도 그렇게 얘기하는 건 아니에요. 무조건 한쪽 진영을 지지하는 세대라는 것이 아니라 기본적으로 86세대는 진보적 마인드가 강하다는 겁니다. 지난 대선에서 이들 세대가 박근혜 지지를 더 많이 표한 건 당시 야당과 문재인 후보가 과연 국정 수행 역량이 축적되었느냐 하는 부분에 대한 우려가 더 컸기 때문이지, 보수가 마음에 들어서 박근혜를 지지했다고 보기 어렵다는 거죠. 비슷한 조건이면 대체로 진보적 정당이나 후보에 마음이 끌리는 세대 특성이 유지되고 있다는 말씀을 드린 겁니다.

김지연 내년 대선에서 이 86세대가 중요한 역할을 할 거라는 건 두 분이 공통적인 것 같아요.

박시영 그 연령층이 승부의 열쇠를 쥐고 있다, 그렇게 봅니다.

김지연 결국 이들의 정치성향이나 가치, 특성, 선호 진영 이런 것들은 하나로 정형화시켜서 말하기 어렵다는 뜻인 거죠? 하지만 우리나라뿐만 아니라 다른 나라의 경우를 봐도 정치 성향이라는 건 잘 안 바뀌거든요. 1번 찍었던 사람이 2번으로 잘 바뀌지 않는 것 같은데 결국 그런 갈아타기가 가능하다는 건 상당히 실용적인 측면이라고 얘기할 수 있지 않나요?

박시영 저는 그걸 '시대 흐름의 부합도'라고 봐요.

김지연 그걸 실용적이라는 단어로 표현할 수 있는 것 아닌가요?

박시영 실용도 비슷한 어감이긴 하나 시대적 흐름이라는 표현이 더 적절하다고 봅니다. 이들은 국민의 시대정신에 부합한 세력한테 표를 몰아줍니다. 진보정권이 국민의 삶을 개선하지 못한 채 선민의식에 사로잡혀 있을 때는 보수의 '무능정권 심판' 주장에 동조했고, 지난 10년간 보수 정권이 시대 흐름에 역행한 채 독선과 오만을 보이자 보수의 퇴장을 명령한 겁니다. 낙수효과가 근거 없다는 것을 깨달은 지 오래고 격차 해소를 위해서는 진보정권이 더 낫다고 판단을 굳혀가고 있습니다.

3. 밀레니얼 세대의 독립 선언

박시영 **"촛불이 개인주의를 세대로 묶어냈다. 촛불세대로 탈바꿈"**

이상일 **"하나의 세대로 묶기에는 너무나 다르다. 차라리 계층?"**

김지연 지금부터는 밀레니얼 세대에 대하여 얘기해 보도록 하겠습니다. 기존 세대 이론가들의 카테고리에는 없는 세대인데요. 박 부대표님, 밀레니얼 세대를 어떻게 봐야 하나요?

박시영 밀레니얼(millenials) 세대라는 용어가 생소할 텐데요. 미국에서 사용된 개념입니다. 청소년 시절부터 인터넷 사용에 익숙하고 대학을 대부분 졸업했으며 IT에 능통한 세대를 뜻합니다. 전 세계적으로 이들 세대는 저성장의 그늘과 불평등의 심화로 취업난과 경제난에 매우 힘겨워하고 있습니다.

미국의 청년세대와 우리나라 청년세대의 상황이 별반 다르지 않습니다. 20대와 30대 초반 세대는 유례없는 취업난과 비정규직 때문에 사회경제적으로 매우 불우한 세대입니다. 개인주의화 돼 있고 정치에 무관심해서 투표율도 낮습니다. 정치적 힘이 적다 보니 기성세대나 정치권도 이들에게 관심을 두지 않았습니다. 그러다가 '5포세대', '헬조선' 등장 등 청년실업 문제가 이슈화되자 정치권이 관심을 좀 나타내고 있지만, 제도권 정당 중 이들 세대를 대변해 주는 정치세력은 아직 없습니다.

김지연 구체적으로 몇 살부터 몇 살까지인 거죠?

박시영 1980년대 초반부터 2000년대 초반 출생세대이므로 10대 중반부터 30대 중반인데, 유권자로 특정하면 20대부터 30대 중반까지의 세대죠. 이 세대가 젊은 사람들이므로 야권 성향이 강하지 않을까 생각하기에 십상인데, 과연 그럴까요?

물론 여당보다는 야당을 지지하는 성향이 강하긴 합니다. 이들 계층 중에서도 여성들은 야권 지지성향이 비교적 뚜렷하나 남성들은 다소 흔들리는 모습을 보입니다. 2002년 대선과 2012년 대선을 비교해 보면 20대 남성에서 격차가 줍니다. 야권의 주력부대가 '35세 이하 청년층'이 아니라 지금은 '35~45세'로 바뀌었습니다. 35세 이하의 남성들은 천안함, 연평도 사건을 겪은 세대이고 안보에 민감한 층입니다. 이들은 일자리에 목말라 있는 세대죠. 정치적 판단 못지않게 경제와 안보문제를 비중 있게 본다는 점을 잊지 말아야 합니다. 보수층에서 이들 세대에 대해 어떻게 생각하고 있는지 궁금합니다.

이상일 밀레니얼 세대는 세대 내에서 결국 여러 개 그룹으로 나누어질 수밖에 없는 것 같아요. 예를 들면 굉장히 좋은 여건에서 좋은 교육과 가정환경을 바탕으로 성장한 세대들도 있을 거고, 이런 청년들에게 세상은 참 괜찮은 곳이고 편하게 느껴졌겠죠. 또 사회적 불만과 비판의식이 강하게 형성될 수밖에 없는 상당히 어려움을 많이 겪은 세대도 섞여 있을 겁니다. 경제적인 상황 외에도 너무 다양한 개인적 경험들을 바탕으로 성장한 세대라 특정한 사회적인 사건이나 시대적인 이슈로 묶이지 않는, 다양한 취향이나 정서들이 공존하는 세대이기 때문에 하나의 그룹으로 통칭해서 특성을 말하기 어려운 것 같아요.

그런데도 기본적으로 커뮤니케이션 방식이 SNS에 훨씬 친숙한 세대들이고, 그런 쪽에서 정보를 취득하고 영향을 많이 받기 때문에 SNS를 중심으로 여론을 습득하고 체화하는 특성이 강하다는 특징을 보입니다. 특히 정보를 전파하는 쪽에서 보면 진보 쪽이 접근하기 유리한 세대인 건 맞는 것 같고요. 그래서 보수적 견해에서는 참 접근하고 소통하기 어렵다고 느끼는 세대인데, 대선은 약간 다른 측면이 있습니다.

정당보다 후보 개인이 두드러지는 대선 국면에서는 이 세대가 주목할 만한 메시지와 소통 노력, 정책공약들을 내걸었을 때 보수와 진보 진영을 떠나서 개인이 주목받을 가능성이 충분히 있고, 이 세대 내에서 여러 후보에 대한 평가가 고르게 형성될 수도 있겠죠. 전반적으로 진보성향의 야당 후보에게 유리한 세대이긴 합니다만, 절대다수가 특정 후보로 쏠리지 않는 다양성이 나타나는 세대 특질이 보일 수도 있다고 봅니다.

박시영 조금 더 말씀드리면 지난 20대 총선 때 20대 투표율이 19대 총선보다 11.2%p 정도 급상승했거든요. 20대가 52.7%였고, 30대 전반의 투표율은 7%p 상승했지만 48.9%에 머물렀습니다. 20대가 30대 전반보다 투표율이 앞선 겁니다. 그런데 주목해야 할 점은 2012년 18대 대선 때 20대 투표율이 무려 68.5%에 달했다는 점입니다. 20대의 투표율이 타 연령층에 비해 낮아서 그렇지 대선투표율은 이미 상당히 올라왔다는 거죠. 중요 선거에 대한 젊은 층의 참여 의지가 강합니다. 저는 2017년 19대 대선 때는 이 세대의 투표율이 70% 초반까지 오를 것으로 예상합니다. 추세상 지난 대선 때보다 3~4%p 오를 것이 확실해 보입니다. 따라서 내년 대선에서 이 세대가 더는 주변부가 아니라는 겁니다.

내년 최저임금 인상 폭도 10% 인상을 넘지 못한 채 7.3% 인상에 그쳤습니다. 2017년 최저임금은 시급 기준으로 6,470원에 불과합니다. 청년세대는 샌더스와 트럼프 돌풍을 지켜봤습니다. 정치가 자신들의 삶과 연관성이 높다는 인식이 형성되어 가고 있습니다. 최근 최순실 사태를 접하면서 정치에 대한 관심이 매우 커졌습니다. 이들은 감성 세대이지만 SNS를 통한 각종 자료 접근성이 높아 선거에서 이성적 판단을 내릴 가능성도 충분합니다. 밀레니얼 세대 내에서도 연령별 투표율은 다른데, 5세 단위로 구분하면 '20대 전반'의 투표율이 상대적으로 높습니다. 대학과 군대라는 특성 때문이죠. 대학은 공론 형성의 장이고, 군대는 부재자 투표를 하게 돼 응당 투표율이 높을 수밖에 없습니다.

반면에 '20대 후반'과 '30대 전반'은 '20대 전반'에 비해 투표율이 저조합니다. 20대 후반은 취업 준비와 아르바이트 때문에 바쁘고 연애 문제 등 고민이 많은 시기죠. 30대 초반 역시 취업난에서 벗어날 수 없고 비정규직이 많아 이직을 고민하고 햇병아리 신세로 직장생활 적응에 애를 먹는 시기입니다. 집에서는 결혼하라고 성화고, 결혼은 폭등한 집값 걱정에 엄두가 안 나고, 운 좋게 결혼하더라도 아이들 보육비로 허리가 휩니다. 늘 스트레스를 달고 사는 시기죠. 이러다 보니 이들이 정치에 관심을 두기가 어렵습니다. 25~34세들이 내년 대선에서 얼마나 투표할지 관심거리입니다. 야권은 이들을 열광시킬 화끈한 정책을 내놓을 준비가 돼 있는지, 박근혜 게이트로 쌓인 분노와 세상을 바꾸고자 하는 열망을 투표참여로 이어나갈 수 있을지 궁금합니다.

김지연 세대라는 건 공통적인 특성이랄까, 공감대랄까, 이게 바탕이 돼야 우리가 세대라고 이름 붙일 수 있잖아요. 그런데 두 분 말씀을 들어 보면 이들의 정체성 자체가 하나로 연결되지 않는다는 거로 들리거든요.

박시영 기성세대로부터 소외됐고 불우한 세대라는 동질성은 갖고 있으나 그

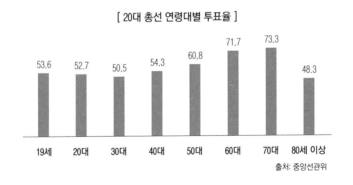

[20대 총선 연령대별 투표율]

19세	20대	30대	40대	50대	60대	70대	80세 이상
53.6	52.7	50.5	54.3	60.8	71.7	73.3	48.3

출처: 중앙선관위

동안 같은 경험을 쌓은 역사적 발화점이 크게 없어서 정치사회의식이 하나로 집중되거나 세대의 결집력이 강하지는 않았습니다. 이들의 개인주의적인 특성 측면도 있었고요.

김지연 그렇다면 이건 세대라고 이름 붙이기 어려운 것 아닌가요? 86세대, 산업화 세대, 이런 것들은 정치적 지향성이 통하는 세대로서의 분명한 공통점이 있거든요. 그런데 이 밀레니얼 세대 내부에서는 오히려 계급이나 계층의식이 더 중요한 것 같아요. 세대 내부가 이질적이라는 말이죠. 소위 말하는 가진 자 집단과 못 가진 자 집단이 서로 대립하는 것처럼 보입니다. 아시다시피 86세대는 좀 가졌든 덜 가졌든 비슷한 생각을 하고 있는데요.

박시영 밀레니얼 세대는 워낙 연령대가 널리 분포되어 있고 집단의식이 강고하게 형성돼 있지 않아 동일 세대라고 불리기 어려운 면은 있습니다. 하지만 환경 차이가 커서 86세대와 밀레니얼 세대의 직접적 비교를 하는 것은 좀 무리가 있습니다. 86세대들은 사회진출의 어려움이 별로 없었잖아요. 그 당시만 해도 취업 문이 넓었거든요. 그러다 보니 군부독재에 맞서 정의로운 세상을 향한 투쟁에 좀 더 적극적일 수 있었겠죠. 하지만 밀레니얼 세대들은 출발 자체가 다릅니다. 이들은 온갖 스펙을 다 쌓아도 취업도 안 되고 비정규직으로 전락하기에 십상이고 결혼을 포기해야 하는 상황이잖아요. 사회정의에 눈을 돌릴 여력이 없는 상황입니다. 기성세대에 버림받은 세대죠. 이들의 마음속에는 우리 사회를 지배하는 주류 기득권층에 대한 분노가 깊게 자리 잡고 있습니다. 다른 한편으로는 미래에 대한 극심한 불안감을 겪고 있기도 하죠.

이번 박근혜-최순실 게이트가 밀레니얼 세대에게 주는 의미는 뜻깊습니다. 86세대에게 '87년 6월 항쟁이 발화점이 된 것처럼 수백만이 참여한 이번 촛불시위가 이들 세대에게 세대 인식을 강화하는 첫 번째 발화점이 된 것입니다. 취업과 입시 때문에 정치와 담을 쌓았던 대학생·청소년들을 정치에 눈 뜨게 만든 역사적인 사건입니다. 정치 의식과 태도가 집단으로 형성되고 있습니다.

세대효과는 인격 형성기인 10대 중반부터 20대 중·후반까지에 일어난 정치적 경험이 본인들의 정치의식에 영향을 미쳐 세월이 흘러도 특정한 이념적, 정치적 정체성을 일관되게 나타나는 경향입니다. 따라서 밀레니얼 세대 중 1990년생 이후부터 2000년까지의 젊은 세대는 향후 386세대처럼 세대효과의 특성을 보일 가능성이 높다고 봅니다.

이대표님 말씀처럼 밀레니얼 세대 안에서도 경제적 상황에 따라 계층 인식이 약간 다를 수 있지만 그러나 그것 역시 386세대와 별반 다르지 않다고 봅니다.

이상일 실제로 이번에 이 논의를 위해서 진행한 여론조사를 보면, 대선후보 상기도 조사에서 20대의 경우 문재인 전 대표보다 안철수 전 대표 상기도가 더 높습니다. 이 얘기는 20대가 정치인들을 바라보는 시각은 다른 세대와 조금 다를 수 있다는 실마리를 보여주는 결과죠.

총선 이후 국민의당이나 안철수 전 대표의 인기가 하락하고 총선 당시와 같은 위상은 보이지 못하고 있는데도 20대는 여전히 안철수 전 대표에 주목하고 있다는 뜻이니까요. 대체로 반기문 총장처럼 장외 후보가 아니면 대선후보 지지도나 호감도, 상기도 조사에서 일반적인 경향은 유력 정당의 1등 후보로 쏠리는 것이 보편적 현상입니다. 그러나 20대가 3등인 후보를 가장 먼저 떠올렸다는 점은 주목할 만한 시사점이 있다고 봅니다.

박시영 국민의 눈으로 보면 안철수 후보가 청년 문제와 관련해서 관심을 많이 기울이고 있는 것처럼 보입니다. 청춘 콘서트도 진행했고, 청년과 미래 문제에 대한 행보나 메시지를 집중했기 때문이죠. 잘나가는 벤처사업가 출신으로 청년들에게 호감을 살 스토리를 보유한 후보이기도 하고요. 그런 면들이 맞물리면서 안 후보가 청년세대와 정서적 일체감을 나름대로 형성하고 있다고 봐야 할 것입니다. 이는 안 후보의 강점 요인이죠.

김지연 결국 여야 모두 내년 대선에서 중요하게 관심을 가져야 하는 세대라고 보시는 거네요?

박시영 그렇죠.

1. 진보와 보수, 누구인가

박시영 "경제태도가
진보, 보수를
가르다"

이상일 "모호한 이념경계,
진보-보수 구분은
정치적 레토릭"

김지연 한국 정치에서 지역이나 연령과 같은 인구통계학적 변수는 유권자를 분류하는 데 있어 그 유용성을 인정받아 왔습니다. 그럼 우리 세 친구가 이 책에서 주목하고 있는 진보, 보수, 이런 개념들은 어떤가요? 이러한 이념성향이라는 것이 유권자들의 정치적 입장이나 선호, 대선후보 등을 분류해 내는 데 있어 어떤 의미와 효용성이 있을까요?

박시영 진보, 보수, 중도 등 주관적 이념성향에 따라 정치현안이나 사회경제적 문제에 대한 태도 차이는 분명합니다. 그뿐만 아니라 보수와 진보를 대표하는 양당체제에 익숙해져 있어서 국민 내에 정당을 통한 진영과의 일체감이 형성돼 있습니다. 따라서 진보, 보수로 나눠서 구분하는 틀이 국민 인식을 분석하는 데 유용하고 익숙하다고 봐요.

　다만 진보-보수 논쟁을 할 때 어려운 점은 현존하는 정치세력을 중심으로 이야기할 수밖에 없다는 점입니다. 더불어민주당(민주당)은 서구 기준으로 보면 보수정당에 가깝지만, 한국적 특성상 진보진영, 진보정당으로 포함해 말씀드릴 수밖에 없습니다. 여론조사를 해보면 진보층에서 가장 많이 지지받는 정당이 바로 민주당이기 때문이죠. 이념 노선만 놓고 보면 정의당이 더 진보적이나, 진영의 대표세력인 민주당을 중심으로 진보-보수 논쟁을 할 수밖에 없다는 점을 독자들이 이해해주기 바랍니다. 국민의당은 중도정당에 가까우므로 진영 논의에서는 중심에 두지 않을 것이며, 정당 편과 대선 편에서 주로 다루겠습니다.

김지연 유권자의 이념성향을 파악하기 위해 여론조사에서는 본인의 이념성향을 주관적으로 평가하는 방법을 흔히 사용하는데요. 조사 시기에 따라 변동성이 좀 있지 않나요?

박시영 주관적 이념성향을 조사해 보면 정권 초기에는 편승 효과가 나타납니다. 어떤 세력이 정권을 잡느냐에 따라 그쪽으로 쏠립니다. 보수 정권이 들어서면 보수층의 구성비가 이전보다 늘어납니다. 마찬가지로 진보정권이 집권하면 진보층의 구성비가 늡니다. 대세 인식이 형성돼 영향을 주는 겁니다. 그런데도 이념성향에 따라 정세를 분석하는 것은 매우 의미 있습니다. 정치사회 현안에 대한 관점 차이가 분명해서 그렇습니다. 아울러 보수층, 진보층, 중도층의 구성비 변화도 국민 여론을 가늠해볼 잣대로 충분히 의미가 있습니다.

이상일 저는 보수, 진보라는 구분과 각 진영의 지향점이나 가치관이 아직도 제대로 정립되지 못한 게 아닌가 싶어요. 요즘 들어서 경제정책, 경제민주화나 복지, 증세, 정부의 시장개입 같은 문제를 놓고 보수-진보가 어느 정도 노선의 차이를 명확히 해가는 것으로 보이지만 예전에 보수-진보 구분은 좌-우 구분과 등치 되기도 하고 보혁 구분으로 나뉘기도 하면서 많이 모호한 개념이었죠.

특히 보수는 일제강점기 이후 6.25와 분단이라는 특수상황 속에서 집권세력으로 자리 잡으며 보수가 지향해야 할 가치를 제대로 정립하지 못한 채 반공을 국시로 삼고 시장과 경제적 자유 정도의 보수 가치관만 유지한 채 오랜 세월 이념 노선 정립에 소홀했다는 것이 보수 정치학자들의 분석입니다.

진보진영이 꽤 오랜 사상논쟁을 거치며 여러 분파로 분화한 것에 비해 보수가 어떤 집단적 움직임 속에서 조직과 가치, 노선을 정립하려 한 것은 '97년 대선과 2002년 대선에서 패하며 집권세력에서 밀려난 이후라는 분석인데요. 그 이후에도 재집권을 해서 이제 10년 차로 접어들지만 어떤 이념적 정립성 부분은 약한 게 사실인 것 같아요.

하여튼 2012년 대선에서 실마리가 시작됐고 내년 대선에서 중요하게 작동할 정책의 차별성이나 다양한 사회현상에 대한 관점의 차이를 가지고 진보와 보수라는 개념이 점차 우리 사회에 자리 잡는 시기가 아닌가 싶습니다.

그런데 진보, 보수를 구분하는 일반적 관점과 사람들의 인식은 종종 차이가 있는 것 같아요. 예를 들면 새누리당이 내세우고 있는 정책들은 보수적인 정책이다, 더불어민주당이 내세우고 있는 정강이나 정책들은 진보적이다, 이런 식으로 내용이 구분되는 게 아니라 대상 자체가 이념의 상징처럼 인식되는 거죠. 일반적으로 그렇게 구분하니까 그냥 새누리당은 보수고, 정의당이나 민주당은 진보고, 국민의당은 그것보다 조금 더 중간에 있는 정당이다. 이런 식으로 피상적 보수-진보 구분도 여전히 큰 게 아닌가 생각돼요.

시기나 조사에 따라서 '당신은 보수냐, 진보냐, 중도냐?' 물었을 때 비율이 변하거든요. 비율이 왜 변하느냐 하면요. 만약 지금이 보수 정권이고, 현 정권의 대통령 평가가 좋고 나름대로 큰 패착 없이 잘한다면 보수에 대한 거부감이 줄어들면서 보수라고 응답하는 사람들이 많아지는 겁니다. 저 정당이 얼마나 보수적인지 점수를 찍으라고 했을 때 국민이 생각하는 기본적인 평균이 10점 중의 5점이라고 한다면, 대통령이 잘하고 있을 때 새누리당 이념성향은 6점, 6.5점 안에서 찍힙니다. 약간 보수적이라고 그렇게 평가되는데 국민과 거리는 멀지 않죠. 그러나 되게 못한다면 7~8점으로 갑니다. 국민과 거리가 벌어지는 거죠. 나하고 다른 사람들이라는 느낌, 주관적인 상대적 거리감 같은 거예요.

그런 면에서 현재 보수는 심각한 위기 국면을 맞았죠. 박근혜 대통령이 보수의 대표 아이콘이냐 하는 문제는 논쟁적이고 최순실 사태가 보수의 본질을 말하는 건 아니지만요. 어쨌든 보수 정권의 대통령 임기 중에 심각한 국정농단 사태가 벌어지면서 보수진영 전체가 심대한 타격을 받게 될 겁니다. 11월로 들어오면서 국정 지지도가 4%라는 조사결과까지 등장했는데 이건 사실상 국민이 정서적으로 대통령과 정권을 인정하지 않는다는 수준이 아닌가 싶어요. 최순실 게이트가 보수이념의 문제는 아니지만 보수 정권 세력이 피할 수 없는 위기에 처했다고 봐야죠.

김지연 진보와 보수는 서구에서 나온 개념인데, 정치적 의미로 살펴보면 오랜 기간 존속된 양당 체제 안에서 각 정당이 차별화된 정책과 가치를 지향해 온 거죠. 우리나라에서는 17대 대선부터, 보다 전형적으로 나타난 것은 18대 대선 때였던 것 같아요. 진보, 보수를 중요한 프레임으로 보는 것이 오래되지는 않았죠.

박시영 군부독재 정권이 김대중 정권 출범 이전에는 야당을 빨갱이와 등치시켰어요. 전쟁과 분단의 영향으로 우리 사회에서 빨갱이로 매도되면 모든 게 상황 종료되는 겁니다. 야당을 빨갱이로 공격하며 소수의 빨갱이 세력과 대다수의 건전한 국민으로 프레임을 짠 거죠. 빨갱이로 몰렸던 DJ가 집권하자 권력기관이나 언론이 더는 빨갱이란 말을 쓸 수 없게 된 거죠. 일국의 대통령이 되셨는데 바꿔야 하지 않겠어요? 그래서 좌파, 우파와 진보, 보수를 번갈아 사용하기 시작했죠. 노무현 정권이 연이어 집권하자 주로 진보, 보수라는 말을 사용했던 겁니다. 참여정부의 인기가 시들어지자 보수언론들이 좌파, 우파 용어를 다시 끄집어냈던 거죠.

한국 사회에서 좌파라는 규정은 색깔 공세죠. 친북, 종북을 연상시키는 말이잖아요. 그걸 모르는 국민이 있을까요? 일부 종편이나 보수언론을 제외한 대다수 언론이나 학계에서는 좌파와 우파가 아닌 진보와 보수로 구분하고 있습니다. 새누리당은 야당을 공격할 때는 좌파, 우파라고 구분하면서도 자신들을 지칭할 때는 보수세력이라는 말을 즐겨 사용합니다. 용어가 주는 어감의 차이 때문에 다르게 사용하는 거죠. 반면에 야당은 진보와 보수라는 구분법을 사용합니다. 좌파라는 말을 싫어하기 때문이기도 하지만, 진보는 진취적이고 혁신 이미지가 연상되는 긍정적 효과가 있거든요.

김지연 박 부대표님이 말씀하셨지만, 우리나라에서는 진보와 보수라는 개념이 사전적 의미로 확실하게 구분되어 있지 않고 쓰는 사람 입장에서 자기 편한 대로 말하는 경향이 있는 것 같습니다. 예를 들어 경제정책만 보더라도 진보와 보수를 대변하는 정당들의 정책이 변별력이 그다지 없거든요. 시장에서의 계급적 보수냐? 정치적 입장에서의 보수냐? 아니면 라이프스타일 차원의 보수냐? 이 역시도 많이 혼재되어 있지요. 인권이나 성(性)과 관련해서는 진보주의(progressivism)와 자유주의(liberalism)가 겹치기도 하잖아요.

이상일 아직도 진보와 보수가 정책적 차별성을 통해 명확하게 구분되고 평가되지 못하는 이유 중의 하나는, 정치권이 표를 의식해 비겁해지기 때문이기도 합니다. 예를 들어 보수는 평소 시장의 자유와 경쟁, 선별적 복지 이야기를 합니다. 그러다가 선거만 다가오면 보편적 복지정책을 내놓으며 확대하고 그런 표에 도움이 되는 정치를 하죠. 그러면서도 증세는 하지 않으려 하니 재정문제가 자꾸 꼬이고 재정 건전성 때문에 골머리를 앓게 되잖아요.

　반대로 진보는, 복지정책 확대를 주장하고 공공부문 서비스 확대를 주장합니다. 그런데 그런 정책들을 하려면 필수적으로 증세해야 하잖아요. 재원이 있어야 하는 문제들이니까요. 그런데 정작 증세 문제는 정면으로 마주하려 하지 않습니다.

박시영 누리과정요?

이상일 예, 계속 논란이 일고 있는 누리과정 예산만 해도 그렇습니다. 그게 이명박 정부에서 구상한 것이든 박근혜 대통령의 대선 공약이었든 누리과정이라는 것을 구상하고 실천할 때는 재원에 대한 해법을 먼저 마련해 놓는 것이 당연한 일입니다. 누리과정뿐만 아니라 다른 고령연금 같은 것들도 마찬가지입니다. 그런 정책을 펴서 유권자들에게 인정받고 표를 달라고 호소하기는 하는데, 거기에 대한 재원 문제는 정공법으로 해결할 생각을 못 하는 거죠. 말씀드린 대로 진보진영은 복지확대를 얘기하고 보편적 복지를 얘기하면 증세를 얘기해야 하는데, 증세 얘기를 안 한다는 거죠. 보수 역시 마찬가지고요.

그런 식이니 국민이 볼 때 과연 어느 쪽이 명확하게 정책적 방향에서 차이가 나고 누가 더 좋은 공약과 정책을 내걸었는지 비교가 안 됩니다. 어느 쪽도 득표에 도움 안 되는 문제는 외면한 채 듣기 좋은 소리만 쏟아내니까 대선 공약에 대해서 국민들이 신뢰하는 비율이 매우 낮고 정말 공약(公約)을 공약(空約)으로 여기게 된 거죠. 그런 상태로는 보수와 진보가 어떤 차별성을 가졌는지 가늠하기도 어렵다고 생각됩니다.

김지연 그렇다면, 과연 유권자들은 진보와 보수를 어떤 기준으로 바라보고 있었나요?

박시영 이번 조사에서 진보와 보수의 차이점에 대해 '경제정책'을 떠올리는 응답이 압도적으로 높게 나왔습니다. 진보, 보수 이념성향 판단 근거로 '성

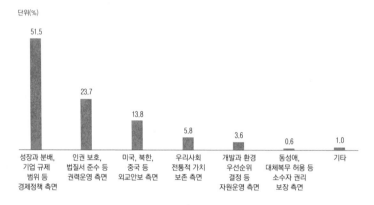

[이념성향 결정 시 중시하는 측면]

단위(%)

구분	성장과 분배, 기업 규제 범위 등 경제정책 측면	인권 보호, 법질서 준수 등 권력운영 측면	미국, 북한, 중국 등 외교안보 측면	우리사회 전통적 가치 보존 측면	개발과 환경 우선순위 결정 등 자원운영 측면	동성애, 대체복무 허용 등 소수자 권리 보장 측면	기타
%	51.5	23.7	13.8	5.8	3.6	0.6	1.0

장 분배 관련된 경제정책 차이'를 꼽은 의견이 무려 51.5%에 달했고 그 뒤를 이어 '인권이나 법질서 존중 등 권력을 어떻게 운영하느냐'는 권력운영 측면 의견이 23.7%, '미국과 북한에 대한 태도 차이'는 13.8%로 그다지 높지 않았습니다.

이 결과를 보면 국민 인식이 확실히 바뀐 것 같습니다. 대미, 대북의 차이보다는 경제정책 차이를 더 크게 보고 있고, 양 진영의 경제 해법의 차이를 명확히 구분하고 있다는 점이 드러납니다. 경제 상황을 더 절박하게 여기는 점도 응답에 어느 정도 영향을 줬겠지만, 그 못지않게 진보진영도 반미 일변도에서 벗어나 미국과의 동맹 필요성을 인정하고 있고 북의 핵실험 등에 대해 단호한 태도를 견지하고 있어서 대미, 대북에 대한 진보와 보수 간의 견해 차이가 과거보다는 줄어들었다고 여기는 것 같습니다. 이러한 인식이 형성돼 있으므로 차기 대선에서 여권의 색깔론 등 종북 공세가 잘 먹히지 않을 것입니다.

2. 진보와 보수의 인식과 실제

박시영 **"진보는 설익은, 보수는 퇴행적"**

이상일 **"진보는 운동권, 보수는 기득권 굴레에 갇혀"**

김지연 우리가 벌인 여론조사 결과를 살펴보도록 하겠습니다. 진보와 보수의 이미지가 어떤지 주관식(open question)으로 질문했는데요. '보수'하면 기득권이라는 응답이 가장 많았고요. 다음으로 안정이 꼽혔습니다. 다음으로 복지부동, 부정부패, 고리타분 과 같은 부정적인 이미지가 뒤를 따랐습니다. '안정' 이미지를 제외하고는 대체로 부정적 이미지가 많았습니다.

반면 진보 이미지는 개혁, 혁신이 제일 많이 꼽혔습니다. 이건 대체로 좋은 이미지인 것 같고요. 운동권, 좌파, 종북과 같은 부정적 이미지도 그 뒤를 따르고 있었습니다.

제가 두 분한테 질문하겠습니다. 국민이 본인 진영에 대해 어떤 이미지를 가졌으면 좋겠다고 생각하세요? 먼저, 이 대표님이 보수가 원하는 대표 이미지가 있다면 말씀해 주시죠.

이상일 보수진영의 내부 입장은 모르겠고요. (웃음) 저 개인적으로는, 단어로 표현한다면 보수 할 때 가장 먼저 떠오르는 이미지가 질서, 조화, 안정 이런 단어들입니다. 사회가 복잡하게 분화되면서 너무 다양해진 사회 구성원, 여러 가지 속성과 이해관계들이 많이 얽혀 있잖아요. 그 사이에 분쟁이나 갈등도 많아지고 조정은 점점 어려워지는 사회가 되었는데 보수라고 하면, 전체 사회가 안정될 수 있는 어떤 철학이나 윤리, 기준을 확립하고 그런 원칙에 따라 사회를 안정시켜가는 역할을 추구해야 하는 게 아닌가 하는 생각입니다.

그런데 우리 사회 현실 문제를 같이 보면서 생각할 때 균형이라는 단어의 비중이 좀 높아져야 한다는 생각이 들어요. 질서도 어느 정도 사회적 균형이 뒷받침되어야 가능하다고 생각되는데요. 우리 사회의 양극화와 분배구조의 불균형이 너무 심각해진 상황이 아닌가 합니다. 그래서 지금 한국사회 보수진영을 염두에 두고 말하라고 한다면, 균형과 질서 정도가 추구해야 할 가치가 되지 않을까 싶네요. 균형이라는 측면에 대해 그동안 집권세력으로서 너무 무관심했던 것 아닌가 싶고 그 반작용이 요즘 들어 정권교체론으로 촉발되는 양극화 사회의 단면이 된 것 아닌가 싶어서요.

물론 최순실 사태가 터진 이후를 생각하면 보수는 어떤 가치를 지향한다고 말하기 전에 가장 기본적인 것부터 다시 다져야 할 상황으로 보이죠. 박근혜 정부 말기의 이 상황은 보수와 정치 전반에 대한 심각한 가치 훼손을 가져올 것 같거든요. 정직, 공공성, 공사(公私) 구분 같은 가장 기본적인 자질 문제까지 국민이 의구심이 들지 않겠어요? 그런 상황에서는 어떤 가치를 내세워도 다 공허하게 들릴 뿐이죠.

김지연 그럼, 박 부대표님은 진보가 원하는 대표 이미지가 있다면 무엇인지 말씀해 주시죠.

박시영 저는 진보 하면 '담대한 변화'가 확실히 연상되도록 야권이나 진보진영이 잘해줬으면 좋겠어요. 세상을 바꿀 비전을 보여달라는 주문입니다.

[유권자의 보수(좌) 진보(우) 연상이미지]

근본적으로 사회경제적인 패러다임을 바꿀 때입니다. 지금의 현상유지 정책으로는 아무런 희망도 만들어낼 수 없습니다. 진보진영이 실의에 빠진 국민에게 미래의 기대감과 잃어버린 꿈을 되찾아줘야 합니다. 멈춰버린 심장을 박동시키고 평등의 꿈, 정의의 꿈을 지펴내야 합니다. 함께 바꾸자고 설득하고 정면 돌파해야 합니다. 이것이 박근혜-최순실 게이트가 우리에게 준 선물입니다. 세상을 바꿔야 한다는 절박감을 온 국민에게 불어 넣어준 거죠. 비정규직 없는 세상, 과연 불가능한 것입니까? 정부·기업·노조 등이 머리 맞대고 비정규직 문제 끝장 토론하자, 각자가 제 살을 도려내서 공동체를 살려내 보자. 한번 해보자는 이런 각오로 불평등한 구조를 과감히 깨트리겠다는 결연한 모습을 보여줘야 합니다.

김지연 만약 이걸 한 단어로 표현한다면 어떻게 표현할 수 있을까요? 보수는 '균형과 질서', 진보는 '유능한 변화'?

박시영 그런 셈이죠. 이번 조사에서 진보, 보수 각각 연상 이미지를 응답받았잖아요. 그런데 한번 보세요. 보수보다 진보 이미지가 더 좋아요. 이게 민심의 잣대죠. 진보가 잘한 게 아니라 보수에 대한 실망감이 두텁게 축적이 됐다는 겁니다. 보수 정권 10년 동안 꾸준히 쌓인 거겠지요. 새누리당 하면 기득권 집단, 부유층 대변세력, 부패 집단 등의 이미지가 나오고 있는데 과거보다 부정적 이미지가 강해졌어요. 보수진영이 잘 나갈 때는 안정, 보수 등의 연상 단어가 먼저 나왔는데 지금은 달라졌다는 겁니다. 차기 대선 가도에 적신호가 켜진 것이죠. 게다가 최순실 사태까지 일어났으니 지금은 보수진영 전체가 궤멸 상태라고 봐야죠.

이상일 맞는 말씀입니다. 그만큼 보수 정권이 내년이면 10년 차고, 올해 9년

차를 지나고 있는데 딱히 성과로 평가받을 만한 것들이 분명치 않아요. 또 꼭 보수 정권의 탓이라고만 할 수는 없지만, 신자유주의 흐름 속에서 분배구조의 불균형과 양극화 심화 등의 문제들을 풀지 못하거나 오히려 악화하는 걸 내버려 둔 책임이 크죠. 또 세월호나 메르스 대응에서 보이듯이 국가 기본질서를 유지하기 위한 시스템 측면도 약하고, 악재가 많으므로 당연하게 보수에 대한 부정적 이미지들이 축적됐다고 봅니다.

게다가 지금은 정책을 잘해왔느냐의 차원이 아니라 도대체 정권을 어떻게 운영해 온 거냐는 질문에 직면할 정도로 심각한 비판과 비난에 휩싸여 있습니다. 사상 초유의 현직 대통령 탄핵이 기정사실로 되고, 그로 인해 대선일정 조정과 개헌 문제까지 불거져 있고요. 보수에 대한 부정적 이미지가 축적됐고, 특히 지금은 긍정적 측면이 완전히 가려질 만큼 망가졌다는 걸 인정해야 할 상황입니다.

다만, 그렇다고 해서 현재 진보진영이 국민이 바라는 바람직한 개혁과 좋은 정책정당, 미래 비전 같은 긍정적 이미지를 흡수해 내고 있느냐 하는 부분은 의문입니다. 다시 말하면 '진보'가 바람직한 가치로 인정받는다 하더라도 지금 진보를 표방한 야당들이 그에 걸맞은 정당이라고 평가되느냐 하는 문제는 별개라는 뜻입니다.

박시영 맞는 말씀이고, 100% 동의합니다.

김지연 보수의 자유연상 이미지에서 새누리당이 세 번째로 나오는데요.

박시영 유일 보수정당이잖아요. 진보정당은 정의당부터 시작해서 민주당 등 다양하게 분산돼 있고요.

이상일 예를 들어 진보했는데 더불어민주당이 3~4위에 떠올랐다면 진보 이미지를 더불어민주당(이하 더민주)이 흡수하고 있다는 얘기인데, 그게 잘 나타나지 않는 거죠. 진보라는 단어가 함축한 긍정적 이미지를 현재 더민주가 흡수해 낼 수 있느냐 하는 게 진보진영의 과제가 될 겁니다. 정권교체를 외치고 있지만, 유권자들은 보수 진영이 괴멸 수준으로 붕괴하였는데도 더민주와 그 당의 대권 주자들에게 완벽한 신뢰를 보내지 않고 있잖습니까?

박시영 진보진영의 경우 더민주, 정의당 등으로 분화돼 있고 중도 색깔이 강한 국민의당까지 출현하여 야권의 정당구조가 더 복잡하게 되었습니다. 더민주가 야권의 맏형 노릇을 하고 있지만, 진보 색채가 강하지는 않습니다. 분단과 신냉전 시대의 돌입으로 진보의 색채를 강력하게 표방을 못 한 측면도 고려해줘야 한다고 봅니다. 집권을 위해 불가피한 측면도 있거든요. 사드 배치를 반대하나 당론으로 전략적 모호성을 유지하는 것도 수권을 향한 고육지책으로 보입니다. 저는 이런 더민주의 결정에 개인적으로 불만이 많습니다. 어쨌든 이런 태도들로 인해 더민주의 진보 대표성은 약화된 게 분명합니다. 이 대표님의 지적에 공감하면서 저 역시 더민주의 진보성이 지금보다 강화되어야 한다고 생각합니다.

김지연 두 분이 상대방 진영을 바라볼 때 대표적인 이미지는 무엇인가요? 먼저, 진보 입장에서는 보수 하면 가장 먼저 어떤 것이 떠오르세요?

박시영 보수? 힘이 있다.

김지연 긍정적인 거네요?

박시영 그렇죠. 이번 조사결과를 보면 새누리당에 대해 진보층은 기득권, 부유층, 부패, 보수, 이렇게 보고 있는 반면에 보수층은 보수, 기득권, 안정, 영남 등으로 사뭇 다르게 보고 있죠. 마찬가지로 더민주에 대해 진보층은 민주, 진보, 호남, 서민층 대변, 이렇게 보고 있는 반면에 보수층은 운동권, 이념 과잉, 호남, 사분오열 등으로 보고 있습니다.

김지연 더민주에 대한 그런 인식에 대해 동의하신다는 건가요?

박시영 국민 인식이 그렇다는 거죠. 진보진영에 대해 덧씌워진 부분이 많아 사실 억울한 부분도 많습니다. 하지만 국민의 인식을 존중해야 하므로 겸허히 받들어야죠. 반성할 부분은 통렬하게 반성해야 하는 거고요. 이 점을 과감히 인정하고 출발해야 정말 달라질 수 있거든요.

김지연 그럼 보수 진영에 대해 부러운 점이나 갖고 싶은 이미지는 뭔가요? 아까 힘이라고 말씀하셨나요?

박시영 보수진영의 장점으로 힘과 질서를 꼽고 싶네요. 위기 때는 이견이 있더라도 일사불란하게 움직이고 단합을 잘하죠. 새누리당을 보면 의원들이 개인보다는 당 전체를 보고 움직인다는 느낌이 많았지요. 하지만 지난 총선 때 이후부터는 많이 달라졌죠. 최순실 사태 이후에는 완전 콩가루 집안이 된 것 같고요. (웃음) 흔히 보수정당을 이익집단으로 보잖아요. 기득권층을 대변하다 보니까 누가 잡든 떡고물 나눠 먹을 생각으로 뭉쳐 있는 거 아닙니까? 어찌 보면 그런 정서가 에너지로, 동력으로 작동하는 것 같아요. 힘이 강한 세력에게는 일단 숙이고 복종하는 세태가 있으니까요. 보수진영은 국민 전체보다는 지지층을 중심으로 사고합니다. 국민의 반대가 높아도 지지층이 찬성하면 요지부동입니다. 역사교과서 국정화도 밀어붙이고, 대기업 세금 감면, 가진 자를 위한 부동산 정책 등 거칠 것이 없잖아요. 여론 눈치도 보지 않고 막무가내로 밀고 나가잖아요. 일견 부럽기도 하지만 이건 아니죠. 결국, 국민만 죽어 나가는 건데 이런 행태가 누적되다 보니 민심이 등을 돌린 겁니다. 새누리당은 오랜 기간 우리 사회 주류를 대변해 왔기 때문에 돈도 풍족하고 조직력도 막강합니다. 큰 실책만 벌이지 않으면 종편, 조중동 등 언론의 지원이 확실하죠. 미국의 영향권에 놓여 있고 남북 간의 대치국면이 이어지고 있는 대한민국 현실에서 비주류 진보세력이 주류인 보수세력을 누르고 이긴다는 것이 말처럼 쉬운 것이 절대 아니거든요. 그런 면에서는 약간 부러울 때가 있죠. 보수는 선거 치르기가 참 쉽거든요.

김지연 그럼 이번에는 이 대표님이 보수의 입장에서 진보진영에 대해 부러운 점이 무엇인지 말씀해 주시죠.

이상일 개혁이라는 영역을 강하게 장악하고 있는 점이 부럽죠. 저는 보수라고 해서 개혁과 연결될 수 없다고 보지 않는데요. 지난 두 차례 대선에서 이길 때 보면 보수라는 타이틀을 갖고 있으면서도 변화하려는 노력을 통해 개혁적 보수라는 인정을 어느 정도는 받았다고 생각해요. 당도, 후보들도 기존의 과거 수구 보수 이미지를 벗어나려는 노력을 많이 했고 실제 정당개혁이나 정치자금법 개혁, 또 개혁적 성격의 공약들도 많이 내놓고 선거를 치렀습니다. 그런 과정을 통해 일정 부분 보수의 수식어처럼 따라붙던 '수구'라는 말을 희석한 것도 사실이고요.

그런데 2016년 지금 상황에서 보면 이런 변화의 노력과 개혁을 가미하려는 노력이 상실된 게 아닌가 싶습니다. 지난 총선을 거치면서 특히 개혁적 변화와 거리가 멀어졌고요. 최순실 사태에 와서는 기본조차 제대로 안된 정치세력으로 낙인찍히는 상황에 이른 것 같습니다. 보수진영 내에서 대선 패배론이 공공연할 정도로요.

김지연 좀 더 구체적으로 들어가 보죠. 선거 때가 되면 각 진영에서는 자신을 지키고 상대방을 공격하는 프레임 전쟁이 시작되는데요. 선거 때 활용하거나 악용되는 보수와 진보의 이미지는 어떤 것이 있나요?

박시영 예를 들면 선거 시기를 앞두고 경제 불안감을 고조시켜라, 이런 전통적인 명제가 있거든요. 불안감이 크게 조성될수록 안정 세력인 보수진영에 유리하다는 정설이 있죠.

이상일 만약 진보진영이 자신들의 영역으로 '합리적인'이라는 말을 끌어올수 있고, '불안'이라는 딱지를 떼어낼 수 있으면 그런 구도가 진보에 유리한 구도를 창출할 수 있다고 보고요. 반대로 보수진영이 개혁적 보수나 따뜻한 보수를 내걸 수 있고 진보를 운동권 세력으로 규정짓는 게 유권자들에게 수용될 수 있는 흐름으로 간다면 보수진영에 유리한 프레임이 될 것이라고 봅니다.

김지연 우리나라의 역사적 특성상 다른 나라와 대비되는 독특한 불안요소가 있잖아요. 북한 변수인데요. 과거 보수 정권에서는 선거 승리를 위해 남북 불안감을 강조시키는 전략을 사용하기도 했는데요. 보수 입장에서 남북문제에 대한 불안감이 효과적일 수 있을까요?

이상일 그건 아니라고 봅니다.

박시영 그건 오히려 자충수가 될 거예요.

이상일 그런 특정한 분야에 대한 불안감보다, 야권이 유의해야 하는 불안감은 총체적이고 종합적인 불안감을 떨치는 일이 될 것 같습니다. 보통, 사람들한테 물었을 때 어떤 사람이 대통령이 되느냐가 중요한 문제라고 답하긴 하지만, 실제 누가 대통령이 되느냐에 따라 구체적인 자기 삶의 조건들이 단기간에 변할 수 있다고 믿지는 않는다고 봅니다. 경제 상황이나 사회 개혁 같은 것들이 대통령이 누가 되느냐, 어느 정당이 집권하느냐에 따라서 단기간에 달라질 것으로 믿는 국민은 별로 없죠. 그렇게 본다면, 기존에 야당이 안고 있는 '불안감'이라는 것은 야당이 다시 집권했을 때 안정적으로 국정을 끌고 갈 수 있을까 하는 수권 능력에 대한 종합적 불안감이 더 큰 문제가 될 것으로 봅니다.

예를 들어 야당 입장에서 최악의 구도는 이런 거죠. 현재 보수 정권이 뭔가 잘못한 게 많고 불만도 많지만, 과거나 현재 모습을 봤을 때 야당도 결국 별로 기대할 것이 없다면 그런 분위기 속에서는 야당이 심판론을 아무리 외쳐봐야 그것이 자신의 득표로 연결되지 못하는 딜레마에 빠지게 됩니다. 그것이 야당으로서는 가장 우려할 '불안감' 구도가 될 것이라고 봅니다.

그런 미묘한 점이 있으므로 지금 정권을 심판론으로 강하게 몰아붙인다고 해서 야당의 지지층이 늘어난다는 보장이 없어요. 실제 지금 반기문-문재인-안철수 등 대선후보 지지율 구도를 보면 그런 측면이 충분히 있다고 봅니다. 최순실 사태로 인해 여권 후보로 인식된 반기문 지지율이 급락하면서 점점 야권, 특히 문재인 후보의 대선 승리 가능성이 높아진 건 사실이지만 지금 상황에서 만약 3자 구도로 대선이 전개되었을 때 반드시 승리할 것으로 장담하긴 어렵죠.

3. 진보와 보수의 뇌구조

박시영 "진보,
　　　집권하려면
　　　선민의식을
　　　버려라"

이상일 "보수,
　　　탐욕과 기득권
　　　내려놔야
　　　바로 설 것"

김지연 언제부터인가 복잡한 생각들을 단순하게 정리한 '뇌 구조' 그리기가 유행했습니다. 토론을 시작하기 전, 두 분에게 각자의 진영에 대한 뇌 구조를 그려오라고 요청했었는데요. 먼저 박 부대표님이 그려온 진보진영의 뇌 구조에 대해 이 대표님의 비판을 들어보도록 하겠습니다.

이상일 단어들을 그릴 때 진보진영의 뇌 구조 그림을 그리면 민주, 개혁이라는 단어가 들어갈 것 같네요. 스스로 민주개혁세력으로 자처하는 쪽이니까요. 그런데 문제는 진보진영이 민주주의나 민주라는 말을 자신들의 고유한 자산이자 상징처럼 쓰는데 저는 과연 국민도 진보진영=민주, 개혁세력이라는 등식을 인정하는지 의문입니다.

진보진영 논객들이나 학자들이 책을 쓸 때 스스로 자신들을 정의하면서 민주개혁세력이라고 쓰잖아요. 저는 그걸 볼 때마다 이 사람들은 여전

[진보의 뇌 구조]

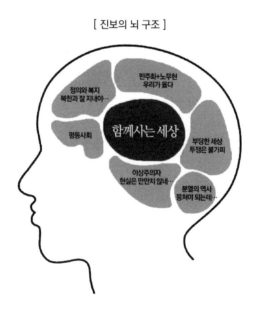

히 민주화 운동의 주역이었다는 과거의 성취에 취해서 살아가는 사람들이고 도덕적 우월감을 떨쳐버리지 못하는 세력이 아닌가 하는 생각을 합니다. 개혁을 진보의 중심가치로 내세우는 건 이해가 되지만 민주라는 말이 꼭 진보진영의 소유물은 아닙니다. 절차적 민주주의가 완성된 지금 보수 정권도 민주주의 원칙에 따라 선출된 정권이고 민주주의 원리에 따라 국가와 정당이 운영되잖습니까. 최순실 사태가 그런 기본적 작동원리조차 보수가 제대로 실현하지 못했다는 비난을 일으키긴 했지만, 그건 보수진영의 문제라기보다는 박근혜 대통령의 개인적 특수성이 더 크게 작용한 문제라고 봅니다.

저는 진보진영이 '민주'를 성역화된 단어처럼 스스로 훈장을 달 듯 쓰는 행태를 좀 이해하기 어렵습니다. '나는 도덕적이고 우월하다, 우리와 다른 쪽은 악이고 반민주 세력이다.' 그런 인식틀 속에 갇혀 있는 것 같아서요.

김지연 다음은 이 대표님이 그려온 보수진영의 뇌 구조에 대해 박 부대표님의 비판을 들어보도록 하겠습니다.

박시영 저는 보수의 문제는 균형감각 상실, 시대 흐름의 역행인 것 같아요. 뭔 얘기냐 하면, 경제해법에 대하여 임금주도성장을 통해 불평등 구조를 완화해야 한다고 세계 유수의 기관들까지 다 나서서 이야기하고 있는데, 유독 우리나라 보수진영은 그 말을 들으려고 하지 않는다는 겁니다. 양극화가 더 심화하면 성장도 멈추고 공동체가 무너질 수 있다고 여러 차례 경고하는데도 막무가내입니다. 이런 주장을 포퓰리즘으로 깎아내리면서 말이죠. 한마디로 시대에 뒤떨어진 세력이고 외골수입니다. 국회입법조사처의 자료에 의하면 2012년 상위 10%의 소득 집중도가 44.9%에 달해요. IMF 이전인 1995년에는 소득 집중도가 29.2%에 불과했는데 7년 사이에

[보수의 뇌 구조]

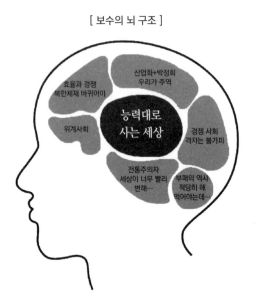

효율과 경쟁
북한체재 바뀌어야

산업화+박정희
우리가 주역

위계사회

능력대로
사는 세상

경쟁 사회
격차는 불가피

전통주의자
세상이 너무 빨리
변해…

부패의 역사
적당히 해
먹어야는데…

15.7%p나 급상승했어요. 상위 10%와 하위 10% 간의 월 소득 격차도 갈수록 더 벌어지고 있고요. 국세청 자료를 분석한 결과, 2014년 기준으로 상위 1%의 보유 부동산이 16%를 차지한다는 충격적인 조사결과가 발표되기도 했습니다.

2014년에 OECD와 ILO에서 공동보고서를 냈는데, 세계 경제의 저성장 원인이 임금 격차에 따른 소득불균형이고 격차 해소가 지속성장의 필수요소라고 강변합니다. 세계는 빠르게 변화고 있는데 우리나라 경제계나 관료, 보수세력의 시계는 과거에 여전히 머물고 있습니다.

김지연 어떻게 생각하세요? 이 대표님 동의하세요?

이상일 저는 보수의 뇌 구조를 그릴 때 아마 스스로 인정하든 안 하든 그 주

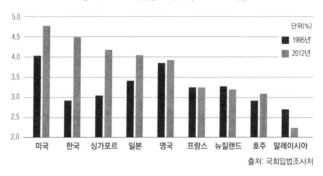

상위 10% 소득집중도 변화 (1995~2012년)

출처: 국회입법조사처

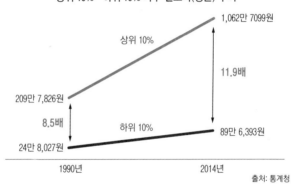

상위 10% · 하위 10% 가구 월소득(평균) 추이

출처: 통계청

세력, 실제 보수라는 세력의 중심을 형성한 기득권 세력들의 뇌 구조 안에는 '탐욕'이라는 단어가 크게 자리 잡을 거라고 봅니다. 그게 뭐냐 하면요

박시영 어, 좋은 말이네요.

이상일 보수에서 여러 가지 복지나 시혜, 상생, 나눔 등의 이야기를 하지만

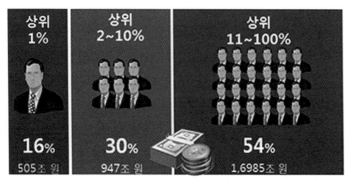

[보유 부동산 자산가치 비율]

상위 1%

상위 2~10%

상위 11~100%

16%
505조 원

30%
947조 원

54%
1,6985조 원

출처: 국세청 / 박원석 의원실 (2014)

결국 중요한 부분에서는 그들만의 세상 안에서 살아가고 있고, 권력이나 재화에 대한 탐욕을 버리지 못한 채 독과점하며 살아온 것이 사실이잖아요. 물론 모든 보수가 그렇다는 뜻은 아닙니다. 따뜻한 보수를 주장해 온 유승민 의원도 있고, 정진석 원내대표도 20대 국회 첫 교섭단체 대표 연설에서 중향 평준화라는 격차 해소에 방점을 찍은 내용을 발표했죠.

그렇지만 우리 사회가 더는 용인하기 어려울 정도로 양극화되고 격차가 심해졌는데, 보수진영 전반에서 아직도 이 문제를 중심 과제로 설정하고 있지 않아 보인다는 것이 문제입니다. 이건 진영논리를 떠나 사회 전체를 안정시키고 효율성을 높이는 측면에서 모두가 노력해야 하는 당면과제라고 봅니다. 특히 집권당에서 더욱 노력해야 하는 문제라고 생각돼요. 보수만 안고 있는 문제는 아니겠지만 그래도 보수가 불공정과 격차 등의 심각성을 인정하고 그 문제에 대해 더 적극적으로 바꾸려고 노력해야 한다고 생각합니다. 그것을 바꾸지 않는 한 대선 승패와 같은 문제를 떠나 더 큰 문제에 직면할 것이라는 우려가 듭니다.

논의 이후에 터진 이야기지만, 결국 최순실 사태라는 것도 본질적으로 두 가지 문제에서 기인한 것 아닐까요. 하나는 그들만의 세상을 만들어 탐욕스럽게 국가 예산과 기업의 돈을 긁어모으려 했다는 것이고요. 다른 하나는 공적 시스템 내에서도 아주 협소한 내부조직, 핵심세력만이 공유하는 정보의 독점이라는 두 문제의 합작품이 최순실 사태의 본질이라고 봅니다.

박시영 손뼉 한번 칩시다. 이 대표님 같은 분들이 보수진영에 많아져야 하는데요. (웃음)

진보진영이 정권교체를 이루고 장기 집권에 성공하려면 선민의식을 버려야 한다는 것에 대해 저 역시 100% 동의합니다.

선민의식은 민주화 경험 때문에 쌓인 겁니다. 운동권 출신들은 과거 군부독재 시절 폭압에 맞서 불의에 항거하며 민주화를 전진시켜왔다는 자부심이 강합니다. 기득권층의 부패와 특권의식에 대한 거부감도 상당하죠. 이런 특성 때문에 '우리는 선이고, 저들은 악이다'라는 이분법적 사고가 남아 있죠. 선민의식이 아직 남아 있긴 하지만 그래도 과거보다 많이 줄어든 것은 사실입니다. 운동권들도 세태에 치이면서 때가 좀 많이 묻었죠. 그렇다고 보수진영이 이들의 정의를 추구했던 행동이나 신념을 폄훼하려 해서는 안 됩니다. 옳지 않습니다. 선민의식을 비판하더라도 우리 사회에 기여한 민주화 세력, 운동권들의 공은 공대로 인정해야 합니다.

정치권에서는 다른 정치세력에 비해 '친노세력'의 선민의식이 유독 높습니다. 김근태 정신을 따르는 민평련 그룹보다 더 높은 것 같습니다. 친노의 다수는 운동권 출신인데 운동권이 가진 선민의식에 더해서 노무현 요소까지 추가돼서 더 그렇다고 봅니다. 정의의 상징인 노 대통령 가치까지 더해지니 우월의식이 얼마나 높겠습니까? 친노에 대해 배타적이고 폐쇄적이라는 비판이 제기되는 것도 이러한 풍토와 무관하지 않다고 봅니다. 친노

배타성 주장에 대해 터무니없는 정치공세로만 치부해서는 안 됩니다. 진보진영이나 친노세력이 더는 선민의식에 사로잡혀 있어서는 안 됩니다. 과거의 훈장은 과감히 던져 버려야 합니다. 그래야 성장할 수 있습니다.

4. 진보와 보수,
이건 억울하다

박시영 **"'진보 무능 프레임'은
보수의 궤변이다"**

이상일 **"보수여서
부패한 게 아니라,
'부패한 보수'가
문제"**

김지연 지금부터는 각 진영에서 겉으로 비치는 이미지 중 이건 정말 억울하다는 것이 있으면 해명(?)을 듣도록 하겠습니다. 진보와 보수, 각자의 진영에 대해 일반 국민이 생각하고 있는 혹은 상대방 진영에서 생각하는 오해(?)가 있으면 말씀해 주시기 바랍니다.

박시영 보수도 억울한 게 많을 거예요. 그렇죠?

이상일 이번 여론조사에서 보수세력은 부패했다는 평가에 동의한다가 73%예요. 그 정도로 보수가 기득권이나 부패 이미지와 강하게 연결되어 있다는 뜻이겠죠. 개인적으로는 억울해하는 정치인들이 있겠지만요. 최순실 게이트 이후 지금 다시 여론조사를 한다면 부패 동의율이 90%는 넘지 않을까요?

그러나 조금 변명을 하자면 현재 새누리당, 보수세력에 부패나 기득권이라는 이미지가 씌워진 건 그만한 이유가 쌓였기 때문이겠지만, 보수이기 때문에 무조건 부패했다는 평가는 잘못된 인식이라고 봅니다. 우리나라의 보수세력은 '97년 정권교체 전까지 수십 년간 정치·경제적 권력을 독점해 온 지배그룹이었습니다.

장기간 국가사회의 주요한 권력이나 경제적 이권을 독점하면서 기득권이 형성되고 그 기득권을 활용해 더 강한 권력과 더 많은 자본을 추구하는 과정에서 쉽게 부패의 고리에 노출되었다고 봐야죠. 만약에 반대로 진보진영이 수십 년간 우리 사회의 주류, 지배세력이 되었다면 결국 그들도 비슷한 궤적을 걸었을 것이라는 겁니다.

진보이기 때문에 지배세력이 되어도 부패하지 않을 것이라는 진단에 동의하기 어렵다는 거죠. 특히 지금처럼 사회가 점점 투명해지고 여러 부패의 사슬을 견제하는 장치들이 만들어지기 이전 시대라면, 어느 이념집단이든 장기간 권력과 돈을 독점했을 때 쉽게 부패에 노출될 수 있다고 보는 겁니다. 절대적 평등을 주장하는 공산당도 권력을 차지했을 때 처음의 의지와는 다르게 기득권층이 되고 부패하기도 한다는 건 이미 충분히 경험된 사실들 아닌가요?

어쨌든 보수세력은 부패라는 고리에서 벗어나지 못한 집단으로 인식되고 있는 것이 이번 조사에서 잘 드러났고, 현실이라고 인정해야 할 것 같습니다. 보수이기 때문에 부패했다는 말은 성립되지 않더라도 보수세력이 어떻게 인식되고 있는지에 대해 억울해할 것이 아니라 진지하게 고민하고 대안을 모색해야 할 시기인 것 같아요.

김지연 보수이기 때문에 부패한 것은 아니지만 결과적으로 부패한 사람 중에 보수가 많았던 것은 사실인 것 같아요. 그럼 이 대표님은 새로운 보수에서는 부패와의 연결고리를 끊을 수 있다고 생각하시는 거예요?

이상일 새로운 보수라는 말이 어떤 뜻이 될지는 모르지만, 보수라는 가치지향 집단 자체가 부패에 취약한 속성을 가진 건 아니잖아요. 합리적인 경쟁과 공익을 저해하지 않는 자유 보장, 이런 본질적 가치에 충실히 하려고한다면 보수도 부패에 대해 민감해지고 구습에서 벗어나려는 노력을 충분히 할 수 있고, 해야 한다고 생각하는 거죠. 이번에 김영란법이 시행되면서 우리 사회가 큰 변곡점을 맞고 있는 것 같습니다만 점차 투명해지는 사회에서는 보수나 진보 이런 진영논리를 떠나 사회 전체가 어떻게 하면 부조리를 없애고 공정하고 합리적인 국가와 사회를 이룰 것이냐에 대해 고민할 수밖에 없을 것으로 생각해요.

특히 이번 최순실 사태는 우리 사회의 오랜 과제인 정경유착 문제를 포함해 공적 시스템의 개방성이나 투명성 같은 근본적인 이슈들을 끌어올렸잖아요. 보수는 당연히 이에 대한 대책들을 내놔야 할 것이고 정치권 전체가 고민할 수밖에 없는 문제로 보입니다.

박시영 이 대표님의 말씀은 보수가 권력을 오래 잡다 보니 부패 고리가 많을 수밖에 없고 기득권층이 부패를 저지른 것인데 그들을 대변하는 정치세력이다 보니 전체가 부패한 세력처럼 낙인찍힌 거 아니냐는 거죠? 그다지 설득력은 없네요.

보수 정권 출범 이후 청와대는 물론이고 권력기관까지 모조리 다 썩을 대로 썩지 않았습니까? 스폰서 검사, 비리 판사, 급기야 최순실 게이트까지요. 대한민국이 악취로 진동하잖아요. 보수진영은 원래부터 윤리 개념이 희박했던 집단이었지만 해도 해도 너무한 것 같습니다. 보수 정권들은 공안통치, 공포정치로 관료를 통제하고 반대세력을 겁박하면서 권력을 사유화했습니다. 그 정점에 최순실 게이트가 있는 겁니다.

김지연 보수의 기득권 이미지는 친일문제를 청산하지 못했던 것과 연결되는 부분도 있지 않나요?

이상일 이 부분도 보수와 친일이 어떤 연결고리를 가지고 있다기보다는 역사적 상황이 초래한 문제인 것 같아요. 광복 이후 미 군정이 자신들을 도울 세력으로 일제강점기 때 관료 경험이 있던 그룹을 주로 선택하면서 일제 잔재 청산이 흐지부지된 부분도 있고요. 그들이 결국 반공(反共)과 친미(親美)를 기치로 내걸고 국가 지도층을 구성하면서 일정 부분 친일 잔재를 안고 오게 된 게 아닌가 싶습니다.

박정희 대통령 시기나 김영삼 대통령 시기를 돌아보면 보수세력도 자주적 민족주의나 역사바로세우기 같은 노력을 했던 사실들이 있으므로 친일이라는 딱지를 붙이는 것이 억울할 수 있지요. 그렇더라도 현재 주류세력이 일제의 잔재를 제대로 청산하고 국가를 이끌어 왔느냐 하는 문제에서 부족한 부분이 있으므로 국민이 그런 이미지를 연상하는 게 아닌가 싶어요. 친일의 잔재가 됐든 유산이 됐든 그 혜택을 가장 많이 받은 그룹이 보수진영에 주로 분포하기 때문이겠죠.

박시영 새누리당의 부패가 과거보다 좀 줄어들었다는 느낌도 들었는데 사실이 아니었습니다. 그저 은폐돼 있었을 뿐이었습니다. 훨씬 더 규모가 커졌고 도둑질도 더 대담해졌습니다. 최근 터진 박근혜-최순실 게이트로 새누리당의 그간 혁신 노력이 다 물거품이 됐습니다. 여당이 공범으로 전락했습니다.

친일 문제는 보수가 아프게 봐야 합니다. MB와 박근혜 정부가 들어선 이후 친일 문제로 국민의 자존심이 크게 훼손되었거든요. MB가 일본에서 출생했고 박 대통령의 부친이 일본군 장교 출신이기 때문에 더더욱 조심하고 섬세한 관리가 필요했는데 한일 위안부 협상 문제 등 아예 대놓고 국민의 감정선을 건드렸습니다. 이뿐 아니라 역사교과서 국정화, 건국절 논란 등 대한민국 정통성을 훼손하는 일까지 강행하려 듭니다. 보수 정권이 건국절 논란과 이승만 대통령 띄우기를 통해 취약한 정통성을 확보하려 하는데, 건국절 주장은 명백하게 임시정부를 부정하는 행위입니다. 이승만 대통령은 공보다는 과가 더 많은 인물 아닙니까?

우리 헌법은 임시정부를 계승하고 있습니다. 정체성을 흔들면 안 됩니다. 국민적 공감대 없이 불쑥불쑥 건드리는데, 왜 뜬금없이 그러죠? 국민은 의아해합니다. 해방 이후 친일 잔재 청산이 안 돼 친일 부역자들이 불행히도 우리 사회 기득권층으로 안착하게 됐습니다. 친일 문제에서 벗어나지 못한 세력은 처절한 반성부터 해야 합니다. 보수진영이 국민에게 지지

받으려면 균형된 역사 인식을 해야 합니다. 현 정권의 무리수로 보수=친일이라는 등식이 상당 기간 지속될 것 같습니다.

이상일 건국절 논란은 법제화 움직임 등 좀 서두르는 감이 있어서 그 부분은 좀 아쉬운데요. 그러나 건국의 시기를 어떻게 볼 것인가는 꼭 보수나 친일 문제와 연관 지어 해석할 문제는 아닌 것 같습니다. 국가의 성립 시점을 어디로 보느냐에 대한 객관적 조건들을 놓고 본다면 1948년 정부수립이 대한민국의 건국이라는 점은 분명한 게 아닌가요. 영토, 국민, 주권이라는 국가의 형성요소도 그렇고 국제사회의 인정과 수교 등 국제관계 속에서 국가로 인정받게 되는 시점도 그렇고요.

오히려 저는 정부수립과 별개로 정통성, 어떤 역사적 뿌리 같은 것을 너무 강하게 의미 부여해서 임시정부를 건국으로 봐야 한다는 주장에 동의하기 어려워요. 말 그대로 임시정부였고 그것도 해외에서 시작된 일종의 독립운동 상황의 산물을 건국으로 하자는 주장은 너무 이념적 가치나 이런 측면에 치중한 주장이 아닌가 싶습니다. 임시정부라는 표현 자체가 공식적인 정부가 아니라는 말 아닌가요?

다만, 건국절 법제화는 보수 진영에서도 좀 더 공론을 거쳐 국민의 의견을 수렴해 가며 논의해 가야 할 문제이지 여야 또는 보수와 진보가 대결적 구도 속에서 누구의 주장이 옳은가만 가지고 논쟁하고 싸울 문제는 아니라고 봅니다.

박시영 역사 문제에 대한 입장은 진영 간에 일치하지 않는 부분이 많습니다. 특히 일제강점기 이후에 벌어진 역사는 더 민감합니다. 이승만 전 대통령, 사회주의 항일독립운동가, 제주 4·3항쟁, 보도연맹사건 등 견해 차이가 여전합니다. 어느 정권이든 자신들의 입맛에 맞게 해석하려 듭니다. 집권세력이라면 누구든지 그러한 욕망을 가집니다. 그건 인정합니다. 다만 풀어가는 과정에서 정부가 강압적이고 일방주의적인 느낌을 주면 반드시 역풍을 맞게 돼 있다는 점을 알아야 하는데 현 정권이 그걸 무시한다는 게 문제입니다.

이상일 그건 동의합니다.

박시영 정권들이 역사문제를 풀어가는 방식이 미숙합니다. 지나치게 선악구조로 판단해서 우리는 이게 옳으니까 밀고 가겠다는 오만한 느낌을 주는 경우가 적지 않았습니다. 정통성이 약한 세력일수록 역사를 뜯어고치려는 유혹에 빠져들곤 합니다. 정부가 역사문제를 다룰 때 상식에 어긋나면 국민이 등을 돌린다는 점을 잊지 말아야 합니다.

김지연 아무래도 보수의 부정적 이미지가 많다 보니까 좀 이야기를 많이 했네요. 지금부터는 진보진영에서 억울한 것이 있으면 이야기를 들어보도록 하겠습니다. '보수는 부패'를 얘기할 때, '진보는 무능', 이런 말이 많이 나오거든요. 그밖에 종북 색깔 씌우기도 심심찮게 나오기도 하는데요.

박시영 진보는 말한 대로 무능 프레임에 오래 갇혀 있었죠. 정치공세지만 집권을 두 번밖에 못 했기 때문에 문제해결능력이 떨어진다는 선입견이 있을 수 있습니다. 지나치게 이상적인 말만 늘어 놓는다는 등 비난이 뒤따라옵니다. 그런데 말입니다. 한번 따져봅시다. 무상급식이 지금은 낯설지 않죠? 처음부터 그랬을까요? 이 공약은 과거 민주노동당의 창당공약이었습니다. 그 당시에는 정치권이나 언론이 콧방귀도 안 뀌었죠. 2009년 김상곤 경기교육감이 선거 이슈화하여 관심이 생겼고, 급기야 2010년 지방선거에서 야당이 핵심공약으로 들고나와 붐을 일으키면서 보편화한 것 아닙니까?

이렇듯 진보 의제가 시대가 지나면서 뒤늦게 빛을 본 경우가 많습니다. 진보 의제는 시대를 앞선 주장이다 보니 실현 가능성에 의문이 들겠지만, 양극화의 심화로 하나둘씩 반영되고 있습니다. 국민의 정부와 참여정부 집권경험으로 진보의 정책 능력이 새누리당보다 전혀 뒤떨어지지 않습니다. 또한, 진보에는 늘 반대한다는 이미지가 덧씌워져 있는데요. 이것 역시 두 번밖에 집권하지 못해서 생겨난 오해입니다. 야당은 정권 견제가 본래 역할이잖아요. 그래서 늘 반대한다는 선입견이 생긴 겁니다. 정치공세고 낡은 프레임이죠.

이참에 한 가지 짚고 넘어갑시다. 과연 새누리당이 과거 야당 시절에 어땠는지 기억나세요? 발목잡기가 몇 배는 더했습니다. 참여정부가 사학법 개정을 추진하자 이에 반발해 53일간 장외투쟁을 이끈 게 당시 박근혜 대표였습니다. 만약에 민주당이 그렇게 오랜 기간 장외투쟁했다면 언론들이 난리를 쳤을 겁니다. 매사 역지사지해야 합니다.

김지연 예전 한나라당 반대에 비하면 지금 야당의 반대는.

박시영 아무것도 아니지요.

김지연 인사청문회에서 논문표절이다, 부동산 위장 전입이다 해서 탈탈 털어 공직 후보를 낙마시키는 전통은 참여정부 시절 야당인 한나라당이 시작한 거로 기억이 나는데요.

박시영 한마디만 더 얘기할게요. 경제 무능 프레임은 굉장히 억울해요. 이제는 국민이 알아가고 있지만, 경제성장률만 놓고 봐도 국민의정부와 참여정부 때가 이명박 정부나 박근혜 정부 때보다 분명히 높았습니다. 그뿐만 아니라 국가채무, 가계 부채, 수출증가율, 외환보유증가율 그 어떤 걸 대비해도 진보가 더 나았습니다. 보수보다 무능하다는 것은 억지주장입니다. 국민의정부와 참여정부도 부족했지만 그렇다고 해서 경제를 망친 이명박 정부나 박근혜 정부와 비교할 성질은 아닙니다. 그런 우월감은 느끼고 있습니다.

[역대정권 정책 및 지표 비교]

● 경제성장률

구분	김대중					노무현				
	1998	1999	2000	2001	2002	2003	2004	2005	2006	2007
경제성장률	-5.7%	10.7%	8.8%	4.5%	7.4%	2.2%	4.9%	3.9%	5.2%	5.5%
	5.14%					4.34%				
세계평균 (세계은행)	2.45%	3.3%	4.33%	1.97%	2.18%	2.9%	4.46%	3.82%	4.38%	4.31%

구분	이명박					박근혜		
	2008	2009	2010	2011	2012	2013	2014	2015
경제성장률	2.8%	0.7%	6.5%	3.7%	2.3%	2.9%	3.3%	2.6%
	3.20%					2.93%		
세계평균 (세계은행)	1.84%	-1.68%	4.35%	3.13%	2.48%	2.4%	2.63%	2.47%

* 통계청 나라지표, 세계은행 참조

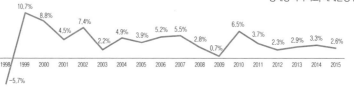

● 수출증가량

구분	김대중					노무현				
	1998	1999	2000	2001	2002	2003	2004	2005	2006	2007
수출량	1,323	1,437	1,723	1,504	1,625	1,938	2,539	2,844	3,255	3,715
연간수출증가율	5.3%					17.7%				

구분	이명박					박근혜		
	2008	2009	2010	2011	2012	2013	2014	2015
수출량	4,220	3,635	4,664	5,552	5,479	5,596	5,727	5,268
연간수출증가율	6.7%					-1.4%		

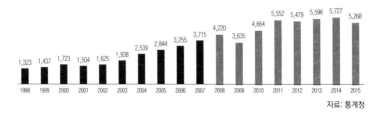

자료: 통계청

[역대정권 정책 및 지표 비교]

● 국가경쟁력지수

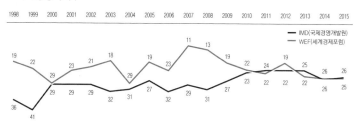

● 종합 주가 지수

구분	김대중					노무현				
	1998	1999	2000	2001	2002	2003	2004	2005	2006	2007
코스피	562.46	1,028.07	504.62	693.7	627.55	810.71	895.92	1,379.37	1,434.46	1,897.13
코스닥	751.8	2,561.40	525.8	722.1	443.6	448.7	380.33	701.79	606.15	704.23

구분	이명박					박근혜		
	2008	2009	2010	2011	2012	2013	2014	2015
코스피	1,124.47	1,682.77	2,051.00	1,826.00	1,997.05	2,011.34	1,915.59	1,961.31
코스닥	332.05	513.57	511	500	496.32	499.99	542.97	682.35

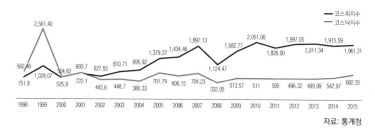

자료: 통계청

5. 기울어진 운동장은
존재하는가

박시영 "일부 남아있지만
　　　핑계는 필요 없다"

이상일 "없다.
　　　정치권의 착각
　　　또는 핑계"

김지연 언제부터인가 우리 정치에서 '기울어진 운동장' 이야기가 심심찮게 나오고 있습니다. 유권자의 정치지형 특히 연령구조가 보수세력에 유리하게 치우쳐 있음을 얘기할 때 쓰는 말입니다. 진보진영 일부에서 계속 제기하고 있는 이슈인데요. 실제 기울어져 있는지, 만약 기울어져 있다면 얼마나 기울어졌는지 두 분의 생각을 들어보도록 하겠습니다.

우리가 앞에서 다뤘지만 핵심은 인구구조 고령화가 실제 선거에서 어떤 영향을 미쳐왔고 앞으로 미칠 것인가에 있는 것 같습니다.

박시영 역대 선거결과를 보면 우리사회에서 보수 우위 구도는 존재했습니다. '98년 DJ정권 출범 전까지는 현격하게 기울어진 운동장이었죠. 국민의정부와 참여정부를 거치며 다소 완화되고 있다고 봅니다. 하지만 급속한 고령화가 진보진영의 새로운 위협요인으로 다가오고 있는 것 또한 사실입니다. 다행히도 최근 박근혜-최순실 게이트로 50대와 60대 이상의 인식이 크게 바뀌었고 보수의 본산인 TK마저 돌아서고 있습니다. 하지만 세대투표 현상이 하루아침에 바뀔 성질의 것은 아닙니다. 새누리당 지지이탈층 중 노년층의 상당수는 시간이 흐르면 다시 보수정당으로 돌아설 가능성이 많습니다. 진보진영이 결코 긴장을 늦춰서는 안 됩니다.

2017년 대선에서 5060세대의 구성비가 45.1%에 달합니다. 이 중 60세 이상이 25%입니다. 2012년 대선에 비해 5060세대의 증가 인원이 무려 238만 명에 달합니다. 상황이 녹록하지 않습니다. 그렇다고 진보진영이 기울어진 운동장 탓을 더 이상 해서는 안 됩니다. 온당치 못한 자세죠. 5060세대 지지를 회복할 특단의 준비를 해서 돌파해야죠. 수권세력이라면 응당 그래야 합니다. 박근혜-최순실 게이트로 발판이 마련돼 있습니다. 지금이 적기입니다.

[역대 대선의 연령대별 유권자 구성 변화]

17대 대선(2007년)

2030세대
43.8

30대
22.8

40대
22.5

50대
15.5

5060세대
33.7

20대
21.0

60대 이상
18.2

18대 대선(2012년)

37.9

30대
20.0

40대
21.8

50대
19.2

40.3

20대
17.9

60대 이상
21.1

19대 대선(2017년)

34.7

30대
18.0

40대
20.2

50대
20.1

45.1

20대
16.7

60대 이상
25.0

단위(%)   자료: 여의도연구원

김지연 고령화에 따른 기울어진 운동장 현상은 사실이지만 이것을 진보의 주요 전략으로 강조해서는 안 된다는 말씀이죠?

박시영 기울어진 운동장의 논거 중에 인구 구조 외에 지역 요인과 이념 요인을 주로 거론합니다만 저는 둘 다 많이 약화되었다고 봅니다. 지역 요인은 우리나라 정당 구조가 지역 기반 정당이고 영남이 호남보다 인구가 많고 하루아침에 지역주의가 사라지지는 않는다는 점에서 타당한 주장입니다. 하지만 과거보다 지역주의가 현격하게 완화되고 있고 영남에서도 세대투표 현상이 커지는 등 지역 요인은 갈수록 약화될 것으로 보입니다.

이념 요인은 분단의 멍에를 활용하는 것인데, 색깔논쟁에 들어가면 보수가 유리하다고 판단하는 거죠. 하지만 중도 층은 해묵은 안보이슈보다는 경제이슈에 더 관심이 많습니다. 또한 진보를 안보적으로 불안한 세력으로 보지 않기 때문에 이념 요인도 의미없다고 보여집니다.

이러한 전통적인 요인 이외에 산업 환경과 언론 환경이 기울어져 있는 점도 살펴봐야 합니다. 대기업이 보수진영을 팍팍 밀어주고 언론들도 편파적입니다. 조중동에 종편과 KBS, MBC까지 합세했잖아요. 보수언론들은 우병우, 최순실 등의 비리 의혹을 단신 처리하다가 JTBC의 특종으로 최순실 사태가 드러나자 그제야 앞 다퉈 다루고 있잖습니까? 세상이 발칵 뒤집어지는 일이 벌어질 때만 보수언론들도 여야 가리지 않고 물어뜯습니다.

우리나라는 대기업들과 부자들이 보수정당만을 편애하지만 미국은 좀 다릅니다. 산업 유형에 따라 공화당과 민주당 지지가 나뉩니다. 석유산업이나 군수산업, 부동산업체 등은 주로 공화당을 지지하지만 IT산업, 문화산업은 주로 민주당을 지지하죠. 과거 DJ정권 때는 IT 벤처를 육성시켜서 IT 업계가 진보 쪽에 우호적이었습니다. IT 분야는 젊은 층이 많으니까 더 자연스러웠겠죠. 그런데 보수에 정권이 연이어 넘어가면서 야권과 IT 업계와의 유대감이 많이 약화되었습니다. 대선가도에서 IT 업계를 확실한 우군으로 복원시켜야 합니다. 문화산업, 환경산업, 금융업계 이런 곳을 공격적으로 치고 들어가면 좋은 성과를 거둘 것으로 봅니다.

하지만 다행스럽게도 진보진영에게 유리해진 측면도 많습니다. 신자유주의 광기가 힘을 잃고 있다는 겁니다. '1% 대 99%' 이슈가 미국에서 불거지는 등 분위기가 달라지고 있습니다. 경제적 불평등이 경제 성장의 발목을 잡고 있으니까요. 젊은 세대가 샌더스에게 열광했습니다. 보수의 전매특허인 '낙수효과'도 용도 폐기된 상황입니다. 저는 이러한 새로운 경제적 흐름이 진보진영에게 불리한 여러 가지 제약요소를 뛰어넘을 것으로 확신합니다.

또한 박근혜-최순실 게이트로 인해 민주공화제의 의미를 국민들이 되새기고 있습니다. 사회정의에 대한 갈증도 더 커졌고 특권층의 부패 고리를 끊어내야겠다는 의지도 드높아졌습니다. 박근혜 당선의 일등 공신이었던 50대 여성들이 돌아섰습니다. 그 동안 한 묶음이었던 50대가 60대와 분리되고 있다는 여러 의미 있는 지표들이 나오고 있습니다. 최순실 사태로 60대 이상의 노년층의 이탈도 심각한 수준이지만 저는 50대의 정치의식이 크게 바뀐 것에 더 주목합니다.

김지연 박 부대표님은 좀 더 확장된 개념으로 기울어진 운동장을 보고 있는 것 같네요. 고령화 인구구조 이외에 친보수 기업 환경과 언론 환경도 주요 원인으로 꼽고 계시니까요.

이상일 기울어진 운동장이라는 판단은 여야 모두 착각이 아니었나 싶습니다. 지난 대선을 거치면서 기울어진 운동장이라는 얘기가 많이 등장했죠. 야당 내부의 대선 패인 분석에서 시작된 말인데 대선 이후에도 여러 차례 재보선에서 보수가 연전연승하고 야당이 연패하면서 이제 유권자 지형이 기울어져 어떤 상황에서도 보수가 이기게끔 되어 있는 게 아니냐는 말들이 많았습니다.

그런데 투표율이 낮을수록 직장인이나 청년세대의 투표율이 급감해서 연령대별 투표율 격차가 굉장히 크게 나타납니다. 실제 재보선 선거결과는 투표율이 가른 선거들이었지 유권자의 기본 지형과는 무관한 것이라고 생각하거든요.

전체 투표율이 높은 대선에서는 세대 간 투표율 격차는 그다지 큰 변수가 될 수 없고요. 영호남 인구 격차도 기울어진 운동장론의 주요 근거입니다만 부산, 경남, 특히 부산 같은 데는 항상 야당이 40% 정도 득표하고 있습니다. 호남이 야당에 90% 몰표를 하는 동안에 말이죠. 이런 구조로 보면 영호남 인구격차도 기울어진 운동장론을 뒷받침하는 근거는 되기 어렵다고 봅니다. 총선에서는 의석수로 따지니까 마치 영남은 절대적 새누리 지지, 호남은 야당 지지로 보이지만 대선 득표율을 보면 영호남 인구격차를 상쇄할 정도로 야당이 영남에서 득표를 하니까요.

또 하나 기울어진 운동장론의 주요 근거는 고령층 유권자 비율 증가입니다. 고령층 인구 증가와 고령층의 새누리당 지지가 높다는 점을 엮어서 그렇게 보는데 저는 이 부분도 86세대가 이미 50대로 진입했고, 과거 50대와 다른 정치적 정서를 표출하는 세대효과를 고려한다면 고령층 증가가 무조건 새누리, 보수득표 증가로 이어지지는 않을 것으로 봐요.

기울어진 운동장론은 어쩌면 야당이 그동안 각종 선거에서 패한 것에 대한 책임회피용 성격도 있고, 여당은 또 단순하게 고령층 증가 같은 현상만 믿고 정치사회적 변화에 부응하지 못한 채 기득권에 집착하다 지난 총선에서 대패한 것이 아닌가 싶습니다.

김지연 유권자 연령 구조 변화와 세대효과에 대해서는 두 분의 주장이 모두 타당해 보이네요.

박시영 그건 객관적인 거니까요.

		영남권 득표율	호남권 득표율
18대 대선	박근혜	68.6%	10.5%
	문재인	30.5%	89.0%
17대 대선	이명박	64.2%	9.0%
	정동영	10.3%	80.0%
16대 대선	이회창	69.4%	4.9%
	노무현	25.8%	93.2%
15대 대선	이회창	59.1%	3.3%
	김대중	13.5%	94.9%

[역대 대선 진보후보의 부산/울산/경남, 대구/경북 득표율 추이]

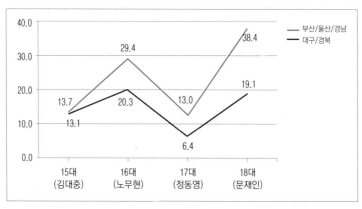

출처: 여의도연구원

김지연 그렇지만 대기업이나 언론의 환경 자체는 보수 쪽에 유리한 것이 사실 아닌가요?

이상일 그 부분도 야권이 너무 과거와 같은 피해의식에 젖어 있는 게 아닌가 싶어요. 저는 과거와 좀 다르다고 봅니다. 현재 선거법이나 정치자금법을 보면 대기업들이 보수 정권을 어느 정도 지원하고 싶어하는지 모르겠지만 현실적으로 지원할 수단이 뭐가 있는지도 의문입니다.

언론 환경도 종편 효과 말씀들을 많이 하시는데 종편 뉴스채널 주 시청층이 주로 고령층이고 그분들이 기본적으로 새누리당, 보수적 성향이 강한 것이지 일반 시청자나 중도층에 있는 유권자가 종편을 보면서 보수적 시각이 강화되는 효과가 얼마나 있을까요? 또 종편도 대형 이슈가 터졌을 때 보수에 불리한 걸 다루지 않는 것도 아닙니다. 총선 때 막장공천 드라마도 그렇고 최순실 사태가 불거진 후에도 인터넷에 떠도는 오만가지 이야기까지 꺼내 종일 방송을 하면서 이슈를 확산시키는 데 적극적이잖아요.

박시영 대기업들이 과거처럼 불법정치자금을 새누리당에 대놓고 지원하진 못하겠죠. 그러나 보수집단의 오래된 유착관계상 완전히 근절되진 못할 겁니다. 물밑으로 하겠죠. 이와는 별개로 전경련이나 대한상공의, 경제연구소 등을 통해 경제 방향에 대해 엄호사격을 여전히 해주고 있잖아요. 그것도 보수정당에게 큰 도움이 되는 거죠.

이상일 그렇다 하더라도 그건 대기업 그룹과 경제단체를 끌고 가는 헤드의 문제인 거지 거기 종사하는 수많은 임직원들이 친보수 성향에 동조하느냐 하는 것과는 다르다는 거죠. 언론환경 얘기도 하셨지만 미르재단, K-스포츠 재단 보도와 관련하여 특종한 것이 TV조선이고 얼마 전에는 조선일보가 박근혜 정부와 정면 대결하는 모습을 보이지 않았습니까? 또 다른 각도에서 보면 SNS상에서 형성되는 반보수 여론도 상당하기 때문에 언론 환경의 유불리가 딱 떨어지지는 않는다고 보이는데요.

박시영 이 대표님의 대기업 임원과 직원들이 모두 새누리당 편은 아니지 않느냐는 주장은 일리가 있습니다. 그러나 총수나 임원의 의중이 직원들에게도 적잖게 영향을 끼치는 것 또한 사실 아닌가요? 대기업 중 상당수가 역대 보수정권의 특혜를 받아 성장했고 이해관계가 일치하죠. 이번 박근혜-최순실 게이트에서도 정권과 재벌 간의 검은 커넥션의 전모가 드러나고 있지 않습니까? 재벌은 피해자 코스프레를 중단해야 합니다. 뇌물 주고 특혜 받은 거 아닙니까? 참여정부 때 사라진 듯 했던 정경유착이 다시 화려하게 부활한 겁니다.

이상일 대기업들은 보수정권이 아니더라도 정권을 잡은 쪽에 기울어지는 '친정부' 성향을 띄게 된다고 봐야 하는게 아닌가요?

박시영 친정부가 아니라.

이상일 보수라고 보시는 거예요?

박시영 네. 대기업은 표면적으로는 친정부 성향을 띱니다. 정권을 누가 잡든 재벌은 각종 개발사업 등 정책적 지원을 받아야 하고 세무조사, 공정위 조사를 피해나가려면 어쩔 수 없습니다. 하지만 대기업이 박정희, 전두환, 노태우 대통령 때 정부의 특혜로 급성장한 거 아닙니까? 따라서 기본적으로 보수정당과 한 배를 타고 있습니다. 서로 간의 이해관계가 잘 맞고요. 다만 IT 업계는 좀 다르죠. 김대중 정권 때 정책적 수혜를 받긴 했지만 특정 기업에 대한 특혜가 아니어서 특정 정치세력의 눈치는 안 볼 것 같습니다.

보수층이 종편을 주로 보기 때문에 큰 영향력이 없다는 식으로 이 대표님께서 말씀하셨는데, 가게에서 온종일 종편을 틀어놓고 있기 때문에 자영업자에게 미치는 영향력도 상당히 크다고 봅니다. 다행히 TV조선 등 보수성향 종편의 영향력은 20대 총선결과로 최근 급감했고, 반면 JTBC 뉴스 시청률이 껑충 뛰어서 균형을 잡아가고 있습니다. 저희 어머니도 종편을 봐요. 채널A를 주로 보는데 하도 제가 뭐라 하니까 요즘은 JTBC와 채널A를 번갈아 보시고 계십니다. 야당 팬이신데, 정치 얘기 하실 때 종편 논리로 말씀하시는 거예요. 그 동안 종편이 자영업, 주부, 어르신들을 보수화시키는데 혁혁한 공을 세운 것은 틀림없습니다. 다만, 앞에서도 말씀 드린 바와 같이 보수성향의 종편도 국민의 공분을 일으킬 엄청난 사건이 일어나면 정권이나 여당도 예외 없이 물어뜯습니다. 시청률을 의식해야 하니까요. 하지만 그들은 태풍이 지나가면 양비론 등을 꺼내 야당의 목줄을 죄려고 할 것입니다.

김지연 우리 여론조사 결과를 보면 정치관련 뉴스 습득매체로 네이버, KBS에 이어 JTBC가 3등으로 나타났네요.

박시영 야당 지지층들이 손석희의 JTBC 뉴스를 많이 보니까요.

김지연 나머지 종편인 TV조선과 채널A는 JTBC에 크게 밀리네요. 네이버는 진보나 보수라고 말하기는 애매한 것 아닌가요?

박시영 네이버는 언론사 기사를 시간 순서대로 그대로 올려주는 거잖아요. 다만 인터넷언론 기사나 조중동 기사나 차별 없이 동등하게 올려주니까 보수적인 느낌이 덜 들게 되는 거죠. 진보진영은 '다음'(Daum)보다 네이버가 보수적이라며 시큰둥하지만 적어도 네이버 등 인터넷 언론사들이 보수쪽으로 편향돼 있지는 않은 것 같아요.

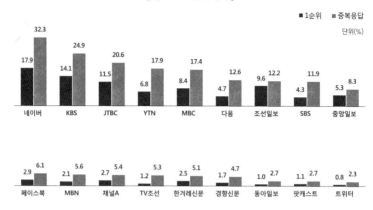

[정치뉴스 습득매체]

■ 1순위 ■ 중복응답

단위(%)

- 네이버: 17.9 / 32.3
- KBS: 14.1 / 24.9
- JTBC: 11.5 / 20.6
- YTN: 6.8 / 17.9
- MBC: 8.4 / 17.4
- 다음: 4.7 / 12.6
- 조선일보: 9.6 / 12.2
- SBS: 4.3 / 11.9
- 중앙일보: 5.3 / 8.3

- 페이스북: 2.9 / 6.1
- MBN: 2.1 / 5.6
- 채널A: 2.7 / 5.4
- TV조선: 1.2 / 5.3
- 한겨레신문: 2.5 / 5.1
- 경향신문: 1.7 / 4.7
- 동아일보: 1.0 / 2.7
- 팟캐스트: 1.1 / 2.7
- 트위터: 0.8 / 2.3

이상일 저는 언론 환경이 어떤 측면에서 굉장히 중요하긴 하지만 선거를 가르는 핵심적인 변수는 아니라고 봅니다. 특정한 매체가 사회 전체의 여론이나 인식을 좌우할 수 있는 힘을 갖고 있지도 않고요. 우리 사회의 여론 형성 구조가 과거처럼 몇몇 신문과 공중파 방송에 좌우되는 구조도 아니고요. 그런 사실은 이미 '97년 대선과 '02년 대선을 통해 입증된 것으로 봐야 한다고 봅니다.

당시를 돌이켜 보면 지금보다 보수신문의 위상은 비할 수 없이 막강했고 방송도 케이블 채널들이 있었지만 보도부분은 공중파가 장악하던 시절이었잖아요. 그런데도 김대중 전 대통령은 호남-용공-빨갱이 공세를 딛고 대선에서 승리했고 노무현 전 대통령도 보수언론의 파상공세에 맞서 온라인으로 지지세력이 결집하면서 대선에서 승리합니다. 조선일보를 필두로 한 보수언론들이 한국사회 아젠다, 여론을 다 장악하고 있는 시절에도 다양한 여론 형성이 가능했는데 지금처럼 매체가 다원화된 흐름에서 특정한 시청층을 타깃으로 하는 종편의 영향력을 얼마나 크게 봐야 할 것인지 저는 의문입니다.

박시영 저도 선거에서 언론 환경이 결정적이라고 주장하는 게 아니라 언론 환경이 한 쪽으로 편향돼 있다는 점을 강조 드린 것입니다.

6. 강남좌파와 빈곤보수의 역설

박시영 **"강남좌파는 뺑튀기, 빈곤보수는 떡고물"**

이상일 **"강남좌파는 계층현실 탈피, 빈곤보수가 아니라 '안보보수"**

김지연 한국 정치의 또 한 가지 특징은 '계급배반투표' 즉, 자기 계층의 이익을 대표하는 정당에 투표하지 않는 행위가 상당히 보편적으로 일어난다는 점입니다. 강남좌파와 빈곤보수가 대표적인데요. 역설적으로 보이기도 하지만 미국 선거에서도 자주 발생하는 현상입니다. 두 분께서는 이러한 현상에 대해 어떻게 생각하시는지 그 이유는 무엇인지 듣고 싶습니다.

박시영 실체적 접근을 해야 하는데요. 지난 2012년 대선 직전에 리서치앤리서치(R&R)의 조사 결과에서 소득별 후보 지지도를 분석해보니 문재인 후보가 월 가구소득 '200만 원대', '300만 원대', '400만 원대', '500만 원 이상'에서 모두 박근혜 후보를 앞선 것으로 나왔어요. 다만 '200만 원 이하'(100만 원대)에서는 박 후보가 앞섰습니다. 이처럼 '500만 원 이상'을 한 구간으로 묶어 분석하면 문 후보가 우세했지만, 만약 '500만 원 이상'의 소득층을 세부 구간으로 나눠 분석했다면 분명 최고 소득층에서는 박 후보가 크게 우세했을 겁니다.

[2012년 대선, 월 소득별 대선후보 지지율]

월 소득구간	박근혜	문재인	격차
200만원 이하	56.1%	27.6%	박근혜 우세 28.5%p
201만원 ~ 300만원	40.1%	47.6%	문재인 우세 7.5%p
301만원 ~ 400만원	43.5%	47.3%	문재인 우세 3.8%p
401만원 ~ 500만원	39.4%	50.6%	문재인 우세 11.2%p
501만원 이상	40.8%	46.4%	문재인 우세 5.6%p

조사기관: 동아일보 / 리서치앤리서치
조시기간: 2012년 12월 11일 (신뢰수준 95%. 오차범위 3.1%p)

이름이 알려진 지식인이나 문화예술가 중에 진보인사가 적지 않다 보니 '강남좌파'에 대한 환상이 있는 것 같아요. 20대 총선 때 강남구와 송파구에서 야당 의원이 탄생해 부자동네 강남권의 민심이반이 주목을 끌었습니다. '강남좌파'가 재조명을 받게 된 겁니다. 그러나 이런 현상은 정부여당의 반감 때문에 일어난 일이지 진보성향으로 주민들의 인식이 바뀐 것은 아니라는 점입니다. 다만, 고소득층에서도 대한민국이 이대로 가서는 안 된다는 위기의식이 높아졌고 보수의 국정능력에 회의를 가지고 있어 대선 때 반란표가 많이 쏟아질 것으로 봅니다. 이들 계층에서도 야권의 선전 가능성은 충분하다고 보는 거죠.

김지연 소득이 얼마나 되어야 고소득층이라고 말할 수 있을지 모르겠지만 하여튼 선거에서 고소득층의 선택에는 변동성이 크다는 말씀이시죠?

박시영 그렇죠. 예를 들면 월 600만원~800만원 소득층에서 새누리당이 크게 이길 거라고는 생각하지 않습니다. 1,000만 원 넘어가는 고소득층에서는 좀 다르겠지만요.

김지연 강남에 사는 고소득층도 나눠서 봐야 한다는 뜻 같은데요. 그중에서도 상위 1%는 다르다는 뜻이죠?

박시영 상위 1%요? 그 분들은 거의 다 새누리당 지지층으로 봐야죠. 최상류층 중에 진보인사는 극소수일 겁니다. 별로 없을 거예요.

김지연 강남에 전월세로 살고 있는 고학력 전문직들은 기본적으로 진보 세력을 지지하는 경향이 있을 수 있지만 진짜 강남 부자들은 그들과 다르다고 볼 수 있겠네요.

박시영 상위 10% 이내에서는 강남좌파 성향을 띠는 사람도 제법 많겠지만 상위 5% 이내로 들어가면 찾기 힘들 겁니다. 고소득 전문 직종 종사자들이 보수 친화적인 DNA를 갖고 있는 것 같아요. 하지만 이들도 박근혜 게이트를 보면서 앞으론 좀 변하겠죠. 강남좌파로 변신하지는 않더라도 현 정권을 심판하기 위해 차기 대선에서 만큼은 야권 후보를 찍을 수 있다고 봅니다.

이상일 강남 3구 하면 서울시내에서 새누리당이 유일하게 안심하고 당선 가능한 곳이었다가 지난 총선에 대 쇼크가 일어났는데, 강남좌파라는 것이 보편적인 현상은 아니지만 존재한다고 봅니다. 그런 그룹의 존재 이유는 세대나 소득변수보다는 고학력 전문직들 내에 존재하는 이념지향적 집단 때문이라고 보는데요. 자기가 살고 있는 기본적인 생계나 물적 기반과 무관하게 사회를 바라보는 시각에서 진보적인 시각으로 단련돼 있는 사람들이 있어요. 그 사람들은 로펌에서 일을 한다고 하더라도 진보적인 시각을 유지하면서 사회참여 활동을 하는 것이 아닌가 싶습니다.

이 사람들이 충분히 어떤 집단으로 통칭될 수 있을 정도로 일정한 규모가 있다고 보고요. 다수 유권자가 되지는 못하지만 정치사회 이슈에 활발하게 참여하면서 진보적 담론을 지지하는 사람들을 일컬어 강남좌파라고 하는 게 아닌가 하는 생각이 들어요.

박시영 예를 들어 고소득 전문직인 의사, 치과의사, 한의사에게 동료들의 정치의식이 어떠냐고 물어봤다고 칩시다. 그러면 80% 정도는 새누리당을 지지한다는 대답이 돌아옵니다. 최근 몇 년 사이에 보수정권의 의료영리화 강행으로 반발정서가 높아진데다 최순실 사태로 대통령을 욕하는 사람들은 크게 늘었지만 그렇다고 새누리당을 완전히 버리지는 않습니다. 일부가 야당으로 선회했겠지만 새누리당에 대한 지지강도가 약화되었을 뿐인 거죠. 대세는 여전히 보수정당입니다. 자신들 이익에 부합하는 계층 투표를 충실히 하고 있는 거죠. 새누리당이 부유층을 대변하는 정당이니까 상류층에서 지지를 받는 것은 어찌 보면 당연한 일 아니겠어요? 다만 상위 5%, 10% 내에 있는 사람 중에 깨어 있는 목소리를 거침없이 내는 유명 인사들이 있기 때문에 강남좌파가 과대포장 돼서 사람들한테 전달된 게 아닌가 싶네요.

김지연 박 부대표님은 강남좌파가 있긴 하지만 과장된 측면이 있다는 말씀인 것 같네요. 그런데 강남좌파는 전체적인 유권자 볼륨 차원에서 크지 않기 때문에 우리의 주요 관심사나 논의대상은 아닐 수 있어요. 하지만 가난한 사람들이나 서민들이 보수에 투표하는 경우는 차원이 다르지 않을까요? 기초생활수급자나 차상위계층은 우리 주변에서 흔히 찾아 볼 수 있고 우리나라 전체 인구의 7% 정도라는 통계도 있습니다.

박시영 '빈곤층=새누리당 지지', 이렇게 프레임이 잡혀 있잖아요. 역설적인데요. 통계적으로 보면 이렇게 결과가 나옵니다. 그런데 착각해서는 안 되는 부분이 있습니다. 200만 원 미만의 저소득층 중 절반 가까이가 60대 이상 노년층이라는 거죠. 그래서 빈곤층에서 새누리당 지지가 높은 거예요. 서울대 강원택 교수의 분석 결과를 보면 빈곤층 중에 44.7%가 60대 이상이라는 겁니다. 연령 효과의 반영인 셈이죠. 어르신들이 새누리당을 지지하니까요. 나머지 절반 정도는 저학력 유권자가 많습니다. 때문에 낙수효과의 논리가 더 잘 먹힙니다.

돈이 좀 풀려야 하고 대기업이 잘 돌아가야 빈곤층인 자신들에게 뭐라도 떨어진다고 보는 거죠. 그리고 빈곤층에게 복지예산을 집중 지원해주길 바라는 겁니다. 떡고물을 바라는 거죠. 때문에 보편적 복지를 싫어합니다. 진보는 골고루 나눠주는데 그러면 우리에게 올 떡이 그 만큼 줄어든다고 봅니다. 복지 재원이 한계가 있다고 보기 때문이죠. 따라서 우리를 챙기는 것은 새누리당 밖에 없다. 미우나 고우나 밀어주자, 이런 심리가 아닐까 싶습니다. 그래서 지지강도도 강합니다. 선거가 자신들의 생존과 깊게 맞물려 있다고 보기 때문입니다. 사회적 약자를 대변하고 평등세상을 꿈꾸는 진보진영이 풀어내야 할 숙제이자 고민거리입니다.

김지연 미국의 역사학자 토마스 프랭크 Frank Thomas가 쓴 『왜 가난한 사람들이 부자를 위해 투표하는가?』와 『실패한 우파가 어떻게 승자가 되었나?』를 보면, 이러한 현상이 꼭 한국에서만 발생하는 것은 아닌 것 같더라고요.

박시영 보수정당은 자원분배를 상위 10%에게 집중하고 나머지는 하위 10%에 몰아줍니다. 상위 10%는 자신들의 지지기반이고 정체성이기 때문에 그런 겁니다. 하위 10%에 지원하면 따뜻한 보수의 이미지가 축적되고 하위 10%는 정치적 시류에 쉽게 휩쓸리지 않는다는 장점이 있습니다. 매력적 요소죠. 보수정당의 고정고객인 셈이죠.

보수정당은 다수인 중산층과 서민들한테는 무신경합니다. 알아서 살라는 겁니다. 보수정권이 최근 10년간 유지했던 기조였습니다. 이것이 효율적인 통치구조라고 보는 것 같아요. 선거 때 중산층과 서민층은 안보 이슈나 지역투표, 세대투표로 갈라치면 된다고 보는 겁니다. 어찌 보면 보수정당이 참 영악한 것 같습니다.

이상일 빈곤보수라고 그러셨는데 저는 빈곤층이면서 보수라는 특성보다 이 그룹은 연령효과를 더 크게 봐야 하는 게 아닌가 싶습니다. 실은 고령보수고 의미론으로 따진다면 애국, 안보보수층이라고 봐야죠. 분단과 반공을 국시로 삼던 시대의 가치관이 강하게 남아 있는 고령층을 중심으로 형성된 계층이에요. 그런데 그 집단이 현시점에서는 주로 고령이고 빈곤층이 다수며 저학력층인 것이죠. 워낙 국가 사회관이 강하게 남아서 개인적 상황이나 정책방향의 유불리보다는 안보 관점에서 나라와 정치를 바라보는 특성이 강한 집단이라고 봅니다.

김지연 애국보수요?

이상일 네, 애국보수 또는 안보보수요. 무슨 뜻이냐 하면 이들 그룹은 보수와 진보의 정책차별성 이런 부분은 크게 보지 않는 것 같아요. 뭔가 나라가 잘 돼야 하고 반공은 절대적으로 지켜져야 하며 그런 면에서 야당은 늘 불안하고 불온한 세력처럼 느껴지고 그런 인식이 강한 집단입니다. 이분들은 안보라든가 북한, 애국 이런 가치에 오랜 기간 동화되어 살아오면서 야당이나 야권, 진보, 특히 좌파라고 했을 때 본능적인 불안감까지 느끼는 분들일 가능성이 있습니다. 그런 그분들이 투표나 여론조사에서 다소 맹목적으로 보수를 지지하고 표를 던지는 것으로 등장하는 것이죠. 이분들의 정서를 관통하는 건 나라 걱정을 하는 애국심이 아닌가 하는 생각이 들어요.

사드 배치 찬반에 대한 여론조사 결과를 보면 성별이나 지역을 기준으로는 어느 한 쪽으로 뚜렷하게 쏠린 현상이 나타나지 않습니다. 찬반 여론이 남성이든 여성이든, 어느 지역 유권자든 고루 섞여 있다는 얘기입니다. 예를 들어 서울은 절대다수가 찬성하고 사드 배치 지역이 포함된 영남은 절대 다수가 반대하고 그렇지 않다는 뜻이죠. 그런데 세대별로 보면 확연하게 다른 성향의 세대가 나타납니다. 사드 배치에 대해 60대 이상에서만 강력한 찬성 여론이 형성돼 있죠. 다른 연령대와 사드 문제를 바라보는 시각이 완연하게 다릅니다. 50대 이하에서는 조금 부정적이거나 조금 긍정적인 정도로 편차가 크지 않았는데 60대 이상은 사드 배치를 반드시 해야 하는 문제로 바라보는 층이 대다수라는 뜻입니다. 안보와 한미동맹을 강하게 지지하는 그룹이 고령층에 집중돼 있음을 보여주는 결과입니다.

박시영 이 대표님의 주장처럼 빈곤층 중 '노년빈곤층'은 소득적 관점보다는 안보의식이 더 작동되는 것 같습니다. 그런데 빈곤층 중 '노년빈곤층'을 제외한 나머지 절반은 '노년빈곤층'과는 다르다고 봅니다. 그들의 생각이 단기간 내 변화될 것 같진 않습니다. 정책적 대안을 가지고 꾸준히 소통하며 바꿔가는 수밖에는 없습니다.

7. 보수의 위기, 망가뜨린 10년

박시영 "대한민국 망가뜨린
이명박근혜,
예고된 몰락"

이상일 "보수의 위기
국면에서도
'대안' 되지 못하는
진보"

김지연 10년 전 17대 대선 당시 보수 진영에서는 김대중, 노무현 정부 시절을 잃어버린 10년이라고 비판하였습니다. 그럼 지금 시점에서 볼 때, 두 분께서는 이명박, 박근혜 정부의 보수정권 10년을 어떻게 보세요? 잃어버린 10년인가요? 정가에서는 정권 10년 주기설도 나오는 것 같던데요.

이상일 10년 주기설이라는 건 이번에 정권이 바뀌면 10년마다 정권이 바뀌는 거니까 그런 말이 일반화 될 수도 있겠네요. 지금 봐서는 가능성이 아주 많고요. (웃음) 아무튼 망가뜨린 10년이라는 건 이번에 야당에서 강하게 제기할 하나의 프레임일 거고 심판론을 불러일으키는 데 상당히 효과적인 수사일 거라고 생각됩니다. 야권으로선 당연한 선거전략이 되겠죠.

망가뜨린 10년이라는 말을 쓰지 않아도 보수정권 10년에 대한 피로감이 상당한 것 같고 정권교체를 바라는 여론이 상당히 높아져 있습니다. 정권교체냐 정권유지냐에 대한 선호를 물어봤을 때 교체론이 거의 2배 수준까지 나오는 조사결과들도 있고 최근 최순실 사건까지 터져 보수가 심각한 위기상황입니다. 이런 현상을 보수가 어떻게 극복해 낼 것인가 하는 것이 지금 큰 과제입니다.

박시영 지난 2007년 대선 때 보수진영이 '잃어버린 10년'이라고 진보진영을 공격했는데, 저는 이명박, 박근혜 정권을 한마디로 대한민국을 '망가뜨린 10년'이라고 붙이고 싶어요. 19대 대선에서 야당은 '망가뜨린 10년'이라는 프레임을 들고 싸워야 합니다. 보수정권이 대한민국의 긍정적 자산을 다 무너뜨렸습니다. 역주행 정권입니다. 권력이 사유화되어 국가시스템이 붕괴 직전입니다. 불통과 공포정치, 경제실정으로 대한민국이 급격히 무너지고 있습니다.

보수진영은 참여정부를 혹독하게 비판하는데 국민들의 평가는 사뭇 다릅니다. 진영대결은 이제 끝이 났습니다. 참여정부는 과도 있지만 공도 많다고 평가합니다. 사회적으로 노 대통령과 참여정부에 대한 재평가 분위기가 뜨겁습니다. 노 대통령에 대한 공격이 더 이상 먹히지 않는 구조로 바뀌었습니다. 새누리당은 참여정부 시절에 안 좋은 일이 일어나면 모두 대통령 탓이라고 했고, 경제를 망쳤으며 이념문제에 몰두한다고 저주를 퍼부었습니다.

이번 박근혜-최순실 게이트로 콘크리트 지지층이었던 고령층과 TK도 흔들리고 있습니다. 배신감에 치를 떨고 있습니다. 지금 민심은 참여정부 당시보다 몇 배, 아니 몇 십 배는 더 혹독한 상황입니다. 뭐 하나 제대로 잘한 게 있나 싶을 정도입니다. 동네 이장들도 박근혜 대통령처럼 하지 않는다고들 합니다.

국민들은 보수정권의 실패를 이명박, 박근혜 대통령만의 문제를 넘어 우리 사회를 이끌고 왔던 주류 기득권 세력의 문제로까지 보고 있습니다. 보수보다 진보가 더 낫다는 인식이 보편화되고 있습니다. 두 대통령이 아닌 보수진영의 다른 누군가가 대통령을 해도 똑같지 않을까 하는 보수진영 전반에 대한 근본적 불신이 깊게 깔려 있습니다. 이 점이 보수진영에게는 뼈아픈 대목일 겁니다. 한마디로 보수의 주장이 시대흐름에 안 맞는다는 겁니다. 진짜 보수가 아닌 가짜 보수들이 판치고 있다는 거죠. 낡은 경제 패러다임에 집착하고 대기업을 협박하고 공안통치로 정권 연명에만 급급해 한다는 거죠. 과연 최순실 사태가 없었으면 보수의 위기가 오지 않았을까요? 저는 아니라고 봅니다. 예고된 몰락입니다. 세월호, 정윤회 문건, 우병우 사건 등이 일어났음에도 쉬쉬하면서 덮으려고만 하고 국민의 경고를 무시하지 않았습니까? 곪고 곪아서 결국 터진 겁니다. 최순실 사태는 보수진영에게 하늘이 준 벌입니다.

'10년 주기설'은 성급한 일반화죠. 진보정권이 앞으로 10년 동안 집권한다면 그 후에 다룰 사안이겠지만 지금은 아니에요. 진보는 고작 두 번 집권했잖아요. 5년 단임제이다 보니까 한 세력에게 10년 정도는 맡겨 봐야 되는 거 아니냐는 국민정서는 분명 존재합니다. 그래서 10년 주기설이 나오는 건데 나름 일리 있는 주장입니다

김지연 보수 입장에서 10년 전, 참여정부 말기의 수준과 비교해 보면 어떻다고 보세요.

이상일 객관적으로 10년 정권을 지키려는 쪽이 수세에 몰리는 건 당연하고, 특히나 지난 총선 이후에 여러 가지 흐름을 보면 보수가 다음 대선에서 승리할 수 있을 거라고 장담하는 건 지금으로선 코미디죠. 현재의 민심만 놓고 본다면 최순실 사태 이후 상황은 참여정부뿐 아니라 역대 정부를 통틀어도 아마 가장 싸늘한 민심이 폭발하고 있는 상황일 겁니다.

그렇지만 최순실 사태라는 납득하기 어려운 사안이 터지기 전까지는 보수 10년이 꼭 진보 10년의 말기보다 더 냉혹한 평가를 받았다고 보기는 어렵습니다. 여러 가지 문제들이 드러났고 보수의 국정운영 역량도 비판을 받았지만 그래도 최순실 이전의 정당지지도, 대통령지지도, 보수 대권주자 선호도들을 종합해 보면 여전히 보수는 재집권의 가능성이 어느 정도 있었다고 봐야 합니다. 그 얘기는 현재 정권이 잘못한다는 여론이 비등한데도 야권이 그 대안으로 제대로 인정받을만한 콘텐츠를 제시하지 못해왔기 때문이죠.

그런 면에서 진보진영은 좀 반성하고 개선할 부분이 있는 게 아닌가 싶어요. 최순실 사태로 인해 어느 때보다 정권교체 가능성이 높아지고 있지만, 여전히 같은 문제에 봉착합니다. 반사이익이 아니라 자신의 역량으로 주체적인 정권을 잡을 힘을 키웠느냐 하는 부분에서 진보진영이 여전히

약점을 안고 있다고 생각되네요. 심지어는 최순실 사태로 대통령과 여당 지지도가 한 자리 수까지 추락하는 상황에서도 야권이 확실한 미래 대안으로 인정받고 있다는 신호가 포착되지 않는 상황 아닌가요? 이 문제에 대한 답은 야권, 진보진영이 스스로 찾아야 할 부분이라고 생각합니다.

1. 새누리와 더민주의 이미지

박시영 "최순실 사태 이전에도 더민주가 더 긍정적이었다"

이상일 "정책역량과 전문성, 더민주의 약점이 곧 보수정당이 가야할 길"

김지연 지금부터는 우리나라 정당의 속살에 대해 알아보도록 하겠습니다. 야한 이야기는 아니고요. 우리 정당들의 민낯이 우리 국민들의 눈에는 어떻게 보이는지 알아보도록 하겠습니다.

박시영 일단 조사시점이 최순실 사태 발생 이전의 조사라는 점을 참고해서 봐야 합니다. 지금 시점은 새누리당에 대한 평가가 훨씬 더 혹독하게 나타날 테니까요. 이번 조사결과를 보면 새누리당 강점 요인은 의원 전문성과 경제능력 두 가지입니다. 반면 약점 요인은 불안하고 중산층과 서민을 대변하지 못한다는 거죠. 명실상부하게 부자들의 정당이 된 겁니다.

반면 더민주의 이미지는 좋아졌습니다. 균형감각이 있는 정당으로 탈바꿈했고요. 최근에 긍정적으로 변화하는 것으로 인정받고 있습니다. 하지만 개혁 적극성이 떨어진 것이 약점이고 여전히 여러 사람들이 막 섞여서 이질적인 성향의 의원이 많다고 평가받고 있습니다.

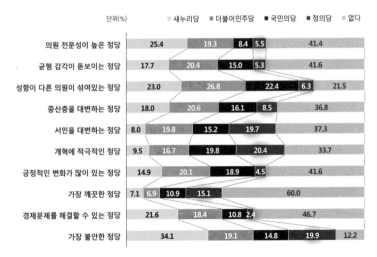

[정당 평가]

김지연 막 섞여 있다는 것이 어떤 의미죠? 나쁘게 볼 수도 있지만 다양한 사람들이 포진해 있으니까 좋게 볼 수도 있는 거 아닌가요?

박시영 그런 해석도 가능하겠지만 약간 부정적인 느낌으로 평가한 것 같아요. 중도부터 진보까지 다양하게 섞여 있다고 보는 거죠. 사분오열 가능성은 있지만 그렇다고 불안하게 보지는 않습니다. 이 점이 달라진 점입니다. 계파갈등이 줄고 안정감을 띠고 있다는 겁니다.

한편 국민의당은 개혁성을 인정받고 있고, 정의당은 개혁성과 깨끗함, 서민 대변성에서 높은 평가를 받고 있습니다.

새누리당 연상 이미지로는 기득권 집단·부유층 집단·부유층 대변세력·보수세력·부패집단 순이었는데, 이념성향별로 살펴보면 보수층은 보수·기득권·안정·영남을 떠올렸고, 진보층은 기득권·부유층·부패·보수를 떠올렸습니다.

더민주 연상 이미지로는 운동권 집단·민주세력·호남세력·이념과잉집단 순이었는데, 이념성향별로 살펴보면 진보층은 민주·진보·호남·서민층 대변을 떠올렸고, 보수층은 운동권·이념과잉·호남·사분오열을 떠올렸습니다.

정당의 강점, 약점요인과 연상이미지를 종합해보면 과거에 비해 새누리당의 부정적 이미지가 강화됐는데, 일단 총선 영향이 큰 듯합니다.

여기서 우리가 놓쳐서는 안 될 포인트가 있습니다. 최순실 사태와 무관하게 새누리당은 이미지가 총선 이후 급추락하고 있었고 민주당은 상승하고 있었다는 점입니다. 최순실 사태가 10월 하순부터 본격화되었는데 저희 조사는 9월 초순에 실시한 것이니까요. 왜 이점이 중요하냐면 그런 흐름이 없었다면 최순실 사태가 발생했어도 민주당 지지도가 35% 정도까지 오르기가 쉽지 않죠. 최근 민주당 지지도가 30% 중반 대까지 올랐어요. 새누리당 몰락으로 인한 반사이익이 크지만 긍정적 흐름이 존재했기에 여당 이탈층이나 무당파를 흡수할 수 있었다는 점을 말씀드리고 싶은 겁니다.

김지연 긍정적 변화가 많이 있는 정당으로 더불어민주당(20.1%)을 꼽은 응답이 새누리당(14.9%)보다 많았네요. 물론 지금 시점에서 조사해 보면, 새누리당을 꼽은 응답 비율이 훨씬 낮아지겠지만요.

박시영 더민주당이 긍정적으로 변화하고 있다는 것은 향후 새누리당 이탈층을 흡수할 토대가 확보되어 있다는 측면에서 의미가 큰 겁니다. 국민들은 새누리당이 갈 길을 잃고 헤맨다고 보는 것 같아요. 반면에 국민들은 더민주당이 힘이 세졌으며 수권을 위해 달라지고 있다고 보는 것 같습니다. 균형감각과 긍정적 변화는 집권 연관성과 높은 요소여서 더민주당 입장에서는 반가운 대목입니다.

그리고 10만 명에 달하는 온라인 당원의 입당으로 민주당이 대폭 젊어졌습니다. 50~60대 위주의 당원구조가 바뀐 겁니다. 그동안 중장년층 위주의 당원 구조와 2040대 중심의 지지층 구조가 상충되다 보니 마찰이 잠복되어 있었거든요. 비로소 당 지지층과 당원 구조가 비슷해진 것 같습니다. 대선을 앞두고 당원의 하부 토대가 확대된 것은 다행스러운 일입니다.

이상일 어떤 면에서 40대 이하 온라인 당원의 증가는 오히려 당원들의 여론을 더 강경한 쪽으로 끌어갈 수도 있지 않나요? 더민주의 당원들이 과거처럼 5060 위주였다면 호남정서가 강하고 보수에 대한 거부감이 크면서도 어느 정도는 현실적인 타협책 같은 것들도 인정했을 것 같은데 오히려 40대 이하 온라인 당원들은 아주 선명한 개혁노선을 요구하고 비타협적 태도를 선호할 수도 있을 것 같은데요. 더민주가 최근에 치른 전당대회를 보면 그런 느낌이 좀 듭니다. 오히려 당 지도부나 대선주자를 더 강경 노선으로 밀고갈 수도 있겠다는 느낌이요.

김지연 유권자들 머릿속에 있는 이미지는 현재 상황이 반영된 것이잖아요. 2016년 말 기준으로 10년 동안의 평균을 내보면, 새누리당 입장에서 억울할 수도 있겠지만, 새누리당 이미지가 많이 나빠진 것은 사실인 것 같아요. 반대로 더민주는 반대급부인지, 아니면 실제로 잘해서인지는 분명하지 않지만 확실히 과거보다는 개선된 모습을 보이는 것 같네요.

박시영 더민주의 가장 큰 변화는, 국민들이 보기에 내부 분란이 좀 적어졌잖아요.

이상일 분당을 했으니까요.

박시영 국민들 입장에서는 안정감이 있다고 받아들일 수 있죠.

이상일 국민들이 야당에 대해 비교적 안정된 느낌을 갖게 되었다면, 아마 총선 이후부터 약 반년 정도의 시간 속에서 형성된 것으로 생각됩니다. 선거에서 이겼고 앞서 분당을 해버린 덕분에 당내 잡음이 줄어들었고 전당대회를 치르면서도 별다른 갈등이 나타나지 않았어요. 그런 상황이 새누리당의 연속된 계파갈등과 대비되면서 오히려 야당의 이미지가 개선된 것이 아닌가 생각됩니다. 좀 더 거슬러 올라가면 더민주로 당명을 바꾸고 분당이후에 나름대로 당내 질서가 잡혀갔던 시기부터일 것이고요.
　새누리당이 총선에서 패하며 제1당 지위를 뺏기고 추락한 건 당에 대한 이미지나 인상 악화가 상당히 크게 작용했다고 봅니다. 정당으로서 추구해야 할 제대로 된 모습은 보이지 못하고 계파갈등은 극한으로 치달으면서 지역구에 출마한 개별 후보들이 오히려 당의 실추된 이미지 때문에 상당히 손해를 본 측면도 있고요. 실제 여러 지역구 총선 득표결과를 보면, 새누리당 후보의 득표수가 그 지역의 정당명부 투표에서 새누리당이 얻은 득표수보다 많아요. 부산이나 이런 지역은 심하게는 수천 표에서 만 표 이상 차이가 나는 지역도 있습니다.

개별 후보의 능력이 모자라고 선거운동을 잘 못해서 진 지역도 있겠지만 선전할 수 있었는데 당이 오히려 전체 표를 갉아먹고 실추시켜서 패한 지역이 많다는 분석으로 보입니다. 지금 새누리당은 대선을 앞두고 더 심각한 상황에 직면했죠. 혁신 정도로는 대선을 치를 수 없다는 위기감이 팽배하면서도 최순실 사태 이후에도 당 지도부 퇴진을 두고 친박과 비박이 맞서고 있는 형국이잖아요. 아마 새누리당이라는 이름 자체를 없애고 새로 당을 만들 정도로 재창당 과정을 밟지 못한다면 대선은 해보나마나 한 싸움이 될 가능성이 높습니다.

그런 상황에서 보수가 어떤 가능성이나 희망을 찾아볼 수 있을까 생각을 해 봤는데요. 마지막 기댈 부분은 정책정당으로 거듭나는 쪽으로 당의 새로운 방향을 잡는 데 있지 않나 싶어요. 따뜻한 보수, 공존하는 사회를 표방한 새로운 보수 정당으로 거듭나는 데 당 안팎의 세력이 합의를 이룬다면 그나마 어떤 희망을 다시 세워볼 수 있지 않을까 하는 거죠. 물론 단기간에 정치세력이 그동안의 이미지에서 탈피해 새롭게 거듭난다는 건 정말 쉽지 않을 겁니다. 당의 주역들이 교체되어야 하고, 대선주자도 중량감 있는 새로운 인물을 발굴하거나 영입해야 하는 등 조건들이 충족될 때 그나마 기회를 만들어 볼 수 있을 것 같습니다.

김지연 최순실 사건을 굳이 언급하지 않더라도 현재의 새누리당 이미지로는 대선 상황이 더 어려워진 것 아닌가요?

이상일 여기서 한 가지 보수의 희망이나 기대를 찾아본다면, 저는 이런 점에 주목하고 싶습니다. 보수의 기회요인 측면에서 볼 때 야당은 여전히 정책정당, 수권정당으로서 안정이라는 이미지가 약합니다. 주로 운동권, 호남, 분열 이런 이념과 가치의 축을 통해 이미지가 형성돼 있거든요. 정책의 방향을 제대로만 잡는다면 보수정당의 대선후보와 당이 다시 국민들에게 긍정적 평가를 이끌어 낼 길을 찾을 수도 있다고 애써 기대를 해 봅니다.

당이 새롭게 노선을 정비하고 정책비전을 가다듬으면서 중산층과 서민, 격차해소 같은 부분에 집중하고 노력한다면 부정적 이미지들을 털어내면서 변화하는 이미지를 심어줄 수 있지 않을까 하는 거죠. 아직도 유권자들은 전문성에 대한 평가에서 야당보다 보수정당에 후한 점수를 줍니다. 그 부분을 십분 활용해서 국민이 원하는 방향으로 정책비전을 집중한다면 대선 국면에서 충분히 극복할 수 있는 길을 찾을 수도 있을 겁니다.

김지연 정당의 이미지가 어떻게 그대로 어떤 직업의 사람들이 많이 들어갔는지, 어떤 사람들이 뺏지를 달았는지 그리고 그것이 언론에 어떻게 포장되는지가 중요한 것 같아요.

이상일 그런 부분도 영향이 있겠죠. 더민주의 경우, 이미지 조사에서 '서민층 대변'이라는 것이 연상이미지 조사 결과 7위인가 그렇습니다. 무슨 뜻이냐 하면 당은 버릇처럼 서민, 중산층 정당을 이야기하고 있지만 국민들의 눈에는 더민주가 서민, 중산층 정책에 주력하는 정당으로 금방 떠오르지 않는다는 뜻이죠.

좀 심하게 평가하면, 더불어민주당은 일하는 정당의 이미지가 매우 약하다는 거예요. 현재 새누리당보다 긍정적인 이미지를 축적해 가고는 있지만 그 긍정적인 이미지라는 것이 정책이나 일에 대한 비교우위로 형성된 것이 아니라는 뜻이죠. 국민이 정당에 대해 요구하는 게 여러 측면이 있지만 가장 중요한 것은 결국 생산적이고 국민들 다수에 도움이 되는 일을 해달라는 거잖아요. 그런 면에서 본다면 새누리당과 비교해 현재 야당이 다소 좋은 평판을 얻고 있다 하더라도 '정책과 일'이라는 면에서 비교우위는 별로 보이지 않고 있기 때문에 야당도 여전히 약점을 안고 있다는 생각이 듭니다.

박시영 더민주가 일하는 정당의 이미지는 좀 약하죠. 그래도 많이 좋아지긴 했는데요. (웃음) 그래도 서민을 대변하는 정당은 정의당과 더불어민주당이죠.

이상일 서민을 대변해주는 정당이 어디냐고 물었을 때 두 당을 비교하면 당연히 더불어민주당이 19.8%로 8%인 새누리당보다 우위에 있어요. 그런데 더민주가 서민을 위한다고 인식하는 여론의 절대수치가 크지 않고, 정의당과 별 차이가 없습니다. 정당별로 연상 이미지를 물었을 때 더민주가 서민을 대변하는 정당의 이미지는 잘 떠오르지 않는 것 같아요. 순위에서 한참 밀리거든요.

박시영 연상 이미지요?

이상일 네.

박시영 그건 반성해야죠. 민주당이 서민 대변 이미지를 확고히 굳히지 못한 점은 맞습니다. 참여정부 시절에도 서민을 위해 노력은 했지만 살림살이를 살찌우지 못했거든요. 야당이 민생문제에 대해 집중하고 있고 건설적인 정책 대안도 내는데 정작 정부여당이 잘 받아주지 않으니까 진척이 더딘 면도 큽니다.

이상일 저는 야당의 이미지를 참여정부 시절의 책임으로 돌릴 게 아니라 야당으로서 서민정책, 중산층 복원 정책과 같은 부분에 집중해서 노력한 적이 있었느냐는 문제를 갖고 고민해야 한다고 봅니다. 야당이 된 후에 당명은 여러 번 바뀌었지만 진짜 하고 싶은 정책 하나를 가지고 여당과 질기게 싸우고 협상하며 뭔가 내세울만한 성과를 얻은 적이 있는지 생각해 볼 필요가 있습니다.

제가 본 야당은 항상 정책 또는 법안을 내세우거나 여당의 법안을 반서민적이라고 반대하다가도 정치적인 이슈와 연계하여 협상을 해주는 모습이 많았거든요. 여당의 법안이 반서민적이어서 반대한다면 그건 절대 양보할 수 없는 문제로 설정하거나, 여당의 정치적 요구를 수용하더라도 서민정책과 관련된 법안을 관철시키는 모습이 필요한데 반대였던 거죠.

야당은 늘 정책보다 정치적, 이념적 가치가 개입된 문제들을 중시해 왔습니다. 그렇기 때문에 정책이나 법안과 연결된 일하는 이미지가 약해진 거죠. 과거 참여정부, 김대중 정부가 서민을 위해서 제대로 성과를 못 냈기 때문에 서민을 위한 정당이라는 이미지가 낮은 게 아니라 여전히 그런 정책이슈에 집중하지 않기 때문이라는 게 제 분석입니다.

2. 정치 집단의 이념지표

박시영 "새누리당의
지나친 보수화가
문제다"

이상일 "보수편향 새누리,
중도보수로
거듭나야"

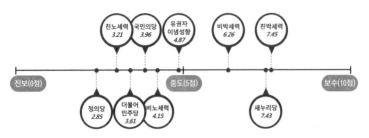

[주요 정당/정치세력 이념성향에 대한 인식]

친노세력 3.21 / 국민의당 3.96 / 유권자 이념성향 4.87 / 비박세력 6.26 / 친박세력 7.45

진보(0점)　　　　　중도(5점)　　　　　보수(10점)

정의당 2.85 / 더불어민주당 3.61 / 비노세력 4.15 / 새누리당 7.43

김지연 우리나라 정당과 정치세력의 이념 성향에 대해 우리 국민들이 어떻게 인식하고 있는지 얘기를 해 볼 건데요. 여론조사 결과를 살펴보면, 친박이 제일 보수로 가 있죠? 그 다음에 새누리, 비박 순서죠.

이상일 네, 친박과 새누리가 비슷해요.

김지연 그 다음이 중도(5점)를 지나 진보로 넘어가면서 국민의당, 비노죠.

박시영 국민의당보다는 비노가 먼저겠죠. 4.15점이니까요.

김지연 그렇죠. 진보 이미지 영역 쪽에는 비노, 국민의당, 더불어민주당, 친노, 정의당 순으로 나타났습니다. 국민들의 주관적인 이념성향이 거의 중간에 위치하고 있는데요. 정당만 놓고 보면, 유권자 평균과 가장 가까운 것이 국민의당 아닌가요?

박시영 조사결과를 보면 정치세력은 비노세력이 국민이념성향 평균과 가장 가까워요. 국민이념성향 평균이 10점 만점에 4.87점인데 비노세력이 4.15

점이니까요. 대선후보는 손학규 후보가 4.78점으로 가장 가까워요.

김지연 제가 이걸 보면서 느낀 점은 새누리당이 너무 보수 쪽으로 많이 올라간 게 아닌가 하는 거예요.

박시영 심각한 거죠.

이상일 저는 예전부터 정치세력이나 정치집단, 국민 스스로가 생각하는 이념성향 조사를 여러 차례 해봤습니다. 그 결과를 해석할 때 유의해 보는 부분이 국민들의 이념평균점과 어느 정도 거리를 두고 각 정당이나 정파, 대통령의 이념성향 평가가 찍히는가 하는 부분입니다.

보통 국민들이 스스로 평가하는 이념성향은 10점 만점에 5점에서 약간 상회하는 쪽으로 찍힙니다. 이번 조사에서도 국민 평균은 4.87점인데요. 이건 온라인 조사라는 점이 약간 진보적 성향이 강하게 나타나는 데 영향을 준 측면도 있고 최근에 보수가 매우 비판적 평가를 받으면서 진보 또는 중도성향층이 두터워진 것도 다소 영향이 있을 겁니다. 그런 점을 감안하더라도 새누리당이 매우 강한 보수세력으로 인식되고 있는 건 심각한 문제라고 보입니다.

그렇다고 국민평균과 근접한 정당이나 정치세력이 좋은 거냐 하면 또 그건 아닙니다. 중간보다는 국민평균점을 기준으로 어느 정도 이념적 색채가 드러나되 꼴통보수나 꼴통진보로까지는 인식되지 않을 정도의 적당한 거리를 두는 게 가장 바람직하죠. 정치세력은 국민 전체를 상대로 지지운동을 하지만 자기 진영, 그러니까 보수는 보수층, 진보는 진보층을 중심에 놓고 중도세력을 공략하는 게 일반적 패턴입니다. 정당 스스로 중간점에 가게 되면 오히려 위험한 상황을 초래할 가능성이 많습니다. 좌우로 움직일 때마다 변절 소리를 듣기 쉽고 한가운데 중도층은 핵심 지지층으로 유지하기 어려운 복합적 특성을 지닌 계층이기 때문에 그렇습니다.

김지연 그렇다면 보수 중에서는 비박이 가장 이념적인 것 아닌가요?

이상일 그렇게 볼 수 있습니다. 국민평균과 비박의 이념 편차가 1.4점 정도 나죠. 반대 진보쪽으로는 더민주가 대략 그정도 거리를 두고 이념좌표가 그려집니다. 앞의 그림을 보시면 이해가 빠를 텐데요. 국민들이 생각하는 이념 평균값이 나오죠. 이번 조사에서는 4.87점입니다. 0점이면 가장 진보, 10점을 가장 보수라고 했을 때요. 진보층이 스스로 생각한 이념값은 2.95점입니다. 약 2점 정도 차이가 있죠. 보수층은 스스로 7.18점으로 평가했습니다. 역시 우측으로 약 2점 정도 국민평균과 차이가 있습니다.

여기서 더민주는 이념성향 평가 결과 국민들이 보기에 3.61점이고 문재인 후보는 3.44점이었습니다. 진보층의 이념평균과 국민평균 사이에 들어 있으면서 진보에 조금 가깝죠. 조금 더 중도적이고 합리적 이미지가 강화되어야 한다고 보입니다만 나름대로 좋은 위치를 점한 것 같은데요. 반면에 새누리당은 이념값이 7.43점입니다. 보수층이 생각하는 이념성향보다 더 우측으로 가 있어요. 이렇게 되면 보수층에는 강하게 어필이 되지만 중도층이나 일반 국민의 눈에 새누리당은 지나치게 보수 편향적 세력으로 보이죠. 바람직한 위치로 오려면 6점 안팎 정도의 이념으로 평가되어야 합니다.

그럴 때 보수층에도 자신의 가치와 부합한다는 느낌을 주면서 중도나 일반 국민에도 새누리당이 지나치게 보수적이라는 느낌을 주지 않게 되죠. 이런 점에서 새누리당과 친박은 너무 강경한 보수세력으로 인식되고 있어 문제가 있다고 봅니다. 반기문 총장의 경우 5.84점입니다. 왜 반총장이 대선주자 선호도에서 새누리당 후보를 가정했는데도 보수진영과 중도 층까지 소구력을 갖고 있는지를 잘 보여주는 수치라고 생각돼요. 문제는 당이 너무 저렇게 보수편향으로 평가되는 흐름에서 벗어나지 못할 경우 당과 후보가 어울리지 않는 모습이 되거든요. 지금 새누리당과 친박은 바람직한 보수정당의 위치에서 많이 벗어나 있어요.

현재 새누리당은 국민 전체 평균에 비해서 상당히 멀리 우측으로 가 있죠. 친박과 비박을 나눴는데 친박은 7.45점으로 새누리당보다 조금 더 우편향 되어 있고 비박은 6.1점이에요. 비박 정도의 이념값 언저리에 새누리당이 와 있어야 그나마 국민과 거리감을 좁히고 이질적인 집단으로 매도되지 않을 수 있는데 현재는 상당히 심각해 보이네요.

김지연 제 기억에는 MB정부 시절보다 지금이 국민평균 이념성향과 새누리당 이념성향과의 사이가 더 벌어진 것 같은데요.

박시영 그렇게 느껴져요. 왜냐면 MB정부 때는 시장보수가 주도했잖아요. 이념적 이슈가 그리 많지 않았어요. 박근혜 정부 때는 이념보수가 활개를 쳐서 이념적 이슈가 크게 늘었지요. 남북 간의 긴장도 커지고 색깔론도 다시 등장하고요. 이런 모습을 보면서 국민들의 인식이 바뀌지 않았을까 하는 생각이 들어요. 여당의 보수 색채가 너무 강해졌다는 우려를 한다고 저는 봅니다.

이상일 맞는 지적입니다. 이번 조사 자료만 보더라도 국민 평균 4.9점과 새누리당 이념성향 7.4점은 절대값으로 거리가 2.5점을 넘어요. 그만큼 국민들의 일반적 인식과 비교해 많이 우편향 되어 있다는 거죠.

더민주는 국민평균에 비해 왼쪽으로 거리가 1.3점 정도거든요. 거리로 표현할 때 새누리당이 국민 이념평균보다 두 배 이상 더 멀게 느껴지는 정당이라는 뜻이죠. 보수정당이니 우측으로 평가되는 건 당연한 거 아니냐고 할 수도 있지만 그게 적정선을 넘어가면 이질적인 집단으로 인식되기 때문에 지지층을 확장하려 노력할 때 장애가 될 겁니다.

김지연 이제 야당으로 넘어가 보도록 하겠는데, 마찬가지로 진보 평균과 국민 중간에 위치하는 게 좋은 것 같습니다. 하지만 중간이 3.9점 정도인데 더민주는 그림 상에서 그보다 약간 왼쪽인 것 같습니다. 그다지 차이가 크지는 않아서 큰 문제가 되지는 않지만 친노와 비노는 차이가 너무 큰 거 아닌가요?

박시영 예전부터 두 세력 간의 거리는 존재했죠. 한쪽은 중도에 가깝고 한쪽은 진보에 가까웠으니까요. 더민주 정체성은 친노에 가깝고, 국민의당 정체성은 비노에 가깝잖아요. 정확히 조사가 된 것 같아요.

김지연 그리고 예전보다 새누리와 더민주 두 정당이 약간 더 벌어진다는 느낌도 있어요.

박시영 그럴 수도 있겠는데요. 새누리당과 더민주 모두 보수와 진보성향이 과거보다 더 강화된 것 같다는 느낌도 들긴 하네요.

이상일 또 정당, 정치세력이 이념적 스펙트럼 안에서 평가받을 때 얼마나 많은 정치세력이 존재하느냐에 따라 상대적 평가가 나오기도 합니다. 야권은 정의당과 국민의당이 존재하기 때문에 정의당이 보다 강한 진보세력 포지션을 차지하고 있고, 중도를 표방한 국민의당이 국민 평균에 가까운 중도좌파 세력으로 위치합니다. 이번 조사에서도 그렇고요.

그 사이에 더민주가 위치하면서 상대적인 위치가 정해진 것으로 보이는 데요. 새누리당은 우파 정당이 따로 존재하지 않기 때문에 당내 정치세력 간 거리를 갖고 이념적 좌표가 설정되는데 지금 친박과 새누리당은 거의 같은 이미지로 위치해 있고 비박만 6점 정도로 국민평균에 비해 약간 우편향한 정치세력으로 인식돼 있어요. 그만큼 새누리당이 친박 정당 이미지에 갇혀 있는 형국이 되지요.

박시영 정확하지는 않지만 과거 열린우리당은 3.3점 정도였고, 그 이후 통합민주당은 3.8점 정도였던 거 같아요. 친노와 열린우리당은 이념적으로 비슷하고 더민주는 과거 통합민주당 시절과 비슷해 보입니다. 더민주보다는 새누리당이 더 보수화된 게 아닌가 싶습니다.

김지연 만약 내년 대선에서 더불어민주당이 집권하려면, 이념만 봤을 때 몇 점 정도가 가장 바람직하다고 생각하세요? 박 부대표님 본인이 정할 수 있다고 가정한다면요?

박시영 저는 민주당의 이념성향의 문제는 별로 없다고 봅니다. 중도 확장을 크게 의식하지 말아야 합니다. 이념적 포지션보다는 진보의 유능함, 담대한 비전을 보여주는 것이 국민신뢰를 얻는 첩경이라고 보니까요. 선거 국면에서 선거 국면에서 당은 집토끼를 잡는데 역점을 둬야 하거든요. 중도층을 겨냥해 조금만 우편향으로 향하면 됩니다. 더민주가 현재 3.61점이니까 선거 때 3.7~3.8점 정도로 보일 수 있도록 하면 좋을 듯싶네요.

김지연 이대표님, 마찬가지로 만약에 새누리당이 집권하기 위해서 본인이 새누리당의 이념성향 점수를 정할 수 있다면요?

이상일 새누리당은 지금보다 중간지대로 이동하기 위한 노력이 시급해 보여요. 새누리당은 이념좌표상 평가에서 최소한 6.5점, 바람직하기로는 6점 초반 대 이내로 좌편향할 수 있도록 노력할 필요가 있습니다.

3. 국민의당은 안철수당?

박시영 **"안철수당에서
호남당으로
이동 중이다"**

이상일 **"동상이몽,
안철수와 호남,
박지원"**

김지연 올해 초 안철수 의원과 박지원, 천정배 등 호남 출신 국회의원들이 국민의당을 만들고 총선에서 호남지역을 석권하는 등 당세를 넓혀가고 있습니다. 국민의당은 안철수와 호남이라는 두 개의 축으로 구성되어 있다고 보이는데요. 국민의당의 정체성과 한계, 가능성에 대해서 의견을 들어보도록 하겠습니다.

박시영 국민들은 올해 추석 때까지만 해도 국민의당은 호남당이기보다는 안철수 정당으로 봤습니다. 당을 만든 장본인이 안철수 전 대표이고 국민의당에서 유력한 대선후보라서 그랬겠죠. 그러다 보니 당 이미지에 있어서도 안철수 전 대표 개인 이미지가 그대로 투영되고 있는 듯했습니다.

호남 의원이 많음에도 불구하고 호남당 이미지가 덜한 것은 지난 총선에서 호남이 더민주를 매섭게 혼내줬지만 그렇다고 호남의 적자를 완전히 버린 것은 아니라고 보는 겁니다. 호남의 적자는 민주당이라고 보는 인식이 강한 거죠.

총선에서 선전하여 안철수 전 대표와 국민의당 모두 상종가를 달렸지만 당 회계 비리의혹이 불거지며 위기에 처했죠. 뼈아픈 대목이죠. 안철수 전 대표가 표방한 새 정치가 이거 한 방으로 날아가 버렸습니다.

최근 들어 당이 빠르게 안정감을 되찾아가고 있는 것 같습니다. 정치 9단인 박지원 비상대책위원장이 노련하게 이끌어 간 것이 성과를 조금씩 보이고 있습니다. 국민의당이 최근 박근혜-최순실 게이트 국면에서 정권퇴진투쟁을 일찍이 당론으로 정하고 적극적인 캠페인을 전개하고 있기 때문에 당세도 강화되고 있습니다. 그 결과 당 지지율이 새누리당을 누르고 2위를 차지하는 기쁨도 만끽했습니다.

하지만 걱정거리도 많습니다. 최순실 사태가 불거져 박지원 원내대표가 전면에 부각되면서 호남정당 이미지가 크게 강화된 것입니다. 또한 안철수 전 대표의 대선후보 지지도가 좀처럼 상승하지 않고 있습니다. 이재명 시장에게 역전당하면서 4위로 밀려나기도 합니다. 호남당 이미지 강화는 외연을 확대해야 하는 안철수 전 대표로서는 달갑지 않을 겁니다. 당의 반전 카드였던 손학규 전 대표의 영입에 실패했고 당 비대위원장으로 섭외했던 김병준 씨가 박근혜 대통령의 총리 내정자로 발표돼 당의 모양새가 우습게 되기도 했습니다. 더민주가 야권의 맏형이다 보니 박근혜-최순실 게이트의 반사이익을 독차지하고 있는 점도 국민의당 입장으로서는 애가 탈겁니다.

당은 집권을 위해서 존재합니다. 단독으로 집권할 능력이 없으면 연정이나 정계개편을 통해 판을 흔들려고 부단히 노력할 수밖에 없습니다. 하지만 그 과정에서 원칙을 잃으면 낡은 정치세력으로 찍히고 도태됩니다. 국민의당은 연정을 매개로 민주당과 통합하거나 아니면 3지대에서 탈당한 비박의원들과 손학규 전 대표, 또는 반기문 총장 등과 힘을 합치려고 할 것입니다. 최근 김무성 전 대표와 박지원 원내대표의 친노와 친박을 제외하고 나머지 세력이 통합하자는 이야기는 정계개편을 추진해 권력을 창출하겠다는 의지 표현이지만 역풍 때문에 고민이 깊어질 것입니다.

박근혜 대통령과 새누리당을 심판하라는 촛불민심과 괴리되고 호남 등 전통적 지지층의 반발을 초래할 수 있기 때문입니다. 탄핵 국면에서 정치 게임을 벌일 여건 마련이 쉽지 않을 겁니다. 개헌을 통해 탈출구를 찾으려고 하겠지만 이 또한 난관이 많아 당의 진로가 뾰족하게 잘 안 보이는 상황입니다. 안철수 전 대표와 박지원 원내대표만 뜨다 보니 천정배 의원과 정동영 의원 등 중량감 있는 다른 의원들이 전혀 보이지 않는다는 점도 고민입니다. 무엇보다도 대선을 앞둔 시점에서는 대선 후보가 가장 중요한데 안철수 후보의 경쟁력이 높아지지 않는 한 3당의 활로는 제한적일 수밖에 없습니다.

김지연 그럼, 이 대표님께서는 국민의당에 대해 어떻게 보십니까?

이상일 총선에서 상당한 성공을 이루긴 했지만, 국민의당이 과연 캐스팅보터(casting voter: 결정 투표자)로 어느 정도 역할을 할 수 있을까 하는 의문이 있었습니다. 또 안철수는 국민의당을 끌고 대선에 독자출마를 할 수 있을 것인가도 의문이었죠.

여야가 격돌하는 정치판에서 의석 40석 안쪽의 제3당이 정치적 중재역은 자임할 수 있어도 실질적으로 어떤 합의를 이끌어낼 방도는 마땅치 않을 거라고 봤습니다. 결국 중재역보다는 상황에 따라 새누리 또는 더민주 쪽 손을 들어줘 판을 정리하는 데 일조하는 게 한계일 텐데 그게 제3의 길이나 새정치와 어떻게 연결될 것인가 하는 부분이 잘 보이지 않았죠. 야당 편을 들면 결국 같은 뿌리에서 나온 야권의 제2정당이 될 거고, 여당 편을 들면 새누리 2중대 소리를 들으며 오히려 입지가 매우 좁아질 수도 있겠다는 생각도 해 봤고요. 노련한 박지원 위원장의 정치력이 빛나는 순간들이 있긴 했지만 역시 총선 이후에 제3당이 정치적 위상을 크게 부각시킬 기회는 별로 없었던 것 같습니다.

연장선상에서 안철수의 대권행보 선택이 국민의당 진로보다 더 관심사인데요. 최순실 정국 이전까지의 상황에서는 안철수 역시 독자적 대권플랜을 가동하겠지만 결국 반기문과 문재인이 보수와 진보의 대권후보로 격돌하는 판에서 안철수가 끝까지 완주하기는 쉽지 않을 거라고 봤습니다. 정권교체 열기가 어느 때보다 높은 분위기의 대선에서 만약 야권주자가 승리할 확률이 높지 않을 때 여론은 야권의 2위 후보가 1위 후보를 도와서 정권교체를 이뤄야 한다는 쪽으로 모아지지 않겠습니까? 그동안 여론 추이로 미뤄 문재인 대세론에 안철수가 밀릴 거라고 본 거죠.

한 가지 변수로 등장한 게 최순실 정국과 반기문의 위상 하락인데요.

만약 새누리당이 제대로 재창당 작업을 하지 못할 경우 보수는 반기문 총장을 영입하지 못하고 여론지지도상 약체인 대선후보를 내세워야 할지도 모릅니다. 이런 상황이 온다면 안철수에게 중도층과 보수적 중도층의 관심이 쏠리면서 좀 다른 기류를 만들 수도 있다고 봅니다. 강성 야권후보인 문재인의 대안으로 안철수를 주목하게 되는 상황 같은 거죠. 그럴 경우 안철수로서는 제3지대에 흩어진 정치인들을 모아 외연을 확장할 수 있는 기회가 올 수도 있을 거라고 봅니다.

또 다른 변수는 개헌입니다. 최순실 게이트가 탄핵 정국으로 확대되면서 꺼져가던 개헌 이슈가 살아나고 있습니다. 만약 안철수 전대표가 차기 대선 전 개헌 찬성으로 돌아설 경우, 개헌을 고리로 한 제3지대 세력결집 흐름 속으로 들어갈 수도 있다고 봅니다. 지금 대선주자들만 놓고 보면 문재인 전 대표가 1위 후보면서 대선 후 개헌을 이야기하고 있는 형국입니다. 반기문 총장이 귀국 후 개헌 필요성을 제기할 지는 불확실하지만 충분히 가능성이 있다고 보고요. 그 속에서 안철수 전대표가 만약 개헌 반대론을 고수한다면 지금 국민의당 안철수 위치에 그대로 갇히겠지만, 만약 개헌 찬성으로 돌아서면 개헌을 둘러싼 '문재인 대對 반문재인' 구도의 한 축에서 국민의당 틀을 넘어선 대선주자로 올라설 수 있는 기회도 엿볼 수 있지 않을까 싶네요.

안철수 변수는 본인이 어떤 선택을 하든 내년 대선에서 끝까지 승부를 점치기 어렵게 만드는 변수가 될 것으로 보입니다. 대선 다자구도 가능성을 높게 만든 장본인이고, 실제 다자구도로 대선이 치러질 경우 '87년처럼 30%대 득표율로도 대통령이 탄생할 수 있습니다.

4. 모래알 비박과 폐족 친박

박시영 "기회는 오지만
　　　올라타지 못할 비박,
　　　친박은 소멸"

이상일 "어설픈 쇄신으로
　　　'친박당' 그늘
　　　못 벗어나,
　　　비박
　　　결단해야 할 수도"

김지연 올해 총선 전후부터 시작해서 지금까지 새누리당은 하루도 바람 잦을 날이 없는 것 같아요. 특히 친박과 비박은 남의 당보다 더 심하게 싸우고 있는 것 같고요. 대통령 탄핵 국회 가결 이후 갈라 설 가능성도 높아 보입니다. 반면에 친노와 비노는 느낌상 예전보다는 덜 싸우는 것 같아요.

이상일 야당의 이미지가 여러 측면에서 총선 전보다 괜찮게 보이는 이유는 어쩌면 내부 싸움이 이미 극한으로 치달아 끝이 나버렸기 때문일 수도 있죠. 당이 갈라져 분당되고 창당하고 했잖습니까. 그런데 그 부분은 총선으로 3당 체제가 구축되면서 지난 연말과 올해 연초를 강타했던 탈당-분당사태의 극렬한 갈등상은 잊혀지고 평화로운 3당 체제처럼 보이는데 이건 어떻게 보면 착시일 수도 있는 거 아닌가요? 대선 국면에서 후보단일화나 연대 논의가 촉발될 수밖에 없을 경우 다시 야권의 분열 DNA가 얼마나 강력한 지 확인시켜주면서 유권자들에게 야권 분열의 역사를 상기시켜 줄 것 같은데요? (웃음)

박시영 제발 우릴 가만히 좀 두세요. (웃음)

이상일 아니. 상기시켜 드려야죠. 야권에 평화가 그냥 찾아온 게 아니잖아요. 이혼했기 때문에 상처를 감추고 평화로운 척 하는 거지. 아마도 독립해서 서로 각자 살아갈 수 없으면 다시 평화 이전의 상태로 돌아올 겁니다.

김지연 그러면 비박과 친박의 이혼이 해결책이라는 건가요?

이상일 새누리당은 탄핵정국 전까지는 계파가 당을 쪼개고 갈라서는 이혼 상황은 없을 것으로 봤습니다. 총선에서 패하고도 결국 진성친박, 대통령의 사람으로 상징되는 이정현 대표가 전당대회에서 선출되었는데요. 이런 과정을 보면서 비박계가 어떤 구심점을 세우고 독자적으로 움직일 힘 자체를 잃어버린 것으로 볼 수밖에 없었죠.

총선 이후 책임론이 비등했을 때를 상기해 보면, 전당대회에서 친박이 당권을 차지했을 때 당이 쪼개지는 것도 이상할 게 없을 지경이었는데 의외로 당이 너무 조용했잖아요. 갈라서기는커녕 전당대회 이후에 보면 당내 다양한 목소리가 잘 들리지도 않습니다. 구심점 없는 계파가 독자적으로 세력화를 하겠다고 당을 뛰쳐나가는 일은 없을 것으로 봤었습니다.

최순실 사태 이후 친박지도부 사퇴를 둘러싸고 당내 갈등이 다시 증폭되더니 결국 탄핵 정국으로 들어오면서 분당 시나리오도 현실화될 가능성이 커졌습니다. 이미 남경필 지사, 김용태 의원과 원외 당협위원장들이 탈당을 했고 김무성 전 대표가 대선 불출마까지 선언하며 비박계를 이끌기 시작했죠. 탄핵 가결 이후 두 세력간의 밀어내기 싸움이 치열할 것으로 보여집니다. 여론이 워낙 악화돼서 지금 새누리당을 모태로 두고 개보수하는 수준으로는 보수정당 재건이 불가능하다는 진단도 당 내에서 상당한 것으로 알려져 있습니다. 보수의 분열과 갈라서기가 점점 현실적 문제로 등장하는 흐름입니다.

박시영 중요한 건 비박 내에서 구성원 간의 동질성이 있느냐는 겁니다. 비박은 친박이 아니라는 점만 동일한 것 같아요. 과연 같은 비박인 김무성 전 대표와 유승민 의원의 정체성이 같습니까?

김지연 다르죠.

박시영 그러니까요. 박근혜 대통령과 멀어졌고 그의 통치방식에 동의하지 않는 세력이라는 점은 비슷할지 몰라도, 이념성향이나 지향하는 가치가 너무 다르고 내부 결속력도 약하죠. 한마디로 모래알 집단이죠. 구심도 없고 일체감도 없으니까요. 그런 면에서 친박계보다 비박계가 약한 겁니다.

최순실 사태로 인해 비박계도 욕을 많이 먹고 있습니다. 친박이나 비박이나 모두 오십보백보라는 거죠. 다만 탄핵 과정에서 비박계가 캐스팅보트 역할을 쥐었고 탄핵소추안에 찬성하면서 상종가를 띠는 것 같지만 빛 좋은 개살구입니다. 지금은 참회하고 자중할 때입니다. 눈앞의 대선에 집착하기보다는 보수의 가치를 새롭게 가다듬는 데 더 집중할 때입니다.

김지연 최순실 사태 이후 새누리당 지지도도 급속히 빠지고 있습니다. 대선을 앞두고 생존의 문제에 직면했다고 보는 견해가 많은데요. 두 분께서는 앞으로 친박과 비박이 어떻게 될 거라고 보시나요?

이상일 최순실 사태 이후에 대통령 지지도는 한 자릿수로 폭락했고 새누리당도 정당지지 1위 자리를 내주는 상황이 도래했습니다. 그런 와중에도 여전히 당은 어떻게 생존할 것인가의 문제보다 계파 간 갈등만 분출하고 있고요. 계파를 떠나 당내 지분을 갖고 있는 중진들이 모두 사적 이해관계를 벗어나 당을 살리자고 결의해도 쉽지 않은 상황인데 새누리당이 과연 최순실 사태를 극복하고 다시 일어설 발판을 제대로 마련할 수 있을지 모르겠네요. 친박은 박 대통령이 탄핵되는 순간 존립근거 자체가 소멸하게 될 테니 자연스럽게 계파이슈 하나는 사라지게 될 것 같습니다.

박시영 그동안 비박계가 보수 혁신을 주도하며 당을 바꿀 기회가 있었지만 용기 있게 나서지도 못했고 주어진 역량을 발휘하지도 못했습니다. 이처럼 비박세력이 지리멸렬하기 때문에 친박계가 반사이익, 어부지리를 거뒀던 것입니다. 그러나 최순실 사태로 신세가 역전되었습니다. 강성친박들은 다음 총선 때 줄줄이 낙선할 것입니다. 친박계는 폐족의 길을 걷게 됩니다. 그들의 정치는 막을 내렸습니다.

얼마 전 남경필 지사, 김용태 의원이 선도 탈당을 했습니다. 나머지 비박계가 결단을 내리지 못한 채 지지부진하니까 먼저 치고 나간 겁니다. 이 과정에서 유승민 의원이 갈지자 행보를 보였습니다. 친박계의 눈치를 보며 몸을 사리는 것으로 비춰졌던 겁니다. 참으로 실망스러웠습니다.

비박계는 탄핵 정국에서도 중심을 잡지 못하고 우왕좌왕한 채 갈피를 잡지 못했습니다. 막판 탄핵 대열에 동참한 것도 12월 3일 거행된 232만의 촛불민심에 밀려서 항복한 것입니다. 그들은 보수의 혁신을 입에 올릴 자격이 없는 분들입니다.

이상일 현재 새누리당 상황에서는 계파구분 같은 건 무의미할 것 같고요. 기존의 새누리당을 체질부터 완전히 바꿀 수 있는 리더십을 구축하지 않으면 미래를 기약할 수 없는 심각한 위기상황입니다. 대선주자의 역할이 중요하죠. 결국 내년은 대선을 중심으로 정치가 돌아갈 수밖에 없으니까요. 반기문 총장이 새로 창당될 보수정당에 합류할 경우 당 내 비판적 이슈들을 개혁하면서 새로운 리더십을 보여줄 수 있지 않을까 하는 기대가 컸지만 지금은 그마저도 불확실한 상태입니다. 대선 잠룡들 모두 혁신과 개혁을 기치로 새로운 경쟁을 벌여야 하고 당이 달라질 것이라는 믿음을 유권자들에게 주어야 그 다음 단계로 나아갈 수 있는 상황인 것 같습니다. 친박이라는 이름은 올해 말 정도면 정치적으로 퇴출될 수밖에 없을 것 같네요.

김지연 물론 4년뒤에 치러질 총선에서는 친박계가 몰락할 가능성이 있지만,

대선까지는 더 뭉치지 않을까요? 탄핵에 반대표를 던진 56명을 중심으로 당을 사수하고 비박계를 몰아낼 가능성도 있어 보이는데요. 좀전에도 말씀하셨지만, 탄핵 가결을 계기로 친박과 비박이 당을 같이 할 수 없는 상황에 처해진 것으로 보여집니다.

이상일 이 책을 쓰기 시작할때는 그럴 가능성은 매우 희박하다고 봤었는데 지금은 분당 상황을 가정해 보는 것이 현실적인 것 같네요. 탄핵 정국에서 곧바로 탈당과 분당사태로 치닫지 않는다 하더라도, 보수의 재건이라는 과제를 생각하면 결국 당 바깥에서 새롭게 보수정당을 구축하려는 흐름도 대선 과정에서 충분히 있을 수 있을 것 같고요.

박시영 최순실 사태가 터진 초기에는 비박계가 탈당하기 쉽지 않을 것으로 저는 봤습니다. 다음 총선 때까지 시간이 많이 남아 있고 3지대 파괴력이 불확실하고 유력한 대선 후보도 없어서 무리한 시도를 하기보다는 당에 잔류하여 당권을 틀어쥐고 보수를 혁신하는 쪽에 승부수를 띄울 것이라고 본 거죠. 탈당 카드를 친박 지도부 협박 카드로 사용할 것으로 본 겁니다. 대열을 이끌 비박계의 구심체도 없는 데다 새누리당 개혁파들이 보수정당에 있으니까 빛이 나지, 정계개편을 통해 야당 의원들과 섞이면 그 개혁성이라는 것이 별 거 아니거든요. 그래서 시베리아 벌판으로 나올 엄두를 못 낼 것으로 봤는데 탄핵 국면이 조성되면서 상황이 좀 바뀔수도 있겠다는 생각이 듭니다.

5. 존재감 없는 비노와
부활한 친노

박시영 "각자 도생하되,
비노는
노무현정신이 뭔지
깨달아야"

이상일 "여전한
야권의 분열 DNA,
대권가도에 큰
걸림돌 될 것"

김지연 지금부터는 우리 정치의 또 다른 중심축 친노와 비노 세력에 대해 대화를 나눠보도록 하겠습니다. 아까 박 부대표님은 총선 과정에서 분화됐기 때문에 행복하다고 하셨는데요.

박시영 행복해 보인다 정도로 해석해 주세요. 오해할 테니까요. 매우 행복해한다고 하지는 말고요.

김지연 예전, MB정부 때 그리고 박근혜 정부 중반까지는 정말 두 세력이 적처럼 싸웠던 적이 있었거든요. 정가에서 차라리 새누리당이 되는 건 어쩔 수 없지만 얘네는 정말 안 된다고 말하는 걸 들었어요. 박 부대표님, 그 갈등의 시작을 어떻게 봐야 하나요?

박시영 친노와 비노 갈등의 뿌리는 오래됐습니다. 2002년부터 갈등이 잉태됐는데, 당의 대선후보인 노무현 후보를 낙마시키려고 못된 행태를 벌인 정치꾼들이 있었습니다. 바로 '후단협' 일당들입니다. 늘 중도를 말하고 민주적으로 선출된 당의 공식 후보나 대표를 흔든다는 점에서 후단협은 지금의 비노와 정치노선이나 정치행태가 상당히 유사한 점이 많죠. 갈등의 시초라고 볼 수 있죠.

그러다가 2003년 분당 사태로 민주당과 열린우리당이 갈라서면서 양 진영의 갈등이 본격화됩니다. 민주당이 탄핵에 앞장서면서 그 감정의 골이 더 깊어집니다. 총선에서 극적으로 승리한 열린우리당의 주축은 386운동권과 친노가 차지하죠. 민주당은 호남을 기반으로 하는 비노의 몫이었습니다. 친노-비노 갈등의 1라운드가 시작된 셈입니다.

2007년 대선 전에 열린우리당 내부에서 균열이 생깁니다. 김한길 의원이 주축이 돼 비노 중심으로 탈당 행렬이 일어나고 당이 쪼개집니다. 노 대통령은 격노했지만 대선승리를 위해 탈당은 불가피했다는 당내 정서가 존재했습니다. 대선 직전에 대통합민주신당 이름으로 다시 헤쳐 모입니다. 잔류 민주당 세력을 제외하고 모든 세력이 합류합니다. 손학규 전 지사의 선진평화연대도 동참하고 시민사회 세력도 한 축을 담당합니다. 참여정부의 황태자였던 정동영 전 장관이 노 대통령과 갈라섭니다. 대선 경선에서 손학규 후보와 이해찬 후보를 누르고 정동영 후보가 당선됩니다. 이로 인해 친노의 영향력이 축소됩니다.

진보진영이 2007년 대선, 2008년 총선에 연거푸 패배하며 위기에 처하자 갈라져 있던 민주당과 다시 합당합니다. 2003년 분열 이전의 모습으로 되돌아갑니다. 민주당이 통합민주당으로 하나가 되면서 친노와 비노가 함께 하게 됩니다. 친노의 퇴조와 잔류 민주당 세력의 합류로 비노 세력이 우위를 점합니다. 친노는 폐족으로 몰려 설 자리를 잃어가던 시절입니다.

김지연 과거 이야기를 듣다 보니 흥미진진하네요. 그 이후에는 어떻게 되었습니까?

박시영 2009년에 새로운 변곡점이 생깁니다. 그 해 5월 노 대통령의 서거가 일어나고 국민들의 분노로 온 세상이 들끓게 됩니다. 이명박 정권을 심판하겠다는 뜨거운 열기가 2010년 지방선거를 덮어버립니다. 안희정 후보, 이광재 후보 등 친노 인사들이 대거 단체장에 당선됩니다. 노 대통령에 대한 재평가 분위기 속에서 참여정부 출신 인사들이 단체장을 싹쓸이 합니다. 친노가 화려하게 부활합니다. 이해찬 전 총리를 중심으로 '혁신과 통합'이 출범하고 여기에 문재인 전 비서실장이 합류합니다.

총선을 앞두고 손학규 당 대표가 2011년 12월 '혁신과 통합', '한국노총' 등과 합당을 선언하고 민주통합당이 출범합니다. 이듬해 총선에서 친노

인사 상당수가 입성하면서 친노가 당내 분포에서 우위를 점합니다만 총선패배 책임추궁으로 한명숙 전 대표 등 친노 인사들이 곤궁에 몰렸어요. 2012년 9월 대선경선에서 문재인의 승리로 친노의 입지가 다시 회복되지만 18대 대선 패배 이후 책임론에 휩싸여 친노는 또 다시 수세에 몰립니다. 대선 후 당 대표에 김한길 의원이 당선되었고 그는 거침없이 친노를 코너로 몰아 부칩니다. 김한길 대표의 등장으로 양 측의 갈등이 커지고 서로 으르렁거립니다. 김한길 대표가 안철수 세력과 합당을 선언합니다. 비노가 늘어나면서 친노와 비노의 세력균형이 이뤄집니다.

2014년 지방선거 책임론에 휩싸이면서 안철수-김한길 대표가 사퇴합니다. 이번에는 비노가 궁지에 몰립니다. 이후 비대위 체제를 마치고 2015년 2월 전당대회에서 당대표 자리를 놓고 문재인 후보와 박지원 후보가 맞붙었습니다. 양 측이 혈투를 벌였고 쌓아둔 갈등이 폭발했습니다. 문재인 후보는 대선 후보임에도 당을 뜯어고치겠다며 배수진을 치고 당대표에 나섰습니다. 그는 이기는 정당, 당 혁신 등 논리를 내세웠지만 박지원 후보는 당원의 감정을 파고들었습니다. "꿩 먹고 알 먹고"였죠. 호남정당인데 대권과 당권 모두 영남이 맡아서야 되겠느냐며 호남정서를 파고듭니다. '호남 홀대론'과 '문재인은 욕심쟁이'라는 딱지를 붙이는 데 성공합니다. 호남은 물론 전국적으로 호남 향우회가 들썩입니다. 박지원 후보의 주장은 저급했으나 당심을 흔들기에 충분했습니다. 결국 문재인 후보가 신승했지만 데미지가 너무 컸습니다. 상처뿐인 영광이었죠. 박지원 후보는 경선 잡음을 이유로 경선결과를 인정하지 않습니다. 전당대회를 통해 친노와 비노의 감정 대립이 극명해집니다. 친노-비노 갈등의 2라운드인 셈입니다.

김지연 그런데 문재인 대표시절에 왜 이렇게 당의 분란이 커진 겁니까? 또 왜 안철수는 탈당을 한 거죠?

박시영 문재인 체제는 4월 재보선에서 참패하며 임기 초반 위기에 빠집니다. 4곳에서 치러진 미니선거였지만 비노 측은 문재인 사퇴를 촉구합니다. 파상공세를 이어가죠. 지리한 힘겨루기를 벌이다가 정청래 의원 막말 파문이 터집니다. 극심한 내홍을 겪습니다. 정권과의 싸움은 뒷전이고 조경태 의원 등 비노는 문 대표 끌어내리기에만 몰두합니다. 친노 지지자들은 2002년 '후단협 데자뷰'라며 분통을 터트리지만 비노 측은 문재인 대표를 무책임한 정치인으로 몰아갑니다. 상황을 타개하고자 문재인 대표는 안철수 전 대표에게 러브콜을 보냅니다. '문안 연대'를 통해 '혁신과 반혁신' 구도로 돌파하자고 했지만, 안철수 전 대표 측의 태도변화로 무산됩니다. 수면 아래로 가라앉던 갈등구조가 안심번호 공천 등을 담은 '김상곤 혁신안'에 대해 안철수 전 대표가 문제 제기를 하면서 다시 증폭됩니다.

안철수 전 대표가 문재인 대표에게 정면으로 맞서게 되는 거죠. 의원들의 중재안인 '문안박 연대'(문재인-안철수-박원순 연대)는 안철수 전 대표의 거절로 물 건너가고 안철수 전 대표의 혁신전당대회 제안은 문재인 대표의 거부로 성사되지 못합니다. 결국 분당의 수순을 밟습니다. 안철수 전 대표를 선두로 호남의원들과 수도권 일부 비노의원이 탈당합니다. 안철수 전 대표의 탈당은 명분이 없었습니다. 친노 패권주의를 이야기했지만 실은 본인의 대권 욕심이 크게 작용한 거라고 봐야죠. 호남의원들은 공천권 확보 및 본선에서 안철수 간판이 유리하다고 판단한 겁니다. 친노-비노 갈등의 3라운드인 셈입니다.

위기에 처한 문재인 대표는 인재 영입카드로 맞불을 놓고 개혁성향의 네티즌들이 대거 입당하며 상황을 반전시킵니다. 경제민주화의 상징인 김종인 전 의원의 영입을 통해 추가탈당을 막아냅니다. 2016년 총선 승리로 더민주의 의원 분포는 친문 영입인사들의 국회 입성과 비노의 집단 탈당으로 친노, 친문이 대세를 차지합니다. 반면에 국민의당은 비노가 장악합니다.

더민주 내에서 비노가 소수로 전락했지만 개헌, 정계개편 과정에서 운신의 폭은 큽니다. 박영선 의원 등이 호시탐탐 기회를 노리고 있다고 봐야겠죠. 대선 판의 유동성이 커질수록 자신들의 몸값이 뛴다는 것을 알고 있기 때문에 판을 흔들려고 하겠죠. 그러나 쉽사리 모험을 못할 겁니다. 자신의 정치생명이 한방에 끝날 수 있기 때문에 그렇습니다. 촛불민심이 이들의 탈당을 가만히 놔두겠습니까? 특히 비박들과 새판 짜기에 동참한다면 뭇매를 맞을 겁니다. 최순실 사태로 더민주 집권 가능성이 더 커진 점도 운신의 폭을 좁히는 원인이죠. 야당 내 친노와 비노 양 측의 샅바싸움은 아직 끝나지 않았습니다.

이상일 그 동안 친노와 비노의 갈등사를 정리하듯 말씀해 주셨는데, 앞서 지적했던 것처럼 친노-비노 역시 결국은 권력다툼을 본질로 하고 있다는 점을 다시 말씀드리고 싶어요. 야당의 진로나 노선, 가치를 두고 계파가 갈라지고 경쟁한 게 아니라 어느 쪽이 당의 주도권을 쥐느냐의 싸움이 본질이라는 거죠. 그리고 그런 상황에서 야권이 스스로 반성해야 할 부분은 전당대회든 뭐든 공식 의결절차를 통해 선출된 당내 권력에 대해서 진 쪽에서 끊임없이 흔들고 불복하는 문화를 반복해 왔다는 점입니다. 결국 분당사태로 마무리 되었고요.

이제 서로 다른 당으로 갈라서 있지만, 야권이 만약 독자적으로 대선승리가 어려운 국면에 처할 경우 두 야당은 어떻게든 공조가 불가피할 텐데요. 그런 상황에서 그동안 야권이 보여 온 분열의 DNA가 어떻게 작동할지, 그걸 억제하고 정권교체를 위해 서로 양보하거나 협력할 수 있는 것인지 진지하게 성찰해야 할 겁니다. 어쩌면 정권교체 가능성이 어느 때보다 높은 대선이기 때문에 절대 야권의 화합, 협력이 불가능한 선거가 치러질 수도 있고 그런 상황이 대선에서 커다란 변수를 만드는 계기가 될 수도 있으니까요. 아마 보수가 괴멸 수준의 현재 상황을 딛고 재기하는 기회를 잡는다면 그건 진보진영의 불화와 분열이 만들어 준 기회가 될 거라고 봅니다. (웃음)

김지연 두 분의 말씀을 들으니 확실히 정리가 되는 것 같네요. 그런데 박 부대표님 말을 듣다 보면, 느낌상 비노 측이 좀 더 문제가 있는 것으로 보이는데요?

박시영 친노와 비노 모두 반성하고 고쳐야 할 점이 많지만 저는 비노의 문제가 더 크다고 봅니다. 이율배반적인 태도를 보이거든요. 비노가 당권을 장악하면 사무총장 등 핵심요직에 비노 인사를 대거 기용합니다. 그 점에 대해 친노는 시비를 걸지 않습니다. 그런데 막상 친노가 당권을 장악하면 비노는 탕평인사, 계파안배를 요구합니다. 당 대표가 사무총장 임명도 맘대로 못하게 막습니다. 불공평한 이중 잣대를 적용합니다. 그리고 정권과 싸우기보다는 내부 싸움에만 너무 몰두합니다. 그러다 보니 국민의 신뢰가 약해진 겁니다. 그리고 야당은 김대중 정신과 노무현 정신을 계승한다고 입버릇처럼 말하면서도 정작 비노는 노무현 정신을 인정하지 않는 사람들입니다. 시각 교정이 필요한 세력이죠.

물론 친노도 문제가 많습니다. 폐쇄성이 가장 큰 문제입니다. '참여정부=선'이라는 인식에 사로잡혀 있습니다. 선민의식도 강합니다. 또한 일부 인사들이 건방진 태도를 보여 국민의 눈에 '싸가지 없는 친노'로 보이게 만들고도 있습니다. 보수정권과 보수언론의 부당한 공격에는 맞서야 하나 지혜롭게 대처해야 하는데 경직돼 있다는 느낌을 던져 줍니다. 그리고 미래를 이야기해야 하는데 과거에 갇혀 있단 느낌을 줍니다. 하루 속히 벗어나야 합니다.

저는 친노와 비노의 노선 차이는 있지만 함께하지 못할 정도의 차이가 아닌 극복 가능한 범위라고 봅니다. 차이점보다는 공통점이 더 많기 때문입니다. 자기 정치의 수단으로 내부 갈등을 조장하거나 반칙을 일삼고 이중 잣대를 적용하는 행위가 정치권에 더 이상 발을 못 붙이게 해야 합니다.

이상일 조금 거슬러서 총선 때로 돌아가 보죠. 총선 전에 분당이 됐고 비노 그룹이 탈당을 했잖아요. 대선 이후에 계속해서 친노 패권주의에 대해 문제제기를 했던 사람들이 빠져 나간 상태에서 총선을 치렀는데 그럼에도 불구하고 더민주는 당시 총선을 친노의 이름으로 치르지 못했습니다. 김종인이라는, 보수진영에서 대선까지 치른 분을 영입했고 그 지휘 아래 친노의 이름을 빼고 선거를 치렀고 승리했지요. 물론 김종인 전 위원장이 선거 승리의 주역이라는 뜻은 아닙니다.

여하튼 국민들 눈에는 친노 색채를 빼고서야 더민주라는 정당이 소위 운동권 정당의 굴레를 벗어나 변화하는 것처럼 보인 게 사실 아닐까요? 그렇다면, 추미애 당대표 선출로 친노 친정체제를 완성시킨 지금 다시 과거의 야당 이미지로 돌아간다는 의미로 들리는데요. 지금 더민주 지도부가 총선을 치르는 동안만 변화하는 모습을 보였다가 다시 원상복귀하고 친노 패권주의가 부활한 정당의 모습으로 돌아간다면 과연 그 모습이 유권자들 눈에 어떻게 비춰질지 진지하게 고민할 필요가 있을 것 같아요.

일례로 사드 배치 찬반 논란만 봐도 그렇습니다. 더민주 전당대회 때 모든 후보가 사드 반대 당론화를 내걸고 전대를 치렀습니다. 전통적 진보진영 지지층을 염두에 둔 것이죠. 그런데 사드배치에 대해 국민여론이 어느 한쪽으로 크게 기울지는 않지만 대체로 배치 찬성 여론이 절반은 넘는다는 건 익히 알려진 사실이었어요. 그런데도 당대표에 도전한 인사들 모두 당원과 지지층 눈치만 보지 여론에 귀 기울이고 '사드 문제는 단선적으로 반대해선 안 된다' 이렇게 판단할 문제가 아니라는 얘기를 못하잖아요. 그런 식으로 대선을 치른다고 하면 저는 새누리, 보수진영에 상당한 선택의 기회를 부여해 줄 것 같은 예감이 드는데요? (웃음)

박시영 김종인이 총선 승리에 크게 기여한 건 분명하지만 호남이나 젊은층에게는 부정적 영향을 줬습니다. 경제이슈의 주도권 확보 등 공도 뚜렷하지만 성과를 본인이 독식하려고 하고 절대군주처럼 굴었던 태도, 셀프 공천 등 과오도 많았다고 봅니다. 새누리당이 헛발질한 것 등 승운이 많이 따른 선거였죠. 문재인의 공도 컸고요. 또한 탈당사태가 일어나면서 당이 조용해지고 일사분란하게 움직이게 됐잖아요. 조경태가 새누리당에 갔고 얼마나 다행입니까. (웃음) 진작 갔어야죠. 자기 정치에 몰두한 사람들이 빠져주니까 당이 정상적으로 바뀐 거예요. 이 점도 더민주 승리의 플러스 요인이 됐죠.

그리고 더민주 내부가 조용해진 것이 과연 친노 일색이어서 그런 걸까요? 글쎄요. 친문 영입인사가 많지만 이들이 친노는 아니죠. 친노 직계 의원들은 손에 꼽힐 정도로 적습니다. 범친노가 많은 것인데 비노가 아닌 모든 세력을 범친노라고 부르는 겁니다. 개혁진영을 다 망라한 것이라고 봐도 무방합니다.

비노는 중도 실용주의 노선을 추구하는데 의원 규모뿐만 아니라 당 지지층 분포가 중도층보다는 진보층이 훨씬 많으니까 비노가 수세에 몰리는 겁니다. 자연스럽다고 봐야 합니다. 범친노는 언론의 프레임인데, 친노의 패권성을 부각시키려는 고약한 프레임입니다. 저는 친노 일색이어서 당이 조용한 거 아니냐는 이 대표님의 지적도 다소 동의합니다만 그보다는 수권정당을 위해 당의 불협화음을 자제하자, 민생문제에 전념하자, 이런 인식이 광범위하게 형성된 데다 자기 정치 하는 의원들이 대거 탈당하면서 민주당이 조용해졌고 안정감이 강화된 게 아닌가 싶네요. 당 대표인 추미애가 친노는 아니잖아요. 잘 아시겠지만요. (웃음)

김지연 더민주가 내년 대선에서 승리하기 위해서는 혁신이나 변화의 모습이 필요하다고 보는데 박 부대표님은 비노측의 잘못을 중심으로 말했거든요. 그래도 주류는 친노인데 친노는 어떻게 변해야 할까요?

박시영 친노에 덧씌워진 이미지를 깨기 위해서는 두 가지가 필요합니다. 첫 번째는 과거에 집착하는 집단이 아닌 미래를 준비하는 집단으로 변모해야 하고요. 국민의 먹고 사는 문제에 관심이 많은 집단으로 바뀌어야죠. 두 번째는 폐쇄성을 벗어 던지고 정책 전문가 등 참신한 인물들을 대선 캠프에 대거 합류시켜 외연 확대에 나서야죠. 예비내각도 발표해 신뢰를 쌓을 필요가 있고요.

김지연 하나 더 확인하겠습니다. 대선을 앞두고 친문과 친노가 분화될 가능성은 없나요? 정당을 갈라선다는 개념보다는 갈등이 존재할 가능성이 있지는 않을까요?

박시영 지지후보를 둘러싸고요? 안희정 지지세력 말인가요?

김지연 지난 2012년 대선 과정 기억하시잖습니까? 그 정도까지는 아니겠지만 갈등이 봉합되지 않아서 서로 꽁하게 있을 수도 있잖아요?

박시영 지금 거론되는 대선 후보로 문재인 전 대표를 빼면 박원순 시장, 이재명 시장, 안희정 지사, 김부겸 의원 정도잖아요. 친노의 분화는 부분적으로 있겠죠. 그러나 도를 넘어서 인격적인 모독이나 비방으로까지 확대되지는 않을 것으로 봅니다. 가치나 비전 싸움 중심으로 캠페인을 전개할 겁니다. 문재인 전 대표의 리더십이나 확장력 한계 등을 비판하겠지만 저급한 표현 방식은 아닐 겁니다. 그러면 오히려 친노 지지자들에게 역풍 받을 겁니다. 안희정 지사는 정도를 걷는 분이고 인품도 훌륭합니다.

김지연 국민들 입장에서 저 사람들이 왜 저러나 하는 갈등을 보여주지는 않을 거라는 의미죠?

박시영 네.

이상일 지금까지의 흐름으로는 문재인 대세론이 별로 큰 도전에 직면하지 않고 대선후보 선출까지 갈 것 같기는 합니다만. 내년 초 여론 흐름에 따라 더민주 내부 경선도 변수가 있을 수 있다고 봅니다. 차차기로 분류되는 그룹들을 주시해야 할 것 같은데요. 예를 들어 문재인을 후보로 내세우면 대선에서 분명히 승리할 것 같다는 확신이 있을 경우 차차기 그룹 주자들이 경선에서 심한 네거티브 캠페인까지 하면서 정면승부를 하지는 않겠죠.

그러나 만약에 내년 초 반기문 총장이 대선 구도에 등장한 후에도 문재인 후보로 필승 구도가 나오지 않게 될 경우는 다를 수 있을 것 같아요. 무슨 얘기냐 하면 문재인 대세론으로 그냥 갔다가 이번 대선에서도 지면 야당은 아마 완전히 해체되고 재구성되어야 하는 상황까지 직면할 거고, 보수정권이 15년째로 이어질 때 과연 지금 야당의 차차기 주자들에게 어떤 기회가 올 것인지 회의적인 생각을 할 가능성도 있죠. 그럴 경우에는 어차피 문재인으로 안된다면 정면 승부로 이번 대선에서 기회를 보자는 판단도 할 수 있는 거 아닐까요?

최순실 사태가 대선 구도 자체를 바꿔놔서 보수진영이 전멸하고 문재인, 안철수가 양강 구도로 대선을 치르는 상황이 된다고 할 경우에도 더민주 내부 경선은 상당히 다른 분위기가 될 수 있다고 봐야죠. 보수와 대결하는 구도에서 문재인의 위력과 안철수와 대결구도에서 문재인의 파워는 다를 수 있으니까요. 더민주 내에서 안철수와 대결에 유리한 후보가 선전하는 등 경선 흐름 전반이 바뀔 가능성도 있다고 봅니다.

박시영 장이 섰는데 싸움은 당연히 벌어지죠. 매서운 공격과 질타가 이어지고 때론 험한 얘기도 오갈 겁니다. 그러나 2012년 대선처럼 저급한 형태의 싸움 양상으로 번지지는 않을 것입니다. 지난 대선 당시에 김두관 후보가 문재인 후보에게 격한 표현으로 공격을 세게 했는데 전혀 안 먹혔잖아요. 지나치면 당원들이나 지지자들이 외면합니다. 촛불민심과 궤를 같이하고 있는 대선이라 더더욱 용서하지 않을 것입니다.

김지연 두 분 얘기를 들어 보면 더불어민주당은 대선과정에 진입해도 이탈 등 큰 변화는 없을 것이라는 거고 새누리당은 재창당 과정에서 이합집산이 발생할 가능성도 있겠다, 이렇게 정리가 되네요?

박시영 탄핵 국면 때문에 새누리당은 크게 흔들리겠죠. 분당될 가능성도 있습니다. 반면 민주당은 탈당 사태가 크지 않을 것으로 봅니다. 3지대 신당이 추진된다면 김종인 의원 등 극히 일부 의원들이 움직일 가능성이 있는 정도죠.

친노와 비노 관련해서 한 가지 더 설명하고 싶은데요. 친노가 왜 비노에 비해 강한가 하는 점입니다. 일단은 신념체계의 차이예요. 친노는 노 대통령의 정신과 가치를 따르면서 신념체계가 투철해요. 반면 비노는 중도노선과 실용주의 강화를 말하지만 신념체계가 탄탄하다는 인상을 주지 못합니다. 기본적으로 중도를 지향하는 정치인은 강력한 지지층을 만들기 어렵습니다.

산토끼 중요성은 선거 때는 반짝하지만 정당은 평상시에 집토끼를 의식하게 되는 구조라는 겁니다. 야당의 지지자들은 당의 정체성을 강화하고 정권의 부당함에 맞서 단호하게 싸워주기를 바랍니다. 그런데 비노 인사들의 다수는 이러한 싸움에는 뛰어들지를 않습니다. 대체로 말만 하지 행동이 굼뜹니다. 그러니까 존재감도 낮고 진정성도 의심받는 겁니다. 비노는 당원 입장을 대변한다고 늘 강변했는데 지금은 그렇게 강변하지 않습니다. 왜냐하면 과거와 달리 총선 직전 온라인 당원의 대거 입당으로 당원과 지지층 간의 상충구조가 말끔히 해소됐기 때문에 그렇습니다. 과거 50~60대 중심의 권리당원 구조에서 이제는 20~60대가 고루 분포된 당원 구조로 바뀐 겁니다.

1. 보수가 보는 총선

박시영 **"민심을
우습게 보지 말라,
집안싸움에
날 새다"**

이상일 **"유권자 외면한
보수의 밥그릇 싸움,
거센 유권자발(發)
심판에 직면"**

김지연 선거에서 유권자들이 보여준 표심을 잊지 않는 정당은 다음 선거에서 확실히 개선된 성적표를 보였습니다. 하지만, 역대 선거를 돌이켜보면, 이 당연한 사실을 망각하는 정당들도 많이 있어 왔습니다. 우리가 내년 대선을 앞두고 9개월 전 총선에 나타난 민심을 주목하는 이유입니다.

20대 총선 결과를 두고 여러 가지 얘기들을 하는데요. 야권지지층인 젊은 세대의 투표율이 생각보다 높았다, 사전투표도 중요한 역할을 했다, 전통적 새누리당 지지층인 60대가 기권을 했다, 이런 말들이 나오고 있는데 이런 현상에 대해서 진단을 해 보시면 될 것 같습니다. 결국 객관적인 현실은 야당 지지자들이 투표장에 그만큼 많이 간 거고 여당 지지층은 그만큼 투표장에 덜 간 거라고 보이지 않습니까? 그런 분석이 나오는 것 같은데 이런 현상에 대한 원인이나 진단, 시사점은 무엇인가요?

그밖에 새누리당은 대통령의 문제도 많이 얘기했고, 공천 문제에 대한 지적들도 있습니다. 더불어민주당의 경우는 김종인 대표가 본인의 공을 많이 강조하고 있고, 친노 쪽에서는 약간 폄하하는 느낌도 없잖아 있는 것 같은데요. 일단 여론조사 결과를 보도록 하겠습니다. '새누리당의 패배는 대통령에 대한 실망이다'라는 의견에 동의하는 비율이 69.2%, '더불어민주당의 승리는 김종인 대표가 잘해서이다'라는 의견에 동의하는 비율이 29.5%로 나타났습니다. 이런 내용들을 좀 더 포함해서 양당의 승패원인, 진단을 폭넓게 말씀해 주시고 더불어 내년 대선을 앞두고 얻을 수 있는 교훈이 무엇이 있는지 말씀해 주시겠어요.

먼저 보수가 보는 총선, 이 대표님?

이상일 지난 총선을 전체적으로 압축해서 보면 결국 새누리당의 오만이 대패의 원인이라고 진단할 수 있을 것 같습니다. 정권 4년차, 보수정권 9년차에 치러지는 총선이지만 야권이 그다지 선전하지 못하고 있었고 대통령 지

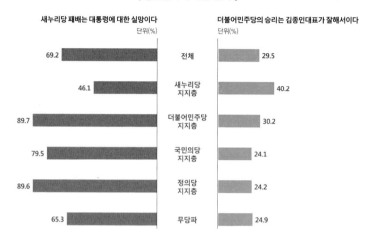

[총선결과에 대한 인식]

새누리당 패배는 대통령에 대한 실망이다 단위(%)		더불어민주당의 승리는 김종인대표가 잘해서이다 단위(%)
69.2	전체	29.5
46.1	새누리당 지지층	40.2
89.7	더불어민주당 지지층	30.2
79.5	국민의당 지지층	24.1
89.6	정의당 지지층	24.2
65.3	무당파	24.9

지도는 35%를 상회, 정당지지도에서도 새누리당이 앞선 상황에서 지난 연말과 올해 초를 맞았죠.

거기에다가 새누리로서는 초대형 호재로 보였던 야권 분열이 있었습니다. 탈당사태와 분당, 두 야당의 치열한 선명성 경쟁과 네거티브 캠페인으로 야권표가 분산될 것이라는 기대가 컸죠. 그런 상황에서 새누리당은 야당과의 총선 경쟁보다 당내 계파 지분싸움에 치중하는 우를 범합니다. 그 정도가 지나쳐서 야권분열이라는 대형 호재를 넘어서는 수준까지 치달았고 결국 보수층 일부가 등을 돌릴 정도가 된 거죠. 계파갈등을 넘어 막장 공천이라고 불린 사태가 총선 패배를 부른 거라고 봅니다. 유승민 의원은 결국 공천을 주지 않으려는 친박 공천심사위원회의 고집 때문에 탈당까지 해야 할 정도였으니까요.

김지연 그런데 과연 오판하지 않았으면 이겼을까요?

이상일 (웃음) 오판을 안했으면 그렇게까지 심한 당내 계파갈등이 계속될 수 있었을지 저도 의문입니다. 하지만 막장공천 드라마가 전 국민에게 생중계될 정도로 내부 갈등에 매몰되지 않았다면 총선 결과는 꽤 달랐을 수 있다고 봅니다. 야권이 두 개 정당으로 분리돼 표가 분산되는 상황이었기 때문에 보수정권에 대한 비판여론이 상당했더라도 지역별로는 이길 수 있는 지역이 꽤 있었다고 봐야죠.

총선 이후에 주목한 부분인데요. 전국단위 선거에서 중요하게 봐야 하는 것이 어떤 심판론의 강도나 구조, 분노투표의 가능성 같은 전체적인 민심을 조금 더 중요하게 보고 반영해야 하는 게 아니었나 싶습니다. 대선까지 이어 봤을 때 정권교체가 필요하다, 그런 여론이 물밑에서 계속 확산되는 흐름이었고 그런 결과가 보도되기도 했습니다.

또 지역구 판세 여론조사도 유리한 것만 있는 건 아니었거든요. 당에서 직접 수행한 조사 중에는 모바일 조사를 포함했을 때 과반붕괴 가능성을 우려할 정도의 결과도 있었다고 하니까요. 그런 기류, 전체적으로 보수 정권이 두 번을 이어오면서 만들어낸 국민 피로감과 불만, 이런 것들에 대해서 제대로 정밀하게 주목하지 않았기 때문에 판세를 오판할 수밖에 없었던 게 아닌가 싶은 거죠.

새누리당이나 보수진영에서는 야권 분열 구도 변수를 너무 크게 인식했고 나머지 문제는 오히려 지엽적인 것으로 봤던 걸로 봅니다. 어떻게 공천이 진행되든 결국 후보를 뽑아놓으면 보수표는 모두 새누리로 올 것이고 야권은 표가 갈리므로 이길 수 있다, 그런 판단이 지배적이었죠. 총선 전체에서 새누리당이나 보수가 어떻게 이길 수 있을까를 고민하는 것보다 당내 지분과 파이를 가지고 싸울 정도로 오만해졌던 것이 기본 패인이라는 생각입니다. 단순히 여론조사가 유리하게 나와서 그랬다고 보긴 어렵죠.

김지연 그럼 야당, 특히 더불어민주당에 대해서는 어떻게 봐야 할까요?

이상일 저는 이중심판이라는 말이 떠올랐어요. 우선 1차 심판은 새누리당과 박근혜 정부를 향해 나타납니다. 그것이 수도권의 새누리당 대패, 영남의 보수아성 붕괴 이런 결과로 표출되었고요.

다음은 더불어민주당에 대한 야당 지지층, 중도층의 심판도 함께 등장했다고 봅니다. 우선 호남에서 더민주가 사실상 전패를 했고요, 수도권 정당득표에서도 국민의당의 득표율이 높습니다. 이런 현상은 새누리는 정말 지긋지긋해서 찍어주기 싫고, 분열에 분열을 거듭했던 야당도 꼴보기 싫은데 새누리당이 더 싫어서 할 수 없이 야당에 표를 준 분들이 많다는 의미로 보여요. 그런데 후보투표에서 국민의당을 찍게 되면 야권표 분산으로 새누리가 어부지리를 얻게 되니까 후보는 더민주를 찍고 정당투표에서는 더민주를 외면한 표가 국민의당으로 향했던 게 꽤 많았던 거 같습니다.

기존의 거대 여야 정당이 모두 심판을 받은 셈인데 이번 총선에서는 국민의당이라는 제3당이 출현해서 그 수혜를 받게 된 거죠. 만약 양당구도였다면 결국 진영논리 외에 다른 선택지가 없어서 의석수의 차이만 조금 생겼을 가능성이 높습니다. 유권자에게는 국민의당이 존재한 것이 어쩌면 다행스러운 일이죠. 선택적 투표가 가능하게 되었으니까요.

전체적으로 수도권과 영남에서 새누리당이 크게 심판을 받는 동안에 야권은 원래 전통적인 지지가 강했던 자기 진영 내에서 다시 2차 심판을 받았고 신생정당인 국민의당이 가장 혜택을 받았죠. 그러나 국민의당도 자신들이 만들어 낸 지지표가 아니라 다른 당을 심판하기 위해 옮겨온 표를 가지고 원내정당으로 발돋움했기 때문에 지속할 힘을 갖지 못하는 한계에 봉착한 거구요. 자기 콘텐츠로 확보한 의석이라기보다 더민주를 심판하는 과정에서 생겨난 표였으니까, 이걸 지지층으로 굳히려면 선거 이후에 독자적인 무엇인가를 내놓았어야 했는데 그게 잘 안 된거죠.

2. 진보가 보는 총선

박시영 "분노의 정서가
구도의 불리함을
뛰어넘다"

이상일 "의석수 승리?
분열된 야당도
결국 심판의
대상이었을 뿐"

김지연 야당 입장에서는 오랜만의 승리였던 것 같습니다. 전반적으로 분위기가 좋은 것 같은데, 박 부대표님 어떻게 보세요?

박시영 총선은 참 드라마틱했죠. 현 정권의 실정으로 정권 심판 여론이 밑바닥에 두텁게 형성돼 있었지만 야권의 분열로 여당이 승리할 것이라는 의견이 지배적이었습니다. 저는 처음부터 비관적으로 보지 않았습니다. 야권이 균열되었지만 더민주가 해볼만하다고 본 겁니다. 민심의 기저인 심층여론이 나쁘지 않았기 때문에 그렇게 판단한 겁니다.

제 생각과는 다르게 여의도 정가에서는 분노의 정서가 구도의 불리함을 뛰어넘지 못할 것으로 본 겁니다. 이런 인식이 팽배하다 보니 대통령과 새누리당이 더 오만해졌죠. 무조건 여당이 이긴다, 최소 180석이다, 이렇게 승리를 과신하다 보니 무리수를 두면서 오만의 극치로 치달은 겁니다. 선거는 상대가 있는 게임이잖아요. 위기에 몰린 더민주는 변화를 향해 몸부림을 친 거죠. 기득권을 내려놓고 참신한 영입인사 수혈에 나섰잖아요. 물갈이에서 실패한 새누리당의 모습과 극명하게 대비가 된 겁니다. 급기야 경제민주화의 상징인 김종인을 데려와서 승부수를 띄웠잖아요. 이러한 간절함이 국민들의 마음을 적신 겁니다.

결론적으로 정권의 실정과 여당의 공천 잡음으로 집권세력에 대한 심판 정서가 높아졌고 더민주의 변화 노력과 후보들의 인물경쟁력 우위가 결합돼 더민주가 승리했다고 봅니다. 영입전쟁의 승리를 거두고 젊은 층의 간절함을 이끌어 낸 문재인 전 대표와 경제 이슈를 주도하며 안정감을 보여준 김종인 비대위원장, 이 두 사람의 공이 컸다고 봅니다.

국민의당도 호남과 안철수 전 대표가 결합되며 막판 돌풍을 일으켰고 기존의 양당 체제를 허무는 데 성공했습니다. 안철수 전 대표의 정치적 도박이 호남에 갇히긴 했지만 절반의 승리를 거뒀습니다.

이번 총선의 결과로 여권의 대선지형이 요동쳤습니다. 오세훈 전 시장, 김무성 전 대표, 김문수 전 지사 등 잠룡들이 모두 궤멸적인 타격을 입었습니다. 유승민 의원도 자파 세력을 잃은 채 나 홀로 귀환해 내상을 입었습니다. 총선 참패도 충격이 컸지만 대선 잠룡들이 다 무너져 대선가도에 암운이 드리워졌습니다.

김지연 지역주의 약화라는 측면에서 의미 있는 변화가 있었던 것 같습니다. 강남 을도 그렇고 분당 갑과 을도 그렇고 부산의 몇몇 지역구도 불가능에 가깝다고 생각했는데 좋은 후보를 내면 당선될 수 있다는 것이 증명된 선거가 아니었나 싶네요.

박시영 이변이 많았는데 특히 각 당이 자신들의 텃밭인 안방을 상대방에게 내주게 된 점이 가장 눈에 띕니다. 저는 부산에서 더민주가 선전한 이유를 네 가지로 분석합니다. 첫째는 새누리당이 방심한 겁니다. 경제 불황에 신공항까지 좌절돼 PK소외론이 뿌리 깊게 존재해 있었는데 부산 현역의원을 단 한 명도 교체하지 않은 오만함에 민심이 얼어붙었고요. 둘째는 호남에서 국민의당이 우세하다는 소식이 언론에 전파되면서 더민주의 호남당이미지가 희석돼 거부정서가 줄어든 겁니다. 셋째는 부산 출신의 여야 대선주자가 극명하게 대비되었다는 점인데 공천 잡음으로 김무성 전 대표는 스스로 추락한 반면 문재인 전 대표는 호남의 비토로 위기에 몰렸기 때문에 부산이 살려내야 한다는 동정심이 일어난 겁니다. 넷째는 더민주 후보들이 오랫동안 지역을 다지면서 지역주민들에게 인정을 받았던 인물들로 후보 경쟁력이 있었습니다.

김지연 여론조사 결과에 의하면 김종인 대표의 공인가에 대해서는 동의하지 않는 비율이 높았어요. 어떻게 보시나요?

박시영 이런 질문의 경우에는 국민 전체의 인식도 의미 있지만 더민주 지지층의 인식이 더 중요합니다. 국민 전체에서 긍정평가가 29.5%인데, 더민주 지지층에서는 30.2%에 불과합니다. 전체 의견과 차이가 없는데, 진영 인식이 반영되는 정치 현안의 경우 이런 조사결과는 거의 나오지 않습니다. 당지지자 10명 중 3명만이 동의한다는 것은 함의가 큽니다. 총선 직후에 실시한 조사가 아닌 점을 감안하여 봐야 합니다. 총선 후 김종인과 문재인의 갈등의 골이 깊어져서 문재인 호감층이 김종인에게 등을 돌렸기 때문에 이런 결과가 나왔을 수도 있습니다.

　이번 조사결과를 보면 향후 김종인의 행보에 탄력이 크게 붙지 않을 것 같습니다. 김종인의 공을 제한적으로 보는 시각이 커져 있기 때문에 그렇습니다. 비례대표 셀프 공천, 국보위 전력, DJ 폄하 발언, 자당 대선후보들을 우습게 여기는 발언 등 더민주 지지층의 정체성과 안 맞고 통제 불가능한 인물로 보고 있다는 겁니다. 그의 중용은 득보다 실이 많다고 보고 있습니다.

김지연 셀프 공천이 문제가 있었죠.

박시영 상당히 컸죠.

김지연 친노 주류에서 김 전 대표의 비례대표 공천 결과를 인정해 주었고 당내 분란을 잡는 데 성공했던 것 같습니다. 평소의 야당에서 보기 힘든 모습이었는데, 그게 어떻게 가능했죠?

박시영 총선이 얼마 안 남은 시점이어서 당이 내분에 휩싸이면 공멸한다는 위기감이 있었지만 공당의 민주적 절차를 당 지도부가 자의적으로 훼손시켜서는 안 된다며 중앙위원들이 들고 일어난 겁니다. 집단적으로 반발한 거죠. 셀프 공천도 열 받을 일이었지만 비례대표를 선정하는 과정에서 중앙위원들의 참정권을 침해한 일을 지적하고 나선 겁니다. 명백히 당헌 당규에 위배된 행위였거든요. 파열음이 커지자 공멸을 막으려고 문재인 전 대표가 나서서 김종인 비대위원장을 설득하죠. 사태는 봉합됐지만 그 과정에서 양 측의 앙금이 쌓입니다. 문재인 전 대표의 중재로 중앙위원들의 반발이 잦아들자 김종인 비대위원장이 "봐라. 이 당은 문재인당 아니냐?"라고 했다는 말이 여의도 정가에 퍼졌습니다. 중앙위원들이 총선 후보자들이고 그들이 총선 승리를 위해 더 이상의 확전을 피한 건데 그런 식으로 해석하는 것을 보고 좀 어이가 없었죠. 이 양반 깨는 사람이고, 사고구조 자체가 참 독특하다고 봤습니다. 선거 중반시점까지 문재인 전 대표의 호남방문을 못 가게 막은 당사자도 바로 김종인 비대위원장이었습니다. 문 전 대표가 매를 맞으려면 일찍이 내려가서 맞아야 하는데 당에서 허락해주지 않아 광주에 뒤 늦게 내려간 통에 호남에서는 별 효과를 거두지 못했죠.

한 가지만 더 말씀 드리자면 국민의당이 선전한 이유 중 하나는 원내 교섭단체를 달성한 것이라고 봅니다. 재정확보 측면도 있겠지만 가장 큰 효과는 미디어 효과를 충분히 누린 겁니다. 원내 교섭단체가 되면 방송사 뉴스나 신문에 3분의 1씩 세 당을 균등하게 배분하게 됩니다. 선거운동기간 내내 각 당 대표 3명을 한 화면에 담습니다. 김무성 전 대표나 김종인 전 대표에 비해 안철수 전 대표의 호감도나 인기가 훨씬 높잖아요. 김무성 전 대표는 옥새파동으로 맛이 갔고 김종인 전 대표도 셀프공천 파문으로 호감도가 떨어진 상태였잖습니까? 안철수 전 대표에게 날개를 달아준 셈이죠. 저는 미디어 효과가 선거막판 국민의당 지지도 상승에 큰 몫을 했다고 봅니다.

김지연 최근 들어 약간 희석되었다고는 하지만, 호남의 안철수 사랑, 국민의당에 대한 지지가 총선에서 여전했던 것 같은데 이런 현상의 근저에는 어떤 것들이 있는지요?

박시영 더민주가 왜 호남에서 참패했느냐? 여러 요인이 있겠죠. 무엇보다 혼내주자는 정서가 강했는데 회초리를 매섭게 든 겁니다. 호남 터줏대감은 민주당인데 호남에서 그동안 오만했던 겁니다. 호남 정치가 구태에 젖어있고 호남이 밀어줬는데도 대선에서 번번이 지고요. 늘 지지하니까 당이 호남을 우습게 아는 것 같고 현 정권과 제대로 싸움 한번 못했다는 겁니다.

특히 50~60대가 반민주당, 반문재인 전선에 앞장섰습니다. 대선 패배와 전당대회 후유증으로 반문 정서가 있는 상태에서 김종인 전 대표의 셀프 공천과 광주지역 공천을 수준 이하로 하면서 민심이 확 돌아선 겁니다. 시간을 질질 끌다가 함량미달의 인사들을 투입하다 보니 호남 유권자들은 더민주가 아직도 정신 못차리고 광주와 호남을 여전히 무시하고 포기하고 있구나 하고 판단한 거죠. 그러면서 선거 상황이 종료된 겁니다. 김종인 전 대표의 광주 공천은 상식적으로 이해가 되지 않는 최악의 공천이었습니다. 안철수 전 대표를 좋아해서 국민의당에 몰표를 준 게 아닙니다. 더민주에 회초리를 든 거죠. 현역의원에 대한 실망도 컸지만 이번에는 맏형인 민주당에게 벌을 주자고 판단한 겁니다.

다만 이번 총선에서 드러난 특징 중에 하나가 호남에서도 세대투표 현상이 나타났다는 점입니다. 20~30대는 더민주를 지지했고 50~60대는 국민의당을 지지했습니다. 40대는 양당이 엇비슷했습니다. 다른 지역처럼 만약 40대가 20~30대와 유사한 투표행태를 보였다면 접전지역이 상당이 늘어났을 것으로 보입니다.

김지연 원래 분할투표는 진보정당과 야당의 분할투표였잖아요. 후보는 야당을 찍고 비례는 진보정당을 찍는 경우가 기본적인 흐름이었다면 이번의 분할투표는 달랐다는 주장이 있는 것 같습니다. 선거결과만 보면, 수도권에서는 새누리당과 국민의당의 분할투표가, 호남에서는 더불어민주당과 국민의당의 분할투표가 있었던 것으로 보입니다. 이런 현상이 이례적인 건가요?

박시영 투표장에 들어서면 투표용지 두 장을 받습니다. 지역구 후보가 더 중요하다보니까 지역구 후보에게 먼저 투표하고 정당 투표는 그 뒤에 합니다. 습관적으로 다들 그렇게 합니다. 따라서 정당득표율보다는 지역구후보 당선 결과가 민심에 더 가깝다고 보는 것이 상식적인 해석입니다. 정당투표 시에는 좀 더 키워주고 싶은 정당에 손이 갑니다. 그래서 과거 민노당 등 진보정당의 정당득표율도 상대적으로 높게 나오는 겁니다.

이번에는 정의당보다 국민의당이 더 큰 수혜를 받았습니다. 새누리당 실망층과 민주당 실망층이 정당투표는 국민의당에 몰아준 것입니다. 제 지인 중에 더민주 후보 캠프에 있었던 분인데도 정당투표는 국민의당을 찍었습니다.

총선 직후인 4월 16일 한국일보-한국리서치 조사에서 흥미로운 내용이 포함돼 있었습니다. 만약 국민의당이 창당되지 않았다면 누구에게 유리했는지를 조사했는데, 새누리당 후보는 3%p 상승, 더민주 후보는 13%p 상승한 것으로 조사돼 국민의당이 창당되지 않았더라면 야당이 더 유리한 선거결과를 가져왔을 것으로 드러났습니다.

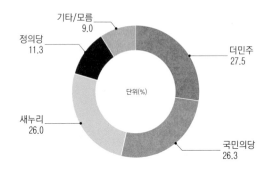

[총선 비례대표 투표 정당]

기타/모름
9.0

정의당
11.3

더민주
27.5

단위(%)

새누리
26.0

국민의당
26.3

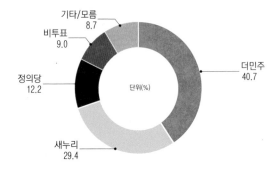

[국민의당 비창당 시 투표 정당]

기타/모름
8.7

비투표
9.0

정의당
12.2

더민주
40.7

단위(%)

새누리
29.4

한국일보 총선 여론조사 / 한국리서치
• 조사방법: 유무선 RDD 1,000명   • 일시: 2016년 4월 15일 ~ 16일

김지연 야당 내에서는 그럴 수 있는데, 야당과 여당을 오가는 분할투표는 이 례적인 것이 아닌가요? 과거에는 보수정당 지지자들이 두 개를 동일하게 찍었잖아요?

이상일 새누리당이라는 이름 자체가 총선 당시에 크게 혼내줘야 할 대상이 되어버렸고 실망스러운 존재였기 때문에 정당을 찍고 싶지 않은 보수표가 상당했다고 봅니다. 후보들은 좀 다르죠. 지역에서 열심히 선거운동을 했거나 현역의원이면서 지역에 잘했던 사람들도 있거든요. 이 사람은 찍어줄 수 있는데 새누리는 찍기 싫다는 표들이 정당투표에서 국민의당 교차투표로 나타났다고 봅니다.

새누리당에 실망했다고 곧바로 더민주를 찍는 건 부담스럽지만 국민의당은 중도를 표방한 제3당이었기 때문에 교차투표에 부담감도 적었을 거구요. 전통적으로 새누리당을 찍던 사람 입장에서 야당으로 지역구가 넘어가는 건 보고싶지 않지만 새누리당은 또 찍고 싶지 않을 때 선택지가 하나 생긴 거죠.

총선 당시 후보 득표와 당 득표를 지역구별로 비교해 보면 잘 알 수 있습니다. 영남권이나 서울 강남 등 보수세가 강한 지역에서 특히 이런 경우가 많은데요. 후보의 득표수보다 같은 지역구의 새누리당 정당 득표수가 대부분 적습니다.

3. 정의당의 딜레마

박시영 "총선 이후
당세 위축,
연합정부냐?
독자후보냐?"

이상일 "진보정당의
선명성 실종되며
연대의 대상으로
전락"

김지연 최근 선거에서 진보정당의 세력이 많이 축소되었는데, 정의당 얘기를 해보도록 하겠습니다.

박시영 정의당은 지금 큰 위기죠. 총선을 거치며 3당에서 4당으로 전락했습니다. 총선 전에 정의당에 대한 기대가 컸는데 개인적으로 참 안타깝게 생각합니다. 그 당시 20%에 달했던 정의당 호감층을 더민주와 야권단일화 실패로 정의당 지지로 이끌어내지 못했습니다. 문재인 전 대표에서 김종인 전 대표로 더민주의 수장이 교체돼 야권연대가 결국 무산되었습니다. 문 전 대표와의 협상 때 통 큰 결단이 필요했는데 내부의 이견으로 통합의 요구를 거절했습니다. 이러한 결정이 옳았는지는 두고두고 곱씹어볼 대목입니다. 결국 심상정 대표, 노회찬 의원 등 스타플레이어들만 지역구에서 살아남은 셈이죠.

정의당의 현장 동력이 과거에 비해 떨어져 있습니다. 현장 결합도가 높았던 과거의 민주노동당이나 통합진보당 시절과는 다르게 현장 동력을 정의당의 그릇으로 담아내지 못하고 있습니다. 인기절정의 팟캐스트 '노유진의 정치까페'도 시즌2로 넘어가면서 위력이 크게 약화되었습니다. 국민참여당 출신 당원들의 당 충성도가 약해졌다고 합니다. 차기 대선을 앞두고 정의당이 좀 더 과감하게 변신할 때가 되지 않았나 싶습니다.

김지연 그분들이 정의당을 변화시킬 수 있다고 보시는 건가요?

박시영 국민참여당 출신들 말인가요? 유시민 전 장관, 천호선 전 대표 등이 주축인물들인데 친노 성향의 당원들이죠. 이분들이 정의당의 한 축을 이루고는 있습니다. 그렇지만 당 구조상 '노심'(노회찬, 심상정) 두 분의 영향력이 막강해 다른 이들이 끼어들 여지가 많지 않습니다.

이런 구조적 문제 때문에 차세대 인물이 크지 못하고 당이 활력 있게 돌아간다거나 새로워진다는 느낌이 들지 않는 것 같습니다. 언제 적 사람들인가 하는 생각도 들게 되니까요.

다만 최근 심상정 대표가 주장한 '최고임금제'(살찐 고양이법) 주장은 매우 신선하게 다가왔습니다. 그런 정책이슈로 당의 존재감을 강화시켜 가는 것이 중요합니다. 차기 대선에 고민이 많을 것 같은데, 독자노선을 끝까지 고집하기도 쉽지 않고 그렇다고 과거처럼 후보단일화에 조건 없이 나설 순 없을 테니까요. 결국 연합정부를 매개로 더민주 후보와 협상에 나서지 않을까 예상됩니다.

김지연 야권에서는 내년 대선에서 정의당과의 선거연합이 득표에 도움이 될 것으로 보시는지요?

박시영 더민주 입장에서는 나쁠 건 없죠. 저는 실보다는 득이 훨씬 많다고 봅니다.

이상일 종북 프레임과 같은 문제들은 통진당 사태가 종결되면서 해소된 측면이 있어서 정의당이 더민주와 연합한다면 야당에 플러스가 될 것이라고 봅니다. 진보정당이 오히려 전보다 자기만의 목소리를 내는 영역도 작아지고 독자적인 생존 전략도 뚜렷하게 보이지 않아요. 확장성도 한계에 부딪힌 것 같고요.

그렇더라도 정의당은 특히 대선에서는 3% 이상 득표가 가능할 정도로 과거 민노당 시절부터 이어져 온 핵심 지지층은 갖고 있거든요. 그렇다면 정의당 입장에서는 진보정당의 독자노선을 표방하는 것보다 오히려 연합정부의 지분을 얻고 정권교체에 협조하는 형식으로 연대하는 것이 더 현실적인 전략이 될 수 있을 것 같네요.

김지연 새누리당 입장에서는 어떨 것 같아요? 야당과 진보정당의 연합정부론이 오히려 득표에 도움이 될 거라고 보세요?

이상일 야당이 급진적인 진보정당과 연합한 것 때문에 중도층이 불안해져서 보수정당의 득표에 도움이 되는 흐름은 나타나지 않을 것으로 봅니다. 그러려면 정의당이 통합진보당으로 갈라진 과거 이정희 대표처럼 강력한 이념 대결구도를 표방하거나 보수진영과 충돌해야 하는데 지금 정의당은 그런 모습은 아닙니다. 안보나 이념 이슈가 아닌 영역에서는 진보정당의 주장들이 그다지 지금 과격해 보이는 국면도 아니고요. 노동문제에서 비정규직 이슈 같은 것은 과거에 진보정당이나 진보인사들의 단골메뉴였지만 지금은 보수정당이나 보수정권에서도 주요하게 다룰 수밖에 없는 문제가 되었잖아요. 사회주의적 정책이나 노선을 공개적으로 표방하지 않는 한 정의당에 좌파 딱지를 붙여 공격하는 건 그다지 설득력 있어 보이지 않습니다.

박시영 하나 더 얘기하고 싶은데요. 국민의당 등장으로 정의당이 실종됐거든요. 제4당으로 전락하여 언론에서 사라졌습니다. 대선 레이스에 돌입하면 유력 대선 후보들에게 모든 스포트라이트가 비춰지기 때문에 정의당에 대한 언론이나 대중의 주목도가 지금보다 더 작아질 수도 있습니다. 정의당은 이 점을 명심해야 합니다.

최순실 사건이 벌어져 정권퇴진 투쟁에 정의당이 앞장서고 있습니다. 그러나 하야 투쟁의 모든 초점이 더민주당과 문재인 등 유력 대선후보의 행보에 모아져 있는 만큼 정의당의 존재감이 커지거나 퇴진 투쟁의 성과가 정의당에게 모아지지는 않을 것 같습니다.

정의당에게 주어진 시간이 많지 않습니다. 차기 대선 전에 진보세력을 다 묶어내고 독자적인 힘을 키워내느냐 아니면 더민주당 등 야권과 통 큰 연정을 통해 당 도약의 계기를 확보하느냐의 중대 기로에 서 있는 것 같습니다.

이상일 만약 대선 득표 경쟁이 최종적으로 3% 안팎에서 승부가 갈린다고 했을 때 정의당과 연대를 통한 고정표 흡수는 매우 중요한 표가 될 겁니다. 과거에도 대선이나 광역단체장 선거에서 보수가 승리하고 야당이 패했을 때 그 득표차이가 민노당 후보가 얻은 표보다 작은 경우가 꽤 있었죠.

박시영 그럼요, 연정을 매개로 한 민주당과 정의당과의 연대는 중요합니다. 2010년 서울시장선거에서 한명숙 후보가 오세훈 후보에게 뒤진 표 차이가 노회찬 후보가 얻은 표보다 더 적었습니다. 그 때 참 많이 아쉬워했잖아요.

이상일 한 가지 덧붙이고 싶은 얘기가 있는데요. 저는 정의당이 지금 당세나 지지도에 연연하지 않고 정말 진보적인 어젠다와 정책들을 꾸준히 내 놓으면서 제대로 된 진보정당의 색채를 이어갔으면 좋겠다는 생각을 합니다. 현실 정치구도에 굴복해서 연대나 연정론에 들어가고 나면 자신들만의 고유한 노선을 견지하기 어렵죠. 솔직히 말해서 더민주나 국민의당은 진보를 표방하면서도 정책노선 측면에서 제대로 진보적인 생산물을 내놓지 못하고 있다고 봅니다. 진보를 표방했지만 크게 보면 보수적인 성향을 갖고 있는 '보수적 진보지향 정당' 정도라고 봐야죠. 지금 같은 양극화, 격차확대 시대에 진보정당이 당당하게 미래 담론과 대안을 갖고 정치를 유지해가야 보수적 편향성으로 기운 우리 정치구조에 어떤 균형과 견제 역할을 할 수 있지 않을까 생각합니다. 정의당 입장에서 당장의 생존 문제가 더 급하다고 하면 할 말은 없지만, 과거 민노당 시절보다 더 약화된 진보적 색채를 보면 아쉬움이 있네요.

4. 대안 언론,
팟캐스트의 부상

박시영 "야권의
야전 사령부,
이젠 종편과
맞장 뜰 정도"

이상일 "보수도
SNS 공간에서
소통 역량
축적해야 할 것"

김지연 현재 박 부대표님은 〈정봉주의 전국구〉라는 정치 팟캐스트 활동을 하고 이상일 대표님도 YTN에 고정으로 출연하고 있는데 최근 선거에서 팟캐스트의 영향력이 많이 커진 것 같습니다.

박시영 정치분야 팟캐스트 주 청취자는 30대와 40대이고 진보적인 성향의 유권자들이 주로 듣습니다. 이들 입장에서는 볼만한 진보매체들이 많지 않다고 보는 겁니다. 한겨레, 경향, 오마이뉴스 정도였는데 요즘은 JTBC 뉴스를 통해 갈증을 풀고 있습니다. 팟캐스트의 특성은 다른 매체에 비해 이슈를 심층적으로 다룰 수 있고 재미도 동반한다는 점이죠. 인기 팟캐스트 진행자 대부분이 진보적 인사여서 주 청취자들의 성향에도 부합하죠. 정봉주, 김어준, 이동형, 김용민, 정청래 등이 맹활약하고 있습니다. 여당의 주 지지층은 연세가 많은 분들이어서 팟캐스트와는 좀 안 맞죠. 종편을 보시는 게 편할 겁니다.

김지연 팟캐스트는 내가 원하는 시간에 들을 수 있다는 것이 장점이잖아요.

박시영 그렇죠. 다운로드도 되고 스트리밍도 됩니다. 과거에는 PC에서 다운로드 받아서 많이 들었는데 요즘은 모바일에서 스트리밍으로 주로 듣죠. 직장인들이 출퇴근 시간에 많이 듣습니다. 대중교통을 이용하면서 듣거나 승용차를 운전하면서 듣죠. 에피소드 한 편당 1시간 남짓 분량이기 때문에 특히 경기도에서 서울로 출퇴근 하시는 분들이 많이 청취합니다.

저 같은 경우는 〈정봉주의 전국구〉에 출연했었는데 총선 때는 보통 한 회당 100만 다운로드가 넘어 섰죠. 스트리밍 숫자는 집계가 안 되는데 이를 포함하면 대략 에피소드당 200만 명 정도는 청취하지 않았나 싶습니다. 총선 때 팟캐스트 영향력이 종편을 누를 정도였습니다. 야권 지지자들에게 싸움의 방향을 알려주고 무기를 공급해주는 사령부 역할을 열심히 수행했다고 봅니다. 총선 이후에는 팟캐스트 영향력이 더 커졌고 최근 박근혜-최순실 게이트 이후에는 가히 폭발적입니다. tbs 김어준의 뉴스공장, 정봉주의 전국구, 이이제이 등 인기 에피소드는 다운로드만 250만~300만을 오갈 정도입니다. 저도 처음에는 믿기지 않아 팟빵에서 제공되는 전국구의 다운로드 숫자를 직접 확인하기도 했습니다. 19대 대선 가도에서도 팟캐스트 역할이 매우 클 것으로 봅니다.

김지연 중요한 선거운동 도구로 쓸 수 있겠네요.

박시영 정세를 심층 분석하고 정치 이슈와 쟁점을 이해하기 쉽게 설명해주잖아요. 언론에 잘 안 나오는 이야기도 깊게 다루고요. 그리고 무엇보다 진행자가 재미있게 진행하니까 듣는 내내 지겹지가 않죠. 요즘은 TBS가 팟캐스트에 적극적입니다. 〈김어준의 뉴스공장〉과 〈정봉주의 품격시대〉 방송 분량을 팟캐스트로 올리고 있습니다. 인기 팟캐스트 별로 열혈 팬들이 많습니다. 이분들은 팟캐스트 진행자들이 개최하는 각종 강연회나 문화행사 등 오프라인 행사에도 많이 참여합니다. 그동안 야당 정치인들은 팟캐스트 위상을 높게 보지 않았지만 지난 20대 총선을 거치며 시선이 조금 달라졌습니다. 팟캐스트에 출연하면 본인의 선거운동에 얼마나 도움이 되는지 다들 현장에서 확인한 겁니다. 방송이 나간 이후 유권자들의 호응이 달라지고 유세 도중 방송 잘 들었다는 덕담까지 들으니까 그 위력을 바로 알아차린 거죠. 팟캐스트는 원조격인 '나꼼수' 이후로 다소 침체되는 듯 했지만 나꼼수 멤버 등 팟캐스트 주축 인사들이 다양하게 분화되며 각자 성장 발전했고 지난 총선을 거치면서 야권 지지층의 가장 중요한 소통의 공간으로 완전히 부활했다고 봅니다. 이제는 보수성향의 종편과 대등한 싸움을 벌일 정도까지 올라온 것 같습니다.

김지연 팟캐스트가 대선 앞두고 늘어날 가능성도 있지 않나요?

박시영 단기간에 신규 팟캐스트를 흥행시키기는 어려워요. 시간이 좀 걸립니다. 무엇보다 진행자의 역할이 중요합니다. 매일 팟캐스트 인기순위를 집계하는 곳이 〈팟빵〉인데 매회 에피소드 다운로드 숫자가 50만~100만 정도는 돼야 상위권 안에 포함됩니다. 그 안에 포함되어야 새로운 독자들이 늘어납니다. 팟캐스트도 진입장벽이 있다고 봐야 합니다. 하지만 내용이 좋고 재미있으며 진행자의 지명도가 높으면 금방 입소문이 나서 청취자들이 대거 몰릴 수도 있습니다. 그렇지 못하면 도태됩니다.

김지연 보수 입장에서는 주 지지층의 라이프스타일 특성상 팟캐스트를 활용하는 것이 어렵지 않나요? 보수측에서는 아예 포기한 건가요?

이상일 (웃음) 노무현 정부 때 오마이뉴스를 비롯해서 온라인 매체들이 크게 성장했잖아요. 그리고 포털이 뉴스 공급과 확산의 중심 통로로 이용되면서 온라인 여론이라는 것도 주목받기 시작했고요. 팟캐스트 이전부터 온라인, SNS 여론에 보수도 주목하고 여러 각도에서 시도는 했던 것으로 압니다.

그런 매체를 주로 이용하는 세대와 소통할 수 있는 콘텐츠들을 지속적으로 생산하고 소통하는 역량이 축적되지 않아서 잘 안 되는 거죠. 포기는 아닌데 뚜렷한 돌파구는 찾지 못한 상태라고 봅니다. 별다른 반향을 일으키지 못해서 그렇지 팟캐스트만 해도 보수 논객들이 여러 차례 시도했던 것으로 아는데요? (웃음)

김지연 보수 논객 중에 히트친 사람이 누가 있나요?

박시영 안 된다니까요. 주 청취자 층이 젊은 층이라 안 맞거든요.

이상일 보수적인 시각에서도 충분히 젊은 층과 대화하고 토론할 수 있는, 관심을 끌 수 있는 내용은 있을 수 있다고 봅니다. 보수적 가치와 정치철학, 역사 속에서 보수정치가 구현해 온 성과나 시대 흐름에 부합하는 변화상 이런 것들을 제대로 공부하고 토론장으로 올린다면 충분히 관심을 받을 수 있다고 봐요. 그런 게 준비없이 정치적 공격이나 이런 쪽에 치중하면서 콘텐츠 없는 올드보수 이미지만 그대로 팟캐스트나 온라인상으로 옮겨 놓다보니 반향이 없었던 거죠.

박시영 보수진영에서 이런 곳까지 건드리지 말아 주세요. (웃음) 보수가 다 장악하려고 하면 안 돼요. 이 발언은 꼭 넣어주세요. (웃음)

1. 진보와 보수가 보는 시대정신

박시영 "공정사회와
경제 불평등 해소,
그리고 일자리"

이상일 "경제는 상수(常數),
질서와 안정
도덕성 회복 시급"

[우리 사회에서 가장 중요한 가치]

단위(%), 중복응답

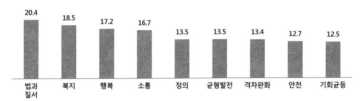

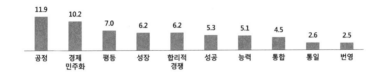

김지연 여론조사 결과를 먼저 보도록 하겠습니다.

우리 사회에 가장 중요한 가치가 무엇인지 중복응답으로 질문하였는데, 법과 질서(20.4%)가 제일 높게 나타났고요. 다음으로 복지, 행복, 소통, 정의, 균형발전, 격차 완화, 안전, 기회 균등의 순으로 응답하였습니다.

이념성향별로는 차이가 있었는데요. 진보계층은 복지(22.1%)를 가장 많이 꼽았고, 중도계층은 행복(20.4%), 보수계층은 법과 질서(29.3%)가 가장 중요한 가치라고 응답하였습니다.

조사결과에 대한 두 분의 해석을 들어보고 싶은데요.

박시영 아무리 발버둥 쳐봐도 계층 상승이 쉽지 않다고 보는 국민이 급증했습니다. 천정부지로 올라가는 집 사려고 무리하지 않고 여행 즐기며 퇴근 후 아이들과 산책길을 나서는 등 소소한 즐거움을 맛보자는 흐름이 강화된 겁니다.

요즘 국민의 정서를 요약하면 한마디로 '화가 나 있다.' 입니다. 체념 정서도 일부 내재해 있지만 주된 정서는 분노입니다. 불공정, 불평등으로 인한 자산과 소득의 양극화 심화, 기득권층의 부도덕성, 갑질 문화, 특권의식에 분통을 터트리고 있던 차에 최순실 사태까지 터져서 엎친 데 덮친 격이 되었습니다. 대통령의 비상식적인 행태와 온갖 비리를 접하며 분노도 켜켜이 쌓여가지만 한편으로는 허탈해하고 있습니다. 아무리 노력해도 중산층, 상류층이 될 가능성은 없다고 보면서 체념의 정서도 깊게 드리워져 있습니다. 이 때문에 탈물질주의 정서도 강화된 것 같고요.

진보 쪽은 불공정, 불평등 문제와 부패 척결 등 정의의 문제를 전면에 들고 나갈 수밖에 없고요. 일자리 확대, 양극화 해소 등 경제 회생의 문제를 어느 정도 비중으로 다룰 건지 고민이 되겠지요. 둘 다 중요하니까요.

이상일 격차 해소나 불평등 완화, 이런 문제는 진영논리를 떠나 지금 한국사회가 안고 있는 가장 심각한 문제로 떠오른 것들입니다. 이미 각 정당이 모두 주목하고 있는 사안이고요. 보수나 진보 진영의 문제가 아니죠. 다만 말씀하신 대로 이 문제를 어떻게 풀 것인가를 두고 각 진영에서 고민이 시작될 것으로 보이는데요. 국민 눈에 더욱 현실적이고 실현 가능한 구상과 비전을 어떻게 제시하느냐 하는 과제를 모두 안고 있다고 봐야죠.

특히 보수정당의 차기 대선후보는 경제민주화로 상징되는 격차 해소나 불평등 완화 공약을 어느 정도로 구체적인 수준에서 준비할 것인지가 관건이 될 겁니다. 지난 대선에서 박 대통령이 경제민주화 공약을 중요하게 내세웠지만 국민은 그 부분이 크게 나아진 점이 없다고 판단하고 있거든요.

예를 들어 김종인, 이상돈 이런 분들이 야권으로 옮겨가면서 현 정권의 경제민주화 공약 불이행을 비판했을 때 이미 보수 정권은 경제민주화 약속을 지키지 않은 집단으로 인식되는 거잖아요. 그래서 차기 보수진영 후보는 어느 정도 진실성을 담보할 수 있는 격차 해소, 구조적 불평등 완화 공약을 내 걸 것인지 많이 준비해야 할 겁니다.

그리고 보수진영 전반이 패닉에 빠진 상태에서 대선을 치러야 하기 때문에 보수를 표방한 대선주자라면 실종된 보수의 도덕성과 정체성을 무엇을 통해 바로 세울 것인가에 대한 고민도 함께 담아야 할 겁니다. 역사 속에서 교훈을 찾고 사회 안정에 힘쓰는 보수의 올바른 가치를 꺼내 들어야 보수층 재결집이 가능할텐데 이 부분도 상당한 숙제가 될 것 같네요.

반대로 진보 진영은 이미 '성장'이라는 단어를 빼앗기지 않기 위해 노력하고 있습니다만, 여전히 성장에는 별 관심이 없는 세력으로 인식되는 것 같아요. 국민성장이든 안철수 전 대표가 내세운 동반성장이든. 구체적 경제정책 방향과 내용을 설계해서 성장 담론에 무관심하지 않다는 걸 증명해야 할 숙제가 놓여 있죠.

박시영 법질서는 보수층에서 1위였고 진보층에서는 2위였습니다. 조사 시점이 스폰서 검사, 우병우 비리의혹 등 고위공직자 비리 사건이 불거졌던 시기였습니다. '부정부패 청산'을 이번 조사에서 보기항목으로 제시하지 않았기 때문에 법질서 응답에는 부정부패 청산에 대한 욕구와 준법정신이 퇴색된 세태에 대한 비판의식이 수렴된 것으로 보입니다. 진보층에서는 상대적으로 복지와 소통, 격차 완화, 정의, 기회 균등 등이 높게 나왔습니다.

우리 사회 가장 큰 문제점은 사회경제적 불평등과 경제적 침체입니다. 사회경제적 불평등의 핵심은 임금과 근로조건의 불평등이고 경제침체의 핵심은 소득과 재산의 양극화입니다. 최순실 사태를 겪으며 공정한 사회, 부패 척결에 대한 요구가 급증했습니다. 따라서 지금의 우리 사회 시대정신은 두 가지라고 봅니다. 첫째는 공정한 사회입니다. 정의입니다. 둘째는 경제적 불평등입니다. 격차 해소입니다. 그리고 일자리 창출을 통한 경제

회생입니다.

　과거보다 공정, 평등에 대한 요구가 급증했습니다. 경제 성장 등 경제 회생의 욕구는 늘 있었기 때문입니다. 그래서 공정 사회와 경제적 불평등 해소가 시대정신에 가장 가깝다고 생각합니다. 국민은 사회적 불평등보다는 경제적 불평등에 더 주목하고 있습니다. 복지, 세제 혜택 등 재분배보다는 임금상승 등 분배적 욕구가 더 커졌습니다. 비정규직 문제를 해결하라는 주문입니다. 평등은 자유와 함께 민주주의 2대 원리입니다. 평등 이슈에 더욱 더 집중해야 합니다. 최순실 사태로 부패 척결, 공정 사회 등 정의의 요구가 높지만 가장 밑바닥에 깔린 분노의 근저에는 경제적 불평등이 자리 잡고 있습니다.

　아울러 일자리 문제에 소홀해서는 절대 안 됩니다. 일자리는 20대와 50~60대 모두 관심이 높습니다. 50대가 일자리에 관심이 높은 이유는 취업 전선에 뛰어든 자녀들의 일자리이면서도 인생이모작 등 본인들의 일자리이기도 하기 때문입니다. 50대 중반부터 60대 중반까지의 중년 일자리가 중요해졌습니다. 요즘 60대 초반은 본인들을 노인, 노년층이라고 부르는 것을 달가워하지 않습니다. 따라서 중년 일자리로 호칭하는 것이 적절해 보입니다. 야권이 공공 일자리 등 해법을 제시하고 적극적으로 대처해야 합니다.

이상일 좋은 방향 설정이라고 생각됩니다. 사실 시대정신이라는 게 어떻게 보면 좀 공허하잖아요. 야권은 정권교체를 통해 자신들이 이루고자 하는 사회를 구현하려면 우선 당면과제에 대한 분명한 해법과 그걸 감당할 수 있다는 신뢰를 주는 게 가장 중요하다고 봅니다. 단, 불평등 해소와 일자리 창출, 이런 목표나 과제에 대해 구체적 대안을 갖고 접근하지 못하면 누구나 말하는 목표 중 하나일 뿐 차별화에 성공하기 어렵습니다.

지난 대선에서 경제민주화를 먼저 내세우고도 차별화 전략으로 가져가지 못한 경험을 잘 활용해야 합니다. 그동안 선명한 구호는 있었지만, 그 구호를 뒷받침할 콘텐츠는 약했던 것이 야권의 한계였다고 생각합니다.

김지연 시대정신 역시 퓨전이 대세인 것 같습니다. 자기 진영의 담론을 강화하면서 상대 진영에서 받아들일 수 있는, 접점이 되는 부분은 과감히 수용하는 결단력도 보이는 것 같네요.

박시영 10월에 문재인 전 대표가 '국민성장'을 들고나와 논란이 있었습니다. 성장이라는 용어 자체에 대해 알레르기 반응을 보이는 야권 지지층이 있기 때문입니다. 다만 함께 사용된 '경제교체'에 대해서는 이의를 달지 않고 다들 호의적이었습니다. 임팩트가 있고 방향성이 느껴졌기 때문입니다.

'성장'은 보수의 영역으로 받아들여집니다. 한국경제가 놓인 상황을 고려할 때, 저성장시대에 경제성장을 외치는 행위 자체가 사기일 수도 있습니다. 그러나 이 문제에 대해 진보적인 해법을 내놔야 합니다. 새로운 경제 패러다임을 통해 일자리 문제와 양극화 문제를 해결할 비전을 제시해야 합니다. 다음 대선에서 야당이 경제 전선에서 도망 다니면 안 됩니다. 싸움을 걸고 과감히 붙어야 합니다. 경제 전선에서 이길 준비가 돼 있어야 집권할 수 있습니다.

2. 주요 이슈에 대한
동상이몽

북핵문제

경제 대위기설

청년실업과 양극화

통일

북핵문제

김지연 올해는 물론, 내년 대선까지 이슈가 될 몇몇 주제에 대한 양 진영의 생각을 들어보도록 하겠습니다. 우리 세 친구들이 사전 미팅을 통해 다음과 같은 4개의 이슈를 선정하였는데요. 북핵 문제, 경제 대위기설, 청년실업과 양극화 그리고 통일입니다. 남북관계는 참 어려운 것 같습니다. MB 정부 당시 금강산 관광객 피격 사건 이후 얼어붙은 남북관계는 박근혜 정부에 들어와서도 더욱 꼬이고 있는 것 같습니다. 북한 미사일 발사, 핵 실험 등 강경일변도로 나가고 있는 상황에서 정부의 선택지도 그리 많아 보이지 않습니다. 그러는 와중에 사드 배치로 인해 양 진영이 계속 대립하고 있는 상황입니다. 국민들은 불안해 하고요. 갤럽이 실시한 여론조사 결과를 보면, 북핵문제로 국민의 75%가 불안해하는 것으로 나타났습니다.

현재 북한의 위협에 대해 한미정부는 일단 사드 배치로 맞서고 있는 상황인데요. 두 분은 어떻게 생각하세요?

박시영 사드 배치 찬성 의견이 우세하나 찬반 격차는 적었습니다. 아직 사드에 대한 여론은 가변적이라고 봅니다. 사드가 우리의 요구가 아닌 미국의 요구에 의한 것이고 대 북한용보다는 대 중국용입니다. 유사 시 수도권 방어도 안 돼기 때문에 대북 억지력 효과에 대해서도 반신반의합니다. 북한이 미국과의 협상력을 높이기 위해 핵을 개발한다고 보고 있고 향후 우리나라의 외교 방향은 한미 동맹보다는 미국, 중국 등과 균형외교의 길로 가야 한다고 판단하고 있습니다. 다만 현 시점에는 한미관계가 더 중요하고 핵 실험 등 안보위협이 커진 만큼 미국의 뜻에 따를 수밖에 없다고 보는 것입니다.

국민들은 정부의 대응 미숙에 대해 불만이 큽니다. 여당 지지층들도 정부의 서투른 일처리에 화가 나 있고 신뢰에 금이 가 있습니다. 따라서 향후 전개되는 양상에 따라 사드에 대한 여론의 변화는 얼마든지 있을 수 있다고 봅니다. 최근 사드 배치도 최순실이 결정한 것이 아니냐는 의혹도 제기되고 있고, 더 나아가 무기 도입 사업까지 그녀가 전방위적으로 관여했다는 의혹도 제기되고 있는 만큼 사드 배치에 대한 여론이 뒤바뀔 가능성도 있습니다.

이상일 북한 관련된 이슈가 주는 불안감이 너무 만성화돼서 사람들이 불안을 체감하는 정도가 둔화된 부분이 있다고 봅니다. 북한이 미사일이나 핵실험을 했다는 얘기가 나와도 외국에선 난리가 나는데 정작 국민들은 별 반응을 보이지 않는 경우가 많을 정도로요. 언론이 왜 저렇게 대서특필하고 보도하나 그렇게 생각하는 국민도 많을 것 같고요.

그런데 최근 들어서 북한의 핵이나 미사일 발사실험이 매우 빈번해지고 과거처럼 미사일 사거리 실험 정도가 아니라 핵, 핵탄두 실험 이런 것들이 이어지면서 국민들도 조금씩 북한 문제에 대한 주목도가 높아지는 상황으로 보입니다. 이러다 정말 무슨 일이 나는 것 아닌가 하는 불안감이죠. 북한의 핵이나 미사일이 남한을 겨냥한 것이 아니라는 건 다수 국민들도 인지하고 있지만 결국 북한이 어떤 도발을 했을 때 한반도 전체가 불안정해지는 건 뻔한 이치잖아요.

그런 각도에서 북한 변수에 대한 불안감과 주목도가 점차 높아진 것이 올해 내내 이어져 왔다고 봅니다. 특히 하반기 들어서는 북한 변수가 사드 배치나 외교문제로 직접적인 갈등과 위협요소로 작동하면서 더 그런 것 같고요.

김지연 두 분 인식이 다르네요.

박시영 다르죠.

이상일 북한 변수는 그 자체로도 큰 문제고 또 외교관계로 연장되기도 하고 그렇잖아요.

경제적으로는 우리와 중국과의 관계가 어느 나라보다 중요하다는 걸 이제 대부분 국민이 인식하고 있지만 만약 안보 문제로 미국과 중국의 이해가 충돌했을 때, 이번 사드 문제와 같은 상황에서 정부가 어떤 길을 걷는 것이 바람직한가 하는 문제는 간단치 않죠. 안보와 외교가 얽혔을 때 한미동맹을 중심으로 모든 걸 풀어가는 게 정석이라는 생각도 있을 수 있고 경제관계와 국민 이익을 중심축으로 문제를 풀어야 한다는 시각도 있을 수 있죠.

이런 문제들과 연결될 소지가 다분하기 때문에 북한 이슈는 북한이 주는 불안감을 어떻게 대응할 것인가 하는 문제와 더불어서 다양한 정치이슈를 만들어 낼 가능성이 있다고 봅니다. 대선 국면에서도 중요한 변수로 작동할 수밖에 없고요.

박시영 북핵 동결 등 비핵화 해법에 대한 논쟁이 대선 이슈로 떠오를 텐데요. 이 문제를 이성적으로 접근해야 합니다. 북한 정권은 오래전부터 핵과 경제의 병진 노선을 걷고 있습니다. 북한 경제상황이 안 좋아서 재래식 무기의 개발로는 남한과 경쟁이 되지 않기 때문에 북한은 비용 대비 효과가 큰 핵 개발에 집중하고 있는 겁니다. 그들 입장에서는 핵 개발이 체제 유지에 효과적이라고 판단한 거죠. 뉴욕타임스 주장처럼 북한이 망나니처럼 날뛰는 게 아니라 나름 철저한 계획 하에 자신들의 협상력을 높이기 위한 전략적 행보를 하고 있다고 보는 것이 합리적인 추론이겠죠.

보수정권 9년 동안 북한을 악의 축으로 규정하고 압박을 강화해왔지만,

실효성을 전혀 거두고 있지 못합니다. 오히려 북한의 핵, 미사일 능력만 날로 커지고 있는 상황입니다. 어떻게 풀어야 하겠습니까? 지금처럼 강 대강 국면으로 치닫는다고 북한이 물러설까요? 우리나라에 원자력발전소가 18개 있습니다. 만약 북한이 핵으로 공격한다면 어찌 될까요? 한마디로 한반도는 지구상에서 사라지게 됩니다. 그만큼 북핵 등 북한과의 문제를 감정적으로 다뤄서는 안 된다는 겁니다.

문제를 풀려면 북한에 대한 압박 일변도에서 벗어나 대화와 협상을 병행할 수밖에 방법이 없습니다. 우리가 대화의 빗장을 걸어 잠그면 북한이 두 손 두 발 다 들고 항복할까요? 쉽지 않습니다. 대화의 채널이 닫히면 우리는 북한의 움직임만 지켜볼 도리밖에 없습니다. 미국의 입만 쳐다보는 상황이 되는 거죠. 우리의 운신의 폭이 협소해집니다. 북미협상에 대한 의존도만 더 커집니다. 우린 주변부로 밀려나는 거죠.

그동안 북한 압박을 통해 우리정부가 거둔 성과가 도대체 있기나 합니까? 남북 대치관계로 골병드는 것은 우리경제와 애꿎은 국민들입니다. 벌써 수년 째 반복되다 보니 이젠 국민들도 너무 지쳤고 무감각해졌습니다.

김지연 무감각과 불안감이 동전의 양면 같아요.

이상일 점점 무감각하게 바라보게 되었는데 요즘 들어서 뭔가 실체적 불안요소로 작동하는 기류가 있다는 거죠.

박시영 피로감이 누적되면서 보수정권의 외교안보능력에 대한 의구심이 확산되었습니다. 개성공단을 느닷없이 폐쇄를 하지 않나, 북한의 변화를 유도하지도 못하면서 긴장만 고조시키고, 이제는 대통령이 공개적으로 탈북을 유도하지 않나. 북한과 전쟁을 하자는 건지 의심이 들 정도입니다. 대책

225

도 없으면서 똥폼만 잡는 것 같아 걱정입니다. 참 나쁜 정권입니다.

보수정권의 안보 무능력 때문에 진보정권의 외교안보능력에 대해 국민들이 다시 주목하고 있습니다. 지나고 보니 DJ와 노 대통령이 외교안보도 잘했다고 인정하는 것 같습니다. 다행스러운 일입니다.

김지연 북핵문제 해결에 있어 대화와 타협은 못 본지 오래된 것 같고, 남북모두 강 대 강으로 가는 느낌이에요. 한쪽만의 문제는 아닌 것 같습니다만.

이상일 저는 보수정권이 대북 유화정책을 충분히 펼 만한 상황인데도 강경책을 써서 남북관계가 경색되었다는 진단에는 동의하기 어렵습니다. 김대중, 노무현 정부가 대북 햇볕정책을 펴면서 남북 정상회담도 하고 그랬기 때문에 당시는 남북관계가 좋았는데 보수정권 들어서면서 대화도 가로막히고 강 대 강 대치가 시작되었다고 보기는 어렵죠.

영화로도 만들어진 연평해전 기억하시면 될 것 같아요. 연평해전은 두 번 있었죠. '99년하고 2002년입니다. 남북대화가 이뤄지고 대북 지원이 활발하게 진행되고 정상 간 만남도 있었지만 그때도 북한은 필요에 따라 실체적 공격까지 감행하며 자기들만의 노선과 이익에 따라 행동했습니다. 그래서 보수정권은 북한의 변화에 상응하는 만큼만 지원하고 대화하겠다는 입장을 세운 것이지 북한이 변하고 대화상대로 적합한데도 일방적으로 우리 정부가 대화를 막은 게 아니라고 보거든요.

박시영 악마하고도 대화하는 거예요. 전쟁 때에도 협상을 하는 겁니다. 이것이 외교의 기본입니다. 물밑 대화에 즉각 나서야죠.

이상일 모든 상황에서 대화가 병행되어야 한다는 건 원론적 입장일 뿐이지 현실에 대입했을 때는 상황에 따라 달라진다고 봅니다. 남북대화라는 것이 형식적인 대화로 그치고 실질적 효과는 없이 북한을 대화상대로 인정해주는 효과만 낸다면 그게 무슨 의미가 있겠습니까? 앞에 나와선 대화를 하고 돌아가서 핵실험, 미사일 발사를 계속할 때 남북대화라는 것이 어떤 의미가 있는지 모르겠어요.

또, 남북관계를 푸는 방향에서는 우리나라의 입장 못지않게 미국이나 일본의 입장도 중요하게 고려될 수밖에 없다고 봅니다. 북한의 핵 위협이 점점 실체화되면서 국제사회가 대북 제재를 더 강화하는 흐름에서 남북한만 대화와 화해 무드로 갈 수 있을까요? 저는 진보진영이 정권을 잡더라도 남북문제를 과거처럼 독자적으로 풀어갈 수 없는 환경에 처할 것으로 보는데요. 국제사회가 북한을 완벽하게 고립시키는 등 강경대응에 나설 때도 과연 과거 진보정권 때 썼던 햇볕정책을 유지하는 것이 가능할 지 궁금하네요.

박시영 전두환 정권 시절인 1984년 수도권과 충청도에 집중호우가 쏟아져 최악의 홍수사태가 일어났는데 갑자기 북한이 수재지원을 제안해 왔습니다. 직전 해인 1983년 아웅산테러사건이 일어나 북한과의 사이가 아주 안 좋은 때인데도 우리 정부가 이를 받아들였습니다. 적대감이 팽배했던 시절인데, 상상이 되십니까? 북한에서 쌀과 의약품, 시멘트 등 구호물자를 보내오고 이로 인해 그 해 남북 경제회담이 열리고 그 이듬해 첫 남북이산가족상봉이 이뤄진 겁니다. 남북관계는 이런 식으로 풀리는 겁니다.

남북 간 긴장이 고조되더라도 인도적 지원과 대화 협력은 지속해야 합니다. 금년 하반기에 북한에 사상 초유의 물난리가 나서 몇 백 명이 사망하는 등 북한 인민들이 곤경에 처했는데 우리 정부는 어떻게 했습니까? 우린 쌀이 남아돌면서도 외면했습니다. 싸울 때는 싸우더라도 도와줘야 할 땐 도와줘야죠. 북한 인민들이 무슨 죄가 있습니까? 김정은 정권이 밉다고 그래선 안 되죠. 국민정서가 아직 허용 못할 거다? 그럴 수 있죠. 북한이 핵개발하고 난리를 치니까요.

그렇지만 정치가 뭡니까? 때론 국민 다수가 반대하더라도 미래를 위해 과감한 결정을 내려야 하지 않습니까? 국정 책임자는 국민 여론을 방패막이로 내세우면 안 됩니다. 정부여당은 과거 전두환 대통령의 사례를 교훈으로 삼아야 할 것입니다.

이상일 국민들이 어떻게 느끼느냐가 관건이죠. 북한이 금강산 관광이나 개성공단 같은 남북 간의 협력사업들을 일방적으로 중단시키는 행동만 보더라도 우리가 그런 상황에서 계속 북한에 끌려 다니는 것이 옳은 선택은 아니잖아요. 대화라는 것이 상대가 호응하고 서로 뭔가 진전이 있어야 하는데 매번 북한이 일방적이거나 무리한 요구를 하고 뒤돌아서 다른 행동을 하는 모습을 보였으니까 국민들도 대북 강경대응이 불가피하다는 인식을 일정하게 하게 되는 거죠.

박시영 하나만 물어봅시다. 북한이 핵을 개발하는 이유가 뭐라고 보세요? 북한이 미국과 전쟁할 의도로 핵 개발에 나선다고 보세요? 핵을 지렛대 삼아 미국과 협상력을 높여 북한 체제를 보장받고 경제 지원을 끌어낼 속셈으로 핵 개발에 몰두하는 거 아닌가요?

이상일 핵이 남한을 타깃으로 한다는 뜻인가요?

박시영 남한이 아니라 미국을 상대로 한다는 거죠. 미국 협상용입니다. 휴전협정을 평화협정 체결로 전환시키자고 그 동안 줄기차게 미국에게 요구해

왔잖아요. 물론 주한미군 철수 등을 전제 조건으로 내세우지만요. 중국도 비핵화와 평화협정을 하나로 묶어서 패키지로 처리하자고 중재안을 낸 바 있습니다.

제가 이렇게 묻고 싶은데요. 보수 쪽에서는 늘 대북 퍼주기가 문제다, 그 돈으로 북이 핵무기를 만들었다고 하면서 햇볕정책을 비판하잖아요. 보수정권이 들어선 이후 북에 퍼준 적이 별로 없잖아요. 그런데 북한이 핵 개발, 미사일 개발 시도를 멈춘 적이 있나요? 더 확대하고 있잖아요. 우리 정부가 퍼주지 않았는데 저들은 과연 무슨 돈으로 개발하는 걸까요? 이 질문에 보수정권은 명확한 답변을 내놔야 합니다.

북한의 경제상황이 과거보다 좋아졌다고 합니다. 쌀 소비량도 급증했고 요. 중국과 거래가 확산되면서 장마당이라는 시장도 들어서고요. 북한 주 민들이 해외에 나가 적극적으로 외화 벌이에 나서고 있다고 합니다. 남북 간의 휴전선은 더 차갑게 얼어붙었지만 중국과의 국경선은 담이 허물어지 고 있는 상황입니다. 중국과의 경제협력이 강화되고 있습니다.

이쯤 되면 남한의 경제협력 없이도 북한이 이미 자체적으로 핵 개발할 여력을 확보했다고 보는 게 합리적 추론 아닐까요?

이상일 그럼 반대로 경제협력을 통해 물적 지원이 된다면 북한이 핵, 미사일 개발을 안 할까요? 오히려 더 여건만 좋게 만들어 주는 거 아닙니까?

박시영 그래서 대화와 협상을 통해 일괄 타결하는 방식으로 정부 대응 기조 를 바꿔야 한다는 거죠. 북핵 동결 및 시설 불능화 등 비핵화와 체제 안전 보장 등을 맞바꾸는 결단을 내릴 때가 아닌 가하는 겁니다.

이상일 그 부분은 답이 아니라 어떨 것이다 하는 판단의 문제일 뿐이라고 봅니다. 설득하고 노력하면 극단적 선택을 피하고 온건한 방향으로 선회할 수 있는 이성적 상대라는 그런 전제요. 적대시라는 것이 북한이 가만히 있는데 우리 정부가 앞장서서 그러는 게 아니지 않나요? 대화를 해도 소득이 없는데 군이 대화 제스처를 이어가는 것도 저는 이해가 안 되고요. 상대가 대화를 원치 않는데 계속 대화하자고 그러는 것도 별 의미가 없어 보이는데요.

김지연 이 문제와 관련해서는 다른 분야보다 두 분의 입장이 많이 다른 것 같습니다. 잘 들었고요. 마지막으로 내년 대선의 변수에 대하여 양 진영의 전망을 알아보도록 하겠습니다.

박시영 별로 변수가 안 될 거라고 봅니다. 그렇지만 보수정권은 반드시 북풍이나 색깔론 소재를 들고 나올 겁니다. 경제 실정으로 경제 이슈화는 안할 거고 결국 안보장사밖에 없을 겁니다. 하지만 더 이상 국민들에게 색깔론은 통하지 않을 것으로 확신합니다. 트럼프가 북한 문제를 어떻게 풀어갈 지 변수는 있지만 트럼프도 대통령으로서의 적응 기간이 필요한데 당장 내년에 대북 문제와 관련하여 무리한 시도까지 할까요? 잘 모르겠습니다. 다만 우리 국민들이 트럼프를 신뢰하지 않고 있어서 야권이 국민 여론을 지렛대 삼아 현명하게 대처할 수 있지 않을까 싶네요.

이상일 저는 상당히 변수가 될 거라고 보입니다. 북한이라는 상대가 지금같은 자극적 움직임을 멈추고 조용하게 있으면서 지내준다면 다르겠지만요. 미국의 대외정책 변화 가능성도 생겼습니다. 트럼프 시대의 미국이 취할 대북제재 수위, 한미동맹 유지 조건의 변화 같은 변수가 추가되었기 때문에 불확실성이 커졌죠. 확실치는 않지만, 북한 변수가 크게 불거질 가능성도 상당하다고 봅니다.

김지연 보수 후보에게 유리할 수 있다고 보시는 건가요?

이상일 유불리는 쉽게 단정하기 어렵습니다. 북한 변수가 생겼다고 꼭 보수가 유리하지는 않죠. 천안함사태 이후에 보수진영은 북한 문제를 자극적으로 제기하며 지방선거에 임했지만 패했습니다. 과도한 북풍몰이가 초래한 역풍이라는 분석이 상당했는데요. 북한 변수가 등장했을 때 어느 쪽이 반드시 유리하다는 전망은 의미가 없을 것 같아요.

그래도 구분해서 전망하라면 진보진영이 대응 유연성은 낮을 가능성이 높다고 봅니다. 북한 변수가 긍정적 시그널보다는 위협이나 불안요인으로 작동했을 때 그럼에도 불구하고 북한을 포용하고 대화상대로 봐야 한다는 입장을 고수할 가능성이 많기 때문이죠.

보수진영도 다른 이슈에서 유리한 고지를 차지하지 못할 때 북한 변수에 매달리려는 유혹에서는 벗어날 필요가 있고요. 내년 대선에서 북한 문제가 중요한 영역이긴 하지만 사회경제적 당면과제에 비할 수는 없지 않겠습니까.

박시영 북한 문제에 대한 관점은 북한을 어떻게 볼 거냐에 대한 시각 정립과 어떻게 북한을 관리하는 것이 우리 국익에 도움이 되는 것인가 이 두 가지 측면으로 접근해야 된다고 봅니다. 보수진영은 진보진영에게 동포주의에 사로잡혀 이성적 판단을 못한다고 공격을 하는데 보수는 북한을 평화통일의 대상으로 보지 않는 것 같습니다. 타도의 대상일 뿐인 거죠. 북한 정권이 밉다고 북한 동포들까지 적대시하면 되겠습니까? 악의 축의 대상으로만 규정한다면 남북관계를 풀지 못합니다. 우리가 주도적으로 북한을 개혁개방의 길로 이끌어내야 합니다. 햇볕정책의 효과가 충분히 증명이 되지 않았나요? 평화가 경제입니다. 대결이 아닌 평화로 가는 것이 우리 경제에도 큰 도움이 됩니다. 남북경협 확대 등 북한 특수 없이 우리경제의 중장기적 활로가 있다고 보십니까? 솔직하게 서로의 상황을 인정하고 대화와 타협의 길로 가야 합니다.

경제 대위기설

김지연 경제 분야 역시 국민들에게 상당한 불안감을 주고 있는 것 같습니다. 여론조사 결과가 뒷받침하고 있는데요.

박시영 국민들은 우리 경제상황이 일시적으로 어려운 것이 아니라 구조적 원인으로 인해 큰 위기에 봉착한 것으로 보고 있습니다. 우리나라 미래에 대해서도 비관적입니다. 절체절명의 상황입니다.

구조적 위기에 처한 주된 원인이 어디에 있느냐가 중요한데요. 국민들은 기업이나 산업의 경쟁력 퇴조나 고령화 등 대내외적 환경보다는 정부의 잘못된 정책 기조에 그 원인이 있다고 생각한다는 겁니다. 정부가 부유층, 대기업 위주로 정책 기조를 펼쳐 양극화가 더 심화되었고 경제도 더 침체됐다고 보는 겁니다. 앞으로 1~2년 사이에 경제적으로 큰 위기가 올 가능성에 대해서도 국민의 절반 정도는 그럴 가능성이 높다고 보고 있습니다.

만약 경제적 대위기가 온다면 그 원인은 가계부채, 부동산, 부실기업 등 내부적 요인에 의한 위기일 것으로 보고 있습니다.

김지연 대위기라는 것을 구체적으로 설명하자면요?

[경제상황에 대한 인식]

본인 미래 전망

희망이
있다
37.1%

불안하다
62.9%

우리나라 경제상황 전망

위기
상황은
아니다
32.5%

탈출구가
보이지 않는다
67.5%

박시영 가계 부채가 터지고, 부동산가격이 폭락하고 국가채무도 늘어나면서 IMF와 유사한 경제위기를 뜻하는 거겠죠. 개인 파산자가 급증하고 성장이 멈추는 거죠. 우리도 일본의 20년 장기불황의 길로 들어서는 겁니다.

김지연 IMF 하니까 확 와 닿네요. 국가신용도도 떨어지고요.

박시영 그렇게 되겠죠. 큰 규모의 위기가 와서 불황이 장기화되는 것을 의미하겠죠. IMF에 버금가는 경제위기가 다시 닥치면 서민들의 삶이 얼마나 고통 받을 지 생각만 해도 끔찍합니다. 그런 일이 발생해서는 안 되겠지만 만약 경제대위기가 내년 대선 전에 발생한다면 그건 현 정권의 책임이므로 여권 후보에게 매우 불리할 것으로 국민들은 바라보는 것 같습니다. '경제=보수' 등식이 깨졌기 때문에 대위기가 오면 정권교체에 더 힘이 실릴 것 같습니다. IMF의 학습효과도 영향을 주는 것 같습니다. 그 당시 김대중 대통령이 잘 극복했잖아요.

김지연 내년 대선과 연관 지어 볼 때 불안감이 커지면 보수에 유리하다는 속설은 맞지 않는 것 같네요.

이상일 동의합니다. 경제 대위기설이 아니더라도 장기 침체 국면에 대한 국민들의 불안감과 불만은 높아져 있고 어디론가 폭발하고 싶어 하죠. 한국경제가 혼자 안 좋은 게 아니라 국제경제의 구조적인 흐름이 그렇다는 걸 인정하더라도 마찬가지입니다. 그 불만이 어디로 향하겠습니까? 당연히 집권세력, 더 크게는 보수정권 10년에 대한 비판론으로 향하는 건 당연한 현상입니다.

더 이상 성장론이나 낙수효과 같은 말은 보수진영 내에서도 거의 찾아보기 어려울 정도가 되었잖아요. 대선에서 보수가 유리한 환경을 만들기는 어렵죠.

문제는 보수진영이 이런 경제상황에서 어떤 해법을 제시할 것인가에 있는 것 같아요. 그동안 보수는 비정규직처럼 특정한 사회적 약자층 일부를 보호하거나 기초연금처럼 시혜적 복지책을 일부 도입하거나 선별적 복지를 중심으로 격차나 불평등 문제에 대응해 왔는데요. 그런 방식만 갖고는 경제에 대한 국민의 불만과 욕구를 수렴할 수 없다고 봅니다. 복지 방식의 분배를 떠나 구조적인 문제와 정면으로 맞서지 않는다면 불황의 책임론에서 보수가 자유롭기 어려울 겁니다.

김지연 그럼, 보수 여당은 어떤 입장을 취해야 할까요?

이상일 특히 새누리당은 집권당이며 여당이기 때문에 더 적극적으로 이 문제에 대한 관심과 해법을 내놓아야 하는 거죠. 우리나라가 선방한 거다, 외국도 다 장기불황 국면이다, 이런 논리로 책임론에서 벗어날 수 있는 상황이 아니라고 봅니다. 불황 속에서도 조금 더 합리적이고 공정하며 공평한 사회구조를 만드는 것은 가능한 일 아닐까요.

야당이 제시하는 구조적인 개혁이 있을 것이고, 여당도 구조적인 문제를 해결해야 된다는 건 똑같이 동의하고요. 그 속에서 어떤 게 더 합리적인 방법이냐를 가지고 경쟁하는 선거가 됐으면 좋겠는데, 새누리당 내에서 대선주자들이 얼마나 공부를 열심히 하고 있을지 모르겠네요. 저는 불황과 경제 불안감이 증폭되었을 때 내년 대선에서 오히려 여당이 불리한 여건에 처할 것으로 봅니다.

김지연 내년 대선에서 만약 더불어민주당이 집권하게 된다면 우리 경제가 어떻게 바뀔까에 대해 궁금해 하시는 분들이 많은 것 같아요. 경제 문제는 사실 상당히 구조적이며 쉽게 해결되기 어렵고 기간이 오래 걸리잖아요.

만약에 집권을 하게 된다면 경제 위기를 극복하고 잘 관리할 수 있다고 보는 건가요?

박시영 보수정권보다는 더 잘할 수 있다고 봅니다. 경제적 위기가 정부의 잘못된 경제정책 기조에서 비롯된 만큼 정권교체가 조속히 이뤄져 정책기조를 대폭 바꿔야 합니다. 국민들의 신뢰가 형성된다면 경제심리도 잡힐 테니 어려운 고비를 잘 넘길 가능성도 있다고 봅니다. 야권 일각에서는 IMF 때처럼 보수정권이 경제를 망쳐놓은 상황에서 정권 잡는 바람에 임기 내내 뒤처리하느라 생고생 하는 것 아니냐는 푸념 아닌 푸념도 나오고 있습니다. 보수정권이 매번 저질러 놓으면 진보정권은 그거 치우는 역할만 하다가 임기 끝난다는 거죠.

김지연 그래서 안 하시려고요?

박시영 그럴 리가요? 맡겨주시면 기꺼이 해야죠. IMF 때도 극복하기가 힘들었겠지만 지금 상황이 더 어려울 수도 있습니다. 가계부채 문제부터 부실기업 회생, 청년실업, 격차 해소 등 첩첩산중이죠. 정부가 제대로 심의도 안 하면서 기업회생에는 몇 십 조를 막 쏟아 붙는데 서민들 가계부채를 일정부분 탕감해주자 하면 도덕성 해이 거론하며 절대 안 된다고 나섭니다. 관료들의 사고구조가 그렇습니다. 관료들이 소득불평등 해소 없이 경제위기를 극복하기 어렵다는 세계적인 경제기관들의 지적을 제발 새겨들었으면 합니다.

이상일 야당의 집권가능성을 염두에 둘 때 여전히 의문스러운 부분이 경제 분야에서 어떤 노선을 걸을까 하는 부분입니다. 박 부대표님 말씀에도 그런 모호성이 있어요. 공정과 정의, 분배 이런 화두에 집중해야 한다고 하면서 동시에 성장담론에도 발을 담가야 한다, 그런 주장이잖아요? 문재인 전 대표가 표방하고 있는 게 딱 그런 기조로 보이거든요. 그런데 이런 식으로 분배도 하고 성장도 하자는 건 좋은 건 다 하겠다는 말과 같은 거고 그렇기 때문에 오히려 확실하게 와 닿는 게 없고 공허하게 들리는 거 아닐까요? 말씀처럼 양극화, 격차 문제가 사회발전과 안정을 가로막을 정도로 심각하다면 그 부분에 집중하겠다고 하고 우선 해결과제로 제시하는 게 정도 아닙니까? 저는 더민주가 성장담론에 한 쪽 발을 담그고 대선을 치른다면 득보다 실이 더 클 것으로 봅니다. 진보적 시각에서 다수 지지층과 서민이 바라는 방향에 집중하겠다는 정책방향을 제시하는 게 더 솔직하고 정답에 가까운 게 아닌가 싶은데요. 오히려 지금 중도보수층, 재계의 불안감을 달래기 위해 우클릭하는 것처럼 보이는데요.

청년실업과 양극화

김지연 현재 우리 경제의 발목을 잡고 있는 것 중에 하나가 높은 실업률입니다. 특히 청년실업률이 문제인데요. 통계청이 공식 발표한 청년실업률은 약 9%대이고, 한국고용정보원이 집계한 실질 청년실업률은 17% 정도라고 하고, 일부에서는 30% 정도에 육박한다고 주장하고 있습니다. 지금부터는 양 진영의 청년실업 대책과 내년 대선에 미칠 영향 등에 대해 대화를 나눠 보도록 하겠습니다.

이상일 지금 우리 정치는 청년세대의 불만을 대변하고 고민하는 세력이 없는 것 같습니다. 실업 문제에 대해 정부는 임시직 공공부문 채용을 늘리는 정도밖에 해내지 못하고 기업의 채용확대는 전적으로 기업이 알아서 할 문제라는 식으로 접근하기 때문에 뚜렷한 해법이 나오지 않고 있습니다.

기업들이 고용을 어떤 식으로 늘려갈 지 사회적 합의가 필요한 때고 정치가 그 문제를 주도해야 하는 상황이죠. 청년세대의 좌절과 분노가 심각한 수준에 와 있다고 보는데요. 내년 대선에서 어떤 표심을 보일 것인지 정치권이 주목할 때가 되었다고 봅니다. 새누리당은 지금까지 기업 논리를 옹호하는 데 주력했고 더민주도 사실상 대기업이나 공공부문 노조의 이해에 충실했지 청년실업 같은 문제를 정면으로 다루지 않았다고 봅니다. 정의당도 마찬가지로 노조나 비정규직처럼 기존 노동계 문제에만 집중해 왔죠. 그러다 보니 청년세대는 기성 정당들을 불신하고 오히려 계속 안철수 같은 새로운 바람에 기대를 걸기도 하고요.

대안이 쉽지 않은 문제긴 합니다만 외국의 사례들을 잘 참고한다면 정치가 청년들의 문제에 대해서도 해법을 내놓을 수 있지 않을까요? 득표전략 차원을 떠나 반드시 고민해야 할 문제라고 생각합니다.

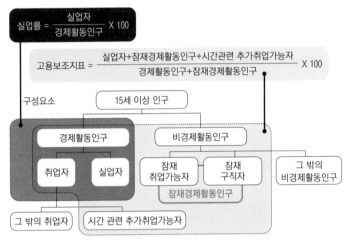

[실업률과 고용보조지표 어떻게 다른가?]

$$\text{실업률} = \frac{\text{실업자}}{\text{경제활동인구}} \times 100$$

$$\text{고용보조지표} = \frac{\text{실업자+잠재경제활동인구+시간관련 추가취업가능자}}{\text{경제활동인구+잠재경제활동인구}} \times 100$$

구성요소

15세 이상 인구

경제활동인구 / 비경제활동인구

취업자 / 실업자 / 잠재취업가능자 / 잠재구직자 / 그 밖의 비경제활동인구

잠재경제활동인구

그 밖의 취업자 / 시간 관련 추가취업가능자

※시간 관련 추가취업가능자 : 취업시간이 36시간 미만이면서 추가 취업을 희망하는 자

자료: 통계청

박시영 헬조선, 망한민국이 나올 정도로 청년실업이 심각합니다. 아무도 정부의 '공식 실업률' 통계치를 믿지 않죠. '공식 실업률'에서는 주부, 군인, 고시생, 대학원생, 취업준비생, 포기자 등을 실업자로 분류하지 않거든요. 취업을 하고자 하는 구체적인 노력이 있는 사람들로만 한정하기 때문에 청년실업률이 8%, 9% 이런 수치가 나오는 겁니다.

하지만 청년들이 실질적으로 체감하는 고용보조지표 기준을 적용하면 실업률이 25~30%에 육박한다는 결과가 나옵니다. 아마 이 수치도 믿지 않을 겁니다. 체감 청년 실업률은 40%에 달할 정도로 보이기 때문입니다. 실업률도 중요하지만 양질의 일자리가 적다는 것도 중요하죠.

김지연 OECD 통계를 보면, 우리나라 청년실업률을 18%로 보고하고 있습니다. 상당히 높은 편인데, 사실 이 역시도 어떻게 계산되는지는 잘 모르겠습니다.

박시영 그러니까 화가 나는 거죠. 대기업이 청년층 고용에 있어서 적극성을 띄느냐? 그렇지 않잖아요. 대기업 직원 중 비정규직들만 40만 명 가까이 된다고 합니다. 그 내용을 듣고 상당히 충격적이었습니다.

김지연 일부에서는 대기업 노조가 너무 세서 그렇다는 얘기를 하거든요.

박시영 대기업과 노조가 머리를 맞대고 비정규직의 정규직 전환과 정리해고 조건 완화를 놓고 대타협을 시도할 시점이 점점 다가오는 것 같아요. 비정규직 문제를 지금 그대로 방치하는 것은 도리가 아니죠. 비정규직 개선이 아닌 전면 철폐로 가야 하고 그에 따른 양보가 필요하다면 이해당사자들이 과감하게 결단을 내리도록 압박해야 한다고 봅니다. 정부가 앞장서야죠. 불평등 문제를 풀 첩경은 비정규직 문제 해결입니다.

우리나라에 언제부터 비정규직이 생겨난 겁니까? '97년 IMF 터지면서 어쩔 수 없이 비정규직 제도를 받아들인 겁니다. 옛날부터 쭉 있었던 제도가 결코 아닙니다. 기업은 물론 노조도 전향적으로 이 문제를 바라봐야 합니다. 공동체가 건강해야 기업이나 노조도 존재의 의미가 있는 겁니다. 현재 사내 유보액이 800조가 넘어가잖아요. 사람들은 박봉에 시달리며 빚 갚느라 소비 여력이 없습니다. 내수가 죽죠. 쓸 돈이 없으니까요.

대선 때 청년실업 해소를 위한 특단의 대책이 봇물처럼 등장했으면 합니다. 35세 이하 청년층들이 기성세대에 대한 분노를 투표로 보여줄 가능성이 높다고 봅니다. 이들 밀레니얼 세대는 생활적 이해관계에 따라 정치적 입장을 바꿀 수도 있는 세대입니다. 이들이 야권 후보를 항상 지지할 것이라는 착각에서 하루빨리 벗어나야 합니다.

그런 면에서 최근 정세균 의장이 발의한 '청년세법'이 눈길을 끕니다. 목적세로 청년세를 신설하여 5년간 14조4000억 원의 세수를 확보하여 청년 일자리와 학자금 대출 이자 지원 등에 활용하자는 법안입니다. 국회에서 활발한 논의가 이뤄졌으면 좋겠습니다.

김지연 일반적으로 청년들의 투표율은 매우 낮은 편인데 이들이 내년 대선 투표장에 나올까요?

이상일 네, 나오죠. 역대 선거를 보면 대통령 선거 투표율은 20대도 결코 낮지 않았어요. 오히려 30대보다 높은 투표율을 보이기도 합니다.

박시영 지난 대선에도 투표율이 70%나 됐다니까요. 내년 대선에서는 틀림없이 더 올라갑니다.

김지연 결국은 이 문제 역시 분배의 문제와 연결되는 것 같습니다. 그래서 정가에서는 살찐 고양이법까지 거론되고 있고요. 경제에서 성장과 분배는 양 축인데 이 중에 하나라도 잘되면 경제가 버틸 수 있다고 합니다. 그런데 사실 우리 경제에 대한 평가는 둘 다 매우 낮은 평가를 받고 있잖아요. 내년 대선과 연관 지어 이 문제에 대해 말씀해 주시죠.

박시영 브렉시트 파문 이후 영국 보수당의 메이 총리가 새 총리로 지명됐는데요. 그 분이 취임하자마자 밝힌 게 대기업의 경영진 보수 규제 강화 방침이었습니다. 주주총회에서 경영진 보수 지급안 표결에 구속력을 부여하겠다는 겁니다. 과거엔 권고안이라서 잘 지켜지지 않았거든요. 강제력을 부과한 거죠. 얼마나 멋집니까? 선진국의 보수당처럼 우리나라 보수정당도 바뀔 수 있을까요?

얼마 전 정의당의 심상정 대표가 '살찐 고양이법'이라고 일컫는 최고임금제와 공기업 임원 연봉 제한제를 입법화하겠다고 발의했습니다. 민간기업 경영진의 최고임금은 최저임금에 비해서 최고 30배까지로 제한하고 공공기관 임원의 연봉은 최저임금의 10배를 못 넘도록 제한한다는 겁니다. 멋지죠. 이 정책은 야당의 모든 대선 후보가 공약으로 받아 안았으면 좋겠습니다. 우리나라 경영진들이 너무 방만합니다. 국민이 어려울 때 그 고통에 동참해야 기업인에 대한 신뢰, 공동체에 대한 희망이 생깁니다.

이상일 2012년 대선으로 거슬러 가 보면 그 당시 경제민주화가 중요한 화두였어요. 그렇지만 구체적인 방법론을 가지고 싸울 정도로 디테일하지 않았죠. 그렇지만 내년 대선은 좀 다를 것으로 봅니다.

그동안 보수인 새누리당이 아무래도 청년세대 문제에 관심이 덜하다는 평가를 받아온 게 현실이지만 그렇기 때문에 전향적으로 대안을 내놓을 때 파급력이나 설득력도 강할 수 있다고 봅니다. 북유럽 국가들이 사민주의 형태의 사회적 대타협으로 복지와 고용 문제를 해결해 갔던 전례들을 보면 대부분 보수성향 정권 하에서 그런 성과들이 나옵니다. 급진적 해결책보다 오히려 보수정권이 기업을 설득하고 사회적 대타협을 이끌어 내는 현실적 방안들을 내놓았다는 뜻이죠. 지금 새누리당, 보수진영이 깊이 공부해야 할 문제라고 생각돼요.

진보 경제학자인 장하성 교수의 저서 「한국 자본주의」 제일 마지막에 이런 내용이 있습니다. "미국과 유럽의 자본주의 정치사에서 분배, 복지와 관련된 제도들을 도입한 것은 과격한 좌파들이 아니라 비스마르크, 처칠,

루스벨트와 같은 계몽된 구족 계층의 보수주의자들이었다. 그들은 자본주의를 파괴하기 위해서가 아니라 오히려 자본주의를 구하기 위해서 중산층을 보호하는 사회복지 정책을 채택했던 것이다." 보수진영이 귀담아 들어야 할 말이라고 생각됩니다.

보수진영은 지금 최순실 사태로 인해 분배나 복지가 아니라 케케묵은 정경유착과 재벌 문제부터 정면으로 들여다보고 재발방지 대책을 내놔야 하는 지경에 이르긴 했습니다. 그런 병폐를 뜯어고치는 건 당연한 일이고 앞으로 한국사회가 좀 더 안정적으로 굴러가기 위해 경제적으로 어떤 조치들이 필요한지에 대해 정말 깊이 고민하고 준비해야 할 때입니다.

김지연 누가 대통령이 되든 경제가 꼭 잘 되었으면 좋겠습니다.

박시영 옛날에 권영길 의원이 2002년 대선에서 '살림살이 좀 나아지셨습니까?' 라는 슬로건으로 공전의 히트를 쳤습니다. 유행어가 됐죠. 그 구호가 지금도 먹힐 것 같습니다. "국민 여러분! 이명박, 박근혜 보수정권 10년 동안 살림살이 좀 나아지셨습니까?" 이렇게 말이죠.

통일

김지연 통일 문제를 얘기하고 마무리해야 될 것 같은데요. 아까 북핵문제를 토론하면서 대북, 외교 문제는 상당부분 이야기되었기 때문에 보다 좁혀서 의견을 들어보도록 하겠습니다. 이 역시 대선에서 어떻게 다뤄질지에 대해서도 함께 말씀해 주십시오.

박시영 박 대통령이 통일은 대박이다 라고 했는데요. 대박은커녕 쪽박이 되고 있습니다. 내년 대선에서 남북 관계와 관련하여 북핵 문제와 북방경제가 이슈가 될 겁니다. 누가 더 담대하면서도 실현 가능한 정책을 만들고 이슈를 주도할지 궁금합니다. 한국 사회의 성장동력이 고갈돼 있고 탈출구는 북한이라는 말은 공공연한 비밀이 된 지 오래입니다. 전경련도 알고 건설업계도 다 알고 있습니다. SOC 건설, 엄청난 지하자원개발사업, 유라시아 철도 연결 등 참여정부 때만 해도 꿈에 부풀었었는데 보수정권 들어서면서 모든 게 물거품 됐죠. 개성공단까지 중단되었으니 할 말 다한 셈이죠. 개성공단의 경제적 효과가 북한보다 남한이 크다는 것은 명백한 사실 아닌가요. 남북이 꽉 막혀 있다 보니 얼마 전 러시아가 시베리아 횡단철도(TSR)의 일본 연결을 제안했다는 소식까지 들려옵니다.

노무현 정부 때 한반도와 러시아를 연결하는 방안을 상당부분 진행시켰는데 이명박, 박근혜 정부 때문에 남북관계가 막히자 일본으로 시선을 돌린 겁니다. 이걸 빼앗기면 경제 재도약의 절호의 기회를 놓치는 겁니다. 북한은 기회의 땅입니다. 북한은 자원의 보고이기 때문입니다. 각종 광석이 7천355조 원 어치 매장되어 있을 것으로 추정됩니다. 마그네사이트, 아연 등은 매장량이 어마어마하고 희토류 매장 추정량은 세계 2위 규모로 알려져 있습니다. 국내 기업의 67%가 자원개발사업 투자 의향을 갖고 있다고 합니다. 중국, 러시아, 싱가포르, EU 등이 북한 지하자원 개발에 군침을 흘리고 있습니다.

남북문제를 잘 풀면 우리경제의 활로가 뚫립니다. 신성장 동력은 바로 북방경제, 북한 특수와 극동 특수입니다. 최근 러시아가 극동지역 개발에 적극 뛰어들고 있습니다. 천연가스, 석유 등 에너지 자원의 보고이고 유럽으로 이어지는 관문이기도 합니다. 교통 및 물류 대동맥이 시작되는 곳이죠. 우리정부와 기업들이 큰 관심을 보이고 있습니다. 북방경제가 내년 대선의 핵심 이슈로 부상하여 꼬여 있는 남북문제를 푸는 실타래 역할을 했으면 좋겠습니다.

김지연 혹시 대선 후보 중에서 북방경제와 관련하여 주도권을 갖고 있는 사람이 있나요?

이상일 문재인? 그렇지만 워낙 구체성이 담보되지 않은 미래형 이슈라 누가 뚜렷하게 주도권을 갖고 있다고 보긴 어려울 것 같습니다.

박시영 야권에서는 늘 관심을 기울였던 이슈여서 대부분의 후보가 공약을 낼 것입니다. 박원순도 관심이 많은 것 같고, 문재인도 큰 그림을 준비하는 것 같고요.

이상일 박근혜 대통령도 있어요.

김지연 보수냐, 진보냐의 이슈는 아닌 거네요?

박시영 상대적으로는 진보 쪽에서 얘기를 많이 하는데 그렇다고 보수가 완전히 외면하지는 않죠. 돈이 되니까요. 하지만 적극적이지 않습니다. 핵 문제 때문에 경협과 관련된 모든 채널을 막아버린 상태죠.

이상일 반기문 총장이 대선에 참여한다면 통일 구상을 갖고 가능성이 많다고 봐야죠.
　그러나 반기문 총장이나 다른 대선후보들이 통일 문제를 이야기하더라도 북한이 호응하지 않으면 공허해질 수밖에 없기 때문에 통일 이슈는 크게 점화되기 어려울 거라고 봅니다.

박시영 당장 이런 지적을 하는 사람도 있습니다. 통일부를 교류협력부로 바꾸자는 겁니다. 정권이 지향하는 국정방향을 부서 이름으로 정하자는 거죠. 교류협력 강화를 부서의 역할로 확실하게 부여하는 게 적절하다는 거죠. 좋은 생각이라고 봅니다.

1. 국민들이 분노하는
진짜 이유

박시영 **"상식 이하의
행동에 대한
참담함과 분노,
그리고 자괴감"**

이상일 **"공적 시스템의
붕괴 목도한 국민,
자존심 커다란
상처"**

김지연 2016년 10월 하순 이후 정국을 강타한 최순실 게이트를 다루겠습니다. 이 사건으로 대통령의 국정지지도가 한 자리 숫자까지 추락했습니다. 역대 정부 최저 수치입니다. 대규모 촛불시위가 벌어지고 있고 대통령 하야 투쟁이 벌어지고 있습니다. 이 사건에 대해 두 가지로 나누어 여쭤보겠습니다. 첫 번째는 국민들이 왜 이렇게 분노하는가? 두 번째는 향후 정국이 어떻게 흘러갈 것인가에 대하여 예측을 해보겠습니다.

이상일 국민이 상식적으로 믿어왔던 공공성, 공적 시스템이 처참하게 무너졌다는 것을 확인한 충격이 분노로 연결되고 있다고 봅니다. 적어도 국가라면 어떻게 운영되어야 한다는 상식 같은 것이 처참하게 깨진 거죠. 설마 했던 의혹들이 하나씩 사실로 드러나면서 상식 이하의 국정운영에 대해 국민들의 자존심이 무참히 밟힌 것이 분노의 본질이라고 봐야죠.

　제기된 의혹들이 다 밝혀진 건 아니지만 그동안 드러난 사실만으로도 정상적인 국정운영이 되어 왔다고 믿을 국민은 이제 없을 것 같습니다. 그것이 실수였든 아니든 간에 마찬가지죠. 최순실이라는 사람의 각종 비리나 치부를 대통령이 몰랐다 하더라도 여론이 바뀔 부분은 아마 없을 겁니다. 대통령 측근이 이권을 탐하거나 비리에 연루됐던 과거 측근 게이트들과는 차원이 다른 문제죠. 대통령이 직접 '공모' 혐의를 받고 있는 상황이니까요.

김지연 제 생각에도 그 부분이 역대 정권 임기 말에 발생되었던 부정부패 게이트와는 차원이 다른 지점 같아요. 특검 조사에서 밝혀지겠지만, 결국은 '이게 과연 정상적인 나라인가?' 라고 국민들이 생각할 정도로 분노가 모아지고 있는 것 같습니다.

이상일 정권이 수립되면 처음부터 인척관리를 비롯해서 주변의 문제들을 막기 위해 여러 노력들을 기울입니다. 민정수석실의 중요한 업무 중에 하나가 그런 것이기도 하구요. 그런데 이번 최순실 사태는 권력자 주변에서 자신들이 권력을 호가호위하며 어떤 이익을 취하거나 부패사슬을 만든 사건들과는 성격이 다르죠. 권력 핵심부가 적어도 최순실이라는 사람의 국정 개입을 용인했고 몰랐든 알았든 직접적으로 최 씨의 사적 이익을 위해 도움을 준 꼴이잖아요. 그것도 청와대 수석, 부처의 장차관들이 직접 나서서요. 그 사람들이 지시를 받았든 알아서 도와줬든 말입니다. 최순실 사태는 이권을 둘러싼 부패 스캔들로 그치지 않고 권력이 스스로 정통성을 부정하고 상실시켜버린 사건으로 기록될 겁니다.

김지연 과거 정권에서도 측근문제는 항상 있어 왔지만 기본적으로 그런 것들을 체크하고 견제하는 시스템이 가동되어 왔잖아요. 또한 대통령의 독주를 견제하거나 최소한의 커뮤니케이션 채널 통로는 유지되었던 것 같던데요. 하지만 박근혜 정부에서는 대통령에 대한 견제나 조언 이런 것들이 모두 작동되지 않았다는 것이잖아요.

이상일 그렇죠, 그러니까 국민들이 저렇게 분노하죠. 부모를 모두 비명에 잃은 박근혜 대통령의 개인사에 담긴 특수성을 십분 이해한다 하더라도 대통령이 된 이후에 사적 관계로 맺어진 최 씨에게 국정에 개입할 공간을 준 것은 어떻게도 설명이 되지 않을 겁니다. 그리고 그 문제가 통제되고 견제되지 않은 것은 최순실이라는 사람이 행사한 힘의 원천이 다름 아닌 대통령 본인이기 때문이겠죠. 당연히 모든 화살이 대통령에게 직접 향하는 상황이 되었고요. 주변 측근들이 먼저 수사를 받고 있지만 최종적인 책임은 사법적 판단을 떠나 대통령에게 집중될 수밖에 없는 상황입니다.

더 크게는 국가의 통치시스템 전반이 무너졌다는 점에 대해서도 국민들은 절망하고 있다고 봅니다. 최순실과 그 주변사람들이 청와대 관저를 벗어나 국책사업들까지 손을 댔다면 그건 어디에선가 막아져야 하는 게 정상입니다. 청와대나 사정기관들도 본연의 임무를 했어야 하고 적어도 아무 권한 없는 몇몇 사람이 국가예산과 부처의 업무, 인사를 좌지우지하는 일은 막았어야 하는 게 정상입니다. 그러나 결국 대통령의 지휘 아래 있는 국가기관들이 직을 걸고 독립적으로 직무를 수행하지 못한 거죠.

박 대통령이 정치인 박근혜일 때까지는 오랜 관계로 맺어진 사인에게 조언을 구하든 어떻든 사회적 문제만 일으키지 않는다면 일정부분 용인될 수 있는 문제인데, 대통령 직에 오른 뒤에도 그런 관계를 계속 유지했다는 것이 참 이해되지 않네요.

박시영 이번 사건은 대통령이 60년 동안 피와 땀으로 일구어온 대한민국의 민주적 질서를 무너뜨리고 헌법을 스스로 파괴하고 위반한 행위입니다. 사인에게 대통령 권력을 통째로 넘기고 그와 내통하며 부정축재를 공모한 역대급 권력형 비리라고 봅니다. 또한 시장경제를 교란시키고 자본주의 체제의 근간을 유린했고 문화계 등 정치적 반대파를 탄압한 정치적 사건이기도 합니다. 청와대 약물 구입 논란까지 벌어지는 등 국정농단의 그 끝이 어디까지일지 모를 정도입니다. 보수층은 이번 사태를 최순실 게이트로 보고 있지만 대통령이 비리의 몸통인 만큼 박근혜-최순실 게이트로 명명해야 합니다. 비선실세가 권력을 참칭하고 제멋대로 국정을 농단한 것이 아니라 대통령이 비리를 공모하고 방조한 실체적 주범이기 때문입니다.

이번 게이트는 과거 권력형 비리와는 그 차원이 다릅니다. 보수진영이 역대 정권에서 권력형 비리는 늘 있지 않았느냐고 책임회피를 하면 안 됩니다. 과거 정부에서는 대통령 친인척 등이 권력을 등에 업고 이권이나 인사에 개입한 것들이었고 이번처럼 대통령이 직접 앞장서서 권력을 특정 집안에게 넘겨준 경우와는 차원이 다릅니다. 우리 국민은 최순실을 대통령으로 뽑지 않았습니다. 과거 조선시대 같았으면 반정이 일어나 왕이 참수당하고 광화문 네거리에 효수될 정도의 엄청난 사건입니다. 박 대통령은 민주공화국 역사에 대역 죄인으로 기록될 것입니다.

국민들이 왜 이렇게 분노하느냐? 상상을 초월하는 국정농단과 국기문란에 대한 분노와 참담함, 저런 정도의 인간이 대한민국 대통령이라는 점에서 창피함과 자괴감을 느끼는 겁니다. 우리가 선출한 대통령이 정상적인 사람이 아니었고 공적 개념이 전혀 없고 국가 원수로서의 책임감도 없다는 것에 절망하고 분노하는 겁니다. 사이비 교주인 최태민 일가와 대통령이 수 십 년 동안 놀아나고 심지어 국정현안에 대해 사인에게 일일이 지시 받아 왔다는 것이 도대체 이해가 되지 않는 겁니다.

민심이 이렇게 폭발하는 이유는 대통령의 비리와 비상식적인 일탈의 측면이 크겠지만 경제사회적 불평등, 불공정으로 하루하루 힘들게 살아가는 자신의 삶의 처지와 권력층과 재벌들의 부정부패가 비교되면서 더 분노가 치밀어 오르지 않았나 싶습니다. 대통령의 불통과 폭정에 신음하며 꾹꾹 눌러왔던 민중들의 울분이 이 사건을 계기로 폭발한 것입니다. 국민들은 '이게 나라냐?' 라고 묻고 있습니다. 해외동포들의 자부심은 땅에 떨어졌고 대한민국은 후진국이 됐습니다. 국민들은 촛불시위에서 몇 백만이 뿜어내는 열정과 장엄한 광경을 지켜보며 우리 국민들의 위대함을 새삼 느끼고 그것을 위안삼아 힘든 시기를 버티고 있는 겁니다. 이번 사태가 전화위복이 되어서 구악을 일소하고 새로운 세상이 열리기를 학수고대하고 있는 것입니다.

대통령은 그동안 무책임하고 진실하지 못했습니다. 최순실 비리의혹들이 언론에 하나둘씩 나오자 이를 덮고자 느닷없이 10월 24일 개헌 카드를 꺼내 들었지 않습니까? 개헌 승부수는 반나절도 못 가 좌초되었습니다. JTBC의 최순실의 대통령 연설문 개입 관련 특종 보도로 상황이 반전되었습니다. 언론의 폭로가 이어지자 민심이 얼어붙었고 정국의 주도권은 야당과 국민에게 넘어왔습니다.

대통령은 10월 25일 1차 대국민 사과를 합니다. 성의 없는 담화는 성난 민심에 기름을 붓는 꼴이 되었습니다. 그러자 대통령은 화급하게 2차 승부수를 띄웁니다. 뜬금없이 11월 2일 야권 인사인 김병준 총리를 지명합니다. 국회의 거국내각 요구를 받지 않은 채 국면을 전환하기 위한 꼼수를 부린 겁니다. 하지만 야당의 반발은 물론 비박계의 반대로 통하지 않습니다. 김 총리 카드가 무위로 돌아갑니다. 민심이 요동치자 11월 4일 대통령은 2차 대국민 사과를 합니다. 검찰 수사와 특검 수사까지 수용의사를 내비쳤으나 비리의혹에 대해 변명으로 일관하고 책임회피에 급급한 모습에 국민들은 울화통이 터졌습니다.

콘크리트 지지층의 붕괴도 한 순간이었습니다. 11월 4일 한국갤럽 조사에서 대통령의 지지도가 5%로 나왔습니다. 10월 24일 jtbc의 특종 보도 이후 불과 열흘 남짓만에 한 자리수로 몰락한 것입니다. 대구, 경북도 이탈했고 노년층들도 하루아침에 돌아섰습니다. 상식 이하의 행동으로 분노가 치밀었는데 전혀 반성할 줄 모르는 태도에 염불이 터진 겁니다.

11월 5일 광화문을 뒤덮은 20만 촛불, 12일 100만 촛불, 19일 100만 촛불, 26일 190만 촛불, 12월 3일 232만의 촛불 등 시민의 힘으로 정권을 굴복시켰습니다. 국민의 저력을 유감없이 보여준 쾌거입니다. 비폭력 평화시위를 이끌어 냈습니다. 폭력시위의 덫에 걸리지 않고 분노를 해학과 풍자로 풀어냈습니다. 분노를 축제로 승화시켰습니다. 수백만의 시민이 촛불을 드는 광경도 너무나 감동스러웠지만 새로운 집회문화를 선보인 그 모습이 더 멋졌습니다. 이 속에서 촛불민심과 오천만 국민이 하나가 됐습니다. 전 세계도 앞 다퉈 우리 국민들의 성숙함과 위대함을 칭송했고 그 결과 걱정했던 국가적 위기나 불안감이 사라졌습니다. 역사는 수백만이 참여한 촛불시위를 위대한 11월 시민혁명으로 기록할 것입니다. 촛불시위에는 야당 지지자들만 참여하는 게 결코 아닙니다. 촛불시위 참석자 중 적어도 20~30%는 대선 때 박근혜 후보를 찍었던 분들이라고 저는 추정합니다. 이들의 배신감이 얼마나 크겠습니까? 저런 대통령을 뽑은 자신의 손가락을 자르고 싶은 심정일 겁니다. 한마디로 온 국민이 농락당한 대국민 사기극입니다.

국민들은 촛불시위 초기부터 대통령의 퇴진을 요구했습니다. 국민들은 대통령에게 '사과 말고 퇴진'을 요구하고 있습니다. 대통령이 자진사퇴를 거부하니까 이제 강제사퇴밖에 없다며 탄핵을 요구하고 나선겁니다. 급기야 야권이 탄핵 절차에 착수했습니다.

대통령이 왜 이렇게까지 권력을 자기 맘대로 휘두르도록 방치했을까? 박 대통령이 국가를 비밀주의로 운영하며 사유화한다는 의혹은 오래 전부터 있어 왔습니다. 중요 정책이나 정무적인 의사결정을 현 정권에서 과연 누가 하는 것인가, 컨트롤 타워가 누구냐에 대한 말들이 많이 회자됐습니다. 이러한 사태가 발견되지 않고 지금까지 지연된 가장 큰 원인은 박근혜의 공포정치에 있다고 봅니다. 자기 말 안 들으면 사정없이 찍어내며 권력의 무서움을 보여준 거죠. 최순실의 존재를 알면서도 여당 내부에서 쉬쉬하며 몸을 사린 겁니다. 여당은 물론 관료, 기업들이 꼼짝 못하도록 만든 겁니다. 밉보이거나 찍히면 공천을 안 주거나 인사에서 물 먹이고 사정기관을 동원해 협박하는 겁니다. 문민화가 된 지 20년이 훌쩍 넘어섰는데 군부독재시절로 대한민국이 회귀한 겁니다. 무서워서 모두가 쉬쉬하며 몸을 사린 겁니다. 그러다가 이번에 뻥 하고 터진 거죠. 전여옥 전 의원의 박 대통령에 대한 과거 비판 발언이 새삼 뜨고 있지 않습니까?

권력 핵심부가 수년 째 광기에 빠져 있었는데 여당이나 청와대 참모 중 어느 한 사람이라도 진언한 사람들이 있었습니까? 야당 의원들이 국정감사에서 최순실 의혹을 제기하면 온몸으로 막아섰던 이들이 여당 의원 아니었나요? 현 정권 출범 이후 여당 지도부를 맡았던 모든 분들의 공동책임입니다. 이것이 친박계만의 문제일까요? 비박계는 무관한가요? 잘 몰랐다고 발뺌한다고 믿어줄 국민이 있겠습니까? 아무도 없습니다. 웃기지 마십시오. 당신들은 현 정권을 출범시킨 당사자 아니었습니까? 김종인 전 대표와 이상돈 의원 등 박근혜 당선을 위해 앞장서 뛴 현재 야권에 몸담고 있는 정치인들도 모두 석고대죄 해야 합니다. 특히 김종인 전 대표는 개헌 전도사로 나서고 있는데, 제발 묵언수행 좀 하세요. 반성할 줄 모르는 정치인의 말을 누가 진정성 있게 받아들이겠습니까?

김지연 국민들의 분노 수준은 우리 모두가 잘 알고 있습니다. 국민들의 분노 이유에 좀 더 초점을 두고 토론해 주시죠.

이상일 촛불 시위에 다양한 손피켓들이 등장하는데 그 중에 눈에 확 들어오는 게 "이게 나라냐?"라는 말입니다. 국민이 분노하는 이유를 가장 간명하게 표현한 말이 아닌가 싶어요. 대통령과 그 주변 몇 사람이 국가기관을 동원해 각종 이권사업에 개입한 것도 모자라 도대체 청와대 안에서 무슨 일들이 벌어진 것인지 이해할 수 없는 의혹들이 나날이 쏟아져 나오면서 정말 어안이 벙벙할 지경이 된 거죠.

　광장에 100만의 촛불이 등장한 날, 이미 국민은 대통령을 탄핵한 겁니다. 그런 규모의 의지를 확인하면서 이러저런 정치적 계산과 눈치를 보던 야권은 탄핵 일정에 착수한 거죠. 새누리당은 그 난리통에서도 친박 지도부와 비박이 서로 비난만 해 대면서 집권여당으로서 존재가치가 부정당할 위기에 몰려 있고요.

국민이 분노하는 이유는, 너무 황당해서 이해하기조차 어려운 일들이 정권 핵심부에서 벌어졌기 때문이라고 봐야죠. 상식이 배신당한 사회. 거기에 대한 절망과 분노가 국민정서의 핵심이라고 봅니다.

박시영 이번 사건은 TV 막장드라마보다 더 드라마틱한 요소가 많았습니다. 그래서 국민들의 관심이 더 집중되었고 감정이입도 쉬웠습니다. 최태민과 박근혜의 관계, 박근혜와 최순실의 관계, 최순실과 유흥가 출신의 고영태의 관계, 최순실과 차은택, 정유라의 이대 특혜의혹, 최순득과 장시호, 미르재단과 K스포츠의 불법모금 및 이권 개입, CJ 탄압, 삼성의 역할, 길라임 등장, 비아그라, 프로포폴 구입, 세월호 7시간 비밀 등 엄청나면서도 흥미진진한 소재들이 너무 많습니다. 특히 정유라 입시부정 및 특혜를 접하면서 주부들과 학생들 모두 치를 떨었습니다. 일이, 공부가 손에 안 잡힐 정도입니다. 부모들은 자기 자식들이 대학과 사회에 나가서 저렇게 차별을 받겠구나 하고 깨달은 거죠. 대한민국은 공정한 사회가 아니고 특권사회다. 힘없는 사람들만 당하기 마련이라며 분통을 터트리고 있고 서글픔과 체념에 밤잠을 설치고 있습니다. 프로포폴, 비아그라 구입을 보며 실소를 금치 못하고 있으면서 부모들은 자녀 보기가 민망할 정도라며 어찌할 바를 모르겠다고 하소연합니다. 도대체 어디까지 간 걸까? 막장 드라마의 끝은 무엇일까? 더 추해지기 전에 권좌에서 내려오세요.

2. 향후 정국 전망

박시영 "촛불에 항복한
여당, 탄핵안
통과로 운명은
헌재가 쥐다"

이상일 "촛불 민심에
끌려다니는 야권,
복원력이 높은
보수의 힘을
잊지마라"

김지연 국회 재적 위원 3분의 2보다 훨씬 많은 234명이 탄핵에 찬성표를 던지면서 박근혜 대통령 탄핵안이 가결되었습니다. 먼저 최순실 게이트 발단 이후 박대통령 국회 탄핵 가결까지의 과정을 정리해 보도록 하겠습니다. 박 부대표님?

박시영 최순실 사건에 대한 TV조선과 한겨레신문 JTBC 보도 이후 가장 선차적인 것은 진실규명이 제대로 될 것인가의 문제인데, 대통령이 직접적으로 지시하고 관여했다는 증거들이 쏟아져 나와서 검찰이 막다른 상황에 처했죠. 대통령 수사를 요구할 수밖에 없었던 거죠.

검찰 수사와 관련하여 사건이 어떻게 흘러왔는지 그 과정을 살펴볼 필요가 있습니다. 대통령은 우병우 수석의 후임으로 검찰 내 영향력이 막강한 최재경 전 중수부장을 민정수석에 앉힙니다. 이번 사건의 파장을 최소화시키려고 한 거죠.

우병우 수석 봐주기 논란으로 골병이 든 검찰 입장에서는 탈출구가 필요했죠. 수사 초기에는 늑장수사로 일관해 국민들의 지탄을 받았습니다. 압수수색도 더디게 진행했고 주요 피의자에 대한 긴급 체포영장도 발부하지 않았고 최순실 입국 후 그 다음날 소환해 검찰이 최순실의 증거인멸을 방조한다는 느낌을 줬으니까요.

줄곧 언론이 앞서가고 검찰이 뒤따라가는 식이었습니다. 탐사보도가 한몫했는데 언론의 취재경쟁으로 증거들이 속속 나오고 있잖습니까? 또한 대통령 지지도가 바닥이고 온 국민의 분노가 하늘을 찌르고 있는 만큼 검찰이 사건을 어물쩍 덮기는 어려웠을 겁니다. 민심을 의식한 측면도 있지만 무엇보다 정호성 비서관의 핸드폰과 안종범 수석의 다이어리에서 빼도 박도 못할 명백한 증좌가 나왔기 때문에 대통령에게 칼끝을 겨눌 수 있었던 거겠죠. 검찰이 와신상담 끝에 기회를 잡은 거죠.

대통령이 검찰 수사를 거부하자 11월 20일 검찰이 최순실의 중간 수사 결과를 발표했습니다. 대통령이 공모한 것으로 판단한다며 대통령의 최순실 비리에 공모 사실을 명확히 한 겁니다. 정치검찰이라는 오명을 뒤집어쓴 검찰이 모처럼 제 역할을 했습니다. 대통령에게 칼끝을 겨누면서 대기업을 다시 압수수색하며 뇌물죄 입증의 고삐를 죄고 있습니다. 특검이 출범하기 전까지 땅에 떨어진 조직의 위신을 세우고자 검찰이 적극 수사에 나서고 있습니다.

최순실 사태가 커지자 대통령의 첫 번째 정국돌파 카드가 역설적이게도 거국내각이었습니다. 민심을 수용하는 척 하면서도 야당을 자중지란에 빠트리고 국민의 관심사를 권력비리에서 총리후보로 돌리게 만드는 고도의 술책이었습니다. 대통령 본인도 정국을 돌파할 시간을 벌 수 있어서 더 좋고요. 시간을 벌면서 촛불이 사그라들고 보수층이 결집되기를 바란 측면도 있었을 겁니다.

거국중립내각이 꼬인 정국을 풀 마법인 것처럼 알려져 있으나 큰 착각입니다. 거국중립내각에 대해 정치권 모두 동상이몽을 갖고 있습니다. 각론으로 들어가면 총리 선정 및 역할 그리고 내각 배분에 대해 각 당 간의 주장이 달라 합의도 어렵고 밥그릇 싸움으로 비춰지기 딱 좋죠. 야당 내 균열은 불 보듯 뻔합니다. 진통을 겪다가 민주당과 국민의당이 당론을 정권퇴진투쟁, 탄핵으로 정하면서 거국중립내각 및 책임총리를 더 이상 거론하지 않기로 했습니다.

대통령이 자진사퇴를 거부하고 검찰 수사에도 응하고 있지 않자 야당이 탄핵에 대한 당론을 채택하고 12월 2일과 9일 중에 탄핵안을 발의하겠다고 나섰습니다. 비박계 동조로 탄핵안 의결을 낙관하는 분위기였습니다. 만약 부결된다면 비박계는 정치적 재기를 하지 못할 것으로 봤기 때문입니다. 다음 대선은 물론이고 지방선거, 총선에 이르기까지 후폭풍이 이어질 것으로 본 거죠.

여야 정치권 원로들이 탄핵안이 국회에서 가결될 상황이 오자 대통령의 질서 있는 퇴진 의견을 내놓으며 4월 사퇴, 6월 대선을 해법으로 내놓았습니다. 이 방안이 대통령이나 반기문 총장, 새누리당에게 좋은 방안이므로 채택될 가능성이 높다고 봤는데, 아니나 다를까, 우려했던 것이 현실로 나타났습니다.

막다른 궁지에 몰린 대통령이 회심의 승부수를 던졌습니다. 11월 29일 3차 대국민담화 발표를 통해 대통령 직 임기 단축을 포함한 진퇴 문제를 국회의 결정에 맡기겠다며 공을 국회에 넘겨 버렸습니다. 탄핵의 덫을 놓았습니다. 12월 2일 탄핵소추안 의결이 유력해지자 꼼수를 부린 겁니다. 탄핵을 무력화 시키며 자신의 임기 연장을 시도한 것입니다. 교묘하게 탄핵 국면을 조기대선 국면으로 전화시켜 탄핵 동력을 약화시키려는 노림수입니다. 대통령은 임기 단축을 할 생각이 없어 보입니다. 판을 흔들어 야당이 덫에 빠져 탄핵이 부결되면 상황이 달라졌다며 입장을 번복하고 5년 임기를 마치겠다고 나설 수 있는 사람이 박근혜 대통령입니다.

국민들은 여전히 무책임하다며 분노했지만 정치권은 대통령이 원하는 방향대로 요동쳤습니다. 비박이 말려들었고 야당은 허둥대었습니다. 임기 단축은 친박계와 비박계의 이해관계가 맞아떨어진 방안이었습니다. 4월 퇴진을 새누리당 당론으로 확정하고 배수진을 쳤습니다. 비박계는 대통령의 4월 사퇴 표명을 촉구하며 이것이 받아들여지지 않으면 탄핵에 나서겠다는 어정쩡한 태도를 보였습니다. 그들의 모래알 습성이 또 다시 만천하에 드러났습니다. 김무성 전 대표의 30시간 법칙이 재현된 것입니다.

탄핵안 의결 시점을 놓고 야당 내 틈새가 벌어졌습니다. 국민의당이 비박계 이탈로 12월 2일 탄핵안 가결 전망이 낮아지자 역풍을 우려하며 한 발을 뺐습니다. 배신자로 낙인 찍혔습니다.

탄핵안 발의가 무산되자 그 다음날 화가 난 시민들이 대거 거리로 몰려 나왔습니다. 무려 232만 명이 집결했습니다. 촛불이 여의도로 향했습니다. 새누리당과 국민의당 의원들에게 항의성 문자나 전화가 폭주했습니다. 결국 국민의당과 비박은 항복을 선언했습니다. 촛불민심이 정치권의 태도 변화를 이끌어 낸 것입니다. 야 3당의 공조가 다시 강화됐고 9일 탄핵안 표결에 나섰습니다.

국민들의 의사는 간명합니다. 정치권에게 묻고 있는 겁니다. 국민편이 냐, 대통령 편이냐를 선택하라는 겁니다. 대통령이 죄를 지었으니 죗값을 치르라는 것입니다. 즉각 하야 안하면 법에 따라 탄핵해야한다는 것이 국민들의 요구입니다.

결국 여당이 촛불민심에 항복했습니다. 9일 국회에서 탄핵소추안이 234 명 찬성으로 가결됐습니다. 최소한 새누리당에서 62표의 찬성표가 나온 만큼 친박 인사 중에 25명 내외가 입장을 선회하여 찬성표를 던진 것으로 보입니다. 야당이 정국주도권을 잡았습니다. 새누리당 내에서는 비박이 주도권을 잡았고 이정현 대표 등 강성친박은 궁지에 몰렸습니다.

탄핵소추안의 가결은 민심을 이기는 정치는 없다는 교훈을 되새겨줬습니다. 민심을 가장 두려워했겠지만 야3당의 전술적 카드인 국회의원직 사퇴서 작성도 여당 압박용으로 효과를 발휘한 것으로 보입니다. 야당의원이 전원 사퇴하면 국회가 마비되고 결국 2017년 4월 총선을 다시 치러야 하는데 그렇게 되면 수도권 및 충청, 부산 등에서 새누리당 간판으로는 살아남지 못하기 때문에 위기의식을 느낀 여당 중립지대 및 친박계 일부 가 반기를 든 것 같습니다.

김지연 국회 탄핵 가결이후 최순실 게이트가 미칠 정국의 불확실성이 어느 정도 정리된 느낌인데요. 앞으로의 정국이 어떻게 흘러갈 것인가에 대해

두분의 생각을 들어 보도록 하겠습니다. 먼저, 이 대표님께서 말씀해 주시죠.

이상일 최순실 게이트가 결국 탄핵소추안 가결 상황을 이끌어 냈습니다. 광장의 함성이 정치권을 추동해 압도적 탄핵안 가결을 밀어붙인거죠. 이미 국민여론은 '탄핵' 이외에 다른 수순은 없다는 점을 분명하게 밝혀왔기 때문에 질서있는 퇴진 같은 대안은 정치권이 선택할 수 없는 상황이었습니다. 결국 국회는 탄핵소추를 했고 공은 헌법재판소로 넘어갔습니다.

헌재의 탄핵심판이 어떤 결론에 이를지, 언제 판단이 내려질지 모두 불확실한 상황입니다. 하지만 박대통령에게 집중된 여러 가지 혐의와 국정농단으로 불리는 비정상적 통치행위로 미뤄 탄핵안이 인용될 것이라는 관측이 지배적이죠.

가장 먼저 생각해야 할 부분은 국정운영, 나라살림을 꾸려가는 것이 국무총리 권한대행 체제에서 제대로 돌아갈 수 있느냐 하는 걱정이지만, 정치권으로 시선을 돌려 보면 조기대선이라는 대선일정 변동을 먼저 생각할 수밖에 없을 것 같습니다. 헌재의 심판 일정에 따라 2월 안에 결론이 내려진다면 소위 벚꽃 대선(4월), 4월까지 끝나면 모내기 대선(6월), 180일 심판기일을 다 채우면 폭염대선(8월)이라는 말이 회자되고 있습니다. 어떤 경우든 조기대선이 치러질 것이 확실시 됩니다.

대선 일정이 변동되면서 정치권이 바빠질 것 같은데요. 우선 새누리당부터 살펴보죠. 탄핵 찬성표가 예상보다 많이 나오면서 비박계가 주도권을 잡게 될 것이라는 전망이 나오고 있지만, 지도부를 중심으로 한 친박계가 호락호락 당권을 내주고 비대위 체제에서 처분을 기다리지 않을 가능성도 상당합니다. 정치적으로 이미 폐족이 되었다 하더라도 소위 말하는 '인적 청산' 대상으로 낙인찍혀 정치 낭인이 되는 걸 그대로 수용하지 않을 수 있다는 뜻입니다. 이럴 경우 새누리당은 탄핵 정국에서 다시 한 번 극한의 대립, 내전 상황으로 치달을 가능성이 있습니다. 당 지도부가 탄핵심판 일정동안 버티기로 들어가면 물리적인 수단이 비박에게는 없습니다. 이 경우 반기문 UN사무총장의 귀국 등 외부변수와 결합돼 대규모 탈당과 분당 사태로 치달을 수 있을 것 같습니다.

친박 지도부가 연내에 사퇴하고 당권을 내 준다면 그동안 예상대로 비박계가 비대위 체제를 구성하고 인적 청산과 당 쇄신, 재창당 과정을 밟게 되겠죠. 하지만 이럴 경우 과연 현재 새누리당과 다른 '새로운 보수정당' 수준의 재창당이 가능할 것인가도 따져봐야 하는데 쉽지 않아 보입니다. 또 분당사태로 치닫지 않는다 하더라도 반기문 총장이 현재 새누리당을 개보수한 정도의 정당에는 몸을 담지 않겠다고 할 경우 다시 한 번 새누리당은 탈당과 분당이라는 원심력에 휩싸이게 될 겁니다. 지금 국면에서는 당이 깨지지 않고 개혁을 하는 수순과 갈라서는 흐름 두 길이 모두 가능한 것으로 보입니다. 개인적으로는 국민들 눈에 상당히 문제가 심각한 정치집단으로 낙인찍힌 새누리당을 그대로 두고 개혁적 보수정당으로 거듭난다는 게 가능할지 의문입니다. 차라리 개혁파 비주류가 탈당을 해서 제3지대, 제4지대에서 보수 신당을 창당하고 반 총장 등 외부인사와 결합해 대선에 나서는 것이 더 바람직한 길이 아닌가 생각이 됩니다.

야권을 보면, 야권도 상당히 복잡해질 것 같습니다. 더민주의 주류인 문재인 전대표와 당권파들은 탄핵 심판 기간에도 대통령 즉각퇴진을 요구하며 촛불시위와 연대한 강공 국면을 유지할 것으로 보입니다. 탄핵 심판이 장기화할 경우 외곽에서 형성될 개헌론으로 이슈 이동을 막고 민심에 기대 대통령이 즉각 사임하는 상황을 만드는 것이 자신들에게 유리한 흐름을 만들어 줄 수 있기 때문입니다. 하지만 그런 움직임은 상당히 위험할 수 있을 것 같은데요,

국민들은 지금부터 제1야당, 1위 대선후보의 '정국 수습 능력'을 주시하게 될 겁니다. 국정안정의 1차적 책임이 제1야당에 집중될 수밖에 없으니까요. 그런데도 흐름을 안정시키는 쪽보다 정치적 공세에 치중하며 대선시계를 앞당기는 데 집중할 경우 과연 저 정당과 대선후보가 수권능력이 있는 지에 대한 회의감이 커질 수 있죠. 야당이 유의해야 할 부분이라고 봅니다.

국민의당이나 정의당은 오히려 더민주와 연대하는 틀 속에서 존재감을 부각시키기 위해 노력할 것 같습니다. 안철수 전대표도 탄핵 국면에서 정치 리더로서 존재감을 별로 보여주지 못했고 인기도 오히려 떨어진 모습입니다. 탄핵 국면의 국정안정이라는 과제에 적극 참여하면서 정권 투쟁 쪽에 무게중심을 둔 더민주와 차별화를 꾀할 가능성도 있어 보입니다. 대통령 퇴진 같은 정치적 강공수로는 지금까지 흐름에서 벗어나기 어렵고 주역이 되기도 힘들다는 걸 잘 알고 있지 않을까요.

조기대선의 주요 변수 중 하나가 반기문 총장일 수밖에 없을 것 같은데요. 반 총장도 대통령 탄핵이 이뤄진 이상 임기를 마치자 마자 귀국할 것으로 보입니다. 곧바로 대선 관련 행보를 이어가면서 무주공산이 된 '보수진영의 기수' 자리를 확보해야 하는 상황이니까요. 현재 새누리당에 몸을 싣기보다 제3지대에서 개혁적 보수와 개헌론을 들고 대선 구도에 진입하는 전략을 가동할 것으로 예상해 볼 수 있습니다. 당초 전망처럼 차근차근 정치권 상황을 지켜보면서 대선 가도에 올라타는 수순을 고민할 시간이 없어졌죠. 특히 개헌 이슈를 강하게 제기할 경우 곧바로 문재인 후보와 개헌 찬반 입장으로 갈리면서 정치권, 대선 예비국면을 개헌 논쟁으로 이끌어 낼 가능성도 상당히 높다고 봅니다.

온 국민적 관심사가 크고 국회에서 압도적으로 탄핵소추안이 통과된 만큼 헌재가 심판 기간을 최대한 앞당길 것으로 봅니다. 특검은 2월말에 1

차 종료되는 데 1월 중에 중간발표를 할 가능성이 높습니다. 대통령 조사를 촉구하며 불응 시 강제집행에 나설 것으로 봅니다. 국정조사는 최순실, 우병우 등이 불출석하여 맹탕이 우려되지만 고 김영한 민정수석의 비망록이 진실규명에 힘이 되고 있습니다. 아울러 세월호 7시간의 비밀의 문이 열리고 있습니다. 고구마줄기처럼 끝없이 새로운 의혹과 비리가 드러나고 있습니다.

새누리당의 당 내분이 심화될 것입니다. 이정현 지도부가 사퇴하고 비대위가 출범하겠지만 '인적 청산'을 둘러싸고 당내 갈등이 최고조에 치달을 겁니다. 탄핵안 가결로 '탈박'현상이 강화돼 주도권은 비박이 쥐겠지만 강성친박을 출당시킬 묘책이 별로 없습니다. 강성친박들은 결코 당을 나가지 않을 겁니다. 결국 그들까지 끌어안고 재창당에 나서거나 아니면 비박계가 중심이 되어 신당을 추진하는 방안이 있을 겁니다. 반기문 총장의 행보와도 맞물려 있어 다양한 모색이 이뤄질 것이나 1월 반기문 총장의 귀국 시점과 맞물려서 진로방향을 결론 내리지 않을까 싶습니다.

대선시계가 빨라졌습니다. 조기대선의 문은 사실상 열렸다고 봅니다. 집권가능성이 적은 정치세력일수록 정계개편에 대한 유혹이 많습니다. 다양한 시도가 난무할 것입니다. 하지만 탄핵 정국으로 인해 여야가 몸을 섞기가 어려워졌습니다. 큰 폭의 정계개편은 성사되기 어려운 상황이라고 봅니다.

김지연 이제 공은 헌법재판소로 넘어간 느낌인데요. 빠르면 박한철 소장 임기만료인 2017년 1월 31일 이전에 결론이 날수도 있구요. 규정에 따라 최대 180일을 넘어설 수 없으니 아무리 늦추어져도 6월초를 넘어설 수는 없습니다. 과거 노무현 대통령 탄핵 심판당시에는 63일이 걸렸기 때문에 내년 2월 정도면 판결이 나지 않을까 하는 예상도 있지만, 이번 건은 3~4월 정도가 되어야지 결론이 날 수 있다는 전망도 있습니다. 아시겠지만, 헌재에서 탄핵이 확정되면 60일이내에 대선이 열리게 됩니다. 박 부대표께서는 어떻게 보시나요?

박시영 대통령이 헌법 위반과 법률 위반을 했는데, 이 중 헌법 위반 혐의에 대한 명백한 증거가 나온 만큼 그 것만으로도 헌재의 탄핵안 인용은 확정적입니다. 특검 결과와 상관없이 검찰의 공소장에 적시된 것만으로도 탄핵 심판이 충분합니다. 피의자 정호성 전 비서관의 음성파일에 헌법 위반과 관련된 명백한 증거가 담겨 있기 때문이죠. 헌재는 이른 시일 내 판결하려고 최대한 서두를 겁니다. 저는 3월 초순경에 헌재가 탄핵 심판을 할 것으로 보고 있습니다.

박근혜 대통령은 중간 사임은 없다며 선을 긋고 있습니다. 시간 끌기 전략을 펴고 있는 겁니다. 야당의 실수가 나올 수 있고 보수층이 결집하면서 반전을 일어날 소지도 있고 특검 수사가 뇌물죄 입증 등의 어려움에 빠질 수도 있다고 은근히 기대할 것입니다. 또한 반 총장이 국내에 들어와 대선 준비를 할 시간을 벌어줄 필요도 있으니까요. 하지만 헌재 분위기가 불리해지면 헌재 심판 직전에 사임할 가능성이 높다고 봅니다. 탄핵과 하야에 따른 대통령의 사후 예우가 다르고 불명예를 최소화 하는 길을 선택할 겁니다. 2월말 정도에 대통령이 사임하지 않을까 싶습니다.

이렇게 상황이 돌아간다면 조기대선의 시점은 4월말 또는 5월초가 되지 않을까 전망합니다.

이상일 저는 헌재의 판단이 지난 2004년보다 훨씬 길어질 가능성이 높다고 봅니다. 헌법재판소도 정치적 부담이 크긴 하겠죠. 국정혼란 상황이 장기화되는 것에 대한 부담, 또 국민적 공분의 크기와 탄핵심판 조기 종료를 압박하는 여론도 고려할 겁니다. 하지만 기본적으로 헌법재판소는 법리적 판단을 내릴 수밖에 없는 곳입니다. 야권은 탄핵소추안에 검찰 수사에서 손대지 않은 부분들을 포함했습니다. 세월호 7시간과 뇌물죄 부분인데요.

이런 의혹을 포함해 다른 탄핵 사유에 대해서도 박대통령은 그동안 결백을 주장해 왔습니다. 헌재로서는 양쪽의 의견을 모두 듣고 사실관계를 가린 후 탄핵사유가 되느냐를 판단해야 하기 때문에 탄핵소추안에 담긴 내용이 방대하고 참고할 수 있는 수사자료나 공소장 기재 내용이 없는 부분에 대해서는 헌재가 직접 양쪽의 의견을 듣고 판단을 해 할 수밖에 없겠죠. 저는 야당이 이 부분에서 좀 실책을 한 게 아닌가 싶은데요. 박대통령에 대한 특검수사나 퇴임 이후 기소, 재판은 헌재 탄핵심판과 별개로 진행될 문제입니다. 세월호 7시간에 대한 국민 분노가 아무리 크더라도 그런 것들을 탄핵안에 다 포함할 경우 심판 기간이 길어질 수밖에 없다는 점을 설명하고 탄핵소추안에서는 제외했어야 하는 게 아닌가 싶습니다. 뇌물죄 부분도 마찬가지입니다.

헌재가 신속한 진행을 이야기했기 때문에 예상보다 빠른 판단이 내려질 가능성이 충분히 있지만, 법적 절차에 충실할 수밖에 없는 여건을 고려한다면 헌재의 판단이 빨리 내려지기 어려운 여건이 아닌가 싶네요. 4,5월 대선보다는 6월 이후 대선이 더 가능성이 높은 것으로 보입니다.

김지연 조기대선 일정은 이르면 3월부터 늦으면 9월까지 다양한 시나리오가 나오고 있지만, 5, 6월 정도에 치러질 가능성이 높아 보입니다. 물론 이 역시 전적으로 헌재의 결정에 달려 있습니다만. 어떻습니까? 내년 조기대선에서 야권 후보가 크게 유리해진 것 아니냐는 전망이 일반적입니다. 이런 시각에 두 분도 동의하시나요?

박시영 기본적으로 야권한테 유리해진 것은 분명합니다. 민심이 여당에게서 돌아섰기 때문입니다. 하지만 작금의 민심이 어디로 튈지 한 치 앞을 가늠하기 어렵기 때문에 민주당 등 야권이 안심할 처지가 전혀 아닙니다. 탄핵 정국의 후폭풍이 민주당까지 번질 수 있기 때문에 중심을 잘 잡아야 합니다. 민주당이 촛불민심을 잘 받들면서도 안정감을 보여줘야 합니다.

구도가 여전히 불안정하고 복잡합니다. 한마디로 살얼음판 정국입니다. 민주당의 경우 경선 후유증이 커질 가능성도 제기되고 있습니다. 특히 문재인 전 대표 지지층과 이재명 시장 지지층 간의 갈등이 온라인 공간에서 확산되고 있습니다. 유례없이 다자구도로 치러질 공산도 큽니다. 여전히 안개 속이라고 봐야 합니다. 다양한 돌출변수를 진보진영이 어떻게 관리하고 대처하는 지가 중요할 것 같습니다. 전투에서 이기고 전쟁에서 지는 우를 범해선 안 되지 않겠습니까? 촛불민심의 목표가 대통령 퇴진을 넘어 정권교체 열망으로 분출될 수 있도록 해야 할 것입니다. 차이를 넘어 풍부한 하나가 되어야 합니다.

진보는 분열로 망한다는 속설이 있습니다. 가슴 아픈 이야기입니다. '87년 트라우마가 있습니다. 1987년 6월 항쟁의 성과로 직선제를 어렵게 쟁취했지만 양김(김대중-김영삼)의 분열로 대선에서 져서 통한의 눈물을 흘렸는데, 또 다시 그런 뼈아픈 경험을 되풀이해서는 절대 안 됩니다. 조기대선이 치러진다면 대선 전에 민주당과 국민의당이 통합하거나 후보 단일화를 할 가능성이 그리 많지 않습니다.

때문에 촛불민심이 이를 강제해내야 합니다. 나라를 망친 새누리당에 정권을 헌납할 수 없다는 국민적 공감대가 큽니다. 이를 활용하여 상층 중심이 아닌 아래로부터 유권자 단일화 운동을 통해 힘을 모아내야 합니다. 이미 이해찬 전 총리와 정봉주 전 의원 등이 'CHANGE KOREA'라는 이름으로 유권자 단일화에 나서겠다고 준비에 들어간 상태입니다. 주권자들이 직접 나서서 정권 교체를 할 수 있는 집단지성을 발휘할 것으로 기대합니다.

이상일 차기 대선이 언제 치러지든, 야권에 유리한 지형이라는 것은 이제 상식처럼 통용되는 것 아닌가요? (웃음) 새누리당은 총선 패배에 이어 최순실 게이트로 나라가 엉망이 된 상황에서도 친박 당권파와 비박이 갈등하면서 계속해서 망가져 왔습니다. 도대체 이 당이 시국은 고사하고 내부라도 어떻게 수습할 수 있을까 하는 의문마저 들 정도입니다. 대선주자는 전면 상태고 당을 어떻게 재건할 것인지 방향도 아직 잡지 못하고 있습니다.

현재 단면만 놓고 보면 보수진영의 대선 패배는 불을 보듯 뻔한 이치처럼 보입니다. 하지만 조금 더 들여다보면 꼭 그렇게만 볼 일은 아니라는 생각입니다. 먼저 야권 상황 때문에 그렇게 보는 측면이 있습니다. 박 부대표님이 먼저 지적하셨지만 야권은 승리 가능성이 높은 조기대선 국면에서 어느 때보다 분열의 강도가 높아질 것으로 봅니다. 문-안 단일화 같은 정치적 이벤트로 확실한 승리를 보장하기보다 야권의 각 정파가 서로 자신의 승리를 위해 반목하는 흐름이 조성될 겁니다. 유권자 운동을 통해 단일화를 추동해야 한다고 말씀하셨는데 저는 그게 말처럼 쉬운 일이 아니라고 봅니다. 문재인 후보가 1위를 달리고 있지만 야권 전체에 승리 확신을 주는 확실한 대세론이 형성되지 않고 있습니다. 당 내에서도 이재명 후보가 치고 올라오면서 '문재인 회의론'이 더 강해졌습니다. 위기 상황에서 유력 대선주자다운 리더의 모습을 보이지 못했기 때문이죠. 야권 지지층도 어느 쪽으로 힘을 몰아주는 것이 바람직한 것인지 확신하지 못할 겁니다. 짧은 경선이라도 더민주의 경선은 치열할 거고, 밖에 있는 안철수와의 연대나 단일화는 더 어려운 일입니다. 총선에서 결국 갈라져 서로 적대시하는 관계로 선거를 치러놓고 대선판에서는 다시 힘을 합친다? 유권자들 눈에 그게 정상적인 것으로 보일까요?

새누리나 보수진영은 물론 전체적인 동반 책임론 속에서 대선을 치러야 하기 때문에 야권과 비교 불가능한 위기 속에서 선거를 치르겠지만, '국민 심판 이후의 보수를 새롭게 등장시킬 여건은 오히려 더 나을 수 있습니다. 어정쩡하게 심판을 받은 것도 아닌 그런 것보다 차라리 나을 겁니다. 일단, 탄핵 국면에서 당 내에 탄핵 참여를 이끌어 낸 세력이 남아 있습니다. 불출마를 선언하고 비박계를 이끈 김무성 전 대표나 끝까지 탄핵 당위성을 주장한 유승민 의원도 있죠. 또 장외에서 반기문이라는 책임론에서 비켜선 유력주자가 입성할 가능성이 높습니다. 단기간에 보수를 재건할 수 있을까 하는 또 다른 문제가 있지만 오히려 탄핵이 국회를 통과하고 헌재의 심판 기간 동안 보수진영이 전열을 재정비한다면 새로운 모습으로 대선 레이스에 진입할 수도 있다고 봅니다.

탄핵이 끝나고 나면 국민들은 다시 평정심을 되찾고 '미래'에 주목하기 시작할 겁니다. 지금은 워낙 대통령과 정권에 대한 분노가 하늘을 찌르지만 국민이 정권을 끌어내리는 것이 완결되었을 때 자연스럽게 미래에 대한 불안감이 그 자리를 대신할 겁니다. 어느 쪽이 미래에 대한 안정된 기대감을 줄 것인지는 더 지켜봐야 합니다. 당장 야권이 유리해 보이는 건 자명한 사실이지만, 대통령과 집권당의 인기가 아예 소멸된 상태에서도 야권 유력주자의 대선후보지지율은 20%대에서 정체되어 있습니다. 그만큼 '기대감' 측면에서는 야권이 치명적 약점을 그대로 내재하고 있다는 뜻입니다. 보수가 어떻게 전열을 재정비하냐에 따라 조기대선의 유불리는 유동적일 수 있다고 봅니다.

김지연 2007년 대선 상황이 그대로 재현된 느낌이랄까? 진영은 바뀌었지만.. 어떻게 보세요?

박시영 2007년 대선처럼 집권여당에 대한 실망감이 크지만 그 당시와는 3가지 측면이 다르다고 봅니다. 첫째는 정권 심판에 대한 강도가 달랐습니다. 지금이 훨씬 강합니다. 대한민국을 송두리째 망가뜨린 박근혜 정권과 어떻게 참여정부를 비교할 수 있겠습니까? 둘째는 2007년 그 당시 여권 쪽의 강력한 주자는 고건 전 총리 낙마 이후로는 없었지만 2017년 대선에는 반기문 총장이 여권에 버티고 있다는 점입니다. 때문에 진보진영이 낙관론과 방심에 빠지지 않도록 경계해야 합니다. 셋째는 여당 국회의원들의 태도가 다르다는 점입니다. 2007년에는 대선 뒤 2008년 총선이 있었던 관계로 국회의원들이 사활적이었죠. 탈당과 신당, 합당 등 복잡한 이합집산의 배경에 의원들의 정치생명이 걸려있었기 때문입니다. 하지만 지금은 다릅니다. 다음 총선이 멀리 있습니다. 그래서 여권이 분당되기가 어려운 겁니다. 설령 비박계 일부가 탈당하여 신당을 도모한다고 해도 2007년 여당 의원들만큼 절실한 상태는 아닐 겁니다.

이상일 2007년 당시 노무현 전 대통령과 여권이 처했던 어려움보다 지금 새누리, 보수진영이 처한 위기가 훨씬 심각하죠. 비교하기 어려울 정도입니다. 내용면으로는 그렇지만 정치적 구도나 흐름 측면에서는 또 다른 것 같습니다. 앞서 말씀드린 것처럼 정권교체가 눈앞에 와 있는데도 야권은 확실한 '승리 카드'가 무엇인지 진영 내에서도 의견이 분분할만큼 본선 전략이 불확실합니다. 반대로 여권, 보수는 대선 주자가 사실상 전멸해 아무 희망이 없을 것 같은데 장외에 '유력한 카드'가 준비되고 있는 것 같은 희한한 상황입니다.

기본적으로는 집권세력의 실패와 민심이반, 대선주자들의 역량 등을 볼 때 2007년과 유사한 흐름으로 정권이 바뀌는 게 자연스러운 모습처럼 보입니다. 그렇지만 탄핵으로 박근혜 정부와 친박이 완벽한 심판을 받은 후에 대선이 치러진다는 점이 역설적인 흐름을 만들 수 있습니다. 이미 국민이 정권을 심판해 버린 거죠. 그런 속에서 보수정당이 새로운 모습으로 새로운 후보를 내세울 때 어느 정도는 심판론에서 벗어나게 될 가능성도 있습니다. 반대로 야권은 강력한 정권교체 기회 앞에서 단일 대오를 형성하지 못하고 있습니다. 기본 구도의 유리함을 야권이 그대로 살려갈 수 있을지 아직 미지수입니다. 2007년은 연초부터 이미 진보패배 보수승리 구도가 확실했습니다. 보수진영이 누구를 후보로 내세우느냐 하는 변수만 남아있었죠.

김지연 조기대선에 대한 각 진영의 유불리에 대해 들어 보았는데요. 좀더 구체적으로 들어가 보겠습니다. 대통령 탄핵과 조기대선의 최대 수혜자는 누구라고 보시나요?

박시영 만약 조기대선이 4월경에 치러진다면 민주당 후보의 당선이 유력할 수 있습니다. 문재인 전 대표와 이재명 시장 두 사람 다 가능할 텐데 문 전 대표가 조금 더 유리하겠죠. 60일 이내에 대선을 치러야 하기 때문에 당내 경선기간이 한 달 이내로 축약되어 이변 가능성이 적어지고 검증된 후보, 준비된 후보에 대한 선호가 높을 것으로 보이기 때문입니다. 곧바로 차기정부 임기가 시작돼야 하니까 국정을 잘 알고 안도감을 줄 후보를 선택하겠죠. 본선경쟁력도 따져 보겠죠. 만약 헌재 탄핵 심판이 늦어져 4월에 탄핵이 확정되고 6월에 조기대선을 한다면 문 전 대표와 이재명 시장, 반기문 총장이 팽팽한 싸움을 전개할 수도 있다고 봅니다. 아직 그 때까지 시간이 많이 남아 있는 관계로 이 시장과 반 총장의 추가 상승의 기회가 얼마든지 있기 때문입니다. 현재 반 총장의 지지도가 새누리당 지지층의 결집도가 약해져 조정을 받고는 있지만 더 이상 폭락하지는 않을 것입니다. 현 정권 실정에 책임이 없고 보수의 대안 부재로 추가하락은 적을 것입니다. 특히 1월에 입국해 반 총장이 정치에 뛰어들면 컨벤션 효과를 누려서 2~3월까지는 문 전 대표와 1위 싸움을 벌일 정도로 지지율이 당분간 오를 것으로 봅니다. 다만 검증 국면을 거치며 거품이 서서히 빠지고 지지세가 가라앉을 것으로 예상합니다.

오랫동안 문재인 죽이기가 진행되었습니다. 보수언론 및 새누리당, 국민의당, 비노세력 등이 집중 포화를 퍼부었습니다. 매 앞에 장사 없다는 말이 있듯이 타격을 많이 받아 지지율도 횡보를 보이고 있습니다. 요 근래 이재명 시장이 치고 나오고 있습니다. 문 전 대표에게 큰 고비가 찾아왔습니다. 하지만 위기가 기회일 수도 있습니다. 이 시장의 부상으로 보수세력이 공격할 과녁이 두 사람에게 분산될 가능성이 생겼기 때문입니다. 그렇지만 여권의 선거 전략상 문 전 대표에게 공격이 여전히 집중될 것입니다. 문재인 후보만 아니면 승리할 것으로 보기 때문이겠죠.

조기대선이 꼭 야당에 유리하고 내년 연말 대선이 야당에게 불리한 것은 전혀 아닙니다. 만에 하나 탄핵이 부결되고 야당이 힘을 잃어 12월 대선을 치를 수밖에 없는 상황이 온다고 해도 낙담할 필요는 전혀 없습니다. 어쩌면 박근혜 대통령이 권좌에 복귀해 12월 대선을 치르는 것이 선거 전략만 놓고 보면 나쁘지 않는 카드입니다.

이상일 제가 조기대선이 반드시 야권에 유리하다고 보지 않는 이유 중의 하나는 반기문 총장 때문인데요. 탄핵이 확정되고 60일짜리 대선이 치러질 때 야권이 항상 이야기 해 온 반기문 검증이 충분히 전개될 시간이 부족합니다. 반 총장이 약점이 많은데 그걸 캐낼 시간이 없다는 뜻이 아닙니다. 반 총장의 국정수행 역량이나 국내 이슈에 대한 총체적인 검증, 이런 것들이 전개될 시간이 없다는 뜻입니다. 반 총장이 계속 국외에 체류 중이지만 국내 이슈에 대해 여러 준비를 하고 들어올 겁니다. 보수진영의 절망감이 어느 때보다 큰 상태에서 강력한 보수개혁과 미래 비전을 들고 보수 진영의 세를 결집시키는 대선주자로 입국했을 때 지금 흩어진 보수층의 상당수가 '미래에 대한 기대감'을 갖고 다시 모여들 가능성이 있습니다. 그런 속에서 야권은 각 당 경선과 야권 전체 통합 문제로 몸살을 앓을 거고, 반대로 반 총장은 장외에서 보수정당 내부로 들어오는 과정이 필요하지만 의외로 경선은 쉽게 거머쥐며 확실한 후보로 자리매김할 가능성이 있습니다. 보수진영 후보 1명과 야권의 후보 분열 구도로 조기대선이 전개될 때 반드시 차기 선거가 야권에 일방적으로 유리한 흐름이 되지 않을 수 있다고 봅니다. 보수가 아예 무너진 상태여서 뭔가 바꾸고 재건하는 흐름은 강력할 수밖에 없습니다. 지금은 지리멸렬해 보이지만 대선 국면으로 전환되면서 빠르게 보수 재건 움직임이 강화될 겁니다. 어쩌면 조기대선이 다자 구도로 시작될 때 판세는 그렇게 호락호락하지 않게 시작될 가능성이 상당하다고 봅니다.

이번 탄핵은 주권자 국민이 이뤄낸 것이지 어느 정당이나 정파가 그 성과를 독점할 수 있는 성질은 아니라고 봅니다. 야권은 탄핵을 하라는 국민의 요구를 수행한 역할 수행자일 뿐입니다. 현직 대통령 탄핵이라는 엄청난 이슈가 야권의 성과로 귀결되면서 대선 판세로 그대로 연결되지 않을 가능성이 높습니다. 최순실 게이트 발발 이후 야권이 흐름을 주도하거나 제대로 수습책을 내놓은 적이 없습니다. 탄핵 후 조기대선에서 야권의 그런 리더십은 오히려 논란의 소재가 될 겁니다.

2부

2017년 19대 대선 전망

1. 2002년 16대 대선
노통의 승부수

박시영 "반전의 드라마,
　　　선거 전략의 승리.
　　　그가 그립다"

이상일 "시대흐름 외면한
　　　보수,
　　　노풍에 실린
　　　변화 열망에
　　　무릎을 꿇다"

김지연 이제 여론조사는 선거와 떼려야 뗄 수 없는 관계인 것 같습니다. 특히 대통령 선거 결과에 직간접적으로 영향을 미쳐 왔거든요.

처음 여론조사 후보단일화가 도입되었던 2002년 대선, 여론조사 결과로 경선의 승패가 갈린 2007년 대선, 그리고 마지막까지 여론조사 야권후보 단일화가 이슈였던 2012년 대선까지 쭉, 알아보도록 하겠습니다. 선거과정이 어떻게 진행되어 왔는지, 이긴 쪽과 진 쪽에서 보는 승패요인은 무엇인지, 그 와중에 여론조사는 어떤 역할을 했는지에 대해서 말씀 좀 부탁드립니다.

먼저, 2002년 대선부터 살펴 볼까요?

박시영 2002년 이회창 대세론이 강하게 불었습니다. 민주당 국민경선이 시작되기 전까지는 그랬습니다. 막상 국민경선 과정에 들어가 노풍이 점화되자마자 광주 경선을 앞두고 이회창을 뒤집어 버렸습니다. 여론조사에서 말이죠. 광주가 발칵 뒤집혔고 광주의 승리를 발판으로 승승장구, 연전연승을 통해 노무현 시대가 열린 듯했습니다. 그러나 노풍은 오래 가지 못했습니다. YS 손목시계 사건과 지방선거 참패로 노 후보의 지지율이 반토막이 났습니다. 그 사이에 정몽준 후보가 월드컵 신화를 등에 업고 치고 나왔습니다. 1위 이회창, 2위 정몽준, 3위 노무현 구도가 고착되어가는 듯 했습니다. 지지율 반등의 기미가 보이지 않았습니다. 이 구도를 타개하고자 노 캠프의 고민이 깊어갔습니다. 경쟁구도를 어떻게 짤 것인가를 두고 내부 논쟁이 붙었습니다.

세 가지 주장이 맞섰습니다. 첫째는 진보 대 보수로 구도를 짜자는 주장입니다. 진보의 노무현과 보수의 이회창과 정몽준, 이렇게 대립각을 짜자는 거죠. 둘째는 귀족 대 서민으로 十노를 짜자는 주장입니다. 서민의 노무현과 귀족의 정몽준, 이회창, 이렇게 대립각을 짜자는 겁니다. 셋째는 낡음

대 새로움으로 구도를 짜자는 주장입니다. 새 정치에 부합하는 노무현과 정몽준을 하나로 묶고 낡은 정치인 이회창과 대별시키자는 주장이죠.

여론조사를 통해 후보 간 유사성을 검증한 결과, 정몽준 후보가 노무현 후보 쪽에 더 가깝다는 국민 인식이 확인되었습니다. 정몽준 후보도 비정치인 출신의 정치신인인 관계로 기성정치인 느낌이 덜 들고 재벌2세지만 소탈해 보이고 뭔가 새로운 방식의 정치를 할 것 같은 느낌이 국민들에게 형성돼 있었던 거죠. 반면 노무현 후보는 반칙과 특권 없는 사회, 지역주의 철폐, 정치개혁 등 정의를 상징하는 인물이었죠. 둘 간의 이념적 차이는 있지만 기성체제에 물들지 않고 새로운 변화를 추구한다는 점에서 둘 간의 공통분모가 있었던 겁니다. 그런 반면에 이회창 후보는 구태 이미지였고 고리타분한 느낌을 준 거죠. 고령인데다 아들 병역비리 의혹 등도 악영향을 줬고요.

그래서 노무현 캠프에서는 경쟁구도를 새로움과 낡음으로 가져가기로 한 겁니다. 둘 간의 유사성이 있고 지지율도 낮으니까 정몽준 후보를 네거티브 하지 말고 끌어안자고 방향을 잡은 거죠. 그래서 후보단일화 전술이 나온 겁니다. 노 후보의 본선 슬로건인 '새로운 대한민국'은 전략에 입각해 만들어진 겁니다. 새로운 것과 낡은 것을 대비시킨 슬로건이죠.

2002년 선거 승리의 요인은 많겠지만 구도 설정이 중요했다고 봅니다. 노 대통령의 인간적 매력, 승부사적 기질이 유감없이 발휘된 선거이고 유쾌한 정치반란을 일으켰던 노사모의 왕성한 활동이 국민들의 마음을 얻게 되었고 정 후보가 막판 후보단일화를 내팽개쳤을 때 젊은 층이 투표 당일 결집한 것도 물론 중요한 요인이지만요.

당시 이회창 후보 측은 '부패정권 심판론'을 들고 나왔습니다. DJ정권(국민의정부)을 부패정권으로 규정한 거죠. 김대중 대통령의 자녀들이 모두 비리에 휩싸여 국민적 지탄이 컸었죠. 이 후보는 부패정권을 심판해 달라고 회고적 투표에 매달린 겁니다. 그런데 노 후보는 이회창 후보까지 낡은 정치의 틀에 가둬 버린 겁니다.

'부패정권 심판론'이 왜 위력이 없었는가에 대해서는 당시 국민들이 DJ 정권을 어떻게 봤는지가 중요한데, 김대중 정부는 과보다 공이 더 많았다고 본 겁니다. 부패 문제는 변명할 여지가 없지만 IT, 벤처를 육성하고, 사회복지를 강화하고, 남북정상회담 개최 등 국정 성과도 많았던 정권이었습니다. 무엇보다 IMF를 극복했잖아요. 민심이 받쳐준 거죠. 만약 DJ 정권에 대한 국민적 평가가 혹독했다면 '부패정권 심판론'이 위력을 발휘해 이회창 후보가 당선됐을 겁니다.

김지연 이 대표님은 어떻게 생각하세요? 사실 그때 격차가 2.3%p밖에 안 났잖아요. 상당히 박빙이었는데요.

이상일 선거 승패는 여러 요인들이 복합돼서 결과적으로 나타나게 되죠. 한가지 원인이 선거를 좌우하지는 않습니다. 그렇지만 주된 요인은 추출해 볼 수 있을 것 같은데요. 저는 당시 이회창 후보 진영이 대세론에 안주해 사회 전반의 흐름이나 민심의 변화 같은 것을 간과했기 때문에 선거에서 진 것이 아닌가 싶어요. 유권자들이 무엇을 원하는지에 예민하게 반응하고 역동적으로 대응하지 못한 채 자신들이 원하는 방향으로만 선거를 끌고 간 거죠. 상대 진영의 공격에 대해서도 적극적으로 대응하기보다 흔들리지 않고 가면 이긴다는 식의 대응에 치중했던 것 같습니다. 한마디로 대선 캠프의 움직임이 느렸죠.

그래서 이회창 후보 같은 경우에 대선 재수를 했는데도 지금도 선거 국면에서 주요하게 내세운 것들이 잘 기억나지 않아요. 오히려 정치권에 영입되고 환호 받던 당시 모습 그러니까 대쪽 총리 같은 이미지만 남아 있죠. 밀레니엄 시대가 도래하고 사회가 급격하게 변화하고 있는데 나이도 많은 분이 선거 캠페인을 과거 방식 그대로 들고 나온 겁니다. 대세론에 너무 안주했던 게 아닌가 싶습니다.

공약도 '이회창표' 정책노선을 보여주는 것들보다 백화점식으로 당에서 준비한 내용들을 꺼내들고 선거를 치렀지 차별성 있는 부분들을 제대로 내세운 게 없었고요. 그러면서 이회창 후보가 정치권에 등장했을 때 국민이 기대했던 바르고 대쪽같은 리더십은 실종되고 거대야당의 또 다른 제왕적 총재 모습을 닮아간 것이 아닌가 싶습니다.

김대중 정권에 대한 비판적 여론과 보수언론의 지원 속에서 이대로 잘 버티면 이길 것이라는 판단이 당 내에 팽배했고, 그러면서 민심의 변화를 제대로 짚어내지 못했다고 봅니다. 2002년 선거라는 건 시기적으로도 그렇잖아요. 2000년대로 들어섰고, 뭔가 대한민국은 새로워야 한다는 민심이 도도했고 보수 우위로 보이는 표면적인 흐름과 다른 어떤 것들이 있었는데 거기에 대응하지 못하면서 올드한 보수 귀족 이미지만 남은 상태로 계속 대선까지 가는 바람에 선거에서 패한 것으로 보입니다.

김지연 여기서 후보단일화 얘기를 안 할 수 없는데 이후 선거에서 여론조사가 후보 선출에 전면적으로 등장하게 된 계기가 되었습니다. 이 사건의 여파 혹은 교훈일지 몰라도 지난 2012년 대선에서 문재인 후보와 안철수 후보의 여론조사 후보단일화가 깊숙이 논의됐는데 결국 타협점을 못 잡고 결렬된 적이 있습니다.

혹시 2002년 16대 대선 당시 아주 역동적으로 진행되었던 후보단일화의 비사 혹시 알고 계신 것이 있으면 이참에 꺼내 놓으시죠.

박시영 단일화 과정은 비사인데, 단일화 협상 창구에 노 후보 측에서는 신계

륜 의원이 나섰고 정 후보 측에서는 실질적으로 김민석 전 의원이 맡아서 한 겁니다. 신 의원을 백업하는 사람이 있었는데 전직 청와대 여론조사 담당자도 들어있었죠. 베테랑들이 포진한 겁니다.

국민의정부 때 청와대 국장으로 여론조사 업무를 수행해봤던 이근형 씨가 참여한 겁니다. 경험이 많다 보니까 단일화 질문 문구가 얼마나 중요한지 알았고 워드 테스트 조사를 여러 번 해본 거죠. '단일후보로 누가 적합하냐? 누가 본선 경쟁력이 있느냐? 누가 낫다고 보나?' 적합도, 선호도, 경쟁력 중에서 무엇이 노 후보에게 유리한 지 여론조사를 몇 차례 돌려본 겁니다. 조사결과를 근거로 협상전략을 마련한 거죠. 반면에 정 후보 쪽은 김행 전 대변인 등이 관여한 것 같은데 상대적으로 준비가 치밀하지 못했던 게 아닌가 싶습니다.

단일화 협상과정에서 협상이 꼬이는 등 고비가 왔는데 노 후보의 결단이 빛을 발했습니다. 정 후보 측의 협상안에 대해 참모들이 수용 불가 의견을 내자, 단일화를 반드시 성사시켜야 한다며 노 후보가 과감히 수용합니다. 그러자 부동층이 노 후보 쪽으로 쏠린 겁니다. 노 후보는 대중의 마음을 읽고 결단할 줄 아는 탁월한 승부사입니다. 버릴 줄 알아야 이기는 법입니다. 이렇듯 후보단일화 승리 요인은 여론조사에 기초한 협상전략과 후보의 통 큰 결정이라고 봅니다.

김지연 정치적으로 보면 정말 획기적인 사건이었지만 통계 전문가 입장에서 보면 여론조사에 대한 국민들의 인식에 나쁜 영향을 미치는 사안이었거든요. 어쨌든 현재까지도 당의 후보를 결정하거나 후보단일화를 할 때, 여론조사 결과를 전적으로 활용하고 있지요.

박시영 그래도 그때는 오차범위를 적용해 줬잖아요. 지금 정당 경선조사에서는 오차범위도 무시하고 하잖아요.

이상일 당시에 급박하게 단일화 협상이 진행됐고 어느 날 밤 늦게 최종 협상이 타결되면서 조사기관들을 섭외했을 겁니다. 여러 조사회사들이 연락을 받은 것으로 알고 있는데 당시만 해도 대통령 후보를 여론조사 한 방으로 결정한다는 것이 상당히 부담스러운 것이었어요. 지금도 마찬가지겠지만요. 여론조사가 여러 점수 중의 하나로 포함되는 것도 아니고 여론조사에서 높게 나온 후보가 대통령 후보가 된다는 결정방식이 타당한가를 두고 상당한 논쟁이 있었고 부담 때문에 몇몇 조사기관들은 단일화 여론조사 수행을 거절했던 것으로 기억됩니다.

여론조사라는 건 전체 중에 일부를 뽑아 통계를 내기 때문에 그 자체에 오차를 내포하고 있는데 그걸 무시하고 여론조사로 대통령 후보를 뽑겠다는 건 옳지 않다고 거절한 거예요. 거절을 하고 여러 군데가 난색을 표하는 와중에 당은 당대로 또 조사기관들을 설득하면서 결국 두 개 조사회사가 참여했죠.

박시영 월드리서치와 R&R이 참여했죠.

이상일 거절한 조사기관들이 이후에 당시 여당으로부터 꽤 미움을 받지 않았을까 싶어요. 실제 처음에 좀 미움을 받았던 것으로 기억되는데요. (웃음)

김지연 처음에는 갤럽에 전화가 갔었다고 들었어요. 그 다음에 미디어리서치에도 가고, 몇 군데 연락이 갔었는데 비슷한 이유로 거절을 했고요. 그 다음에는 방송 3사 예측조사 하는 회사를 선택하자고 하여 또 연락을 한 데가 TNS, 미디어리서치, 코리아리서치였어요. 그래서 이 회사의 세 분 사장님과 여의도의 호텔에 갔어요.

결국 그 회동도 무산이 되고 최종적으로 그 다음에 있는 회사 중에서 가장 큰 회사이며 실력 있는 회사로 평가 받았던 월드리서치와 R&R, 두 회사가 맡게 되면서 최악의 상황은 벗어난 거죠. 왜냐하면 만약에 끝까지 조사회사들이 조사를 못한다고 했다면?

박시영 단일화는 물 건너갔을 수도 있었겠죠.

김지연 이건 단일화가 어려운 정도가 아니라 역사의 죄인이 될 수 있는 것이었어요.

박시영 조사회사가 피해가기 어려웠을 거예요. 워낙 중요한 단일화라 누군가는 해야 했겠죠.

김지연 아까 박 부대표님이 말한 그런 사전 테스트, 시뮬레이션 결과가 한참 후에 알려지면서 일종의 학습효과가 된 거죠. 2012년에는 문재인 후보나 안철수 후보 캠프 쪽에서 조사를 다 한 거예요. 당연히 이건 이렇게 하면 누가 이기고, 저렇게 하면 누가 이기는지 캠프에서 다 알고 있기 때문에 진짜 접점을 찾기 힘들어서요. 그냥 제 개인적 판단이 그렇습니다. (웃음)

2. 2007년 17대 대선
MB의 한판승

박시영 **"결과도
과정도 잃은 선거,
노 대통령의
과욕이 아쉽다"**

이상일 **"본선보다 치열했던
한나라당 경선,
'친박' 계파의 형성"**

김지연 2002년 대선이 낡은 정치 청산론과 부패정권 심판론의 구도였다면 2007년 대선은 어땠나요?

박시영 2007년 대선은 이명박 후보가 경제를 망친 세력과 경제를 살릴 세력으로 구도를 짰잖아요. 747 공약과 국민성공시대를 제시하며 국민들에게 부자 되는 환상을 심어줬죠. 참여정부의 경제 분야에 대한 국민 인식이 좋지 못했는데 그게 사실에 근거하기보다는 보수 언론과 한나라당의 정치공세에 당한 측면이 컸다고 봐요. 많이 억울합니다.

참여정부 시절 재보선에서 연전연패하다 보니 인기 없는 정권으로 전락했고 세계적으로 부동산 버블이 일어나 우리나라도 부동산이 폭등했는데 종부세 등 여러 정책을 구사했지만 해결을 하지 못해 무능정권으로 몰렸습니다. 과거사, 사학법 등 이념적 문제에만 골몰한다는 인식이 형성돼 경제문제에 무관심한 정권으로 인식되기도 했습니다.

2007년 대선은 어떻게 하더라도 당시 여당인 진보세력이 재집권하기는 어려웠습니다. 그렇긴 하지만 대선 패배 원인 중의 하나가 노 대통령의 지나친 선거 관여였습니다. 고건 전 총리나 손학규 지사 등을 한 방에 보내버렸죠. 2006년 12월, 고건 총리 임명은 실패한 인사라고 밝힌 겁니다. 한나라당을 탈당한 손학규 전 지사에게는 보따리장수같이 정치해서는 안 된다며 직격탄을 날립니다. 손 전 지사가 한나라당 시절, 노 대통령에게 '경포대'(경제를 포기한 대통령)로 직공을 한 적이 있어 감정의 골이 더 깊었을 겁니다.

노 대통령은 진보의 가치에 부합하지 않는 사람, 정체성이 모호한 사람은 여권 진보진영의 후보가 절대 되어서는 안 된다는 사인을 지지자들에게 확실하게 준 거죠. 그러나 현직 대통령이 대권에 깊이 개입하는 모양새가 국민들에게 좋을 리 있었겠습니까? 비판이 쏟아졌죠. 재집권을 위해

관리해야 할 후보들을 가혹하게 대처해 재집권을 포기한 것이 아니냐는 지적까지 들었습니다. 한편 유시민 전 장관, 이해찬 전 총리, 한명숙 전 총리 등 친노 후보가 난립해 과연 노심이 어디에 있는지 논란이 되기도 했습니다.

여권 내부에서는 두 가지 견해가 맞섰는데 재집권이 중요하니 정권을 잃으면 참여정부의 정책, 가치 다 무용지물이 되므로 고건 전 총리와 손학규 전 지사 등이 맘에 안 들더라도 품고 가야 한다는 실리적 주장과 어차피 MB로 넘어가는 상황에서 우리의 정체성과 가치를 지키는 쪽으로 가야 한다는 순혈주의 주장이 팽팽히 맞섰습니다. 후자에 서 있던 인사들 중에는 "MB는 장사꾼이므로 흥정하려 할 것이다. 참여정부와 대립각을 강하게 세우진 않을 거다"라고 낙관적으로 보는 시각도 일부 있었습니다.

여당의 대선경선 과정도 매끄럽지 못했는데 이 점도 대선 패배의 한 요인이 되었습니다. 정동영 후보가 경선에서 승리했지만 경선 과정의 잡음 때문에 이미지가 실추된 겁니다. 선거인단 모집과정에서 대리 작성 의혹이 불거져 '박스 떼기'라는 신조어가 등장할 정도로 경선이 희화화됐습니다. 정 후보 측의 연루 의혹이 불거져서 진통을 겪었고 다른 후보 지지층의 거센 반발을 샀습니다. 이 당시 쌓인 앙금이 오래갔습니다. 쉽게 풀리지 않는 정치인 정동영의 족쇄입니다.

판세도 크게 불리했지만 이런 악재들이 쌓이다 보니까 대선을 포기하는 상황까지 이른 겁니다. 표 차이가 560만 표가 났습니다. 그런데 일각에서는 이명박 후보가 얻었던 표는 2002년 때 이회창 후보가 얻었던 표와 별 차이가 없어 기권표의 대부분은 여권 표일 것이라는 주장을 펴기도 했습니다.

이러한 주장은 아전인수격 해석입니다. 진보성향 유권자 중에 이명박 후보에게 투표한 사람들이 적지 않았다는 것을 간과해서는 안 됩니다. 또한 기권 표 중에 여권 지지 층이 상대적으로 많았겠지만 그렇다고 해서 대다수 기권 표가 여권 표라고 주장할 근거는 어디에도 없습니다. 2007년 대선은 진보진영이 선거 과정도 결과도 모두 완패했습니다.

이상일 2007년 대선은 이미 본격적인 선거 돌입 이전에 승부가 끝났던 대선이었죠. 노무현 전 대통령은 재임기간에 대한 평가와 별개로 정권재창출 문제에 대해서는 적어도 무관심했거나 무책임했다는 평가를 받을 수밖에 없는 것 같아요.

단임제 정부에서 정책의 연속성이든 성과든 어떤 것을 남기려면 정권재창출이 가장 중요한 과업일 수 있는데 그 부분을 어떤 측면에서는 포기한 것이 아니었나 싶어요. 노 전 대통령 재임기가 왜 그렇게 야박한 평가를 받았는지, 그런 평가가 온당했는지는 여러 논쟁이 있을 수 있다고 봅니다. 보수언론의 대대적 공세로 부당한 굴레를 쓴 부분도 있겠지만 그렇더라도 부동산 정책의 연이은 실패와 부작용 같은 문제들이 '무능정부'라는 딱지를 붙이게 된 결정적인 이유가 아니었나 싶습니다.

어떤 면에서 너무 앞서갔기 때문에 시대에 맞지 않는 대통령이었다는 평가에 저도 일정 부분 동의합니다. 김대중 정부를 거쳤다고는 하지만 사실상 진보정권으로는 첫 정부였는데 경제정책이나 복지, 고용 같은 생활 속 개혁보다 이념적인 문제였던 국가보안법 폐지 같은 것들에 집중하면서 정책적 측면의 성과를 축적하는 데 좀 소홀했던 게 아닌가 하는 생각을 해 봅니다. 오히려 반대 수순으로 갔다면 정책적 성과들을 토대로 이념과 가치의 문제로 확장하는 것이 좀 가능하지 않았을까 싶네요. 오랜 시간 인권과 민주화 운동, 지역주의 타파에 몰입하면서 노 전 대통령은 하고 싶은 일들이 축적되었던 거죠. 국보법 폐지 같은 것들요. 반면에 정책부문에 대한 준비나 설계는 소홀할 수밖에 없었던 것 같습니다. 하여튼 집권여당이 흡수 통합되는 사태까지 벌어지면서 여당이 자멸한 선거가 2007년 대선이어서 대선 승패의 요인 같은 건 따로 기억나지 않고, 2007년은 오히려 현재 새누리당의 계파논쟁의 핵심인 친박과 비박, 당시는 친이-친박이었는데 그 계파가 분화된 해로 기억됩니다.

당시 한나라당은 경선승리가 곧 본선승리로 보였기 때문에 어느 때보다 격렬한 경선을 치렀죠. 지금 기억하시는 이명박-박근혜 후보의 여러 네거티브 이슈들은 대선 본선에서 야당에 의해 처음 등장한 게 아니라 당시 경선 과정에서 등장합니다. BBK니 정수장학회니 그런 것들까지 등장시켜 치열하게 경선을 치렀고 그러면서 이명박 후보가 승리했습니다만 여당 내부에 계파갈등이 본격적으로 시작된 해가 2007년이 된 거죠. 그 후유증이 여전히 계속되고 있는 거고요.

최순실 사태로 인해 드러난 것들이지만 당시 경선 과정에서 박근혜 후보에 대한 네거티브의 핵심이 최태민과의 관계를 중심으로 제기되었는데 결과적으로 그런 우려가 현실로 드러나고 말았네요. 그리고 '친박' 그룹이 이 때 실체적인 모습을 갖추면서 등장합니다. 문제는 친박이 어떤 가치지향에 입각해 모인 정치인 그룹이 아니라 박근혜라는 인물을 중심으로 얼마나 멀고 가까운가 하는 거리를 갖고 규정되고 정의되면서 매우 폐쇄적인 구조를 형성했다는 점입니다. 친박 그룹 내에서 다양한 논의가 가능하지 않고 오로지 박 대통령을 중심으로만 움직이고 누가 친박이냐 하는 것도 박 대통령의 의중에 따라 그룹의 일원으로 인정되거나 내쳐지거나 하게 됩니다. 결국 지금 와서 보면 그렇게 형성된 친박과 친박에서 배제된 비박만 남은 새누리당이 정치세력으로서 자생력을 상실한 집단으로 흘러오게 된 것이 아닌가 싶습니다.

김지연 그때 박근혜 캠프와 친박 측에서는 여론조사에 대한 피해의식이 상당히 있었던 것 같았어요. 이명박 후보가 당원투표에서 박근혜 후보에게 432표 차이로 뒤졌으나 여론조사에서 2,884표 앞서 결국 한나라당 후보가 된 거거든요.

박시영 노 대통령은 열린우리당에 대한 애착이 강했어요. 평생 숙원이 지역구도 타파하고 전국정당을 만드는 것이었잖아요. 탄핵을 무릅쓰고 당을 만들어 놓았더니 대선을 앞두고 당이 찢어져서 엄청 분노하셨죠. 정동영이 밉보인 배경이죠. 2007년 대선을 거치며 한나라당에서 친이와 친박의 계파가 형성되듯이 민주당도 그 해 대선을 겪으면서 친노와 비노의 대립관계가 심화되었습니다.

이상일 2007년이 보수와 진보 양 진영의 정치 계파들을 형성시키는 시기였네요.

김지연 10년 동안 유지되어 왔던 그 계파들이 내년 대선을 앞두고 어떻게 생존해 갈지 궁금하네요. (웃음)

3. 2012년 18대 대선
박근혜의 굳히기

박시영 **"손발이 묶인 채 링에서 싸운 꼴, 분하고 억울하다"**

이상일 **"집안 싸움 야권, MB정권과 차별화 시도한 박근혜에 패(敗)"**

김지연 가장 최근에 열린 2012년 18대 대선을 살펴보도록 하겠습니다. 각 진영별로 승패 요인이 무엇인지 말씀해 주시죠.

박시영 특이하게 2012년 대선에서 박근혜 후보 측은 구도 싸움을 하지 않았던 것 같아요. 구도를 가르고 싸움을 하기보다는 시대적 의제를 선점하려고 했죠. 야당이 후보단일화에 매몰되는 틈을 노려 복지와 경제민주화 등을 먼저 치고 나간 거죠. 야권의 의제를 효과적으로 무력화시켰죠.

다른 한 축으로는 정치 초보인 문재인 후보와 대별되도록 안정감을 주는 캠페인에 집중하며 '여성 대통령'을 부각시켰죠. 선거 막판에는 이정희 후보의 발언을 빌미 삼아 NLL 대화록 사건을 꺼내 들며 색깔론에 집중했지만요. 박 후보의 캠페인이 상당히 적중했다고 봅니다.

대선은 심판적 성격의 회고적 투표보다는 미래비전 성격의 전망적 투표가 지배적이라고 합니다. 그런데 문 후보 측은 MB정권 심판론에 갇힌 것 같았습니다. 저들이 파 놓은 참여정부 트랙에서 벗어나지 못했죠. 영향력 강한 공약이나 의제도 잘 보이지 않았던 선거였습니다.

때 늦은 경선과 심각한 경선 후유증 그리고 야권단일화에 매몰되다 보니 시간에 쫓겨 본선 캠페인을 준비도 못했고 제대로 펼칠 수도 없었죠. 한마디로 손발이 묶인 채 링에서 싸운 꼴입니다. 문 후보가 56%의 압도적 지지로 경선을 통과했지만 경선이 9월에 마무리됩니다. 경선이 늦은 데다 모바일 선거를 둘러싸고 경선잡음이 생기면서 후보 선출이 늦어졌습니다. 손학규 후보 측의 반발로 경선 내홍이 깊었는데 감정이 풀리지 않은 채 끝까지 갔습니다.

더민주가 대선 패배 이후 대선 경선을 6월로 당기자고 당헌과 당규에 못 박았던 이유가 여기에 있습니다. 당내 경선을 6월에 마무리하지 못하면 야권 단일화 문제 때문에 본선 캠페인을 할 수 없다는 점을 뼈저리게 깨우친 거죠.

문 후보가 9월 당 대선후보로 선출되자마자 안철수 후보와 단일화 협상에 나서게 됩니다. 10월과 11월 동안 지리한 협상이 이어지다가 안 후보의 사퇴로 일단락되었지만 매끄럽지 못한 상황이 연출돼 극적 효과가 반감되었습니다. 협상 과정에서 단일화 방법론만 갑론을박했지, 대한민국의 비전이나 정책협의 등 생산적인 논의는 대중에게 비춰지지 않았습니다. 그런 이야기는 실종돼버렸죠. 때문에 문재인 후보의 구상이 유권자에게 전혀 전달이 안 된 상태로 본선에 돌입한 거죠.

본선에 들어가 안 후보의 지원 유세가 소극적이었고 투표 당일 무책임하게 미국으로 떠나버리는 등 단일화 효과는 제한적일 수밖에 없었습니다. 또한 후보단일화 과정에서 친노 문제가 불거져 결국 문 후보의 최측근인 양정철, 전해철, 윤건영 등 친노 9인방이 선대위에서 물러났고 이어서 이해찬 당대표와 최고위원 전원이 줄줄이 물러나게 됩니다. 안철수 후보 측의 압박 때문에 그렇게 된 겁니다. 차, 포 떼고 장기를 둔 셈입니다.

당 지도부와 캠프 핵심 실무진의 공백사태가 발생한 겁니다. 선거를 포기한 거나 다름없는 일이 발생한 거죠. 이게 말이 됩니까? 본선 캠페인 준비의 큰 차질이 생겼죠. 우왕좌왕 하다가 본선에서 제대로 힘 한번 써보지 못한 채 그냥 당한 겁니다.

결론적으로 말하면 박 후보의 승리는 박 후보 측의 잘한 면과 야당 및 후보의 대응 미숙, 안 후보의 소극적 태도가 맞물린 결과라고 봅니다.

이상일 그때를 돌아보면 지금 집권세력 쪽이 집권당으로서 이점과 조직력, 고정표 등에서 나름대로 강점이 있었지만 야당이 패한 건 문재인이라는 후보를 제대로 받쳐줄만한 정당 파워가 워낙 약했던 것도 중요한 요인이 아닌가 싶어요. 지금 복기해 보면 야당이 그때까지 몇 번이나 당을 해체하고 뜯고 당명을 바꾸고 그랬는지 기억도 안날 겁니다. 그 부분은 어쩌면 지금도 마찬가지 연장선상에 있다고 보여요. 기억도 안 날 정도로 당 자체가 약체가 되어 있었고 그러다 보니까 당 공조직을 통한 통합적 대선체제가 가동되지 못하고 비선 논란이 일어났던 것이죠. 문재인 후보를 보좌하는 사람들은 과거 노무현 대통령 시절의 몇몇 사람들 아니냐는 의구심들이 계속 있었고 이런 것들이 당내 역량 결집을 방해하면서 후보의 개인적인 역량을 제대로 발휘하지 못하는 상태로 선거에 임했기 때문에 패했다고 보는 거죠.

반대로 새누리당, 보수 쪽을 보면 이런 점도 있습니다. 이명박 정부 출범 후에 여권 내에서 2007년 경선 때 그렇게 죽도록 싸웠는데 박근혜 후보가 대통령이 되면 그 정치보복은 야당이 집권하는 것 못지않을 것이다. 이러면서 소위 정가에서 회자된 이야기 중의 하나가 안철수라는 당시 시민 후보 쪽을 영입할 수 있는 방법은 없나 하는 논의까지 등장하곤 했었습니다. 물론 일각의 논의에서 그친 이야기이긴 합니다만.

그렇지만 결과적으로 정권 후반기에 이명박 대통령 쪽에서 박근혜 당시 대통령 후보를 용인하고 어떤 식으로든 돕게 되죠. 그런 것들이 가능했기 때문에 당시 박근혜 후보는 운신의 폭이 자유로웠을 것이고 그런 것들이 잘 맞아떨어지면서 선거에 이길 수 있었다고 봅니다.

박시영 한 가지 덧붙이면 19대 총선 결과가 그 해 대선에 영향을 크게 미쳤습니다. 2012년 4월 총선 당시 선거전망은 야당이 우세했습니다. MB 정권에 대한 비판 정서가 높았기 때문에 야권이 이길 거라고 확신한 거죠. 공천 잡음, 김용민 막말 파문 등 악재가 연이어 터지면서 여당이 반사이익을 거두게 됩니다. 박근혜의 위력이 컸지만 야권 내부의 문제가 없었다면 야당이 도저히 질 수 없는 선거였다고 저는 봅니다. 총선 패배 후 한명숙 대표의 책임론과 친노 인사의 공천개입 논란이 불거지면서 대선을 앞두고 계파 간 앙금이 커집니다.

총선 논란 그리고 대선 경선 잡음이 이어지면서 당 대선후보로 선출된 문재인 후보가 반쪽자리 후보로 전락합니다. 친노 인사 2선 후퇴의 빌미를 주게 된 셈입니다. 이런 우여곡절에도 불구하고 투표일 2~3일 전에 CIA라든가 여러 곳에서 문 후보의 역전승을 예상한다는 소식이 야권에 돌았습니다. 지지도가 역전됐다는 말이 흘러 다녔는데, 아닌가요?

김지연 근거가 있는 얘기예요?

박시영 네. 저는 그렇게 들었습니다. 2~3일 전에 '골든크로스'가 일어났다고요. 그 당시 여론조사 기관들은 어떻게 전망했는지 모르겠으나 야권에서는 그런 얘기를 많이 했었습니다.

지금도 야권 지지층들이 대선 결과에 선뜻 승복하지 못하는 이유는 국정원, 기무사 등 권력기관의 대선 개입이 사실로 드러났고 그것이 대선 결과에 상당히 중요한 영향을 미쳤다고 저는 생각합니다. 권력기관의 대선 개입을 밝히려 했던 채동욱 검찰총장을 날린 점도 의혹을 사기에 충분합니다. 야당 지지자들은 사실 분하고 원통해 합니다.

그리고 저는 박근혜 후보의 개인적 인물표가 컸다고 봤습니다. 박정희 후광 효과와 최초의 여성 대통령, 선거 여왕이라는 이미지 등이죠. 지지층이 두텁고 팬심이 강했죠. 이명박 정권의 실정과도 비켜나 있어서 '정권심판론'에서 자유로웠지요. 말도 안 되게 박근혜 찍는 것이 정권교체라는 주장이 먹힌 거죠. 100만 표 이상의 개인 표를 가진 후보였고 50대 여성들이 크게 쏠렸죠. 야권으로서는 보수진영의 가장 강력한 후보와 대적한 셈이죠.

끝으로 이정희 후보가 TV 토론회 때 보여준 태도와 막판 후보 사퇴가

결과적으로는 문 후보에게 도움이 되지 않았습니다. 득보다는 실이 더 컸습니다. 막판 부동층들이 박 후보 쪽으로 쏠리게 만들었습니다.

이상일 저도 부연하자면 앞서 얘기했던 세대 분석이 생각나는데요. 문재인 후보는 당시 여론이 평가한 인품이나 여러 삶의 궤적, 본인이 말한 가치관 이런 것들을 종합하면 진보적인 유권자들의 지지는 물론이고 중도층 일부 그리고 중고령층으로 편입된 86세대에게도 상당히 어필이 가능한 후보였다고 생각해요.

그런데 결과론적 분석입니다만 86세대조차 투표에서 문재인보다 박근혜 후보에게 표를 많이 줍니다. 그것은 결국 문 후보가 집권해서 나라를 이끌고 갈 대통령, 통치권자로서 안정감 등을 보여줄 기회가 없었거나 약했기 때문에 86세대조차 개인 문재인에 대한 호감보다 야당에 대한 불안감에 더 비중을 두고 신뢰 이미지가 강했던 박근혜 후보 쪽으로 기운 게 아니었나 싶어요. 결국 후보가 부각되지 못하고 당이 약화된 환경이 문재인 후보의 패배에 결정적인 원인이 되었다고 봅니다.

박근혜 후보 쪽에서 본다면 대세론을 이어가는 선거전략에 치중했는데 아무래도 이명박 정부에 대한 비판론도 비등해지면서 이명박 정부 후반부로 갈수록 쉽지 않은 선거가 될 것이라는 전망들이 커지기 시작했죠. 결정적인 위기감은 2011년 서울시장 보궐선거 패배였습니다. 오세훈 시장이 무상급식 반대에 직을 걸면서 사퇴하고 열린 보선에서 박원순 후보에게 패하자 여권에 위기감이 증폭됩니다. 이때 안철수라는 새로운 야권주자까지 부상을 했죠. 이듬해 봄에 있었던 총선은 박근혜 비대위체제를 가동시키고 새누리당이라는 당명 변경까지 해 가면서 박근혜의 새누리당이 이명박 정부와 일정한 차별성을 보인 점이 주효해 예상을 깨고 승리합니다. 박 부대표님 지적대로 야당의 실책도 상당했고요.

그렇지만 2012년 후반부로 오면서 야권은 again 2002년을 외치며 문-안 후보단일화로 승리를 도모하기 시작했고 점차 박근혜 대세론은 흔들리는 상황에 직면합니다. 박근혜와 야권 단일후보를 대입한 여론조사에서 격차가 좁혀지거나 일시적으로 역전된 결과들도 등장하기 시작하고요. 그 때부터 여권은 '단일화 야합'을 집중 공격하면서 준비되지 않은 야당 후보와 차별성을 부각하는 선거전략에 치중합니다. 준비된 여성 대통령. MB 와 차별화 된 여당 대선후보 포지션을 유지하면서 경제민주화 같은 야당의 어젠다를 흡수하고 대북 이슈를 통해 보수층을 결집시킨 막판 선거전이 2012년 대선 승리로 연결된 선거였다고 생각되네요.

김지연 여론조사 지지도 추이를 말씀드리면 박근혜 후보와 문재인 후보의 지지도 격차가 선거운동 막바지에 급속히 줄어드는 경향을 보였습니다. 아까 박 부대표님이 골든크로스 얘기를 했잖아요. 제 느낌은 15대 대선 당시 DJ와 이회창 지지도 추이와 비슷한 것 같더라고요. 아들 병역문제로 차이가 많이 벌어졌는데 이회창 후보가 쭉 따라오다가 D-1~2일 정도에 일부 조사에서 뒤집혔다는 얘기도 있었어요.

조사 결과를 사실로서 인정받으려면 반복적으로 실시되는 다른 조사들에 의해 검증을 받아야 하는데 이 시기가 항상 여론조사 공표 금지기간 안에 들어 있어서 그 검증작업이 원활하지 못합니다. 때문에 실제 뒤집혔는지 아니면 극단치로 무시해야 하는 조사인지 알 수가 가 없습니다. 현행 선거법 상 아쉬운 대목입니다.

선거 예측을 담당하는 여론조사 회사의 감으로 보았을 때 선거 막바지에 지지도 격차가 줄어들어 거의 혼전에 빠지게 되면 대체적으로 그전까지 1위 후보가 방어하는 쪽으로 방향을 정하는 경우가 많습니다. 이유는 모르겠지만, 오랜 경험에서 나오는 노하우라고나 할까요?

박시영 하나 더 얘기할게요. 야당 쪽, 진보 쪽에서 대선결과를 승복하기 어려운 부분이 뭐냐 하면 군대 등 부재자 표심이에요. 부재자 투표는 군인과 경찰, 대학생들이 대다수를 차지합니다. 2002년 대선에서는 노무현 후보가 부재자 투표에서 34.1%p 앞섰습니다. 그런데 2012년 대선에서는 문재인 후보가 부재자 투표에서 불과 5.2%p 앞서는 데 그칩니다. 투표 당일 3사 방송사 출구조사 결과, 박근혜 후보가 1.2%p 우세한 것으로 발표됐는데 실제 결과는 3.5%p 차이로 벌어졌습니다.

격차가 오차범위이긴 하지만 이러한 차이는 일차적으로 부재자 투표에서 예측 차이가 발생한 것 아닌가 싶습니다. 젊은 세대의 과거 투표 성향을 고려해서 부재자 투표를 예측했을 텐데 크게 빗나간 거 아닐까요? 보수 쪽에서는 연평도 포격도 있었고, 이정희 후보 발언 문제가 있어서 군인 표심이 바뀌었다고 주장할 수 있겠지만, 정훈교육 강화는 물론이고 군 부재자 투표 과정에서 강압적인 분위기가 조성된 것 아니냐는 의구심을 갖는 겁니다.

이상일 대선은 투표율이 높기 때문에 여론조사 결과와 선거 결과가 크게 달라지지 않습니다. 사전 여론조사와 선거결과가 다른 주된 이유는 여론조사는 투표에 참여할지 하지 않을지 가리지 않고 조사를 하지만 투표는 투표장에 간 유권자들의 선택만 반영되기 때문인데요. 투표율이 낮은 경우에 여론조사 결과와 실제 선거 결과가 달라지는 경우가 많을 수 있죠. 하지만 대선은 70%가 넘는 투표율을 보이는 것이 일반적이라 여론조사 흐름과 선거 결과가 상당 부분 일치해 왔습니다.

골든크로스 말씀을 하셨는데 골든크로스라고 하는 역전극이 실제 존재할 가능성을 크게 보는 경우는 여러 기관의 조사에서 특정 시점에 격차가 좁혀지거나 뒤집힌 경우가 다발적으로 나타날 때입니다. 특정 조사기관이 아니라 여러 조사회사 데이터가 한 방향으로 움직이면서 그동안 나타난 흐름과 반대의 결과가 등장할 때 여론에 변화가 있구나, 골든크로스가 일어나는 것 같다, 이런 분석이 가능하죠. 그런데 2012년의 경우에 야권 내부나 지지층에서 골든크로스 이야기가 많았지만 당시 문재인 후보가 앞서기 시작했다는 분석을 내 놓은 조사기관은 제가 알기로 두 곳에 불과했습니다. 이 두 곳만 막판에 지속적으로 역전된 데이터를 발표했고 다른 조사기관들에서는 그런 변화가 나타나지 않았어요. 야권 진영에서는 그걸 믿고 싶어 하는 분위기가 광범위하게 유포되면서 골든크로스가 일어났다는 믿음이 굉장히 강했고 그래서 뒤집혔다, 문재인이 승리한다 등 SNS상의 정보들이 유통된 거라고 봅니다.

그 때문에 대선 이후 지금까지도 개표 결과를 불신하는 여론이 남아 있는 것 같은데 대선 개표조작 같은 과도한 의혹제기는 좀 안타깝습니다. 일반적인 상식으로 받아들이기 어려운 의혹제기잖아요.

그런 극단적인 주장들이 때로는 진보진영을 위축시키는 부작용도 있는 것 같아요. 보수의 극단에 있는 사람들도 마찬가지지만 진보진영 전체로 보면 소수의 목소리인데 강하게 대선불복, 개표부정 이런 의혹을 끊임없이 유포시키면서 중간지대의 일반적 유권자 눈에는 납득하기 어려운 주장들을 펴는 세력처럼 보이는 거죠.

일반적인 사람들이 그런 걸 볼 때 저 사람들은 왜 이렇게 비상식적인 얘기를 하나 하는 생각을 갖게 만드는 게 아닌가 싶은 거죠. 물론 보수진영에도 여전히 친북좌파, 심하게는 빨갱이 타령을 하는 쪽도 있으니 마찬가지이긴 합니다만 다른 점은 보수 극단 쪽은 그냥 그런 집단으로 존재하는데 비해 진보의 극단은 개인미디어를 통해 계속 유통-확산을 시도하기 때문에 더 크게 보이죠. 실제 존재하는 규모보다 크게 느껴지고 일반 사람들까지 자주 접하게 되는 이유가 거기 있다고 봅니다.

김지연 이 시점에서 문-안 후보 단일화 여론조사에 대해 다뤄보겠습니다. 짧은 시간에 서로 다른 정당의 후보들이 단일화할 수 있는 방법은 합의추대 아니면 여론조사밖에 없잖아요. 문제는 여론조사 규칙을 양 후보 진영에서 합의하는 것은 합의추대만큼이나 정말 어려운 것 같습니다. 대한민국 모든 사람이 여론조사 전문가라는 말이 생겨날 정도로 각종 언론에서 엄청 교육을 해대는 덕에 이런 식으로 물으면 어떻게 결과가 나오는지 각 진영들이 너무나 잘 알고 있고 결국 타협이 될 수 없죠. 후보단일화 협상이라는 것이 결국 여론조사에서 각자 이길 수 있는 안을 상대방에게 요구하는 과정이 되어 버렸기 때문에 협상 타결이 불가능에 가깝게 된 거죠.

박시영 저는 당시에 안철수 후보와 문재인 후보의 협상과정을 주변 사람들을 통해 간헐적으로 접했었는데 각자 유리한 방식을 고집하기 마련이지만 안철수 후보 측이 더 강경한 입장을 고수했던 것으로 들었습니다. 안 후보의 승리 가능성이 높은 방안만을 고집했던 거죠. 최초 협상 시점 때의 지지도는 안철수 후보가 대략 4~5%p 정도 앞섰던 느낌이었는데, 서로 옥신각신하면서 협상이 지연되다 보니까 시간이 흘러 협상 막바지에 왔을 때는 문 후보의 지지가 오르면서 격차가 1~2%p 내외 박빙세로 좁혀졌던 것 같습니다. 정확하지는 않지만 제 기억으로는 그렇습니다.

지지도 격차가 줄다 보니까 협상이 더더욱 난관에 부딪쳤죠. 확실하게 이길 수 있는 패만을 서로 고집하게 되니까요. 계속 결렬이 됐는데 협상 초기에 안 후보 측이 이길 확률이 절반 정도인 협상안을 통 크게 수용했다면 저는 안 후보가 단일화의 승자였을 것으로 봅니다. 협상 실무자들이 이 정도는 받아도 되지 않나 의견을 냈지만 안 후보와 핵심 참모가 거부했다는 이야기가 그 당시 정가에 떠돌곤 했습니다.

김지연 제 기억으로는 협상의 조건이 '언제 조사하느냐, 조사 시간대는 구체적으로 몇 시부터 몇 시까지 할 거냐, 발표문을 어떻게 쓸 거냐, 적격한 응답자의 대상은 어떻게 할 것이냐, 예를 들어 전체 유권자를 대상으로 할 것이냐, 새누리당 지지자를 배제할 것이냐' 등이었어요.

박시영 쟁점은 질문 방식이죠. '새누리당 박근혜 후보와 맞설 경쟁력 있는 후보는 누구입니까?' 이렇게 하면 확장력이 높은 안철수 후보가 유리하고요. 반면에 '박근혜 후보와 맞설 야권의 후보로 누가 적합하십니까?' 그러면 문재인 후보가 다소 유리하겠죠. 적합하냐는 용어의 어감은 정체성을 내포하고 있거든요. 논란이 계속되다가 안철수 후보 측에서 박근혜 후보와의 가상대결 방식을 주장했던 것으로 기억합니다. 가상대결 하면 아무래도 안철수 의원이 높게 나오기 때문이죠.

김지연 가상대결 방식으로 질문하면 안 의원이 유리했었나요?

박시영 대선같이 온 국민이 주목하는 큰 선거에서는 일부 역선택이 있을 수 있습니다. 단일화 조사 시점과 방법이 메스컴을 통해 거의 다 노출되기 때문이죠. 새누리당 지지층이 상대하기 쉬운 후보를 고를 수 있습니다. 이 때문에 협상이 더 어려워졌는데 마지막 협상 제안은 2002년 노무현, 정몽준의 후보단일화 여론조사 방식대로 문구를 적용하자는 거였고 그것은 상호 주장을 절충하는 묘안이었죠.

2002년 단일화 문항이 '이회창 후보와 본선에서 경쟁할 단일후보로 누가 더 적합합니까?'라는 경쟁과 적합이 동시에 들어간 문구였죠. 그러나 이런 제안을 안 후보가 받아들이지 않은 거죠. 협상 과정이 비밀에 부쳐지기 때문에 사실과 다를 수는 있겠지만 제가 알기론 그렇습니다. 문 후보

쪽은 받아들였던 것으로 들었고요. 만약 그때 받아들였다면 누가 이겼을 지 모를 것 같아요.

1. 초반 레이스

박시영 "촛불민심으로
이재명 급상승,
2강 2중 아닌
3강 체제"

이상일 "반기문만 바라보는
보수,
당과 대선주자
모두 살릴
묘수가 필요"

김지연 지금부터 본격적으로 내년 대선에 대해 다뤄보도록 하겠습니다. 먼저 현재의 판세에 대해 점검해 보도록 하겠습니다.

대선후보 지지도는 총선 이후에 큰 변화 없이 안정된 흐름을 보였지만 최순실 사태로 여론이 상당히 많이 변했습니다. 박 부대표님께서 현재의 여론조사 결과들을 정리해 주시겠습니까?

박시영 총선 이후에 추석까지는 큰 변화 없이 일정한 흐름을 보였습니다. 2016년 10월 중순까지 반기문 총장 1위, 문재인 전 대표 2위였습니다. 조사 방식에 따라서 결과 차이가 다소 발생합니다만 대체로 5~7%p 정도 반기문 총장이 앞섰는데 10월 하순경 박근혜-최순실 게이트가 불거진 이후에는 반기문 총장의 지지율이 급락하여 문재인 전 대표가 1위로 올라섰습니다. 둘 간의 차이가 2~8%p 정도 나고 있습니다.

저희가 구체적인 지지도 숫자를 제시하진 않지만, 독자들께서는 중앙선거여론조사공정심의위원회 홈페이지(www.nesdc.go.kr)에 가시면 조사시기별, 조사기관별 후보 지지도 결과들을 확인하실 수 있습니다.

김지연 최순실 사태 이후 더민주 후보들의 지지도 상승이 눈에 띄는 것 같은데요.

박시영 박근혜-최순실 게이트의 최고 수혜자는 단연 이재명 시장입니다. 정권퇴진투쟁이 벌어지면서 사이다 발언으로 선명함을 보여준 이재명 시장이 촛불시위 이전에 비해 8~9%p가 반등하면서 15~18%대로 치솟고 있습니다. 안철수 전 대표를 누르고 3위를 굳히는 양상입니다. 그 기세가 하루가 다르게 가파를 정도로 무섭습니다. 문재인 전 대표도 수혜자 중의 한 사람입니다. 반기문 총장의 하락으로 단숨에 1위를 꿰어 찼지만 촛불시위 이전에 비해서는 소폭 상승에 그치고 있습니다. 최순실 국정농단 파문 사태 초반에 보여준 신중한 모습 때문에 촛불민심을 얻지 못한 것입니다. 최근 강경한 태도로 선회하며 정권퇴진투쟁의 선봉에 나선 만큼 지지도 재상승의 가능성은 남아 있다고 봐야 할 것 같습니다.

김지연 그럼, 여권의 상황부터 점검해 보도록 하겠습니다. 과거 선거들을 보면 여권은 늘 내부에 강력한 후보들이 존재했고, 그 대선 주자들을 중심으로 1년 동안 선거 국면이 전개되어 왔습니다. 불확실성이 없었던 것 같은데 현재는 좀 상황이 다르죠?

이상일 일단 여당 입장에서 이번 대선을 맞는 상황의 가장 큰 특징은 당내 대선주자들이 사실상 전멸한 상태라는 거죠. 반기문 총장이 장외 주자로 여론조사에서 1위를 달렸지만 박 대통령과 새누리당이 최순실 직격탄에 휩싸이면서 여권주자로 분류된 반 총장의 지지도도 상당히 하락한 상황입니다.

과거 선거들을 보면 여권은 늘 대세론을 형성한 강력한 주자가 존재하는 상태에서 오히려 불확실한 야권의 경선을 바라보며 대선을 준비했던 것 같아요. 2007년의 경우에는 이명박, 박근혜라는 막강한 후보 둘, 거기에 원래는 손학규까지 셋이었죠. 그렇게 경선을 준비했고 2012년은 워낙 박근혜 후보 독주체제였고 '97년과 2002년은 이회창 대세론을 안고 대선을 준비할 수 있었습니다.

그런데 이번 대선은 장외에 있는 반기문이라는 유력주자를 영입해서 세울 수 있느냐 하는 문제를 갖고 대선 체제가 가동될 것처럼 보이다가, 지금은 그마저도 시계제로 상태로 돌입했다고 보입니다. 지금 새누리당 모습으로는 반기문 총장 영입도 불가능하다고 봐야죠. 어지간한 정도의 혁신적 당 개편이 이뤄지지 않는 한 반 총장으로서도 현재 새누리당에 몸을 실고 대선을 준비하는 선택을 하기는 어려울 테니까요.

새누리당의 미래를 보면 두 가지 정도 가능성을 짚어볼 수 있을 것 같습니다. 하나는 탄핵 발의 이후에 새누리당의 친박 지도부가 사퇴하고 당을 재창당하는 수순을 밟으면서 보수정당을 재건해 가는 방향이고 다른 하나는 탄핵을 기점으로 비박계의 탈당이 이어져 현재 새누리당과 당 바깥에 새로운 보수정당을 창당하는 세력이 나뉘는 겁니다.

총선 때도 당이 크게 망가졌지만 최순실 게이트를 거치면서 새누리당=친박당 이미지가 너무 고착돼 지금 당 골격을 그대로 두고 재창당 수순을 밟을 때 과연 보수정당 재건이 가능할지 모르겠네요. 어쨌든 친박 색채를 빼고 당을 새로 구축할 경우 기존의 당내 대선주자들만 갖고 새로운 흐름을 만들어 내는 일은 쉽지 않아 보입니다. 김무성 전 대표는 대선 불출마를 선언했으니 당의 중심 역할은 가능해도 대선주자 대열에서는 빠지게 되고 유승민과 오세훈 정도가 대선주자 자리를 놓고 경쟁을 하게 되겠죠. 남경필 지사는 탈당을 했으니까요. 그렇다면 결국 반기문 총장이 귀국 후 새로 거듭날 보수정당에 몸을 싣고 보수개혁을 이끌면서 대선주자로 다시 위상을 강화할 수 있느냐 하는 문제가 남을 텐데요. 당내 대선주자들 입장에서 반갑지는 않겠지만 그렇다고 대선 도전이 무의미할 정도로 약화된 자신들만으로 경선 구도를 만들자고 하기도 어려울 겁니다. 보수 지지층도 그런 흐름을 그대로 좌시하지 않을 거구요. 반기문 총장이 과연 보수 재건의 기수가 될 자격이 있느냐, 그동안 어떤 기여를 했느냐 하는 논란이 있겠지만 당장 대선을 목전에 둔 상황에서 그런 논리로 배척을 하긴 어렵다고 봐야죠. 결국 반기문 총장이 당 개혁에 일정한 목소리를 내면서 경선에 참여할 가능성이 높을 것으로 봅니다.

만약 분당 사태로 치달을 경우는 좀 복잡해지는데요. 우선 비박계가 어느 정도 규모로 탈당을 하느냐 하는 문제가 있죠. 친박 핵심만 남기고 대거 탈당을 한다면 곧바로 장외 정치권과 힘을 합치며 창당 과정을 밟겠지만 규모가 적을 경우 제3지대에서 과거 새누리당 탈당파, 손학규 등과 연대하면서 정치세력화의 길을 모색해야 할 겁니다. 이 경우에 반기문 총장은 현재 새누리당의 후신과 새롭게 형성될 제3지대 중 하나를 선택해야 하는 상황에 직면할텐데 아무래도 제3지대에서 정치적 활로를 모색하는 쪽으로 기울 확률이 높다고 봐야 할 것 같습니다. 제3지대 문제는 어느 정도로 세력이 확장돼서 대선후보를 어떻게 만들어 낼 것인지 아직 구체적 전망을 하기는 어려운 상황입니다.

보수진영의 대선주자 지지율 문제는 대선주자를 받쳐 올릴 정당이 어느 정도 새로운 모습으로 탈바꿈될 수 있느냐 하는 것과 연동돼 있어 쉽게 예측이 안 되는데요. 그래도 워낙 보수가 궤멸 상황까지 몰린 터라 오히려 완전하게 새로 시작하는 느낌까지 있어서 재창당 또는 창당 수순이 시작되면 보수진영이 이런저런 요구와 기대를 표출하며 정치권을 압박하고 그렇게 결집력을 모아갈 수 있을 것으로 봅니다. 반기문 총장이 그 흐름에 올라탄다면 적어도 문재인 후보와 호각세를 이룰 정도의 지지세는 충분히 유지할 수 있다고 봅니다. 단, 반기문 총장 변수가 제거될 경우 보수진영 내에서 현재 잠룡만 갖고는 보수층을 결집시키는 힘이 상당히 약화될 수밖에 없을 것 같네요.

김지연 야권의 흐름은 어떤 것 같습니까? 강력한 사람이 한 명 있고 다른 후보들이 추격하는 양상인데요.

박시영 현재는 문재인 전 대표가 가장 앞서 있지만 최근 이재명 시장이 급상승하면서 2강 체제로 구축되고 있습니다. 다만 민주당 지지층만을 대상으로 분석하면 두 사람의 격차가 좀 더 벌어집니다. 민주당 지지층에서는 문 전 대표가 50% 가까운 지지를 보이고 있습니다. 반면 이재명 시장은 정의당 지지층 등 진보색채가 강한 유권자들의 지지를 얻고 있습니다. 박원순 시장의 경우에는 1년 전인 2015년에는 여야 통틀어 1위를 기록한 적도 있었는데 작년 연말부터 지속적으로 하락하며 지금은 지지도가 4~6%대로 낮아졌습니다.

안철수 전 대표의 지지도는 횡보를 보이고 있습니다. 총선 직후 안 전 대표의 지지도가 잠시 폭등할 때만 빼고 10% 선에서 좀처럼 움직이지 않고 있습니다. 현재 지지율이 4위인데 정권퇴진투쟁을 선명하게 전개했음에도 불구하고 지지율이 오르지 않는 것을 보면 더 강경한 이재명 시장의 그늘에 가려 빛을 보지 못하는 것 아닌가 싶습니다. 안 전 대표의 강경노선이 본인의 캐릭터와는 안 맞는다는 점을 지지도 하락의 원인으로 보는 견해도 있습니다. 주 지지층인 중도층이 거부감을 느낀다는 겁니다.

김지연 역대 대통령선거에서 이번만큼 불확설성이 큰 적이 있었나요? 반기문 총장만 하더라도 너무 변수가 많고 제3후보 안철수 의원의 향배 역시 현재로서는 예상하기 어려운 것 같습니다. 최순실 사태의 여파와 미국 트럼프 대통령 당선 등도 변수가 되지 않을까요?

박시영 박근혜-최순실 게이트로 반기문 총장이 여권 후보로 나설 가능성이 불투명해 반 총장을 여권 후보로 보는 게 타당한가의 문제는 있습니다. 물론 상황이 여의치 않으면 불출마를 선언할 수도 있다고 봅니다. 박근혜 게이트의 유탄을 맞아 반기문 총장의 지지도가 5~10%p 하락했지만 추가 하락은 크지 않을 것입니다. 보수후보 중 다른 대안이 없기 때문입니다.

따라서 상당기간 반기문 총장이 2위권을 유지할 것으로 봅니다.

야권에서는 '문재인 대세론'이 있지만 회의론도 있습니다. 반 총장 하락으로 3자 구도에서도 문 전 대표의 승리가능성이 높아져 회의론은 크게 줄어든 것으로 봅니다. 이재명 시장의 부상으로 민주당 경선 흥행의 파란불이 켜졌습니다. 향후 대선 레이스가 진행되면 반 총장과 이 시장에 대한 혹독한 검증이 도사리고 있습니다. 이들이 검증의 시험대를 어떻게 통과할지가 관전 포인트가 되겠죠.

이상일 반기문 주가가 떨어졌는데도 문재인 지지도는 마의 30% 벽을 넘지 못하고 있습니다. 보수가 대선 국면에서 체력을 회복할 경우 보수층 유권자 결집력만으로도 보수후보 득표율이 30% 수준은 나올 텐데요. 야권 분열 상태가 그대로 대선 본선까지 이어질 경우 지금 상황에서도 독자적인 승리 방정식을 만들기 어려운 게 아닌가 싶습니다.

새누리당은 전혀 경험해 보지 못한 심각한 위기상황에서 당과 대선주자 둘 다 살려내는 묘수가 절실합니다. 무슨 비책이 있다기보다 결국 근본부터 다시 세워가는 정공법이 필요한 때 아닐까요. 무엇이 유권자의 등을 돌리게 했는지 하나하나 뜯어고치고, 보수가 지향해야 할 바람직한 가치들을 세우고 그런 개혁에서 대선에 대한 기대감도 다시 끌어 모으는 것이 가능할 겁니다. 부패와 기득권, 새누리가 가장 먼저 떨쳐내야 할 묵은 과제가 되어 있죠.

박시영 박근혜-최순실 게이트로 인해 공정 사회, 부패 척결에 대한 욕구가 커지면서 선명성을 보여준 대선 후보들이 책임감이나 안정감을 부각시킨 대선 후보들에 비해 주목을 더 받았고 지지도 역시 약진했습니다. 미국에서도 트럼프가 예상을 뒤엎고 승리했습니다. 기득권을 향한 분노가 '스트

롱맨'에 대한 강한 열망으로 표출되고 있습니다. 현상유지형 리더보다는 변화지향적 리더를 바란다는 메시지죠. 우리나라 다음 대선에서도 관리형 리더나 통합형 지도자보다는 과감하고 담대한 변화를 이끌 강력한 리더를 선호할 것 같습니다.

김지연 대선을 1년 앞둔, 아니죠. 조기대선을 기준으로 하면 5~6개월 정도 남긴 현재의 시점에서 여론조사로 측정되는 대선 후보 지지도가 얼마나 의미가 있다고 생각하세요?

박시영 큰 의미가 있다고 봅니다. 조기대선 일정 상 다양한 전략을 구사할 시간적 여유가 없기 때문입니다. 개헌 변수가 작동하지 않는다면 현 시점에서 볼 때, 문재인 전 대표, 반기문 총장, 이재명 시장, 안철수 전 대표 등 빅4 중에 한 명이 19대 대통령에 당선될 가능성이 높지만, 문 전 대표, 반 총장, 이 시장 등 세 명이 유력합니다.

2. 불안정한 구도
① 정계개편의 소용돌이

박시영 "새판 짜기?
　　　그 나물에 그 밥,
　　　식상하다,
　　　이제 그만해라"

이상일 "선거용 개편?
　　　보수는 생존을 위해
　　　개편해야 한다"

김지연 새누리당만 놓고 보면 현재 재창당 이야기까지 나오고 있는 것이 현실입니다. 야권에서도 대선까지 야3당 통합론이 지속될 것으로 보입니다. 실현가능성과는 별도로 제3지대론도 계속 나오고 있는 실정입니다.

일단 여권발 정계개편론에 대해 두 분의 생각을 들어보도록 하겠습니다.

이상일 저는 새누리당의 분화 가능성은 극히 희박하다고 봤습니다. 계파 갈등의 여진이 계속된다고 해도 야권이 분당된 것처럼 그런 식으로 나뉠 가능성은 적게 봤는데요. 그건 어느 계파든 탈당과 창당을 주도할만한 리더가 계파 내에 없기 때문이었습니다. 그런데 지금 해체와 재창당 정도의 논의가 되는 와중에도 친박 지도부가 저렇게 버티고 서 있어서 경우에 따라서는 어떤 식으로든 나뉘는 상황도 그려볼 수 있을 것 같아요.

새누리당 비박계는 당초 탄핵에 찬성하는 입장에 섰다가 박 대통령의 3차 담화 이후 태도를 바꿨죠. '정치권이 일정을 정해주면 물러나겠다'는 대통령의 언급이 있었으므로 여야가 협상해 대통령 퇴진 시기를 정하자는 쪽으로 선회하면서 친박과 비박이 잠시 의견을 모으는 것처럼 보였습니다. 하지만 정치권의 '기술적 접근'은 여론의 뭇매를 맞았고 결국 어마어마한 비판여론을 직접 목도한 비박계는 탄핵이 불가피하다는 쪽으로 다시 돌아섰습니다. 결국 탄핵안 표결이 이뤄지고, 비박계가 참석해 탄핵이 가결된다면 새누리당이라는 틀 안에서 친박과 비박이 그대로 함께하며 당을 재건하는 흐름은 만들기 어려울 겁니다. 어떤 식으로든 갈라설 가능성이 높아졌죠.

갈라서지 않는다면 비박계가 당내 주류로 서고 친박 핵심인물들이 축출되는 흐름으로 가게 될 겁니다. 대통령이 탄핵되면서 친박은 급속히 힘을 잃게 되리라 생각됩니다. 예상되는 수순은 친박 지도부가 결국 버티지 못하고 사퇴하면서 당이 해체 및 재창당을 하게 되고 그 과정에서 비박계 개혁적 인사들이 당의 전면에 나서는 형태가 되겠죠. 그런데 이게 시기가 있거든요. 연말 안에 그런 움직임이 본격화되어야 하는데 친박 지도부가 사퇴를 거부할 경우에 마땅한 방법이 없습니다. 당대표를 끌어내릴 수단도 없고요. 만약 시간이 많이 지체될 경우 역으로 친박계 일부만 남기고 새누리당 의원들 다수가 탈당 후 창당하는 극단적 고려도 있을 수 있겠죠. 현실적 판단은 친박 지도부 사퇴, 새누리당 해체, 재창당 수순이 유력해 보이지만요.

김지연 대선을 앞두고 새누리당 재창당의 동력은 아무래도 유력 대선후보인 반기문 총장을 빼고 생각하기 어려운 것 같습니다. 이 대표님은 반 총장의 행보에 대해 어떻게 전망하세요?

이상일 반기문 총장은 당분간 새누리당과는 거리를 둘 수밖에 없을 겁니다. 지금 UN에 몸담고 있는 상태로 당의 재창당을 주도할 수 없는 입장이고, 재창당이라고 하지만 어느 정도 당이 혁신되느냐도 봐야 할 거고, 또 당을 재건하는 그룹 입장에서는 대선 승리를 목표로 할 경우 반 총장 영입을 추진하는 세력도 있겠지만, 외부인사보다는 당이 스스로 자립해서 대선을 치러야 한다는 목소리도 있을 겁니다. 천신만고 끝에 재창당 수준의 개혁을 했다고 할 때 그걸 통째 외부 대선주자 영입에 가져다 바치는 게 말이 되느냐 하는 생각들도 있을 테니까요. 반 총장 자체는 지금 새누리당의 분화 등 그런 시나리오에는 큰 변수는 되지 못한다고 봅니다.

그렇지만 현 새누리당의 골격을 유지하면서 재창당에 나서든, 제3지대로 뛰쳐나온 보수정치인들이 새로 당을 창당하든 대선 과정에서 반기문 총장을 외면한 채 선거를 치러내기는 쉽지 않을 겁니다. 어떤 방식으로든 결국 보수 정당은 반기문 카드를 받아들인 후 선거를 치를 것으로 봐야 할 것 같습니다. 만약 새누리가 분당되는 사태로 치달을 경우 반총장으로서는 제3지대에 서서 탈당파와 결합할 가능성이 더 높겠죠.

박시영 조기대선이 거의 확정된 상태입니다. 만약 4월말~5월초 대선이 치러진다면 정계개편이 늦어도 2월까지는 완료되어야 합니다. 상당히 촉박합니다. 물론 지난 총선 때 안철수 전 대표가 이끈 국민의당 전례가 있는 만큼 불가능한 시간표는 아닙니다. 탄핵 정국으로 인해 여야 및 진보의 진영대결이 강화됐습니다. 이 때문에 정가에서 꾸준히 거론되어 온 친박과 친노를 제외한 모든 세력이 하나로 뭉치자는 주장의 설득력이 약화됐습니다. 개헌을 고리로 하는 정계개편 시도 역시 현실성이 높지 않다고 봅니다.

　탄핵소추안이 가결되면서 비박계가 분주해졌습니다. 이제 보수진영 재편은 불가피해졌습니다. 새누리당은 해체의 길로 접어들 겁니다. 상식적으로는 소수의 강성친박과 비박계 등 나머지 다수 세력이 결별하는 모습을 떠올리겠지만 그렇지 않을 수 있습니다. 끝까지 한 몸으로 같이 갈 수도 있고, '탈박 현상'은 일어나겠지만 친박계가 급속히 무너지지 않을 가능성도 있습니다. 만약 비박계 등 다수 의원들이 신당을 추진하여 여당이 쪼개지는 경우에도 새누리당에 잔류할 의원들이 50여명에 달할 수 있기 때문입니다. 20여 명의 강성친박 외에 17명의 비례대표, 박 대통령의 향수가 강한 일부 영남지역의 의원 등을 감안하면 50명 확보가 어려운 일은 아닙니다. 당에 잔류하면 565억 원에 달하는 새누리당의 막대한 재산이 본인들의 차지가 됩니다. 포기하지 않을 겁니다. 상황이 녹록치 않습니다. 친박계는 곧 바로 흩어지지 않을 것입니다. 결국 새누리당이 거의 반반 정도로 잔류파와 탈당파로 쪼개질 가능성이 높다고 봅니다.

　비박계가 신당을 만든다고 해도 대선에 실패하면 새누리당에 잔류한 친박계에게 대선 이후에 보수의 주도권을 빼앗길 수도 있습니다. 탄핵 정국에서 갈지자 행보를 보여 비박계의 신당 추진이 새 정치를 위한 정치적 결단 보다는 그저 살기 위해 몸부림치는 것으로 밖에 보이지 않기 때문입니다. 남경필 전 지사와 김용태 의원이 탈당했을 때 나 몰라라 한 집단이 바로 비박계입니다. 새누리당이 보수의 본류인데 불확실한 상황에서 먼저 뛰쳐나가 허허벌판에 새 집을 지을 필요가 없다고 본 거죠. 의리가 강한 집단은 아닙니다.

사실 탄핵 정국 이전만 하더라도 반 총장의 3지대 가능성은 높지 않다고 봤습니다. 정치경험도 전무하고 조직기반이 없고 검증국면에서 본인을 엄호해줄 현역들도 없는데 시베리아 벌판에 서겠다고요? 그렇지 않을 것으로 본 겁니다. 박근혜-최순실 게이트가 불거져서 3지대 선택지가 높아졌지만 결단이 쉽지 않을 것으로 봤습니다. 반 총장이 그 정도 배짱과 맷집이 없다고 본 거죠. 반 총장은 물론이고 비박들 역시 강단도 없고 승부사적 기질이 없기 때문에 3지대 신당 추진의 실현 가능성을 낮게 본 겁니다.

대선을 앞두고 정계개편의 유일한 변수는 반기문 총장의 행보입니다. 새누리당이 탄핵소추안 가결 이후 딜레마에 빠졌습니다. 국면을 타개할 묘책이 떠오르지 않아서 그렇습니다. 비박계가 주도권을 잡고 대통령 탈당시키고 강성친박을 축출하고 싶어 하겠지만 그들의 뜻대로 되지 않을 것 같고, 대통령 탈당이야 관철할 수도 있겠지만 강성친박의 출당 조치는 실패할 가능성이 높아서 고민이 깊어지고 있습니다. 대통령 친위부대로서 비난받을 인사들이지만 당 윤리위에서 제명시키거나 출당시킬 근거가 마땅치 않아서 걱정입니다. 그들이 잔류할 경우 신보수의 기치가 무색해질 것을 우려하는 것이죠. 반 총장이 이 정당에 합류할 수도 있겠지만 친박 색채가 남아 있어 그렇지 않을 수도 있다고 볼 겁니다. 반 총장이 썩은 동아줄을 부여잡지는 않으려고 할 테니까요. 그렇다고 비박계가 집단적으로 탈당하여 신당을 차린다고 해도 대선이 4자 구도로 전락하기 때문에 본선 승리가 불투명해져서 반 총장이 비박계 중심의 신당에 참여한다는 보장도 없는 상황입니다. 이래저래 골치가 아픈 상황입니다.

반기문 총장이 새누리당에 합류하지 않고 3지대에서 대선 도전을 한다는 전제가 있어야 새누리당의 분당 속도가 빨라질 것입니다. 그런 확신이 있어야만 비박계가 동반 탈당할 겁니다. 때문에 신당의 키는 비박계가 아니라 유력한 대선 후보인 반 총장이 가지고 있다고 봅니다. 반 총장은 신당에 손학규 전 지사, 정의화 전 의장 등 여타 세력을 끌어오려고 할 것입니다. 4자 구도 상에서 승리하려면 비박계만 가지고는 어림없다고 판단하고 판을 크게 그리려 할 겁니다. 하지만 안철수 전 대표 및 국민의당이 결합할 수 없는 만큼 새판 짜기의 파괴력은 크지 않다고 봅니다.

결국 정계개편의 중심에는 반 총장이 있는 것이고 반 총장을 간판으로 내세운 보수정당의 새 판짜기가 만들어질 가능성이 높습니다. 안철수 전 대표를 얼굴로 내세운 국민의당처럼 말이죠. 결국 호남정당에 안철수가 올라탔듯이 비박정당에 반기문이 올라타는 형태입니다. 이렇게 되면 국회 교섭단체가 네 곳으로 늘어나게 되고 대선이 4자 구도로 전개됩니다.

이상일 저도 기본적으로 박 부대표님의 분석에 동의하는 쪽입니다. 하지만 탄핵 정국으로 인해 새누리당 내 친박계와 비박계가 결국 같은 지붕을 이고 살 수 없는 상황으로 빠져들 가능성이 상당히 높아진 것 같습니다. 그렇게 된다면, 대선을 염두에 둔 정계개편 목적의 분당이나 탈당이 아니라 탄핵 이슈를 계기로 불거진 극한 대립이 만들어 낸 어쩔 수 없는 국면으로 이해하는 것이 맞다고 봅니다.

김지연 박 부대표님의 말씀은 새누리당의 분화는 성공가능성이 낮다는 뜻으로 들리는데요.

박시영 강성친박을 포함하여 새누리당이 흩어지지 않고 한 정당으로 뭉쳐있어도 대선에서 힘들겠지만 비박계와 반 총장이 뭉쳐 따로 살림을 차린다고 해도 본선이 4자 구도로 변해 승산이 낮을 것이라고 보는 겁니다.

비박계 중심의 신당 추진이 얼마나 명분이 있을지 모르겠습니다. 그들이 주창할 신보수의 가치가 얼마나 설득력이 있을지도 잘 모르겠습니다. 탄핵 정국에서 비박들이 보여준 실망감도 크고요. 세상을 담대하게 바꿀 비전을 제시한다면 모르겠지만 말이죠.

정당을 새로 만드는 것이 여간 어렵지 않습니다. 정당을 하나 만들려면, 첫째는 확실한 대선주자가 있어야 합니다. 승리가능성이 보여야 합니다. 둘째는 세력이 있어야 합니다. 지역기반이 탄탄하거나 합류 의원들이 많아야 되겠죠. 셋째는 창당 명분이 있어야 됩니다. 그래야 국민의 지지를 모아 낼 수 있기 때문이죠. 넷째는 정치노선과 지향하는 가치가 분명해야 합니다. 기성 정당과 차별화가 되어야 하는 거죠. 다섯째는 막대한 자금이 확보돼 있어야 합니다. 이러한 조건들이 충족돼야 창당을 단행할 수 있는데 반 총장과 김무성 전 대표 등이 고민이 많이 될 겁니다.

국민의당이 총선에서 선전하니까 너도 나도 3지대를 말하는 것 같은데, 이재오 전 의원, 정의화 전 의장, 손학고 전 대표, 김종인 전 대표 등 앞장서는 분들은 모두 노욕에 사로잡힌 노 정객들입니다. 지금으로서는 비박계가 탈당해 반 총장과 함께 제3지대 신당을 추진하는 것이 정계 개편의 유일한 시나리오 같습니다. 비박계는 탄핵 정국에서 좌고우면했고 소신 없는 모습으로 일관했습니다. 상식 있는 행동을 기대했던 국민들을 저버렸습니다. 그들 역시 박근혜 게이트의 부역자에 다름 아님을 각인시켜 줬습니다. 남경필 지사와 김용태 의원이 탈당할 때 함께 했어야 하는데 김무성 전 대표와 유승민 의원 등이 당 잔류를 선언하면서 보수진영 전체가 나락의 구렁텅이로 빠져버렸습니다. 정계 개편 가능성은 커졌지만 기대는 줄었습니다.

최근 일각에서는 손학규 전 대표, 정의화 전 의장, 이재오 전 의원, 김종인 전 대표 등이 반기문 총장과 함께 신당을 추진할 수 있다는 전망도 나오고 있습니다. 이 시나리오는 성사 가능성이 낮다고 봅니다. 이원집정부제나 내각제 개헌을 전제로 한 정계 개편 시나리오이고 반 총장이 결합된다는 전제 하에 그리는 신당 모델이기 때문입니다. 개헌 가능성은 조기대선으로 거의 사라졌다고 봐야 합니다. 반 총장도 위에 거론된 분들보다는 그래도 비박계에 올라타는 것이 본인에게 더 유리할 것이라고 볼 것입니다. 따라서 이러한 시나리오도 상상 속의 그림에 불과할 것 같습니다.

물론 개헌을 접고 반 총장에게 몸을 의탁하는 노 정객들도 나올 것으로 보입니다. 다른 한편으로 국민의당이 중심이 되는 정계 개편 시나리오가 있었습니다. 박지원 비대위원장이 끊임없이 모색해 보겠지만 이 역시 쉽지 않습니다. 촛불민심이 가로막고 있기 때문입니다. 김무성 전 대표와 박지원 비대위원장의 꼼수가 드러나 뭇매를 맞기도 했습니다. 명분이 없기 때문입니다. 급기야 박 비대위원장이 새누리당과는 연대하지 않겠다는 공개선언을 하는 상황까지 몰렸습니다. 설령 손학규 전 대표와 정의화 의장 등의 세력과 국민의당이 통합한다고 해도 그 당의 위세가 민주당을 위협할 정도로는 못 됩니다. 물론 반 총장이 거기에 합류하면 상황이 달라지겠지만요. 그러나 그럴 일이 있을까요? 비박계가 불참하는데 반 총장 혼자 거기에 몸담지는 않을 겁니다. 낡은 이미지만 더덕더덕 형성될 테니까요. 경로당 잔치하는 것도 아니고요.

김지연 최근 분위기는 박 대통령 탈당이 기정사실화 되는 것 같습니다. 친박이 미는 대선후보가 새누리당 후보로 옹립되기 어려운 상황에서 친박 일부가 탈당해서 새로운 정치세력을 만들 가능성은 없나요?

이상일 박 대통령이 정치적 영향력이나 인기가 살아 있는 상황이라면 그런 시나리오도 가능할 수 있었겠죠. 하지만 지금은 최순실 사태로 인해 대통령이 탄핵되고 퇴임 후에는 수사와 재판이 예정된 상태입니다. 실정법 위반 혐의를 벗어난다 하더라도, 국민적 신망을 모두 잃은 퇴임 후 박 대통령과 친박이 정치적 세력을 유지한다는 건 불가능한 가정이구요. 친박도 당장 박 대통령의 호위대를 자처하며 버티고 있지만 결국 대통령이 탄핵되고 그게 헌법재판소에서 확정되는 순간 소멸되는 운명에 처하지 않을까요.

김지연 하나만 더, 만약 반기문 총장이 새누리당리에 들어가지 않고 충청을 베이스로 하는 정당을 만들 경우 새누리당 내 충청지역 의원들이 탈당할 가능성은 어떤가요?

이상일 현실적인 가정은 아닙니다만, 반 총장이 충청기반 정당을 만들어 대선에 나선다면 충청지역의 일부 의원들은 탈당할 가능성이 있죠. 그때 탈당파는 친박계로 규정되는 것보다는 충청 대망론에 동조해서 정치적 힘을 유지하려는 지역 중심의 탈당일 가능성이 높고요. 물론 반 총장을 돕기 위해 개별적으로 탈당하는 인사는 지역을 떠나서 일부 있을 수 있다고 봅니다. 정진석 원내대표처럼 반기문 대망론에 본인의 정치행로를 맡겨보려는 그룹이 있을 수 있죠.

김지연 알겠습니다. 다음은 야권발 정계개편론에 대해 질문하도록 하겠습니다. 어떤 변수가 있을까요? 박 부대표님?

박시영 야당 변수는 네 가지 측면인데, 하나는 '손학규 변수'가 있고요. 다른 하나는 '김종인 변수'가 있어요. 그리고 '안철수 변수'가 있고 마지막으로는

'박영선 등 비노 변수'가 있겠지요.

먼저 손학규 변수부터 살펴보죠. 손학규 전 대표가 탈당했는데 민주당 내 동조 탈당의원의 규모가 관심사였죠. 손학규 전 대표의 직계의원들이 10명~15명 정도 되는데 이 중 이찬열 의원 한 명만이 탈당했습니다. 이렇 듯이 손 전 대표의 동력이 크게 약화되었습니다. 호남에서 지지가 생각보 다 오르지 않고 있어 고민이 깊습니다. 개헌을 화두로 큰 그림을 그렸지만 박근혜-최순실 게이트로 개헌이 묻혔고 책임총리 물망에 오르나 싶었는 데 자가 발전해 모양만 우스워졌습니다. 민주당은 손 전 대표의 총리직을 선호하지 않습니다. 탈당의 앙금도 있지만 개헌 추진 우려 때문입니다. 반 총장과의 결합을 기대하겠지만 반 총장이 손학규 세력보다는 비박계를 더 선호할 것으로 보여 신당에 탑승해도 주도권을 잡지 못할 것 같습니다.

둘째, 김종인 전 대표는 개헌을 매개로 이원집정부제나 내각제를 통해 본인이 총리직을 맡겠다는 구상을 그린 것 같습니다. 욕심이 많은 분입니 다. 문 전 대표와 관계가 멀어져 반문재인의 선봉장 역할을 하고 있습니 다. 손학규 전 대표 등과 개헌을 매개로 정계 개편을 시도하려고 하나 동 력이 붙지 않고 있습니다. 국민들이 대선 전 개헌을 추진하는 것에 동의하 지 않고 있거든요. 대선후보 중에 문재인 전 대표와 안철수 전 대표가 대 선 전 개헌에 소극적입니다. 그 중 문 전 대표를 타깃으로 '반문재인' 구도 를 짜려고 안간힘을 쓰고 있습니다.

박시영 지난 10월 24일 박근혜 대통령이 최순실 사건을 은폐하고자 개헌을 들고 나오자 김종인 전 대표가 쌍수를 들고 환영했는데 차기 권력이 본인 눈앞에 어른거렸을 겁니다. 기쁨이 채 하루도 못 갔습니다. 김 전 대표 역 시 책임총리 후보로 물망에 올랐으나 민주당 내 비판정서가 워낙 높아 불 가합니다. 국민의당도 총선 때의 앙금으로 김종인 전 대표에 대해 우호적이지 않습니다. 탄핵 정국이 불거지면서 박근혜 대통령 당선의 일등공신인 김 전 대표의 입지는 크게 줄었습니다. 역사와 국민 앞에 석고대죄 해야 할 입장입니다. 그런 상황에서 반성하지 않은 채 뻔뻔하게 언론에 대고 이러쿵저러쿵 하는 걸 보면 울화가 치밉니다. 저만의 생각일까요? 이런 이유들 때문에 내년 대선에서 김 전 대표의 역할은 매우 제한적이라고 봅니다.

셋째, 안철수 변수죠. 안철수 전 대표 스스로가 차기 대선에서 반드시 승부를 보려고 하는 것 같습니다. 국민의당 후보로는 단독 집권이 불가하다고 알고 있어서 어떻게든 판을 흔들어 보려고 시도하는 것 같습니다. 손학규 전 대표, 안철수 전 대표, 박원순 시장('손안박 연대'), 이 셋이 뭉쳐서 야권 내 반문재인 진영을 규합하고 경선을 통해 한 명이 후보를 선출해야 한다는 시나리오가 여의도에서 나돌았지만 소문에 그쳤습니다. 박 시장이 민주당 경선 참여를 기정사실화 했거든요. 안 전 대표 입장에서는 손 전 대표에게 러브콜을 보냈다가 거부당했고 최근에는 정권퇴진투쟁을 매개로 박 시장과 공동보조하며 판을 다시 흔들어 보려고 하나 대중의 관심이 모아지지는 않았습니다. 이재명 시장이 치고나가고 문 전 대표가 퇴진투쟁에 적극 나서면서 안 전 대표의 존재감이 약화될 수밖에 없었습니다.

안철수 전 대표는 분명 움직일 겁니다. 국민의당 울타리만 부여잡은 채 고사당하려고 하지 않을 겁니다. 대선 불임정당은 의미가 없기 때문에 국민의당을 창조적 파괴하고 3지대 선택을 할 수도 있다고 봅니다. 손 전 대표 등의 3지대 정당이 출현하면 그 당과 국민의당이 합당을 시도할 수도 있을 겁니다. 박근혜-최순실 게이트 변수가 없었으면 안 전 대표가 반기문 총장과 연대하여 3지대 신당을 함께 만들 수도 있었을 겁니다. 안 전 대표의 권력의지가 강해 다양한 시나리오가 여의도 정가에 난무하고 있습니다.

사실 국민의당은 새누리나 민주당이나 유리한 쪽에 붙을 수 있는 캐스팅보트로서의 위치를 점하고 있잖습니까? 그런데 박근혜-최순실 게이트로 새누리당과의 연대는 물 건너갔다고 봐야 합니다. 호남은 물론 국민이 용납하지 않기 때문입니다. 제3지대에서의 반 총장과의 연대도 어려워졌습니다. 반 총장이 친노와 친박 등 양극단을 배제하자는 안 전 대표의 평소 지론에 부합하는 인물인지 논란이 지펴질 겁니다. 일치하는 면도 있겠지만 박근혜 대통령의 아바타이며 친박계가 밀던 후보인데 국민들이 납득할까요?

따라서 국민의당의 선택지는 크게 3가지일 것 같습니다. 민주당과 통합 또는 연정을 시도하는 방안과 손학규 전 대표 등과 소통합에 나서는 방안, 그리고 독자행보로 본선에서 승부를 보는 방안, 이 3가지 중에 하나가 선택지가 될 것입니다. 새누리당이 고꾸라지면 야야 대결이라는 말도 나오니까 달콤한 속삭임에 현혹될 수도 있겠죠.

안 전 대표의 지지도가 크게 오르지 않는 한 국민의당 중심은 박지원 의원입니다. 차기 당대표가 유력한 박지원 의원은 정권교체를 위해 승부수를 띄울 겁니다. 박지원 의원이 DJ유훈을 내세워 국민의당과 더민주 통합을 추진해 안 전 대표를 통합정당의 원-샷 경선에 뛰어드는 그림을 그릴 수도 있습니다. 조기대선 때문에 시점 상 현실성은 낮지만 가장 성공 가능한 카드로 보입니다. 민주당 내 비노를 규합한 후 박원순 시장 등과 연대하여 결선투표를 이끌어내고 결선투표에서 안 전 대표든, 박 시장이든 문재인 전 대표를 꺾자고 맹약을 할 수도 있는 거 아니겠습니까? 정치는 생물이니 모를 일입니다. 다자구도에서는 문 전 대표가 안 전 대표를 10%p 이상 앞서기 때문에 승산이 희박하지만 결선투표제를 매개로 한다면 상황이 달라질 수 있습니다. 안 전 대표를 설득할 수도 있을 겁니다. 이 방안이 국민의당과 안 전 대표가 승부를 걸어볼 만한 최적의 시나리오라고 봅니다. 따라서 박지원 의원은 문재인 전 대표를 집요하게 공격하면서도 민주당의 다른 대선후보와는 우호적인 관계를 갖고자 노력하겠죠.

통합이 아닌 연정을 매개로 국민의당이 더민주에게 후보단일화를 추진하자고 제안할 수도 있다고 봅니다. 정당은 집권을 위해 존재하는 집단이어서 그렇습니다.

넷째는 박영선 등 비노 변수인데, 이들은 독자적으로 움직일 힘이 없기 때문에 관망하면서 안 전 대표, 박지원 의원의 흐름을 주시할 것입니다. 하지만 박근혜-최순실 게이트 여파로 민주당의 집권가능성이 더 높아졌기 때문에 과거처럼 대놓고 문재인 전 대표를 흔들지는 못할 겁니다. 촛불민심이 정권교체를 간절히 원하는데 만약 정권교체에 역행하는 행동을 벌이면 국민들이 가만히 놔두지 않을 것임을 알고 있을 겁니다. 본인들의 정치인생 또한 끝난다는 것을 직감적으로 알고 있을 겁니다.

2. 불안정한 구도
② 여의도에 갇힌 개헌

박시영 "개헌은
　　　만병통치약이
　　　아니다,
　　　차기 정부에
　　　넘겨라"

이상일 "시대적 요구가 된
　　　개헌,
　　　정치적 이해 떠나
　　　개헌논의 문 열어야"

김지연 지난 10월 말 박근혜 대통령은 국회 시정연설에서 개헌을 하겠다고 발표했습니다. 하지만 잇달아 최순실 게이트가 폭로되면서 동력을 완전히 잃어버린 것으로 보입니다. 그럼에도 여전히 일부 대선후보와 정치인들이 개헌에 관심이 있는 것도 사실입니다. 권력구조 방향은 대통령 4년 중임제와 이원집정부제 혹은 내각제에 대한 선호로 나눠지고 있는데요. 두 분이 생각하시는 개헌 필요성이나 바람직한 권력구조 방향에 대해서 간단하게 말씀해 주시고, 내년 대선에서 어떤 쟁점이 될 수 있는지 의견을 들어보고 싶습니다.

박시영 10월 초순부터 개헌에 대한 청와대의 기류가 변했다는 이야기가 여의도에 돈 적이 있습니다. 공교롭게 최순실 비리의혹이 제기되었던 시점과 일치합니다. '박근혜-최순실 게이트'가 점입가경에 이르자 마침내 10월 24일 박근혜 대통령이 전격적으로 개헌 카드를 칼집에서 꺼내 들었습니다. 그 동안 개헌을 '블랙홀'이라고 터부시하던 대통령이 궁지에 몰리자 꺼내 든 것입니다.

명백한 국면전환을 위한 꼼수이자 정권연장 음모입니다. 정상적인 방법으로는 재집권을 할 힘이 없다고 판단되니까 개헌을 들고 나온 겁니다. 의도가 대단히 불순하고 정략적입니다. 대통령이 야당을 분열시키고 이완된 여권 지지자들을 결속시키는 데 이만한 카드는 없다고 판단한 거죠. 이뿐만 아니라 대통령의 정국주도권이 커져 레임덕 방지라는 부수 효과도 따라옵니다. 절묘한 시점에 터트렸고 야권은 급소를 찔린 듯 허둥댔죠. 대통령의 승부수가 통하는 듯했습니다.

정세균 의장, 원혜영 의원 등 정치적 소신을 갖고 개헌을 추진한 분들도 많이 계시지만 권력 창출을 위한 도구나 본인들의 정치적 입지를 위한 수단으로 개헌을 들고 나오는 정치인들도 아주 많습니다. 대통령의 개헌 제안에 대해 정치권 '합종연횡'을 기대하며 김종인 전 대표, 손학규 전 대표, 박지원 비대위원장 등이 반색했습니다. 그러나 만 하루도 못 가 대통령의 개헌 시도는 산산이 깨졌습니다.

JTBC의 최순실 국정농단 특종보도 한 방으로 상황이 종료됐습니다. 타이밍이 기가 막히게 딱 떨어졌습니다. 온 국민은 분노했고 이번 개헌의 목적이 최순실 게이트를 덮고자 한 것임을 다들 깨닫게 된 거죠. 최순실 블랙홀을 개헌 블랙홀로 바꾸겠다는 대통령의 의도와는 정 반대로 개헌 블랙홀이 최순실 블랙홀로 바뀐 겁니다. '최순실 개헌'은 그렇게 하루를 넘기지 못한 채 용도폐기의 길을 걸었습니다. 박근혜-최순실 게이트로 개헌이 완전히 물 건너갔다고 봤는데, 다 죽어간 개헌을 또 다시 만지작거리고 있습니다.

그러나 황교안 체제로 조기대선까지 갈 가능성이 높은데 권한이 제한된 황 총리가 개헌 드라이브를 걸지 못할 것으로 봅니다. 현실적으로 보면 정권퇴진투쟁의 파고가 높은 상황이고 앞으로 대통령의 특검 조사가 이뤄지기 때문에 내년 봄까지 개헌이 국민적 관심사로 부각되지는 못할 것입니다. 그러나 이번 박근혜-최순실 국정농단 사례가 '5년 단임 대통령제'의 제도적 폐단이라고 호도하면서 보수언론과 개헌파들이 어떻게든 개헌 국면을 끌어가 보려고 할 것입니다.

조기대선이 실시되면 각 당의 경선이 2~3월부터 준비될 것입니다. 현실적으로 개헌은 불가합니다. 촉박한 시일 안에 권력구조 방안에 대한 선호가 제각각인데 이를 단일 안으로 모아내기가 우선 불가능합니다. 또한 국회가 주도하려면 3당이 모두 개헌에 적극적이어야 하는데 민주당은 국민 여론을 충분히 수렴한 후 단계별로 나서겠다는 입장을 보이고 있어 개헌 추진 동력이 약화되었습니다. 유력 주자인 문재인 전 대표가 대선 전 개헌에 부정적입니다. 대선 후보가 반대하면 현실적으로 성사되기 어렵습니다.

한편 국회가 개헌을 주도하게 되는데 개헌파였던 정세균 의장이 현 정권 임기 내에서는 개헌이 불가능하다는 쪽으로 방향을 잡은 것 같아서 현실적으로 개헌 드라이브가 걸리기 더 어렵게 됐습니다. 결국 대선후보가 대선공약으로 제시하고 차기 정부 임기 초반에 추진하는 것이 현실적 대안이라고 봅니다.

이상일 어느 정권, 정파의 입장을 떠나 정말 개헌이 필요하다는 게 개인적인 생각이라 참 안타깝네요. 대통령마다 임기 말이 되어서야 개헌 이야기를 하고, 차기 주자들은 대선에 변수가 될까봐 개헌에 부정적인 상황이 반복되고 있습니다.

결론부터 말하면 박 대통령이 제안한 임기 내 개헌은 물 건너갔다고 봐야겠죠. 최순실 사태가 없었더라도 정부가 주도한 개헌안이 국회를 통과할 가능성은 극히 적었다고 봅니다. 그게 중임제든 이원집정부제나 내각제든 상관없이요. 마지막 변수는 반기문 총장이 귀국하면서 개헌론을 들고 왔을 경우, 정치적으로는 대선 국면에서 조기 개헌에 반대하는 문재인과 개헌을 요구하는 다른 대선주자들이 대립하는 상황이 전개될 가능성이 있다고 봅니다. 대선주자 1,2위가 개헌을 놓고 대립하는 형국이 될 테니까요. 만약 안철수 전 대표까지 개헌 필요성에 동조한다면 대선이 개헌 찬성 그룹과 개헌 반대 대선주자가 대립하는 문(문재인) 대 반문(개헌파) 구도를 만들 가능성도 있다고 봐야죠.

그럼에도 불구하고 조기대선이 치러지게 될 것으로 보여 당장 개헌이 성사될 가능성은 없다고 봅니다. 앞서 박 부대표님이 언론 등이 최순실 사태의 본질이 제왕적 대통령제에 있다는 양 호도했다고 말씀하셨는데요. 저도 최순실 게이트가 대통령제라는 제도 때문에 벌어진 것이라고는 보지 않지만 제왕적 대통령제가 이런 사태를 가능케 한 측면은 분명히 있다고 봅니다. 꼭 최순실 문제가 아니더라도 이미 5년 단임 대통령제의 폐해는 드러날 만큼 드러나서 어떻게든 개헌 논의가 계속돼 안정적인 국정운영과 권력에 대한 견제가 가능한 형태로 개헌이 이뤄졌으면 싶은데요. 아무래도 대선 이전에 개헌이 이뤄지기는 쉽지 않을 것 같습니다. 개인적으로는 안타깝습니다.

김지연 오래전부터 정치권에서는 개헌의 필요성에 대한 말이 많았습니다. 특히 선거전후로 활발했죠. 하지만 논의만 많이 되고 제대로 시도된 적은 없었던 것 같습니다. 그렇다면 과연 지금 시점에서 개헌이 물리적으로는 가능할까요?

박시영 우리나라 헌법은 경성헌법입니다. 개정할 수 있는 조건을 까다롭게 만들어 놓은 헌법입니다. 정권이 자의적으로 헌법을 뜯어 고치지 못하게 할 목적에서 그렇게 만든 겁니다. 지금의 헌법은 '87년 민주항쟁을 통해 시민들의 힘으로 쟁취해낸 헌법입니다. 개헌 절차를 살펴보겠습니다. 헌법 제128조 1항에 따라 국회의원 재적 과반수 또는 대통령의 발의로 개헌을 제안할 수 있습니다. 따라서 국회의원 300명 중의 151명의 발의가 있으면 가능하므로 개헌에 동조하는 국회의원이 현재 많으므로 개헌을 발의하는 것은 가능할 것 같습니다. 대통령이 발의할 권한도 있으니까요. 그러나 국회가 발의하려면 여야 합의로 개헌 특위를 만들어야 하는데 특위 위원장 선임부터 힘겨루기가 시작될 겁니다.

또 다른 난점은 개헌안을 만들어 내야 하는데 권력구조와 임기단축 문제가 매우 어려운 고차 방정식입니다. 권력구조만 하더라도 4년 중임제, 내각제, 분권형 대통령제(이원집정부제) 등 대선후보나 정치인마다 선호하는 방식이 다 다릅니다. 이해관계가 틀리고 정치적 소신도 다르기 때문이죠.

개헌 시기도 내년 4월 재보선 때 하자는 주장과 대통령선거 때 하자는 주장과 차기 대통령이 개헌을 공약으로 내세우고 차기 정부 임기초반에 하자는 주장이 맞서고 있습니다. 이렇듯 개헌 방식이나 시기 등에 대해 제각각입니다. 그래서 시작은 쉽지만 풀기는 어려운 게 개헌이라는 말이 나오나 봅니다.

현재 국민의 다수가 대선 전 개헌에 동의하지 않습니다. 반 총장 등이 개헌을 정략적으로 들고 나올 가능성은 있지만 국민적 동의를 구하지 못할 겁니다. 정치권에 처음 발을 딛는 사람이 개헌부터 들고 나오는 것은 반총장의 이미지 및 선거 전략 측면에서도 좋지 않을 것으로 봅니다.

이상일 이미 노무현 전 대통령 재임기부터 이명박 전 대통령, 그리고 현재 박대통령까지 세 번의 대통령이 모두 임기 말에 개헌을 이야기했습니다. 그분들도 자신이 대통령이 되기 직전에 전임 대통령이 제안한 개헌에는 부정적이었지만요. 그런 면들을 본다면, 차기 대선레이스와 별개로 지금 대선주자들이 개헌에 대해 전향적으로 좀 입장을 바꿨으면 하는 바람이 있습니다. 국가를 좀 더 안정적으로 운영할 수 있는 틀이 필요한 때가 지났고, 그렇다면 개헌을 추진하고 개헌의 적용시기든 뭐든 그런 부분들은 충분히 정치권에서 논의해 대안을 마련할 수 있지 않을까요. 반복되는 개헌 불발사는 우리나라 전체를 봤을 때 비극적인 현상이라는 생각이 드네요.

특히 대선주자로 1위를 달리고 있는 문재인 전 대표나 안철수 전 대표에 대해서는 그런 면에서 좀 실망스럽습니다. 평소 개헌이 필요하다는 입장은 밝혔으면서도 지금은 전혀 다른 태도를 보이고 있죠. 최순실 게이트이후에 개헌이 마치 국면전환용 꼼수거나 정계개편을 노린 정치적 술수처럼 매도하고 있는데, 어차피 조기대선에서 대선 전 개헌이 불가능하다면 개헌에 대해 그렇게 무조건 막고 나설 게 아니라 평소 생각한 개헌은 어떤 방향인지 어떤 내용으로 언제 개헌을 하자는 것인지 밝히며 오히려 개헌론을 주도해 가는 것이 정도라고 생각합니다. 무조건 대선 전에 변수를 만들면 안 된다, 그런 각도에서만 개헌을 바라보니까 과거와 똑같이 대선 유력주자가 개헌을 반대하고 자신이 집권하면 초기에 여러 새로운 일들을 하느라 개헌은 뒷전으로 미루고 임기 말이 되어서야 개헌을 이야기하는 상황이 반복되는 것 아닐까요? 개인적 유불리 문제에서 벗어나 정말 중요한 사안에 대해서는 좀 당당하게 대응하는 대선주자가 보고 싶은데 여든야든 아직 그런 기대를 충족시켜주는 사람은 잘 보이지 않네요.

김지연 좀 전에 말씀드린 바와 같이 박 대통령이 제안한 개헌 시도는 물 건너 간 것으로 봐야겠지요? 두 분 모두 같은 생각이신 것 같던데요.

박시영 결론적으로 말하면 현 정권 내 개헌 시도는 실패할 것입니다. 국면전환이나 정계개편 등 정치적으로 재미를 볼 수도 있었겠지만 박근혜-최순실 게이트로 인해 모든 게 수포로 날아갔다고 봅니다.

문재인 전 대표나 안철수 전 대표 모두 개헌에 대한 소신을 이미 밝힌 바 있습니다. 다만 대선 전에 권력구조에 대한 국민적 공감대를 모으기에는 현실적으로 시간이 촉박하고 탄핵 동력을 떨어트린 다는 점을 들어 반대하고 있는 겁니다. 정치권이 좀 더 솔직해져야 합니다. 이번 박근혜 게이트가 사람 문제가 더 크지 제도 탓이 더 큽니까? 제도를 바꿔야 하는 측면도 있지만 마치 모든 것이 권력구조의 탓으로 돌리는 행위는 참으로 무책임한 주장입니다.

박근혜-최순실 게이트가 일어나지 않았다고 하더라도 개헌 시도는 실패했을 겁니다. 본질적으로 아래로부터의 국민적 요구가 분출되지 않는 개헌은 대단히 어렵기 때문입니다. 특히 현 시점에서의 개헌은 '갈등 봉합형'이 아닌 '갈등 유발형'입니다. 그 의도가 어떻든 매우 정략적일 수밖에 없고 실현 가능성도 매우 낮습니다. 개헌의 둑이 다시 터질 수 있지만 여야 모두 각론으로 들어가면 '동상이몽'입니다. 권력구조 방안의 이견으로 국회 단일안을 도출하지 못할 겁니다. 개헌은 정치권의 의제이지 현 시점에서 국민의 의제는 아닙니다.

그러나 새누리당 입장에서는 또 다시 개헌을 고리로 판을 흔드는 것이 유리하다고 봐서 어떻게든 책임총리를 앞세워 개헌을 시도할 것입니다. 갈등이 커진 친박계와 비박계를 봉합시킬 수 있는 최적의 방안이기도 하니까요. 개헌 이슈를 중심으로 여권이 '국가 개조'라는 명분을 들고 보수 혁신, 국가 혁신을 주장하고 나올 수는 있겠지만 국민들이 믿지 않을 겁니다.

정국주도권은 야권에게 넘어가 있는데 가장 강력한 축인 민주당이 반대하고 있고 정권 퇴진투쟁, 대통령의 특검 수사가 놓여 있는 정치상황에서 아무리 정부여당이 개헌을 들고 판을 흔들려고 하더라도 좌초될 것이다. 저는 그렇게 봅니다.

이상일 박 대통령의 개헌 제안에 대해서도 꼭 그걸 임기 말 대선판 흔들기나 최순실 사태 벗어나기용으로만 볼 건 아닌 것 같습니다. 대통령의 개헌 제안 이전에 이미 국회의장부터 여야 정치권 내 다수가 개헌 필요성을 이야기 했었잖아요. 오히려 현 대통령이 개헌에 부정적 입장을 보여서 논의가 본격적으로 전개되지 못한 것이지요. 지금은 박 대통령이 어떤 정치적 의도를 갖고 개헌판을 주도할 수 있는 입장도 아닙니다. 정말 나라를 이끌어 갈 꿈이 있는 대선주자들, 특히 앞서고 있는 문재인, 안철수 같은 분들이 오히려 개헌을 적극적으로 다뤄간다면 차기 대통령선거 승부와 별개로 정치적으로는 정말 큰일을 하나 해내는 게 될 텐데요.

김지연 만약 개헌이 추진된다면 바람직한 권력구조는 무엇이라고 생각하세요? 정치인과 국민들의 생각이 다르죠?

박시영 국회의원들은 개헌의 필요성에 대해서는 동의합니다. 의회권력이 대체로 강화되기 때문이죠. 특히 '내각제'나 '분권형 대통령제'는 더 그렇습니다. 김무성 전 대표, 손학규 전 대표, 김종인 전 대표 등이 대표적으로 선호하죠. 국민들은 의원내각제보다는 '4년 중임제'와 '분권형 대통령제'를 더 선호합니다. 반면 국회의원들은 국민들보다는 내각제 선호 의향이 높습니다.

국회의 권한이 강화되는데 어느 국민이 동의할까요? 국회에 대한 신뢰도가 완전 바닥인 상황에서 말이죠. 국회 신뢰를 회복하지 않은 상태에서 내각제와 분권형 대통령제를 받아들일까요? 국민들은 국민의 손으로 대통령을 뽑고 싶은데 믿지 못하는 국회의원들에게 그 일을 대신 맡기고 싶어 하겠습니까? 국민들은 4년 중임제를 선호하는데 개헌파들이 내각제나 이원집정부제를 자의적으로 추진하면 국민들이 가만히 있겠습니까? 이론상 이원집정부제가 이상적이고 좋은 제도임에도 불구하고 대한민국이 처한 상황에서 국민들이 받아들이기에는 상당히 어려울 것입니다.

이상일 저는 내각제나 이원집정부제에 대해 정치가 불신 받는 상황에서 국민이 그걸 좋아하겠느냐는 문제도 지엽적인 것이라고 봅니다. 만약 내각제나 이원집정부제로 가려면 그에 걸맞는 국회나 내각에 대한 국민의 견제권도 함께 강화되어야죠. 제대로 일을 못하면 내각을 불신임하든 국회를 불신임하든 국민이 선거 이외에도 권력에 대해 충분히 견제할 수 있는 장치가 같이 마련된다면, 국민이 내각제나 이원집정부제를 거부할 이유도 없다고 봅니다. 지금같은 구조를 그대로 두고 통치구조만 바꾼다고 생각하니까 내각제가 안 될 거다, 이원집정부제가 안될 거다 하는 거지 본격적으로 논의만 한다면 충분히 가능한 내용을 만들어 낼 수 있다고 봅니다.

그런 틀을 만드는 주체가 국회고 정치권이 스스로 자신들을 옭아매는 국민견제권 강화 같은 것은 잘 도입하려 하지 않을 테니 그게 문제인 거죠. 정말 국가와 국민을 위해 정치를 하는 정치인이 좀 많아야 하는데 참 아쉽습니다. (웃음)

김지연 일부에서는 총선과 대선의 선거 주기를 일치시키는 개헌을 하자는 주장도 있는데요.

박시영 대통령의 임기를 단축해서 2020년에 총선과 대통령 선거 주기를 일치시키자는 주장에 대해 긍정적인 측면도 있지만 상당히 위험한 발상일 수도 있습니다. 학자들 간의 입장도 찬반으로 첨예하게 갈립니다.

대선과 총선을 동시 선거하면 한 정당이 싹쓸이를 하게 될 텐데 이를 긍정적으로 보는 사람도 있고 부정적으로 보는 사람도 있습니다. 책임 있게 일할 수 있는 여건이 충족된다는 시각과 정권을 견제할 기능이 약화된다는 시각이 맞서고 있습니다. 신중하게 따져봐야 합니다.

3. 무당파와 중도의 실체
① 고민이 깊어지는 무당파

박시영 "무당파의
정권교체 선호는
촛불민심이 준
선물"

이상일 "야권주자들
무당파 흡수 못해,
대선 표심은
다를 것"

김지연 지금부터는 무당파에 대해 얘기를 나눠보도록 하겠습니다. 지지정당이 없다는 측면에서 진보와 보수 중간에 끼어 있는 '중도'와 비슷한 특성을 보이기도 하지만, 엄밀하게는 다른 개념인데요.

박시영 무당파를 분류하면 세 가지 부류가 있습니다. 원래부터 무당파인 '순수 무당파'와 특정 시기에 지지정당에서 이탈한 '여당 이탈층'과 '야당 이탈층'이 있습니다. '순수 무당파'는 정치혐오증을 가진 정치무관심층인 분들로 상대적으로 투표 의향이 낮고 실제 투표율도 떨어집니다. 따라서 선거에 미치는 영향이 제한적입니다. 하지만 '여당 이탈층'이나 '야당 이탈층'의 투표율은 여야 '고정 지지층'보다는 낮지만 대선처럼 큰 선거에서의 투표율은 높기 때문에 차기 대선에서 승리하려면 이들 표심이 중요합니다. 무당파의 세력분포는 정확히 분석해보진 않았지만 '순수 무당파'가 50% 정도 차지하는 것으로 보입니다. 나머지는 여야 이탈층이 섞여 있는 것으로 분석됩니다.

김지연 정리해 보면, 무당파는 순수 무당파와 스윙보터(swing voter: 미결정 투표자)로 나눌 수 있겠습니다.

다음은 우리 조사에서 과거 투표여부를 기준으로 분석한 표인데, 순수 무당파와 비슷한 개념인 기권층이 25.2%, 스윙보터가 22.2%로 나타났습니다. 이 계층의 볼륨은 당연히 특정 시기별로 변화하는데요. 두 분께서는 최근 기준으로 이 계층의 볼륨이 어느 정도라고 추정하세요?

박시영 국민의당의 출현으로 무당파 규모가 30% 정도로 축소된 것 같습니다. 과거에는 40%에 육박할 때도 있었거든요. 선거 시기가 다가오면 무당파 규모가 줄어듭니다. 대개 20% 수준까지 떨어집니다. 여야 이탈층 중에

[유권자 지지층 분류 분석]

단위(%)		사례수	진보지지층	보수지지층	기권층	스윙보터(부동층)	계
전체		(1,200)	28.6	23.9	25.2	22.2	100.0
연령별	19-29세	(210)	29.2	6.4	45.7	18.7	100.0
	30대	(215)	38.5	13.8	23.0	24.6	100.0
	40대	(253)	35.8	20.3	21.9	22.0	100.0
	50대	(255)	25.9	29.7	21.6	22.8	100.0
	60세 이상	(267)	16.2	43.7	17.5	22.6	100.0
지역별	서울	(238)	26.1	24.6	27.8	21.4	100.0
	인천/경기	(355)	32.1	23.4	24.7	19.8	100.0
	대전/충북/충남	(125)	23.0	32.0	20.4	24.5	100.0
	광주/전남/전북	(121)	48.9	6.8	26.4	17.9	100.0
	대구/경북	(122)	17.8	34.4	29.7	18.1	100.0
	부산/울산/경남	(189)	21.4	21.8	25.4	31.4	100.0
	강원/제주	(50)	35.0	27.7	14.5	22.8	100.0
직업별	자영업	(124)	22.4	36.5	18.1	23.1	100.0
	블루칼라	(157)	25.6	16.9	33.7	23.8	100.0
	화이트칼라	(483)	34.0	23.2	21.8	21.1	100.0
	가정주부	(223)	22.3	28.9	22.7	26.0	100.0
	학생	(84)	22.3	2.6	53.1	22.0	100.0
	무직/기타	(118)	33.5	28.8	23.0	14.7	100.0
사회 경제적 지위	상	(51)	11.5	49.7	25.2	13.6	100.0
	중	(818)	29.4	24.9	23.4	22.3	100.0
	하	(331)	29.5	17.5	29.7	23.3	100.0

- 2012년 대선, 2012년 총선, 2016년 총선 지지층 분석
- 유권자 지지층 분류 분석은 본 여론조사 항목 중, 18대 대선 투표 후보, 19대 총선 투표 후보, 20대 총선 투표 후보 응답결과를 재분류한 것임.
- 구체적으로 진보지지층은 3개 선거 모두에서 야당 후보(정당)을 찍은 계층이며, 보수지지층은 3개 선거에서 모두 여당 후보(정당)을 찍은 계층, 기권층은 3개 선거 중 한 번이라도 기권한 계층, 스윙보터(부동층)은 선거에 따라 보수, 진보 지지성향이 바뀌는 계층임.

상당수가 여야 지지층으로 다시 복원되는 겁니다. 무당파가 반드시 중도성향과 일치하지는 않습니다. 중도성향의 사람들이 좀 더 많을 뿐이지 반드시 중도성향이라고 볼 수는 없습니다. 순수 무당파들은 중도성향에 가깝지만, 여야 이탈층 중에는 새누리당에 실망한 보수층도 있고 더민주나 정의당에 실망한 진보층도 제법 많기 때문입니다.

이상일 저는 통상적인 정치 흐름에서 무당파라고 분류되는, 특정 정당 지지를 표방하지 않는 그룹의 크기를 대략 30~35% 정도로 봅니다. 그 중 절반 가까이는 사실상 정치 무관심층이 구성하고 있는 게 아닌가 싶은 생각이 들어요. 사회문제까지 무관심한 건 아니겠지만 정당이나 정치에 대한 기대나 관심은 접어버린 거죠. 그 나머지 중에는 성향으로 분류할 때 보수와 진보 성향 층이 나뉘어 있을 텐데 지금 국면은 본래 여권 지지성향에 가까운 무당층이 더 많은 게 아닌가 싶습니다.

그렇게 보는 이유는 두 가지인데요. 새누리와 보수가 총선에서 패하고 실망감을 많이 주면서 거기에서 이탈한 그룹이 무당층으로 이탈한 경우가 더 많고, 최순실 게이트로 여당 지지를 철회하거나 표명하지 않으며 무당파로 편입된 경우도 상당할 것으로 보기 때문입니다. 반면에 야권의 지지층은 국민의당이 출현하면서 더민주에서 실망해도 국민의당으로 가거나 반대방향으로 움직일 수 있기 때문에, 즉 대안이 있으므로 곧바로 무당층으로 빠져나오지 않아도 되는 정치 환경 때문에 그렇게 봅니다.

박시영 이번 조사에서 무당파의 성향을 가늠해볼 수 있는 항목이 있는데, 바로 차기 대선 선호세력 질문입니다. 여권이 잡았으면 좋겠느냐, 아니면 야권이 잡았으면 좋겠느냐는 질문에 무당파만을 놓고 보면 여권 선호도에 비해 야권 선호도가 2배 정도 더 높았습니다. 현 정권에 대한 실망으로 무당파가 야당을 더 호감 있게 보고 있고 정치현안을 바라보는 시각도 상대적으로 야당 쪽과 유사합니다. 무당파의 이런 '야당 동조화' 현상은 일회적인 현상이 아니라 분명한 흐름을 띠고 있다고 저는 봅니다. 이러한 현상은 박근혜-최순실 게이트의 영향으로 지금은 더 커졌을 것으로 봅니다. 무당파들은 상식적이고 합리적인 것을 선호합니다. 그런데 박근혜-최순실 게이트는 너무나 비상식적인 행위들입니다. 따라서 대통령에 대한 분노 때문에 무당파들의 정권교체에 대한 열망은 이전보다 더 커졌을 것으로 봅니다.

이상일 의견과 태도는 다릅니다. 무당파에게 어느 쪽이 정권을 잡으면 좋으냐고 물었을 때 야권이라는 응답이 높지만 그건 정서적인 문제입니다. 집권세력이 크게 실망감을 주고 있기 때문에 그렇게 응답을 하는 거죠. 하지만 만약 이들이 태도까지 바꿔 결국 야권을 지지할 거라고 확신하려면 야권 대선주자 지지층이나 야당 지지층으로 확실하게 편입이 되어야 합니다. 무당파로 남은 상태에서는 그 태도변화를 확신하기 어렵습니다. 당장, 무당파들이 그렇게 여론 쏠림 현상이 심하다고 하는데도 문제인 후보의 지지는 올라가지 않고 있습니다. 최순실 게이트 이후에도요. 정당지지도에서는 변화가 다소 있지만 더민주 지지율이 5~6% 정도 오른 것으로는 무당파의 야권 지지성향이 분명한 흐름을 보였다고 단정하기 어렵습니다. 저는 오히려 보수층에서 이탈한 무당파에 어떤 기대를 안겨줄 변화나 인물이 등장했을 때 이들이 다시 보수층으로 편입될 가능성이 더 높다고 봅니다. 일시적으로 감정이나 생각이 변하긴 하지만 태도변화로 이어지는 경우는 많지 않습니다.

김지연 무당파의 잠재적 성향에 대해 두 분의 생각이 다르시네요.

박시영 네, 저는 조금 다르게 봅니다. 경제에 대한 시각, 정권에 대한 평가 측면에서 무당파는 분명 야당 지지층과 생각이 유사합니다. 또한 총선에서 더민주가 선전한 것도 무당파에게 긍정적 영향을 줬다고 봅니다. 수권 세력으로서의 민주당의 가능성이 더 커졌으니까요.

하지만 이들이 선호하는 대선 후보는 문재인 전 대표보다는 반기문 총장을 더 선호합니다. 세력은 야권을 선호하나 인물은 반 총장을 더 지지합니다. 개인 인물에 대한 호감도의 반영이라고 봅니다. 무당파가 '야당 동조화' 경향성을 띠고는 있으나 야권이 안심할 수 없다는 신호라고 봐야 합니다. 야권 후보의 인물 경쟁력이 받쳐줘야 한다는 거죠. 세력을 중심에 둘 것이냐 아니면 인물을 중심에 둘 것이냐 무당파들은 고민스러울 것입니다. 이런 특성 때문에 무당파들이 여론조사에서 후보 선택 질문에 대하여 답변을 유보하는 경우가 많습니다. 이들이 '판단 유보층'의 다수를 차지합니다.

김지연 최근 보수정권 10년 동안은 진보 지지층들 중 일부가 무당파 쪽으로 빠진 것처럼 보이는데요?

이상일 아니요, 저는 지금 상황에서는 그런 분석에 동의하기 어렵습니다. 과거에는 진보진영이 정권을 잡으면 보수층이 위축되고 반대의 경우 진보층이 위축된다고 봤죠. 무슨 얘기냐 하면 어느 정당을 지지하느냐 물었을 때 그 시점에 정권을 차지한 쪽을 지지하지 않는 사람들이 야당을 지지한다고 말하기 꺼려하는 심리 때문에 전통적으로 그런 분석이 가능했다고 보거든요.

그런데 올해, 지금 상황은 총선에서 야권이 크게 이기고 대선주자 그룹에서도 야당이 훨씬 많은 자원을 갖고 있잖아요. 야당 성향층이 위축돼서 야당지지를 표명하지 못하고 무당층으로 빠져나올 이유가 없는 거죠. 자신감 있게 야당 지지를 표명해도 좋은 환경 아닌가요? 오히려 중도적 성향이 있는 보수층에서 새누리, 보수에 실망해 이탈하거나 새누리당을 지지한다고 말하기 부끄러워하는 그룹이 더 많이 분포한다고 보여서 지금은 보수정권이기 때문에 무당층에 진보 지지층이 많이 들어가 있을 거라는 분석에 동의하기 어렵습니다.

그럼에도 불구하고 정권교체 여론이 높은 것은 무당층 자체가 이미 어떤 실망감 때문에 이탈한 그룹이어서 그런 비판적 여론이 강해진 건 분명한 것 같습니다. 그럼에도 불구하고 대선후보 지지에서는 박 부대표님이 지적하신 것처럼 무당파들이 야당 후보보다 반기문 선호가 높습니다. 현재 보수정당이나 후보에는 등을 돌렸지만 그래도 야권보다 중도적이나 중도보수적인 인물에 호감을 표시한다는 거죠. 물론 이런 분석은 최순실 사태 이전의 조사자료에 기반한 분석입니다. 지금은 반기문 후보 지지율 하락이 보여주듯 무당층뿐 아니라 보수층 유권자들도 속속 이탈하고 있는 상황이니까요. 그렇지만 결국 탄핵이나 어떤 방식으로 최순실 사태가 종료되었을 때 무당파가 그대로 야권 지지층으로 편입되거나 그런 성향을 지속할 것인지는 불확실하다고 생각됩니다.

3. 무당파와 중도의 실체
② 홀로서기 힘든 중도

박시영 **"중도의 환상을
버려라,
진영의 비전으로
흡수하라"**

이상일 **"보수,
중도와 소통할
정도로 바꾸어야
'꼴통보수' 이미지
탈피"**

김지연 '중도'에 대해서 논의를 해보도록 하겠습니다. 구체적으로 중도라는 게 뭐죠? 이념적 측면에서 좌우 중간에 있다는 건요?

박시영 선거 때 중도를 강조하잖아요. 중도층을 잡아야 이긴다, 늘 애기하잖아요. 중원에 집중해야 한다면서요.

김지연 산토끼론인가요?

박시영 그렇죠. 그런데 과연 중도의 실체가 뭐냐고 물으면 좀 애매합니다. 있는 듯 없는 듯하죠. 중도성향의 유권자들이 추구하는 세상의 모습, 가치지향이나 사고체계가 같은 중도성향 사람들끼리 서로 유사한가? 좀 명확하지가 않습니다. 실용노선을 추구하는 것 같긴 한데 실용의 기준이 제각기 달라서 하나로 집약되지도 않습니다. 다만 극단적인 진영논리를 싫어하고 정치인 중에는 강성보다는 온건 성향의 인물을 좋아하는 공통점은 있는 것 같습니다.

이런 모습 때문에 국민들이 중도를 '실체적 노선'이 아닌 '태도'의 문제로 받아들이고 있습니다. 유권자들의 눈에는 선거 때만 되면 매번 정치권이 중도, 중도 하니까 표를 얻기 위해 외치는 궁여지책으로 보이는 것이죠. 이런 행태를 진부하고 식상하게 여깁니다. 때문에 중도를 표방하고 정치세력화 한다는 것 자체가 현실적으로 어렵습니다. 다양한 사람들의 집합체인데 하나로 모으기가 쉽지 않거든. 그런 점에서 중도의 기치를 들고 세력을 규합하려는 3지대 시도는 수없이 난관이 따르기 마련입니다. 강력한 구심체나 지지층을 만들기가 여간 어렵지 않은 구조를 내포하고 있습니다.

김지연 가치 지향이나 이념적인 형태의 의미가 아니라 태도와 관련하여 단순하게 중간지대.

박시영 저 정치인은 강경파가 아니라 온건파야. 타협도 잘하고 통합적인 주장을 펼쳐. 중도 층한테 좀 먹힐 스타일인데. 뭐 이런 정도라고 볼 수 있지 않을까요?

김지연 갈등이 있을 때 대화론자. 이렇게 볼 수 있겠네요.

박시영 그런 면은 좀 있다고 봐야죠. 대화를 중시하죠. 또 양비론이 잘 먹히는 층입니다. 언론 보도 논조나 정국 상황 흐름에 따라 영향을 많이 받는 층이죠. 선거 때 공천과정의 모습이나 내부 갈등 등 태도 측면을 후보 선택의 중요한 판단 기준으로 삼습니다. 진보층과 보수층은 굳은 표고 유동층이 많은 중도층이 결국 승부를 결정짓는다는 속설이 있습니다. 그래서 중도층을 잡는 것은 중요한데 중도층은 대세 추종을 하는 경향이 많습니다. 이길 수 있는 후보 쪽으로 몰려간다는 겁니다. 중도층을 대변하는 후보를 중도층이 밀어서 1위 후보로 만들지 못합니다. 대표적인 중도 후보라고 일컬어지는 손학규 전 대표, 김부겸 의원, 안철수 전 대표가 1, 2등 후보가 아닌 이유도 이런 특성에서 찾을 수 있습니다.

김지연 무당파와 다르네요.

박시영 다르죠. 무당파 중에는 중도층이 많지만 진보와 보수 이탈층도 일부 있으니까요. 예를 들면 과거 통합진보당을 지지한 분들이나 진보성향이지만 기존의 진보정당을 탐탁하지 않게 보는 분들은 '기타 정당'을 지지할 수도 있겠지만 무당파라고 답을 할 수 있지 않겠습니까?

이상일 저도 무당파와 중도주의는 다른 개념이라고 봅니다. 어느 정당을 지지하지 않는다고 해서 중도라고 보기 어렵고 중도성향이라고 해서 무당파로 분류되는 것도 등식이 성립하지는 않는 것 같아요.

중도층이 보수나 진보 어느 진영의 고정 지지층으로 편입될 확률은 낮다 하더라도 선거 득표전에서 무시할 수 없을 정도의 규모를 형성하고 있고, 특히 대선처럼 양 진영이 격돌할 때 중도층에 어느 쪽이 더 좋은 상품으로 인식되느냐는 매우 중요하죠.

김지연 양쪽 진영의 정당들이 세게 붙는 과거 선거에서는 중도주의, 중도지향 세력들이 큰 힘을 발휘하지 못했는데 지금은 중간지대, 혹은 제 3영역에 국민의당이 있기 때문에 이 세력은 유권자들에게 충분히 소구될 수 있어야 할 것 같은데요.

이상일 유권자를 이념성향으로 구분할 때 진보, 중도, 보수 이렇게 나누는데 진보와 보수는 어느 정도 동일한 가치관이든 정책방향이든 일체감이 있는 집단으로 구분이 가능하죠. 그런데 중도는 진보나 보수적 성향을 보이지 않는다는 점에서 유사한 집단이지만 어떤 특정한 가치를 내세우면서 그룹으로 묶이는 특성은 없다고 봅니다. 그래서 중도진영에 근거를 둔 정당이나 정치권이 생존하기 어려운 거구요.

그런 시각으로 본다면 국민의당의 중도주의 전략은 성공하기 어렵다는 얘기가 되죠. 왜냐하면 중도에 중심을 두고 정당의 정체성을 펴갈 경우에 가운데에 핵심 지지층을 놓고 양쪽으로 외연을 확장해야 하는데 그건 참 어려운 일이 되거든요.

우선 오른쪽으로 가면 중도층에서는 보수노선에 동조했다는 비판론이 제기되고 보수층은 신뢰를 주지 않는 상황이 될 수 있고, 반대 방향도 마찬가지입니다. 그러다보면 이슈에 따라 좌우 노선을 병행하는 중도주의라는 것이 중심 없이 오락가락하는 정치집단으로 매도되기 쉽죠. 그런 의미에서 저는 보수나 진보에 뿌리를 두지 않고 중도층을 타깃으로 하는 선거 캠페인 전략은 성립하기 어렵다고 봅니다. 단, 보수와 진보 양쪽에 근거지를 둔 정당과 정치세력은 중도 쪽으로의 확장 전략이 매우 중요하고 유효할 수도 있게 되긴 합니다만.

김지연 중도 유권자라는 실체는 존재하지만 실제 우리 정치에서는 현실적으로 중도가 성공하기 어렵다는 말씀이신 것 같은데, 두 분의 생각이 같네요.

박시영 국민들은 새누리당이 미운데 민주당이, 진보진영이 정권을 맡을 준비가 돼 있느냐를 기준으로 차기 대선을 선택할 것 같습니다. 차기 대선도 진보진영의 장자인 민주당과 보수진영의 장자인 새누리당 간의 대결로 보고 있는 겁니다. 누가 더 유능하고 정권을 맡길 준비가 돼 있는지를 보고 판단할 겁니다. 국민의당이 총선에서 성과를 거뒀지만 대선은 3지대 인물이 성공하기가 매우 어렵습니다. 진영대결로 전환될 확률이 높지만 후보의 인물 경쟁력이 또 다른 중요 변수로 작용합니다.

3지대 정당이 대중으로부터 지지를 획득하려면 여야에서 동시에 뛰쳐나와야 합니다. 양질의 의원들이요. 그런데 지금의 국민의당은 야당 발이어서 반쪽짜리라는 인식이 강합니다. 폭발력을 갖기 어렵죠.

이상일 10월 이전 상황에서 중도층, 국민의당을 분석한다면 저도 비슷한 의견을 냈을 것 같은데요. 지금은 좀 상황이 다르게 보입니다. 보수가 심각하게 위축된 상태에서 국민의당이 위치한 중도지형이라는 것이 확장성이 매우 커질 수도 있는 게 아닌가 하는 거죠. 상대적으로 더민주와 문재인 후보가 과거 야당, 운동권 야당의 명맥을 잇고 있다고 보는 보수유권자로서는 상대적으로 온건한 안철수와 국민의당이 새로운 선택지가 될 수도 있지 않을까 싶어요. 총선에서도 그런 현상이 일부 나타난 건데 만약 보수를 대변할 제대로 된 정당과 후보가 출현하지 못한 채 대선이 치러진다면 국민의당과 안철수는 중도와 보수 일부를 아우르는 세력권을 형성할 가능성도 있습니다.

현재 대선 지형과 연결해 중도를 생각하면 보수 쪽에서 깊이 고민할 부분이 있을 것 같습니다. 최순실 게이트는 보수정권 하에서 벌어진 심각한 사태지만 보수라는 가치와 직접적인 연결성을 갖는 문제는 아닙니다. 오히려 보수의 위기는 이명박 정부 이후 지난 10년 가까이 보수가 외면해 온 가치의 문제에서 찾아야 합니다. 앞서 이념지형 등에 대한 여론조사에서 드러난 것처럼 지금 새누리당, 친박은 보수 중에도 강경 보수 이미지가 강합니다. 이런 인식은 그동안 보수정권이 현실의 문제들을 외면한 채 시장보수와 이념보수만 강화해 왔기 때문입니다. 격차가 확대되고 구조적 불평등이 고착되면서 양극화 사회가 심각한 상황에 처했는데도 이런 것들을 보수가 외면해 오면서 본질적 문제를 잉태한 거죠.

보수는 기존의 태도에서 벗어나 중도층을 아우르는 '따뜻한 보수'를 지향해 가야 합니다. 그래서 합리성을 갖춘 보수로 거듭나야 이번 대선이든 앞으로든 어떤 기회를 갖게 될 거고 지속성을 담보할 수 있게 될 겁니다. 보수를 버리고 중도로 가라는 뜻이 아닙니다. 그동안 너무 치우쳤던 편향성의 문제를 극복하고 제대로 된 보수로 거듭나려면 향후 새누리당을 대신할 보수정당과 대선후보는 중도층에 어필할 수 있는 가치 노선을 잘 정립해야 할 거라는 뜻입니다.

진보는 상대적으로 그런 점들을 크게 인식하고 준비해 왔다고 봐야 합니다. 문재인과 안철수 모두 공정이나 균형, 분배, 정의라는 진보 어젠다를 내세우면서도 성장이라는 보수 담론을 같이 준비하고 있습니다. 이미 과거 대선에서 패한 경험 속에서 강경한 진보노선만으로 집권이 어렵다는 점, 사회 전반을 아우르는 노선의 확장이 필요하다는 점을 몸으로 경험했기 때문일 겁니다. 그에 비해 보수는 그동안 보수층 내부와 기득권에 집착해 온 게 현실입니다. 그런 점에서 중도층과 소통할 수 있는 노선의 전환, 이 문제가 보수진영에는 매우 중요한 과제가 아닐까 생각합니다.

4. 텃밭의 반란
① 호남의 선택

박시영 "호남도 세대투표,
　　　　문재인과 타협이냐?
　　　　이재명과 반란이냐?"

이상일 "호남 표심,
　　　　'본선 승리 가능성'과
　　　　'야권 정통성' 사이
　　　　고심할 듯"

김지연 올해 총선에서 호남민심의 선택은 분명히 국민의당에 있었습니다. 안철수 의원의 지지도도 높았고요. 현재로서는 어쨌든 안철수가 호남 대표 정치인이라고 볼 수 있는 것 아닌가요?

박시영 없죠. 택도 없는 얘기죠. 호남의 상징성은 박지원 정도가 일부 갖고 있긴 한데 대선 후보가 아니니까 약하고, 호남은 아직 무주공산이라고 봐야 하죠. 지난 9월 시점의 조사에서는 안 전 대표와 문 전 대표가 박빙 상태였지만 최근 12월 들어와서는 호남에서도 문재인 전 대표가 안철수 전 대표와 이재명 시장을 두 배 정도 앞서 있습니다.

광주에서는 문 전 대표와 이 시장이 각축전을 벌이고 있지만 전북과 전남에서는 문 전 대표가 상당히 앞서 있습니다.

김지연 만약 대선에서 국민의당 안철수 전 대표와 더민주 문재인 전 대표가 야권후보 단일화라는 기치를 가지고 세게 붙었어요. 그럼 호남의 표심은 문재인 전 대표 쪽으로 갈까요? 아님 안철수 전 대표 쪽으로 갈까요?

[호남지역의 차기 대선 후보 적합도]

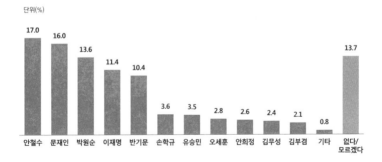

단위(%)

안철수	문재인	박원순	이재명	반기문	손학규	유승민	오세훈	안희정	김무성	김부겸	기타	없다/모르겠다
17.0	16.0	13.6	11.4	10.4	3.6	3.5	2.8	2.6	2.4	2.1	0.8	13.7

박시영 저는 문재인 전 대표 쪽으로 갈 거라고 봅니다. 지금 조사해도 호남에서 두 사람의 격차는 다소 차이가 나는데 야권후보 단일화 시점에 돌입하면 두 후보 간 차이는 10%p 이상 벌어질 것으로 봅니다. 이 전제는 문재인 전 대표가 당 경선을 통과하여 민주당 후보가 되었다는 가정에서 드리는 말씀입니다. 최근 반기문 총장이 하락하면서 대선 가상대결 시, 양자대결이나 3자 대결 모두 문재인 전 대표가 반기문 총장을 누르는 것으로 조사되고 있습니다. 정권교체를 위해서는 문재인 전 대표밖에 없다는 것이 입증된다면 민주당 경선 이후부터는 문재인 전 대표에게 힘을 더 모아줄 것입니다. 호남민들은 문 전 대표와 안 전 대표 중에 누가 정권교체를 해낼 수 있느냐? 수도권이나 영남에서 누가 더 득표력이 있느냐를 따질 겁니다. 이길 후보를 선택합니다. 이변이 없는 한 문 전 대표가 더 유리할 겁니다. 호남민심은 집권 가능성을 가장 중요한 잣대로 삼을 것이기 때문입니다. 쏠림이 일어나게 되어 있습니다. 과거보다 그 폭은 작겠지만 말이죠.

호남에서 지난 추석 시점까지의 문 전 대표에 대한 반응은 호감층과 중립층, 비토층이 각기 3분의 1씩 자리 잡고 있었는데 최근 조금 변화가 생겼습니다. 호감이 35%, 중립층 45%, 비토층 20% 수준으로 바뀌고 있습니다. 탄핵 정국 때문에 문 전 대표에 대한 우호적 정서가 이전보다 조금 늘어나고 있습니다. 문 전 대표와 반 총장, 안 전 대표와의 가상대결을 호남만을 놓고 보면 문 전 대표가 앞서는 조사들이 많습니다.

김지연 내년 대선국면으로 가면 문재인으로 갈 가능성이 훨씬 높다는 뜻이죠?

박시영 대선 몇 개월 앞둔 시점이면 대세 중심으로 갑니다. 안철수 전 대표도 아까운 인물이지만 당선 가능성이 크지 않다고 볼 겁니다. 호남인들의 정치수준이 매우 높습니다. 정국 상황을 정확히 보고 전략적 선택을 할 것으로 봅니다. 다만 호남도 세대투표 현상이 나타나다 보니 노년층 중심으로 민주당 및 문재인 전 대표에 대한 거부감이 존재합니다. 40대 이하는 대체로 우호적입니다. 50대의 선택이 중요해졌습니다. 지난 총선 때 더민주를 크게 혼냈기 때문에 다음 대선에서는 민주당을 넉넉히 품을 수 있는 마음의 여유가 생겼을 것으로 봅니다.

김지연 안철수 전 대표가 아깝다고 생각해요?

박시영 그럼요. 호남에서 그런 정서는 분명 있습니다. 안 전 대표의 당선가능성은 낮게 보지만 우호적 정서는 분명 있습니다. 제3당 후보이고 지지도가 낮아 이번 대선판의 주역은 안 전 대표가 아니라는 걸 직감하고 있지만 안 전 대표의 행보가 대선판을 요동치게 할 동인이어서 그를 예의주시하고 있습니다. 그를 좋아하든 싫어하든 상관없이 말입니다.

김지연 대선 때는 호남이 확실한 의사결정을 했던 것 같아요. 그런 의미에서 보자면 내년 대선에서 8:2 정도로 문재인을 확실히 지지할 것이다. 이렇게 보시나요?

이상일 과거처럼 90%, 80% 수준의 몰표는 어렵다고 봅니다. 문재인 후보도 그렇고 안철수 후보도 그렇고 호남에서 애증이 교차하는 인물들이 되었기 때문에 두 사람 다 강한 실망층도 만들어 냈을 것 같아요. 어느 쪽으로 쏠리든 최대 70% 이상은 결집시키기 어렵지 않을까 하는 느낌입니다.

박시영 이번 대선을 바라보는 호남민심이 이전과는 사뭇 다를 수도 있다고 봤습니다. 야권 후보 선정과정에서 호남이 선행지표로 먼저 움직이지 않을 공산이 크다고 보고 관망세가 꽤 길어질 것이라고 예측했던 겁니다. 과거 대선에서는 호남이 결정해서 민주당 후보를 확정했는데 이번에는 좀 다를 가능성도 있다고 본 거죠. 고민해야 할 대목이 많아졌기 때문입니다. 야권이 둘로 쪼개져 있는 데다 야권의 유력주자인 문재인 전 대표에게 50~60대들은 마음을 열지 않고 있지만 그렇다고 그를 버린 것도 아니기 때문입니다. 40대 이하에서는 문 전 대표의 지지가 높습니다. 그의 일거수 일투족을 주시하며 본선 경쟁력이 있을지, 세상을 바꿀 배포가 있을지, 호남을 배신하지 않을지 저울질하고 있는 겁니다.

그런데, 새로운 변수가 발생했습니다. 이재명 시장이 광주시민들의 눈에 들어오기 시작한 겁니다. 이재명 시장에 대한 관심과 열기가 광주에서 전남으로 전북으로 확산되고 있습니다. 호남이 이재명 시장을 무등 태워 반란을 일으킬 것인지, 아니면 유력한 대선후보인 문재인 전 대표와 타협을 시도하며 정권 창출에 기여할 것인지 선택의 기로에 섰습니다.

호남은 폭풍 전야입니다. 박원순 시장, 손학규 전 지사, 안철수 전 대표 등 야권의 모든 이들이 호남에 공을 들이고 있습니다. 개헌을 매개로 한 정계개편 변수도 아직 살아 있습니다. 먼저 움직이기보다는 신중하게 움직일 가능성이 높지만 당분간은 이재명 시장이 좀 더 치고 나올 가능성이 큽니다. 상당기간 호남에서 문 전 대표와 이 시장의 혈투가 예상됩니다.

호남이 과거처럼 빠르게 움직이지는 않을 겁니다. 민주당 경선이 본격 돌입되는 시점에서 서서히 움직이기 시작할 겁니다. TV토론 등 경선 레이스를 지켜보고 결정할 것입니다. 따라서 수도권, 영남, 충청 등 비호남의 지지를 얻는 자가 호남의 민심을 얻을 가능성 또한 높아졌다고 생각합니다. 호남민심이 후행지표도 아니지만 그렇다고 선행지표 역할을 적극적으로 수행할 것 같지는 않다는 거죠. 흐름을 먼저 만들어 주도하기보다는 세상의 흐름과 같이 갈 가능성이 높습니다. 호남이 이전과는 다르게 상황을 지켜보다 막판 판을 정리하는 역할을 할 가능성이 있다고 봅니다.

따라서 내년 초반까지 호남이 아닌 다른 곳의 지지를 얻지 못하는 민주당의 잠룡은 반전의 타이밍을 잡지 못할 것이고 호남에서 지지도 상승의 기회를 확보하기가 쉽지 않다고 봅니다. 비집고 들어가서 호남에서 승기를 잡아야 하는데 정작 호남은 관망하며, 마음을 쉽게 열어주지 않을테니 잠룡들의 애가 탈 수밖에 없을 겁니다. 호남은 옥석을 가린 후 진짜 될 후보에게 마침표를 찍어줄 것이라고 봅니다.

김지연 이번 대선에서 호남은 막판에 될 만한 사람으로 확 쏠릴 것이라는 거죠?

박시영 후보 간 단일화가 안 되더라도 아래로부터 야권 지지층을 단일화하여 실질적인 단일화 효과를 거두자는 겁니다. 호남의 표 쏠림도 그런 맥락이죠.

김지연 현재는 더민주와 국민의당이 비슷하지만, 내년에는 더민주 쪽으로 표심이 흘러갈 것이라고 보시는 거죠?

박시영 당연하지 않나요? 그 시기에 어떤 흐름이 주된 흐름인가 살펴봐야 할 텐데, 국민의당이 올 연말에 뭔가 새로운 동력을 만들지 못하면 내년 초부터는 호남민심은 민주당 중심으로 무조건 간다고 보는 게 상식이죠.

김지연 하나만 더 여쭤볼게요. 내년 대선에서 여당 후보가 몇 % 정도 지지도가 나올 거라고 생각하세요?

박시영 박근혜-최순실 게이트 이후 호남 민심이 보수정당에 대해 더 악화되었습니다. 만약 반기문 총장이 된다면 10~15% 정도 나올 거라고 봅니다만, 만약 다른 후보가 되면 10% 받기가 힘들 겁니다. 한 자리 수에 머물 겁니다. 지난 18대 대선에서 박근혜 후보의 호남 득표율은 10%였는데 그보다는 못 미친다는 거죠.

이상일 이정현 대표 효과도 있고 해서 저도 새누리당 후보가 호남에서 15% 이상 득표, 인물에 따라서는 20% 가까운 득표도 가능할 수 있을 거라 봤습니다. 최순실 사태 이전에는요. 그런데 지금은 꼭 지역주의 문제가 아니더라도 워낙 보수에 대한 실망감이 커져서 득표율 예측이 의미가 없을 것 같네요. 누가 후보가 되든 호남에서는 거의 바닥 수준의 득표율일 것 같은데요.

김지연 호남의 선택에 대해서 얘기했는데, 더 보완하거나 생각이 다른 점 있어요?

이상일 기본적으로 호남은 대선에서는 과거와 유사한 패턴의 전략적 투표, 결집현상을 보여줄 것으로 봅니다. 총선에서는 더민주와 국민의당에 표를 나눠주고, 일부 지역에서는 새누리당 후보를 당선시키는 유권자발 심판정서를 보여줬지만 보수정권 10년차에 치러지는 대선에서는 정권교체를 목표로 하는 전략적 표 결집 현상을 다시 연출할 가능성이 매우 높다고 봅니다.

박 부대표님은 더민주 경선에서 문재인이 될 경우 호남이 확실하게 '될 사람' 문재인 쪽으로 결집될 거라 예상하셨는데 저는 그 부분이 좀 아리송합니다. 탄핵 정국 대선에서 호남민들이 현 집권세력이 다시 권력을 차지할 가능성은 약해졌다고 인식한다면 오히려 '호남 정통성'에 대한 기대감을 높이지 않을까요? 총선에서 표출되었던 호남 민심을 본다면 반드시 문재인으로 쏠림 현상이 강화될 거라고 단언하기 어렵다고 생각되는데요. 정권탈환 가능성이 낮을수록 가능성 측면을 크게 보겠지만 정권 교체가 가능하다는 확신이 설 경우 누가 호남민심을 대변할 것인가가 중요한 변수가 될 수 있을 것 같습니다.

만약 최순실 사태 이후 파장이 이어져 새누리당이 어떻게 개혁을 하든 예전 같은 위상을 회복하지 못했을 때 정권교체를 목전에 둔 호남의 고민이 깊어질 수도 있다는 거죠. 정통 야당의 맥을 이은 문재인과 현재 호남 정치권의 지분을 확보한 안철수 사이에서 고민하고 표가 분산될 가능성도 있어 보이네요. 보수의 재집권 가능성이 희박해질수록 호남의 표심은 유동적이 되는 역설도 가능할 것 같습니다.

4. 텃밭의 반란
② 제 갈 길 가는 TK와 PK

박시영 "문재인의
　　　PK 과반 득표,
　　　실현 가능한가?"

이상일 "보수,
　　　대선 승리를 위해
　　　심상찮은 PK
　　　잡아야"

김지연 다음은 영남권으로 넘어가 보도록 하겠습니다. PK와 TK의 분위기가 예전과 좀 다른데요. 영남권 신공항 때문에 많이 싸운 것도 있지만, 이번 총선에서도 다소 다른 표심을 보여주었습니다. 우리 여론조사 결과 역시 두 지역의 민심이 다른 것을 확인할 수 있었습니다.

TK와 PK의 유권자 분포나 특징 그리고 정서에 대해 먼저 말씀해 주시면 좋겠습니다. 자연스럽게 대선에 대해서도 언급해 주시지요.

이상일 먼저 영남이 호남과 다른 기본 특성에 대해 설명 드리고, 또 영남권 내에서 TK와 PK의 차이에 대해서 간략히 설명 드리는 게 순서일 것 같습니다. 호남은 지역투표 성향과 세대투표 성향이 동일한 방향으로 쏠립니다. 무슨 뜻이냐면, 호남정서가 야당을 지지할 때 세대투표 성향이 강한 청년층도 야권 혹은 야당 지지가 강하기 때문에 선거에서 특정 정당에 대한 몰표가 가능합니다. 지역정서에 따라 투표를 하는 장년층과 세대정서를 표출하는 청년층의 표심이 한쪽 방향으로 나타나니까요. 그런데 영남은 이런 방향이 다릅니다. 지역정서는 보수 새누리당에 가깝지만, 청년층

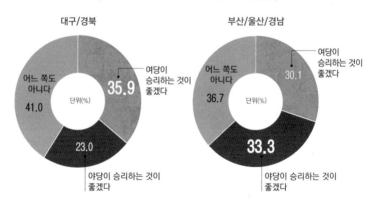

[TK와 PK 지역의 차기 대선 승리 희망정당]

은 지역연고보다 세대투표 경향에 따라 진보적 투표 성향을 보이는 비율이 높아집니다. 그래서 영남은 호남 같은 몰표가 안 나옵니다.

과거 선거 결과로 예를 들어드리면, 호남은 15대 김대중 94.9%, 16대 노무현 93.2%, 17대 정동영 80.0%, 18대 문재인 89.0%의 득표율을 보였습니다. 진보진영의 실망감이 강했던 정동영을 제외하면 모두 90%대 몰표 현상이 나타났죠.

그렇지만 영남정서가 더 강하다고 알려진 TK만 보더라도 15대 이회창 66.9%, 16대 이회창 75.5%, 17대 이명박 71.1%, 18대 박근혜 80.5%입니다. 박근혜 대통령은 TK에서 엄청난 지지기반을 확보하고도 80%에 턱걸이 득표를 한 겁니다.

이런 현상은 영남권 내부의 청년층 세대투표 성향과 영남권에 살고 있는 호남출신 유권자 비율 때문에 나타나는 현상이라고 해석 가능하죠. PK의 보수후보 대선 득표율은 50~60%를 겨우 상회하는 수준입니다.

또 하나, PK와 TK의 차이에 대해서도 좀 들여다 볼 필요가 있습니다.

'97년 김대중 후보는 부산에서 15.3%, 대구에서 12.5%를 얻었고요, 2002년 노무현 후보는 부산에서 29.9%, 대구에서 18.7%를 얻습니다. 정동영 후보는 워낙 약체여서 제외하고 문재인 후보는 2012년 부산에서 39.9%, 대구에서 19.5%를 득표합니다. 아까 호남과 영남이 구조적으로 다르다고 말씀드렸는데 영남권 안에서도 TK와 PK는 결이 다릅니다. PK의 경우 총선이나 지방선거에서 의석수만 집계할 때 모두 같은 색깔의 정당 후보가 당선 되면서 보수 새누리의 아성이라고 흔히 인식됩니다. 하지만 득표율 부분을 들여다보면 55:45 심한 경우는 51:49로 보수가 이긴 지역이 많거든요. 그만큼 진보, 야당 후보 득표율이 상당하다는 얘기죠. 그런 경향에 새누리당의 공천파동이 겹치면서 지난 총선에서는 대이변 같은 현상이 벌어진 거죠.

영남의 보수표 결집력이 안 그래도 약화된 상황에서 최순실 게이트까지 터졌습니다. 영남이 아니라 아예 보수층이 새누리당과 박대통령에게 등을 돌린 상황이라고 진단해야겠죠. 대선은 미래지향적 선거 성격이 짙어서 최순실 사태 진상규명이 이뤄지고 박 대통령이 탄핵되는 초유의 상황이 종료된 후에 보수정당이 새롭게 거듭나고 새로운 후보가 등장한다면 어느 정도 보수표 결집현상은 나타날 겁니다. 전제조건은 당이 환골탈태한 정당으로 거듭날 경우를 가정한 것입니다.

그런 가정을 적용해도 보수 정당이 완전히 새로운 면모를 보여주지 못할 경우 대선에서 영남의 표심은 과거 선거와는 많이 다를 가능성이 높습니다. 특히 야성이 강한 PK, 부산의 경우 야당 후보 득표율이 더 높게 나올 수도 있을 것 같고, TK도 보수후보로 쏠리는 표심은 상당히 약화될 것으로 보여요. 워낙 큰 실망감을 안겨준 사태여서 회복을 한다 하더라도 후유증이 상당히 남지 않을까요.

김지연 TK에서 유승민 의원은 어떤 위치인가요? 경선에서 반기문 총장보다 높은 지지를 보낼 가능성은 없나요? 과거 노무현 후보의 바람이 광주에서 불었던 것처럼요.

이상일 보수정당에서 경선이변이 일어난다면 대구라는 지역보다 오히려 수도권이 될 가능성이 더 높지 않을까 싶습니다. 만약 보수진영의 정당 경선이 매체를 통한 대중연설이나 토론을 중심으로 펼쳐질 경우 자신의 정치철학과 소신, 비전을 국민 앞에 설득력 있게 내놓을 수 있는 역량을 갖춘 후보가 도약의 기회를 잡을 수 있겠죠. 그럴 경우 기존 새누리당의 한계와 문제를 지적하고 바람직한 방향의 대안을 제시하는 개혁적 보수 후보 쪽에 호응이 클 가능성이 있고요. 그런 것이 확산되고 SNS를 통해 유포된다면 어떤 이변 가능성도 전혀 배제할 수는 없을 것 같습니다. 그럴 경우에는 대구가 아니라 중원이 무대가 되겠죠.

과거 노풍(盧風)이 야권의 핵심 근거지인 광주를 시작으로 불었다면 보수 정당의 바람은 반대 방향으로 불 가능성이 높습니다. 새로운 보수의 가치를 역설하며 타 지역에서 부상한 후보를 TK, 영남에서 수용하는 그런 역방향이요. 유승민 의원의 경우 TK에 기반을 두고 있고 나름 지지기반이 강하지만 대선에서 어떤 바람을 일으키려면 외부에서 전국적으로 지지도를 끌어올려서 보수의 기대주로 올라서야 아마 그 바람을 본거지까지 끌고 들어갈 수 있을 겁니다. 지금 흐름이라면 집권세력 내부보다 오히려 장외에서 보수 개혁의 깃발을 들고 대선 리그에 들어올 반기문 카드가 보수진영의 경선에 바람을 일으킬 가능성이 높죠.

박시영 저는 그럴 가능성이 전혀 없다고 봅니다. 왜냐하면 유승민 의원의 비호감도가 제일 높은 곳이 바로 TK입니다. 이번 조사에서도 동일한 결과가 나왔습니다. 대구의 정서상 유승민 의원의 파괴력이 높긴 어렵습니다. 그래서 저는 TK에서의 반란은 현실성이 낮아 의미 없다고 보는 겁니다.

오히려 TK에서 야권 후보의 약진을 주목합니다. 역대 대선에서 노무현 후보는 20.3%, 문재인 후보는 19.2%를 TK에서 얻었는데, 다음 선거에서 박근혜 후보처럼 TK출신이 여권후보로 나올 가능성이 희박한 만큼, 19대 대선이 1:1 구도로 치러진다면 야권 후보가 TK에서 30% 정도의 표를 얻을 수도 있다고 저는 봅니다. 물론 이 지역 출신인 이재명 시장이나 김부겸 의원이 후보가 된다면 40%에 육박할 수도 있겠지요. 왜냐하면 세대투표 성향이 강화돼 젊은 층의 야권 지지가 굳건해졌고 현 정권에 대한 불만이 누적된 가운데 최순실 국정농단 파문이 터져 고향사람 박근혜 대통령에 대한 대구, 경북 주민들의 배신감은 이루 말할 수 없는 지경입니다. 또한 대구 경제가 최악이고 성주 사드배치 논란까지 겹쳐서 야권 후보의 약진이 예상됩니다.

이재명 시장의 고향이 경북 안동인데, 대구의 기반을 둔 김부겸 의원의 지지도가 높지 않은 상황이어서 대구, 경북의 젊은 층을 중심으로 한 야권 지지층이 이재명 시장으로 급속히 쏠릴 가능성도 있다고 봅니다. 만약 김 의원이 이곳 안방에서 무너지면 김 의원의 경선 레이스 지속 여부 자체가 무의미해질 수도 있습니다.

20대 총선 결과를 보면 TK 민심의 이반이 확인이 됩니다. 대구의 정당득표율이 새누리당 53.06%, 더민주 16.30%, 국민의당 17.42%, 정의당 6.07%였습니다. 반새누리당 정서가 폭넓게 확산돼 있음을 볼 수 있습니다. 여당 후보가 대구에서 70%를 돌파하기는 쉽지 않을 것입니다. 야권 후보가 단일화되면 30% 가까이 득표할 수 있다는 겁니다. 그때보다 지금의 민심 이반이 더 큰 만큼 목표 달성이 충분할 것으로 기대합니다.

이상일 김부겸 효과인가요?

박시영 '김부겸 효과'도 분명 있을 겁니다. 그러나 더 본질적인 것은 세대투표 현상이 대구도 강하다는 겁니다. 20~30대는 야권 성향입니다. 또한 박근혜 대통령과 새누리당에 대한 실망감이 더해져서 그런 겁니다. 총선 때는 유승민 공천 파문으로, 이번에는 박근혜-최순실 게이트로 이들의 정권 교체 욕구는 커졌습니다. 새누리당을 지지하기가 창피한 거죠. 여하튼 다음 대선에서 과거 20%보다는 10% 정도는 야권이 더 얻을 거다. 저는 그렇게 봅니다.

김지연 그럼 PK쪽으로 좀 더 내려가 보도록 하겠습니다. 문재인 의원을 야당 후보로 인식하는지, 아니면 PK 후보로 인식하는지가 중요한 포인트인 것 같거든요. 결국 문의원이 본선에서 부산 1등을 할 수 있을 건지가 핵심인데요.

이상일 양 진영이 격돌하는 대선 국면에서 문재인 후보는 기본적으로 야당 후보로 포지션 될 수밖에 없죠. 그렇지만 반기문 총장이 후보로 나설 경우 지역연고가 충청이기 때문에 부분적으로 부산 같은 곳에서는 문재인 후보가 영남후보로 인식되면서 득표율 1위를 할 가능성도 없지는 않다고 봅니다. 지난 대선에서도 박근혜 후보랑 대결할 때 부산에서 40%를 득표했으니까요.

그럴 경우에 TK와 PK가 이질화되는 것 아니냐고 하셨는데, 앞서도 설명 드린 것처럼 TK, PK는 인적 구성비율과 성향이 강하게 일치하지는 않습니다. 영호남 대결구도가 크게 부각되면서 영남이라는 기본 속성에 부합하는 선거결과들을 내놓긴 했지만요. TK도 구미 등 공단을 중심으로 유입된 호남인구가 꽤 있지만 PK는 그 비율이 상당히 많죠.

그런 점들을 생각해 보면 PK에서 문재인 후보가 야당 후보로 나섰을 때 조금 더 득표를 하는 것도 이상한 현상은 아닐 겁니다. 대선이 끝난 후에 만약 영남 일부 지역에서 야당 후보가 득표율 1위를 한 것이 확인된다면 그 이후 정치적 의미들을 분석할 때 영남권을 하나로 묶어서 볼 수 있느냐 하는 문제가 본격적으로 제기될 것 같긴 하네요.

한 가지 변수를 꼽아 본다면, 최순실 사태 전까지는 보수정권 10년에 대한 심판 정서가 영남에서도 일정하게 작용하면서 보수 후보의 득표력이 예전 수준은 안 될 것이다, 그런 정도였는데 이제는 완전히 정권이 바뀔 거라는 분위기 속에서 대선이 치러질 가능성이 높잖아요. 그럴 경우에 영남 유권자들 입장에서는 막연하지만 어떤 불안감 같은 게 상당히 올라갈 수 있습니다. 영남 정권이 끝나고 다른 시대가 온다. 그런 기류가 확산되면서요. 그럴 경우 만약 보수정당이 새롭게 탈바꿈해서 정권 교체를 막아달라, 그런 호소 전략을 쓸 경우에 보수정서가 강한 유권자들을 중심으로어쩌면 표가 다시 결집되는 흐름이 나타날 수도 있을 것 같아요. 그게 전체적인 영남 분위기로 확산될 수 있느냐는 미지수입니다만.

박시영 PK와 TK가 다음 대선에서 좀 다를 겁니다. 첫째는 PK는 현 정권에대한 반감이 매우 큽니다. 대통령 및 새누리당에 대한 불만강도가 TK보다는 오히려 수도권에 가깝습니다.

둘째는 TK 정권에 정서적인 서운함이 깃들여있다는 겁니다. 보수정권 10년 동안 PK의 소외의식이 더 커졌습니다. 자고로 상대적 박탈감이 더 무서운 법입니다.

셋째는 정치지형이 바뀌고 있다는 겁니다. 20대 총선에서 더민주 등 야권후보가 PK에서 무려 9명이나 당선되었습니다. 진보성향 무소속 2명까지합치면 11명에 달합니다. 양당 간의 정당지지도 격차가 매우 적고 더민주지지율이 수도권과 유사할 정도입니다. 이번 조사에서도 새누리당과 격차는 2.6%p에 불과했습니다.

넷째는 PK출신의 유력 대선후보가 있다는 점입니다. 그런데 여권이 아닌 야권이라는 점입니다. 김무성 전 대표가 불출마하면서 부산 민심이 문재인 전 대표를 '우리후보', PK의 대표주자로 볼 개연성이 더 높아졌습니다. 부산이 움직이면 PK가 함께 움직입니다. 지난 대선 때 문재인 전 대표가 이곳에서 38.4%를 얻었습니다. 노 대통령은 29.4%에 그쳤는데 말입니다. 9%p가 상승한 겁니다. 10년 만에요. 다른 요인보다는 세대투표 영향이 더 커졌고 MB정부에 대한 비판정서가 높아진 데다 노 대통령보다는문재인 전 대표가 안정감이 더 있어서 그랬던 거 아닐까 싶습니다. 물론

문 전 대표가 노무현 후광효과를 톡톡히 본 것이 밑바탕에 깔려 있는 거겠죠.

PK의 호남원적자의 비중은 10년 전이나 지금이나 큰 차이는 없을 겁니다. 이번 총선에서 더민주의 부산 후보들이 지역구에서 얻었던 득표 평균은 38.4%입니다. 새누리당 47.8%, 국민의당 5.0%를 얻었습니다. 문 전 대표에 대해 '우리후보'라는 정서가 과거보다 강화되는 추세라고 봅니다. 큰 흐름을 타고 있다고 보는 거죠.

김지연 두 분의 분석이 비슷하면서 약간 다르네요.

박시영 그래서 결론은 문 전 대표가 강단 있고 스케일이 큰 지도자로 변화해 나간다면 PK 민심이 더 뒤집힌다고 봅니다. 만약 19대 대선에서 여야가 1:1대결을 할 경우, 문 전 대표가 야권 단일 후보로 나선다면 PK에서 50% 과반 득표가 충분히 가능하다고 봅니다. 박원순 시장과 이재명 시장 등이 나서도 최소 35% 이상은 획득 가능하리라고 봅니다. PK주민들에게 반기문 총장은 '우리후보'가 아니기 때문에 반향은 크지 않을 것입니다. 3자 대결을 하더라도 문 전 대표가 PK에서 1위를 차지할 것으로 확신합니다. 다만 고민되는 대목은 문재인 전 대표의 PK의 대표성이 강화되면 야권의 심장부인 호남이 어떻게 반응할 거냐하는 것입니다. 또 다시 PK정권 만드는 것 아니냐는 볼멘소리가 나올 게재가 있기 때문입니다. 따라서 문전 대표는 PK에만 올인하면 절대 안 됩니다. 영남의 득표력을 보여주는 것은 좋지만 호남의 민심을 다독거리는 일을 함께 전개해야 하는 것이죠. 정무적 관리가 대단히 중요하다는 거죠. 비책은 이 정도로만 이야기하는 것으로. (웃음)

김지연 준비 많이 했네요. (웃음)

이상일 저도 그 부분을 봤는데, 문재인 전 대표가 후보로 나섰을 때 'PK정권' 구호를 내세우는 건 쉽지 않은 길일 겁니다. 부산-영남 후보라는 컨셉을 부각하는 전략을 사용하는 것 자체가 쉽지 않을 거라고 보는 겁니다. 문재인 후보로서는 당의 후보가 되더라도 호남 민심을 상당히 유의해야 하는 입장이 될 텐데요. 안철수 후보와 관계나 구도가 정리되기 전까지는 호남에서 어떤 흐름이 나타날지 알 수 없으니까요. 그런 상황에서 정치적 근거지로 삼아야 할 호남을 두고 영남에 가서 개인적 연고를 내세워 영남 후보론 캠페인을 전개하는 것이 쉽지 않을 것 같다는 이야기입니다.

또 노무현 정부 시기에 이미 호남의 몰표로 대권을 차지하고도 영남에 공을 들인 것에 대한 호남유권자들의 학습효과도 있고요. 그렇기 때문에 무리해서 영남후보론을 내세우는 건 오히려 역효과를 낼 가능성도 있다고 봅니다. 통합과 개혁을 기치로 내걸고 정치적 노선을 부각하는 전략이 더 현실적이지 않을까요.

김지연 박 부대표님은 가능하다는데요?

이상일 영남후보론 전략을 쓸 수 없다는 게 아니라 사용하기 만만치 않다는 뜻입니다. 그렇게 내세우지 않고도 상당한 득표가 가능한데 굳이 호남 정서를 자극할 우려가 있는 지역연고 컨셉 전략을 쓸 것인가 하는 부분이 의문이라는 거죠.

5. 충청권 대망론

박시영 **"구태 누적되면
'반기문 대망론'
한순간 훅이다"**

이상일 **"오랜만에 불어오는
충청 대망론,
반기문의 힘이
될까"**

김지연 여론조사 전문가 입장에서 충청 표심을 전망하기가 참 어려운데요. 몇 가지 이유가 있지만, 정치적으로 소외를 받아왔다는 심리가 기저에 있는 것 같습니다. JP이후에 오랜기간 지역을 대표하는 정치인이 없었던 것도 하나의 요인이 될 수 있지 않을까 합니다. 심대평, 이완구 등이 있었지만, 대통령 후보로 언급될 정도의 전국적 인물은 아니었던 것 같습니다. 이회창, 박대통령도 연고를 가지고 있고 지지를 많이 받았지만 충청대표 인물이라는 느낌은 좀 없었던 것 같습니다. 이번 대선은 좀 다를 거라는 주장이 있습니다. '충청권 대망론 광풍 불까'인데요. 반기문 총장과 안희정 지사 이야기입니다.

연고로 보면 충북 반기문, 충남 안희정인데요. 두 지역의 정서가 좀 다르다는 주장도 존재합니다. 충북과 충남이 반기문, 안희정을 둘러싸고 대립할 것으로 보는지, 아니면 충청 전체 차원에서 한 쪽으로 힘을 몰아줄 것인지 두 분의 의견을 듣고 싶습니다. 아울러 충청후보 단일화, 즉 보수 반기문 플러스 진보 안희정 가능성이 있는 건지, 이런 부분을 묶어서 말씀해 주시죠.

박시영 박근혜-최순실 게이트가 불거지기 전까지만 해도 '충청권 대망론'의 바람이 부는 듯 했습니다. 그런데 국정농단 파문으로 그 기세가 크게 꺾였습니다. 충청권 대망론이 살아날지 미풍에 그칠지는 반기문 총장의 귀국 이후 본격적인 정치행보를 할 때 드러날 것으로 보이지만 보수정권에 대한 실망감이 너무 커져 있어서 충청권에서의 '묻지마 반기문 현상'은 그리 강력하지 못할 듯합니다. 왜냐하면 반기문 총장 스스로가 박근혜 대통령의 지원과 엄호 하에 대선을 준비하고 있다는, 박근혜 아바타 같은 행보를 스스로 자초해왔기 때문입니다. 그래서 저는 반기문 총장이 충청에서 야권 후보보다 우위는 점하겠지만 그 차이가 한 자리 수 정도이지 않을까 싶습니다.

충청도의 특성상 충북과 대전충남은 생활권이 다릅니다. 정치권도 충북과 대전/충남을 분리해서 사고하는 경향이 있습니다. 박근혜-최순실 게이트 이전만 하더라도 반기문 총장의 지지세가 충북을 넘어 대전/충남으로 확산되고 있었습니다. 하지만 지금은 대전과 충남이 충북과는 다른 길을 걸을 것 같다는 느낌이 듭니다. 박근혜-최순실 게이트 영향이 반영되기 전에 실시된 이번 조사에서도 충청권에서 '야당 집권 선호도'가 31.2%, '여당 집권 선호도'가 28.8%로 근소하게 야당의 집권을 바라는 시민들이 더 많다는 점을 눈 여겨 봐야 합니다. 지금의 반기문 총장의 지지도는 호감도의 반영인데 검증국면에서 도덕성과 자질에 허점이 드러나면 충청권부터 요동칠 겁니다.

"반기문이 충청발전을 위해 그 동안 한 게 뭐 있어?" 이런 식의 불만이 밖으로 표출될 겁니다. 지역의 큰 인물이라 비판을 자제했지만 틈이 생기면 야당 지지자들이 바로 치고 들어갈 겁니다. 충북보다는 대전, 충남이 먼저 떨어져 나갈 것이고 곧바로 인천, 서울 등의 '충청 원적자'들에게도 영향이 미칠 겁니다.

반 총장이 주춤하면 같은 충청 출신인 안희정 지사에게 마지막 기회가 올 수도 있습니다. 그러나 불행히도 안 지사가 반등기회를 잡기가 쉽지 않습니다. 민주당 후보 중에 4위권에 머물고 있어 충청도민들의 기대가 낮아져 있기 때문이죠. 이재명 시장은 치고 나가고 있는데 우량주인 안희정 지사는 갇힌 형국입니다. 위기 국면에 어울리는 지도자가 아니기 때문입니다.

'반기문 대망론'은 분명 약해졌지만 아직 충청권은 '반기문 영향권'에 들어 있다고 봐야 합니다. 저는 반 총장이 검증국면에서 한 방에 훅 갈 것으로 보진 않습니다. 출세지향적인 인사여서 자기관리에 평소 신경을 써왔을 것으로 봅니다. 그러나 검증국면을 통해 민생분야나 사회정책, 경제정책 등 준비 안 된 면들이 드러나면 가랑비에 옷 젖듯 서서히 무너져 내릴 것으로 예상합니다. 충청권 대망론이 꽃을 피우지 못한 채 사라질 것으로 봅니다.

이상일 최순실 여파로 반기문 총장의 대선 행보가 불확실해지고 지지율도 하락했죠. 때문에 잠시 충청 대망론도 주춤한 것 같아 보입니다. 그렇지만 그동안 영호남 대결구도로 치러졌던 대선에서 만약 반기문 총장이 새로 구성될 보수정당의 후보로 등장할 경우 충청은 오랜만에 충청을 중심으로 한 진영대결의 중심지 역할을 하게 됩니다. 기존의 영호남, 보수진보 격돌 구도가 깨지는 거죠. 반기문 총장이 보수권 후보로 나서는 것에 대한 반감이 어느 정도 존재할 수 있지만 그렇더라도 충청 대망론은 반기문 총장의 등장과 함께 다시 크게 상승할 것으로 예상합니다. 반기문 총장이 등장한다는 뜻은 단순히 충청을 지역연고로 한 대선후보의 등장에 국한되지 않습니다. 저변에 흩어진 보수층도 자연스럽게 반기문 총장의 지지기반을 형성해 갈 것으로 봐야 하죠. 그 속에서 충청은 아마 무주공산이 된 보수진영 전체를 대표하는 반기문 대망론을 지탱하는 핵심 지역으로 작동하기 시작할 것으로 보입니다

　제3지대를 택할 경우에도 마찬가지입니다만, 저는 오히려 제3지대에서 확실한 정치세력을 확보하지 못할 경우 '대권 본선 승리 가능성'이 약화되면 충청권의 바람도 주춤한 분위기가 되지 않을까 싶어요. 충청 대망론이 불타오르느냐 하는 문제는 '가능성'과 직결되어 있다고 봅니다. 제3지대에서 반 총장이 상당한 세력을 규합하며 독자노선을 걷는다면 충청표가 결집돼 지지기반의 핵으로 작동할 수 있겠지만 그것도 유동적이죠. 새누리당이 어떻게 되느냐와 반 총장이 어떤 선택을 하느냐가 같이 맞물려 돌아갈 걸로 보입니다. 충청 대망론은 잠복 상태로 반 총장의 거취를 주목하게

될 것 같네요.

충남북의 이질화 가능성은 높게 보지 않습니다. 충북과 대전/충남은 일상적 정치국면에서 다소 다른 경향을 보여 온 것이 사실입니다. 충북은 수도권과 동조되는 흐름이 강해졌고, 대전/충남은 충청권만의 고유한 정치적 정서가 표출되는 특징으로 나뉘었죠. 하지만 대선 국면에서는 충청권이 다시 동조되면서 하나의 흐름을 형성할 가능성을 높게 보는 편입니다. 안희정 지사가 당장 야권의 대표주자라면 반기문과 안희정을 중심으로 여야, 세대 대결구도가 형성될 수 있겠지만 안희정 지사는 아직 미완의 대기주입니다. 반 총장이 본격 등판할 경우 충청권 전체가 반기문 총장에 주목하는 흐름이 나타날 것으로 봅니다.

김지연 안희정 지사 같은 경우는 야권 대망론에서는 문재인 벽에 갇혀 있고, 충청 대망론에서는 반기문 벽에 갇혀 있어 두 벽을 뚫고 나오기가 쉽지 않은 형국입니다. 야권 지지층이든 충남 쪽이든 유권자들 눈에 안 지사는 차차기에 나서도 충분한 인물로 보이는 게 안희정 지사에게는 가장 큰 걸림돌이죠. 야당 경선에서 그런 인식을 뚫고 정면승부를 걸면서 세대교체와 충청 대망론을 불러일으킬 수 있을까요?

박시영 앞에서 호남 얘기를 했잖아요. 호남이 먼저 움직이지 않을 것이라고요. 후행지표 성격을 띨 거라고요. 그 만큼 비집고 들어가기 어려운 상황이죠. 탄핵 정국에서 호남인들이 이재명 시장에게만 유독 허락한 것 같아요. 이 시장도 수도권에서 지지가 받쳐주니까 호남도 호응하고 나선 거죠. 나머지 잠룡들은 본인 연고지역에서 흥행을 일으켜야 하는데 그런 면에서는 안희정 지사가 매우 불리하죠. 막강한 반기문 총장이 버티고 있으니까요.

안 지사가 충청에서 반 총장을 제칠 수 있다는 확신과 근거를 전국의 야권 지지자에게 보여줘야 '안희정 돌풍'이 시작되는 겁니다. 대전, 천안, 아산 등 도심지에서 돌풍을 일으켜야 하는데 파괴력이 어떨지 지켜봐야 죠. 국면을 타개하면서 반등을 노릴만한 방책이 잘 안 보이는데 안희정 캠 프가 어떤 전략으로 돌파할지 궁금합니다.

민주당 입장에서는 '반기문 대망론'을 차단하기 위해서도 안 지사의 충청에서의 선전이 매우 중요합니다. 충청권이 쉽게 무너지면 회복하기가 어렵거든요. 안 지사가 든든하게 충청에서 버텨줘야죠. 적극적으로 방어벽을 쳐줘야 합니다. 그런 면에서 안 지사의 선전을 기대합니다.

김지연 JP의 영향력이 아직 있나요? JP가 다시 뭘 할 가능성은 보이지 않죠?

박시영 요즘 70~80대 노 정객들이 활발하시죠. 특히 현 정권 들어서 대통령이 70대를 중용하다 보니 더 그런 것 같습니다. 노 정객들은 나 아직 안 죽었다. 살아있다는 것을 보여주고 싶으신 것 같아요. 이재오 전 의원, 정의화 전 의장 이런 분들이 정치에 전면에 서시면 안 되죠. 손학규 전 대표, 김종인 전 대표도 마찬가지라고 봅니다. 일흔이 다 된 분들이 후배들의 길을 열어주고 어려울 땐 든든하게 울타리도 쳐주고 그러셔야지 너무 적극적으로 나서시고 정국을 주도하려는 것 같아요. 본인들이 지금도 선수로 뛰겠다면 어쩌자는 건지, 좀 답답합니다.

이상일 저는 JP가 직접 뭘 하려고 하는 것도 아니고 그런 상황도 아니라고 봅니다만 반기문 총장이나 안희정 지사 같은 경우에는 JP의 후광효과라고 할까 어떤 지지가 상당히 역할을 할 수 있다고 봅니다. 반 총장은 정치권 외부에서 수혈되는 입장이고 안 지사는 청년리더로 대선에 도전하려는 입장이기 때문에 기존 정당의 유력 대선주자들과는 입장이 다르죠.

충청을 지역기반으로 한 정치인에게 JP가 힘을 실어주는 측면에서 간접적 지원효과가 꽤 있다고 보이고요. 직접 어떤 역할을 기대하거나 그런 건 아니지만 정치적으로 상당한 의미를 만들어 낼 수는 있을 것 같은데요.

박시영 JP에게 의존하는 듯한 그런 행위는 반기문 총장에게 분명 악재입니다. 반 총장의 정치적 생각이 과거에 머물러 있고 정치 감각도 뒤쳐져 있다는 것을 보여준 사례죠. 언제 적 JP입니까? 반 총장은 정치 신인인데 좀 참신하게 할 수는 없는 건가요? 2002년 노무현 후보가 국민경선에 승리하자마자 달려간 곳이 바로 YS였습니다. 정치적 스승이다 보니 찾아간 건데 손목에 차고 있던 YS시계를 보여주며 YS를 예우하는 말을 덕담처럼 드렸는데 이게 알려지면서 완전 역풍이 불었죠. 낡은 정치를 청산하라고 뽑아 줬는데 그런 구태를 보이냐고 엄청난 비판에 직면한 겁니다. 난리가 났습니다. 당연히 지지도가 추락했고요. 마찬가지입니다. 반기문도 참신함을 보여주지 못한 채 노 정객들 만나서 표 구걸하는 모습 보이면 좋은 이미지 다 까먹게 됩니다. 그런 모습들이 쌓이다 보면 어느새 구태로 찍히게 되는 거죠. 진보진영 입장에서는 반 총장이 계속 헛발질 하면 좋겠죠. 지금 같은 행보 계속 하시라고 말씀 드리고 싶네요. (웃음)

김지연 마지막으로 반기문-안희정의 충청 후보단일화 가능성에 대해서는 어떻게 보세요?

박시영 전혀 없죠. 안희정 지사는 차차기 대선 도전도 가능한 인물인데 본인 정치인생에 상처 날 일을 왜 굳이 하겠습니까? 이긴다는 보장도 전혀 없고요. 그 동안 쌓아온 좋은 이미지 한 순간에 훅 날아갑니다. 절대 하지 않을 겁니다.

6. 차기 대선은 회고적 투표?

박시영 "진영대결
　　　강화해라,
　　　담대한 비전이
　　　먹힐 것"

이상일 "대선을
　　　전망적 투표로
　　　바꾸는 것이
　　　보수가 살 길"

김지연 합리적 선택이론에 근거한 정치학자들의 분석에 따르면, 유권자들의 투표행태는 회고적 투표(retrospective voting)와 전망적 투표(prospective voting)로 분류할 수 있는데, 대체적으로 대통령선거는 전망적 투표의 특성을 띤다고 합니다. 물론 주로 미국 선거를 분석한 논문에서 찾아볼 수 있지만요.

박시영 대선은 '전망적 투표'라는 통설이 있지만 이번 대선에서는 그 못지않게 '회고적 투표' 비중이 높아질 것으로 저는 봅니다. 그 이유는 두 가지입니다. 첫째는 역대급 사건인 박근혜-최순실 게이트로 정권 심판론이 과거 선거 때보다는 훨씬 힘을 얻을 게 분명하기 때문입니다. 둘째는 진영 투표가 강하게 작동할 것으로 보기 때문입니다. 묘하게 최근 20년 동안 진보정권 2번, 보수정권 2번을 경험하며 국민들은 진보정권 10년과 보수정권 10년을 극명하게 비교할 수 있게 되었기 때문이죠. 진보진영으로서는 참으로 다행스러운 상황입니다. 야당이나 야권 대선후보들이 이와 관련한 캠페인을 전개하면 대비효과가 분명하게 드러날 겁니다. 이명박 정권, 박근혜 정권의 정책기조가 다르지 않기 때문에 두 정권을 묶어서 보는 경향이 일반적입니다. 때문에 '보수정권 10년'이 한 묶음으로 잘 묶여질 수 있습니다. 이를 국민들이 자연스럽게 받아들일 것입니다.

최근 들어 김대중 정권과 노무현 정권이 이명박 정권과 박근혜 정권에 비해 경제는 물론 안보, 사회통합 측면에서 더 잘했다는 인식이 확고해지고 있습니다. 지난 2007년 대선과정에서 진보정권 10년을 '잃어버린 10년'이라고 규정하고 한나라당이 무차별적으로 공격했습니다. 그 당시 상당히 아팠습니다. 당시 참여정부에 대해 비판 정서가 있다 보니 대중들에게 먹힌 측면이 있습니다. 이번 대선에서는 반대로 돌려줘야죠. 보수정권 10년을 강력한 슬로건으로 규정하고 몰아세워야 합니다. 보수정권 10년을 대한민국을 '망가뜨린 10년'이라고 규정합시다. 그리고 어떻게 나라를 망가뜨렸는지 조목조목 따져 들어가야 합니다.

그동안 국민들이 갖는 보수진영에 대한 환상은 부패가 심하지만 능력은 있지 않나 하는 점이었습니다. 그런데 이제 이런 등식구조가 깨진 겁니다. 경제능력도 형편없다는 사실을 알아챈 겁니다. 관 주도, 낙수효과, 민영화, 성장 집착, 인위적 경기부양만을 주구장창 외치는 것을 보고 이런 세력에게 정권을 맡겨서는 대한민국의 미래가 암울하다고 판단한 겁니다. 우리 자식들의 미래가 걱정되기 시작한 것입니다. 서민들을 고통에 빠트리면서 부유층에게 특혜만 주는 정책수단이라는 것을 온전히 깨달은 겁니다.

보수의 경제운영방식은 세계적인 흐름에 부합하지 않는 과거방식입니다. 그런데도 보수 세력은 여전히 고집하고 있습니다. 더군다나 국가권력을 제 맘대로 사유화하고 있습니다. 최순실 사태와 우병우 사건을 보고 얼마나 분통이 터졌습니까? 역대 이런 대통령은 없었습니다. 정말 대한민국이 무너지고 있습니다. 현 정권은 국민을 무시하고 이기려고만 했습니다. 진실을 덮고 은폐하기에 급급했습니다. 이런 혹독한 평가가 있기 때문에 차기 대선은 전망적 투표와 회고적 투표가 최소한 절반 정도의 비중은 반영될 것 같습니다. 회고적 투표가 더 강할 수도 있습니다. 그러나 전망적 투표가 여전히 중요하다는 점을 간과해서는 안 됩니다. 세상을 누가 바꿀 수 있는지를 야권 후보가 명백히 보여줘야 합니다. 그래야 승리가 가능합니다.

이상일 저는 비슷하게 보는 면도 있고 조금 다른 부분도 있습니다. 통상 총선은 회고적 투표가, 대선은 전망적 투표가 주류라고 하지만 대선에서도 분명히 심판정서에 의한 투표가 당연히 있죠. 그리고 보수정권 10년으로 보든 박근혜 정권 5년으로 보든 후반부에 오면서 민심이 상당히 냉랭한 것도 사실입니다. 이미 총선에서도 충분히 심판론이 작동한 것으로 보이구요.

특히 2016년 연말로 오면서 불거진 우병우 민정수석, 미르와 K스포츠 재단, 최순실 모녀 의혹 등은 그동안 박근혜 정부가 나름대로 버텨온 정권의 도덕성 문제를 정조준하고 있습니다. 최순실 사태로 비화되면서 권력의 사유화, 비정상적 국정운영 문제로까지 비화되었고요. 최순실 사태가 박대통령과 최순실이라는 두 개인 간의 사적 인연에서 비롯된 문제라 할지라도 결국 보수정권 10년의 마지막에 터진 사건이고 대통령이 직접 개입된 문제여서 보수에 대한 실망감이나 회의, 비난여론으로 이어질 수밖에 없죠. 내년 대선의 주된 흐름이 보수심판론으로 치러질 것이라는 점에 동의합니다.

박 부대표님 의견에 동의하지 않는 부분은 두 가지입니다. 하나는 낙수효과나 민영화 같은 경제정책 방향에 대해 여론이 보수정권의 능력을 부정적으로 볼 것이라는 지적입니다. 경제운용에 대한 실망감은 있겠지만 그게 어떤 보수적 노선의 정책방향 때문에 그런 비판론이 제기된다는 분석에는 크게 동의하기 어렵습니다. 뭔가 경제의 돌파구나 활력을 찾길 기대했는데 그런 것들이 충족되지 않은 데 대한 포괄적 실망감이 저는 더 클 거라고 봅니다. 국민들이 요구한 건 어떻게든 경제가 돌아가게 하라, 좀 먹고 살 길을 열어달라는 것이지 어떤 방향의 정책노선에 대한 호불호가 명확하게 형성된 것은 아니라고 봅니다.

성장 담론은 여전히 유효하고 경제성장이 필수적이라는 것에는 다수가 동의하고 있기 때문에 보수적 정책노선의 잘잘못이 아니라 결국 누가 더 경제운용을 잘 할 것이냐에 대한 평가가 대선 여론에 크게 작용할 것이라고 보는 거죠. 야당이 과거에 비해 정책역량의 측면에서 긍정적 평가를 받는 것 같다고 하셨지만 그런 주장이 설득력이 있으려면 지금 대선 여론에서 적어도 보수와 각을 세우고 있는 문재인 후보가 압도적 1위로 올라서거나 해야 하는데 최순실 사태 이후에도 문재인 후보의 지지율은 그다지 상승하지 못하고 있어요. 보수도 상당한 실망감을 주었지만 그렇다고 야당, 문재인 후보가 그런 경제문제를 해결할 대안으로 인정받느냐 하는 부분에 와서는 아직 확실한 여론 흐름이 보이지 않는다고 봅니다.

또 하나 회고적 심판투표가 주류를 이루지 못할 것으로 보는 이유는 반기문 총장 때문입니다. 반기문 총장은 2016년에 계속해서 대선주자 1위 자리를 지켜오다 최순실 직격탄으로 같이 하락했는데요. 그럼에도 불구하고 개인 지지도는 어느 정도 버티는 상황으로 분석됩니다. 정치권에 진입하지도 않은 장외 대선주자에 대한 기대감이 여전히 살아 있다고 봐야죠. 지금 마땅히 대선 구도에 올라탈 발판이 사라진 상황이지만 탈바꿈한 새누리가 혁신을 기치로 내걸고 보수의 노선을 재정비할 경우 반기문 총장까지 가세한다면 다시 보수층은 물론 중도층 일부의 기대감을 결집시켜 대선판을 흔들 여지는 충분히 있다고 봅니다.

그럴 경우 반기문과 새로운 보수정당은 기존 박근혜 정부와 새누리당을 대체한 보수권의 대안정당과 후보 성격을 지니게 됩니다. 심판은 이미 탄핵이라는 초유의 국민심판으로 결과까지 나온 상황이고 그 폐허 속에서 보수가 새로운 가치를 내걸고 대선을 치르게 되는 셈이 되죠. 그럴 경우 유권자들 시각에, 특히 보수층과 중도층에는 새로운 보수정당은 심판론의 틀 바깥에 존재하는 미래형 대안이 될 수 있습니다. 박근혜 정부와 강하게 연결되지 않는 구분점이 생겼기 때문입니다. 2012년 대선에서도 야당은 당시 이명박근혜라는 조어를 만들어 가며 이명박 정부의 실정을 박근혜 후보로 연결시키려 노력했지만 크게 먹혀들지 않았습니다. MB정부에 대한 비판적 정서를 갖고 있는 사람들 중에 박근혜 후보는 MB정권과는 차별성 있는 후보라는 인식을 갖고 있는 사람들이 많이 있었기 때문이죠. 그 얘기는 내년 대선에서도 같은 방식으로 작동할 가능성이 높습니다.

예를 들어 반기문 총장이 새누리당 후신 보수정당에 합류하더라도 반 총장은 기성정치권과 다른 참신성을 갖고 있고 친박계 정치인으로 분류되지 않을 수 있으며 박근혜 정부 심판론의 대상이 되지 않을 수 있지 않을까요? 보수 세력의 대선주자로 나서긴 했지만 기존 보수 세력이나 새누리당, 친박과 차별성을 유지한다면 회고적 투표를 하는 유권자 중에도 반 총장에 대해서는 반감을 갖지 않을 수 있다는 얘기죠. 꼭 반 총장만 해당되는 건 아닙니다. 유승민 의원이 만약 여당의 대선주자가 되더라도 마찬가지 현상이 벌어질 수 있죠.

회고적 투표가 대선의 주요 변수가 되려면 현재 정권과 차기 후보가 정체성 면에서 동일하게 인식돼야 하고 공도 가져가지만 과에 대해서도 책임져야 할 위치에 있을 경우에 해당됩니다. 그렇게 본다면 야당은 심판론을 강하게 제기하고 망가뜨린 10년이라는 표현을 쓴다고 해서 자신의 표가 늘어나지 않을 수 있다는 점을 잘 생각해야 하죠.

박시영 좋은 지적입니다. 이건 논쟁이 필요한 부분 같습니다. 반기문 총장은 정권의 실정과 떨어져 있는 분이기 때문에 회고적 투표로부터 자유로운 부분은 분명 있습니다. 사실 그러니까 반기문 총장을 상대하기가 쉽지 않은 겁니다. 그런 면도 포함돼서 반기문의 지지도가 높게 형성된 거겠죠. 그래서 박근혜 대통령과의 싸움이 아닌, 현 정권과의 싸움이 아닌 보수진영 전반과 싸움을 벌여야 한다는 겁니다. 진영구도를 강화해야 한다는 것이죠. 반 총장을 보수진영의 후보로 규정하고 묶어 놔야 합니다. 반기문 총장 혼자서 국정을 끌어갈 수 없고 결국 새누리당 인물들이 주축으로 이끌어가는 겁니다. 작금의 보수정권 10년과 뭐가 얼마나 바뀌겠습니까? 그 나물에 그 밥들인데 말입니다.

이 대표님의 지적처럼 전망적 투표를 원하는 층들의 바람을 기존의 진보진영 후보들이 잘 담아내지 못한 것은 사실입니다. 겸허하게 반성해야 한다고 봅니다. 그것은 2012년 대선 패배의 원인 중에 하나입니다. 지금도 많이 부족합니다. 야당과 야권 유력 대선 후보들의 국정 기대감이 높지 못한 것이 사실입니다. 그러나 박근혜 대통령 및 친박계에 대한 실망으로 민주당과 문재인 전 대표 등 대선후보들의 지지도가 오르고 있습니다. 반기문 총장의 지지도가 하락하면서 이재명 시장에게 이미 2위권까지 위협을 받고 있습니다. 반 총장의 지지도가 호감도의 반영이고 지지강도가 세지 않기 때문이고 새누리당과의 일체감이 형성되면서 조정을 받는 겁니다. 대중은 반 총장을 새누리당 후보로 각인하고 있다는 점을 명심해야 합니다.

19대 대선에서는 국가라는 게 왜 존재하지? 국가의 의무는 뭐지? 등의 근본적인 문제제기가 이뤄질 가능성도 있다고 봅니다. 국민의 의무는 있는데 왜 국가의 의무는 없을까? 있는데 제대로 못하는 걸까? 하는 의구심이 듭니다. '국가 역할론'이 캠페인 소재로 부상할 수 있겠다는 예감이 듭니다. 그리고 우리사회 변화에 대한 근본적인 논쟁이 촉발될 것 같습니다. 세상을 확 바꾸자는 주장이 더 힘을 얻을 것입니다. 트럼프의 승리 요인도 백인들의 절망감을 자극하며 변화를 주창한 거잖아요. 야권 후보가 이런 식의 캠페인을 벌어야 합니다.

민주당에게 선거지형이 유리함에도 반기문의 경쟁력, 안철수 변수, 개헌, 정계개편, 연정, 단일화 등 구도의 불안정성이 많아 대선방정식이 매우 복잡해져 있습니다. 그만큼 독자적인 힘으로 과반의 지지를 얻어 집권할 정치세력이 없다는 것이겠죠. 그래서 합종연횡, 연정 등이 부각되지만 다자구도를 치를 가능성 또한 높습니다. 여야 모두 구도를 어떻게 짜고 캠페인을 어떻게 전개하고 누구를 후보로 내세우느냐에 따라 승산이 달라질수 있습니다. 국면을 전환시킬 카드가 많이 남아 있기 때문에 야권 및 진보진영이 끝까지 긴장해야 합니다.

이상일 보수진영은 그런 면에서 다음 대선이 회고적 투표, 심판론에 매몰되지 않도록 하기 위해 짧은 시간 내에 큰 변화를 이뤄내야 합니다. 보수의 도덕적 엄격성을 다시 세우고 사회적 약자에 대한 배려와 합리적 경쟁이 가능한 사회를 지향하는 따뜻한 보수를 지향하면서 기존의 보수정당, 정치권이 유권자에 안겨준 실망감을 털어내야 할 겁니다. 그래야만 최순실 게이트, 탄핵이라는 초유의 사태 속에서 치러지는 대선에 제대로 임할 수 있을 겁니다. 미래를 놓고 경쟁하지 못한다면 이번 대선은 보수가 설 자리가 없는 그런 선거가 되겠죠. 야권은 지금 강력한 대오를 형성하고 정권교체를 주장하고 있지만 탄핵 정국 이후에 확실한 미래 대안으로까지 인정받고 있는 상황은 아니라고 봅니다. 그 빈 자리를 보수 정치권이 어떻게 뚫고 들어가느냐에 따라 다음 대선에서 회고적 투표가 주류를 이룰 것인지, 전망적 투표가 주류가 될 것인지가 결정될 겁니다.

1. 이상적인 대통령 이미지

박시영 "정의의 사도,
단호하되
소통하는 리더"

이상일 "혼돈의 한국사회,
강력하면서
안정감 주는 리더"

김지연 지금부터는 본격적으로 대통령 후보를 다뤄 보도록 할 건데요. 저희가 실시한 여론조사 결과를 토대로 대화를 이어 가겠습니다. 저희가 바람직한 대통령 이미지, 자질 등에 대한 질문을 했는데요. 먼저 바람직한 대통령의 특성 혹은 이미지에 대한 조사 결과입니다. 박시영 부대표님께서 정리해 주시죠.

박시영 일단 아이디얼 타입(Ideal Type)만 얘기하면 두드러진 특성은 다음과 같습니다. 국민들은 이상적인 리더의 이미지로 '품위 있는 리더'보다는 '서민적인 리더'를 원하고, '안정감이 드는 리더'보다는 '혁신적 리더'를 더 원합니다. 또 카리스마가 있어야 한다고 보고 있고 '참신한 인물'보다는 '경험 있는 인물'을 선호합니다. '보수적 성향'보다는 '진보적 성향'의 인물을 바라고 있습니다. 특이한 점은 과거에는 '아버지상'이 '어머니상'보다 높았으나 이번에는 엇비슷했다는 점입니다. 추진력과 위기돌파력을 선호해서 '엄

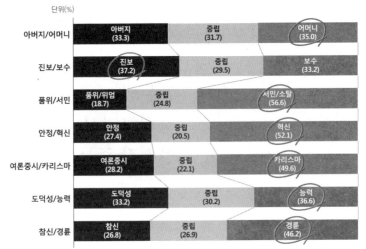

[바람직한 대통령의 특성 혹은 이미지]

격한 아버지상이 높았는데, 최근에 따뜻하고 꼼꼼한 리더를 선호하는 현상이 높아진 겁니다. 또한 초보자보다는 경험 있는 인물에게 일을 맡기겠다는 겁니다. 국정 경험 등 공직경험이 있고 자기분야에서 성공 경험을 축적한 인물을 원하는 거겠죠. 신비감 요소로 대선을 돌파하기는 쉽지 않을 듯합니다.

김지연 잘 들었습니다. 다음은 대통령이 갖추어야 할 능력이나 자질에 대해 질문한 결과입니다. 이 부분은 이상일 대표님께서 말씀해 주시죠.

이상일 주목할 부분은 국민들이 상당히 중요하게 여긴 부분에 소통과 여론수렴 능력이 꼽혔다는 점입니다. '매우 중요하다'고 응답한 수치만 보면 국제외교 위기관리 능력(66.2%), 소통과 여론수렴(63.4%), 도덕성(63.1%), 경제정책 전문성(54.2%) 순서입니다. 경제정책 능력보다 소통과 도덕성 같은 덕목이 중요하다는 응답이 높게 나타난 점에 주목해야 할 것 같아요. 위

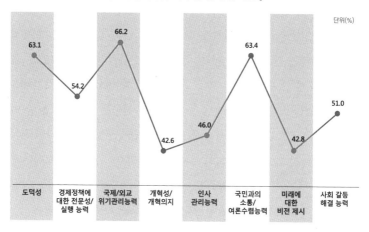

[대통령이 갖추어야 할 능력 및 자질]

단위(%)

63.1 · 도덕성
54.2 · 경제정책에 대한 전문성/ 실행 능력
66.2 · 국제/외교 위기관리능력
42.6 · 개혁성/ 개혁의지
46.0 · 인사 관리능력
63.4 · 국민과의 소통/ 여론수렴능력
42.8 · 미래에 대한 비전 제시
51.0 · 사회 갈등 해결 능력

기관리 능력이 1위로 꼽힌 것은, 조사 시점에 북한 문제라든지 사드와 한 중일 갈등 이슈가 좀 크게 불거진 효과가 반영되었다고 볼 수 있고요.

소통이나 도덕성에 대한 가치 비중이 높아진 부분은 박 대통령의 특징과 연결시켜서 볼 필요가 있습니다.

소통 부분은 답답함, 갑갑함의 느낌이 드는 박근혜 정부에 대한 반작용으로 형성된 여론으로 보입니다. 최순실 사태로 정점을 찍었지만 계속해서 박근혜 대통령이 잘못하는 점으로 소통부족이 지적되어 왔잖아요. 그 문제로 소통능력이 있는 대통령을 바라는 심리가 강해진 것으로 봐야 합니다. 대선 과정에서 각 주자들이 얼마나 국민이 이해할 수 있는 코드로 말을 할 수 있는지, 현안이나 개인에 대한 문제들을 얼마나 잘 설명할 수 있는지 하는 점들이 상당히 영향을 미칠 것으로 봅니다. 도덕성 이슈는 항상 중요한 가치이긴 합니다만, 최순실 게이트로 현직 대통령이 탄핵 상황까지 온 상황에서 치러지는 차기 대선에서는 후보의 도덕성이나 투명성 같은 인품에 대한 문제가 더욱 중요하게 작동할 가능성이 높다고 보여집니다. 우리 조사가 최순실 게이트 이전에 실시된 점이라는 걸 감안하면 더욱 그렇다고 봐야겠죠.

박시영 후보 인물평으로 넘어가기 전에 대선 선택 기준에 대해서 말씀드리고 싶은데요. 저는 결국은 시대정신을 잘 해결하는 사람이 유리할 것으로 봅니다. 공정, 평등, 즉 정의의 문제와 일자리, 양극화 해소 등 경제의 문제를 동시에 해결할 적임자가 필요한데 둘 다 잘해낼 인물은 드뭅니다. 둘 중 어느 측면에 강점을 가진 인물이 대중 소구력이 클지 판단을 해본다면 저는 박근혜-최순실 게이트로 정의의 문제 해결 적임자가 유리하다고 봅니다. 불공정, 불평등, 특권을 해체하라는 구호가 온 세상을 뒤덮고 있는 만큼 현 시기의 이상적 리더는 경제 능력자보다는 정의의 사도라고 봅니다.

김지연 두 마리 토끼를 정의하면 '공정한 성장'이라는 거죠?

박시영 왜 그 이야기를 다시 꺼내 드는가 하면, 현재의 민심은 우리 사회를 찔끔찔끔 손대지 말고 보다 근본적으로 바꿔 달라, 기득권 구조를 타파하라는 것입니다. '국가 대개조' 수준으로 새로운 사회경제시스템을 만들어 내라는 주문이죠. 구시대, 구체제, 구정치를 일소하고 사이비 정치, 꼼수 정치를 척결하고 관료를 개혁하라는 요구입니다. 그래야 우리 사회가 지속 가능한 체제로 바뀔 수 있다는 겁니다. 따라서 구태, 구식, 우유부단, 현상유지 이런 이미지를 갖고 있는 후보는 내년 대선에서 고전할 것입니다. 시대적 흐름과 유권자의 마음을 잘 읽어야 대중의 지지를 획득할 수 있는 겁니다. 위대한 시민혁명의 시대에 걸맞는 강단 있고 변화 지향적인 인물을 찾게 돼 있습니다. 당당하되 권위적이지 않으며 명분을 중시하되 소통이 가능하며, 권력을 사사롭게 사용하지 않을 정직하고 깨끗한 인물을 원하는 겁니다. 개혁성과 안정감을 고루 겸비한 준비된 인물을 찾는 건데요. 그런 리더가 누굴까요? (웃음)

이상일 요즘 국민들이 느끼는 우리 사회, 대한민국이라는 나라는 경제문제와 안전문제, 안보이슈 등 총체적 난국이 가까이 있는 듯한 느낌이 큰 것 같아요. 게다가 최순실 사태로 공공성 상실에 대한 분노와 실망감이 엄청난 시기죠. 그런 상황이 심해질수록 강력하고 공적 헌신성이 확고한 리더십에 대한 욕구가 상승하죠. 총체적인 난국을 끌고 갈 수 있는 지도자에 대한 갈망도 클 것으로 보이기 때문에 후보들이 어떤 리더십을 보이는지도 주시해 봐야 할 부분인 것 같습니다. 최순실 사태와 탄핵정국 속에서 여권 주자들에 대한 지지가 하락하는 건 당연한 현상인데, 야권을 보면 1,2위를 달리던 문재인과 안철수 지지도는 소폭상승이나 답보상태인 반면, 강한 공격지점을 이끌어 내는 이재명 시장의 지지도가 상승하는 흐름 같은 걸 눈여겨볼 필요가 있습니다. 국민들이 무엇을 원하는지 보여주는 한 단면 같은 것이니까요. 물론 탄핵정국 이후에는 안정감을 주는 리더에 대한 욕구가 재상승할 것으로 보여서 이재명 현상이 지속될 것인지는 의문이지만 각 당의 경선이나 대선 과정에서 '최순실 게이트'가 미친 여론 변화는 주시해야 할 부분일 것 같습니다.

박시영 국민들은 카리스마와 소통 두 가지 다 중요하게 보고 있습니다. 자기 중심을 명확히 세우되, 충분히 경청하며 결정하라는 것이고 결정하면 과감히 추진하라는 의미겠죠. 자기 혼자 결정하고 내달리는 스타일은 안 된다는 겁니다.

김지연 그럼 두 분이 말씀하신 걸 각자 요약해서 국민들이 이번 대선에서 가장 바라는 대통령, 딱 한 문장으로 말하자면 어떻게 표현할 수 있을까요?

박시영 정의의 사도입니다. 구악을 일소하고 새로운 나라를 만들 담대하고 유능한 인물을 원하는 것 같아요.

김지연 바꿀 수 있는 능력도 있어야 되고요.

박시영 능력이 있어야 되지요. 문제제기만 한다고 되는 게 아니잖아요. 그만큼 변화에 대한 갈증이 목에 차 있다고 봐야죠. 지금 방식, 지금 체제로는 단 한 발짝도 좋은 세상으로 나가지 못한다는 겁니다. 우리사회를 그만큼 절망적으로 바라보고 있는 거죠. 희망을 잃어버린 시대에 살고 있습니다. 경제적 차이가 개인의 삶의 만족도를 떨어트리고 미래에 대한 희망까지 앗아가고 있는 겁니다. 격차해소를 위한 특단의 대책이 필요합니다. 그렇지 못하면 공동체가 무너질 수 있습니다. 위험한 상태에 이미 진입해 있습니다.

이상일 변화와 개혁을 바라는 국민이 절대 다수겠죠. 뭔가 근본적인 변화가 필요하다는 느낌을 대다수 국민이 갖게 되지 않을까요? 저는 총체적 난국처럼 보이는 현실을 뚫고 국가를 안정시킬 비전을 보여줄 후보를 기대할 것 같아요. 경제든 다른 문제든 불안사회를 희망사회로 바꾸고 안정시킬 수 있는 후보요. 천천히 가더라도 경제가 좋아질 것이라는 믿음, 합리적이고 안전한 사회로 이끌어 갈 것이라는 기대감을 주는 대통령을 고대하지 않을까요? 그리고 아주 기본적인 욕구가 분출될 것으로 봅니다. 최순실 사태는 정말 비정상적인 국가운영의 상징이 되지 않겠습니까? 나라를 정상적으로 이끌어 갈 수 있는 지도자. 정상적이라는 말은 어쩌면 지극히 상식적인 인식을 갖고 있는 사람으로 해석될 수 있습니다. 자기만의 세계나 철학보다 국민이 이해할 수 있는 코드로 말하고 국민이 관심을 갖는 주제를 갖고 고민하고 이야기할 수 있는 리더를 바라는 정서가 강해질 것 같은데요.

김지연 안정이 어떤 의미죠?

이상일 경제, 사회, 정치, 외교안보, 모든 분야가 다 불안하게 느껴지는 시대잖아요. 총체적 불안사회를 다양한 방면에서 안정되게 이끌어 줄 리더를 원하는 시대정신이 작동하지 않을까 싶네요.

김지연 결국 두 분이 말씀하신 게 변화와 안정이네요. 각 진영의 핵심 가치라고 할까요?

2. 주요 후보 이념성향

박시영 "걱정마라,
집토끼 다지고
산토끼 잡으러 가면
된다"

이상일 "경직된
보수 이미지,
집토끼 집착하면
확장력 한계
봉착한다"

김지연 이번 여론조사에서 주요 대선 후보의 이념성향에 대한 평가를 받아보았습니다. 유권자의 8할이 대선 후보 선택 시 후보의 이념성향이 중요하다고 말하고 있습니다. 반면, 과거보다는 후보의 출신지역이 중요하다는 응답은 확실히 줄어든 것 같습니다. 결국 최근 선거들이 세대를 중심으로 한 이념대결 양상으로 펼쳐지는 것을 뒷받침하는 결과라고 할 수 있겠네요. 조사 결과에 대한 해석은 이 대표님께서 해주시겠어요?

이상일 새누리당 후보 중에서는 유승민(5.12) 남경필(5.51)이 국민 평균과 가까운 중도적 이미지로 평가됐고, 반기문(5.84), 오세훈(6.11)이 온건보수, 홍준표(6.77)와 김무성(6.79)이 다소 강한 보수 이미지를 갖고 있는 것으로 조사되었습니다.

  야권에서는 손학규(4.78), 김부겸(4.63)이 중도에 가깝다고 인식되고 있고 안철수(4.15), 안희정(3.92)이 중간, 이재명(3.70), 박원순(3.48), 문재인(3.44)은 다소 강한 진보이미지가 구축된 것 같네요.

[차기 대선후보 이념성향 평가]

차기 대선후보 지지 선택 시 중요한 기준:
후보의 이념성향(80.0%), 후보의 소속정당(54.9%), 후보의 출신지역(15.0%)

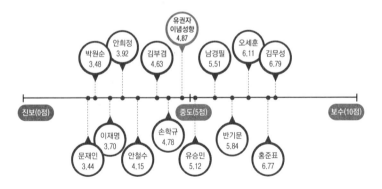

정당 이미지와 마찬가지로 대선후보의 이념성향도 꼭 국민 평균과 가까운 게 좋다, 아니다 이렇게 말할 수는 없습니다. 중도 포지션에 가 있는 후보들의 경우 어떤 면에서는 정체성이 모호하다는 뜻으로도 읽힐 수 있으니까요. 진영논리를 대변하되 국민과 거리감이 크게 느껴지지 않는다는 측면에서 본다면 보수는 반기문 총장, 오세훈 전 시장, 진보는 안희정 지사와 안철수 전 대표 정도가 중간 포지션을 점하고 있는 상황입니다. 조사시점이 빨라 최순실 게이트를 거치면서 각 대선주자들이 대응하는 방식에 따라 국민들의 평가도 좀 달라졌을 겁니다.

양 진영의 대선주자들은 자신의 이미지 포지션을 어떻게 가져갈 것인가에 대해 좀 전략이 다를 것으로 봅니다. 진보진영은 지금 강력한 정권교체 열기를 담아 보수정권을 공격하고 지지층을 이끌 강한 리더를 선호하는 기류라고 봐야 합니다. 그만큼 보다 진보적이고 강성인 후보가 더 두각을 나타낼 가능성이 높죠.

반면 보수는 지금까지 보수의 주류를 이룬 정치세력이 부도덕하고 비정상적인 집단으로 매도되면서 합리적이고 온건한 보수리더에 대한 기대치가 상승할 겁니다. 강한 보수이미지보다는 합리적 중도보수 성향의 주자가 더 각광받을 가능성이 높은 것 같습니다.

박시영 이번 조사에서 대선 후보 중 문재인 전 대표(3.44)가 가장 진보적인 인사로 드러났습니다. 문 전 대표의 진보성은 여의도 정가에는 잘 알려져 있는데, 진보적인 소신을 일관되게 지켜온 인물입니다. 지지도가 높은 점도 있지만 진보성이 강해서 문 전 대표가 진보진영의 대표성을 확보하고 있는 겁니다. 하지만 반대로 대선 후보로서의 확장력 취약이라는 약점을 안고 있는 거죠.

최근 박근혜-최순실 게이트를 거치며 이재명 시장(3.70)의 진보적 이미지가 더 강화됐을 것으로 보입니다. 문 전 대표와 이 시장의 위치가 서로 비슷하지 않을까 싶습니다. 자신이 진보층이라고 답한 유권자의 평균 이념성향은 2.95에 달합니다. 따라서 문 전 대표나 이 전 시장 모두 이념성향이 치우쳐 있다고 볼 수 없습니다.

유권자들은 차기 대선 후보 선택 시 소속정당의 이념보다는 대선후보의 이념성향을 중시하고 있습니다. 유권자 10명 중 8명은 이 점을 따져보겠다는 겁니다. 세상을 바꿀 과감한 비전을 내놓되 실현 가능하다는 점을 확신시켜 주면 진보층은 물론 중도층, 중도보수층까지 따라옵니다. 다만 본선이 다가오면 안정감을 보여주는 행보를 병행할 필요성은 있습니다. 그러나 집토끼가 먼저입니다. 이 점을 놓치면 안 됩니다.

한국사회 지향을 진보층은 2.96, 중도층은 4.51정도로 보고 있기 때문에 중도층을 효과적으로 공략하려면 선거에 임박해 4.0정도의 위치로 이동하면 됩니다. 중도층은 정책보다는 태도를 더 따집니다. 이들이 거부감을 가지지 않도록 태도나 자세에 신경을 쓰면 됩니다. 경제 전문가, 외교 전문가 등 사회 각계각층에서 인정받은 인사들의 캠프 영입도 좋은 방안인 만큼 강구해볼 필요가 있을 겁니다.

이상일 그러나 앞서 살펴본 바람직한 대통령상 조사에서 진보적 대통령이 좋다는 응답이 37.2%, 보수적 대통령이 낫다는 응답이 33.2%였습니다. 보수정권의 몰락과 최순실 게이트로 위축되어 있기는 하지만 보수적 성향의 유권자 자체가 소멸된 건 아니라고 봐야죠. 현재 보수를 표방한 박근혜 정권과 친박이 몰락하게 되는 것이지, 보수진영이 새로운 정당과 후보를 내세워 대선 국면에 진입한다면 진보-보수 이념지향성에 대한 선호 여론은 다시 재편될 가능성도 상당하다고 봅니다.

김지연 여론조사 결과는 조사 시점에 발생하는 각종 사건이나 여론에 영향을 받습니다. 본 대선 후보 이념성향 평가 항목에 대한 응답 결과 역시 이러한 점을 고려해서 해석해야 할 것입니다.

4. 주요 후보 인물평

반기문

김무성

오세훈

남경필

유승민

안철수

문재인

박원순

안희정

김부겸

이재명

손학규

저평가 우량주

반기문

박시영 안 나와도 걱정, 나와도 걱정, 왜 나왔지, 후회막급할 걸?

이상일 빨라진 대선 시계, 대선행보 가속해야 진지구축 가능하다

김지연 지금부터는 주요 대선 후보에 대한 두 분의 생각을 듣도록 하겠습니다. 편하게 말씀하실 수 있게 먼저 여권후보 전체를 쭉 살펴보고 다음으로 야권후보 전체를 살펴보겠습니다. 괜찮으시겠죠?

현재 여권후보 중 선두를 달리고 있는 반기문 총장부터 시작하도록 하겠습니다. 반 총장의 주요연상 이미지, 이념성향, 강약점, 지지층 등에 대해서 말씀해 주시기 바랍니다. 다른 후보 역시 같은 방식으로 말씀해 주시면 됩니다.

이상일 반기문 총장의 강점은 큰 인물론이죠. 국제기구의 수장이라는 경력과 노력으로 성공한 인물의 표본. 이런 점이 국민들에게 가장 크게 어필되는 것 같습니다. 충청이라는 지역기반도 영호남이 격돌해 온 한국 정치구조에서 강점으로 작용할 수 있습니다. 보수진영의 영남 차기주자, 유력자가 부재한 상황논리도 반 총장에게는 기회요인으로 작용할 것이고요.

반대로 외교관으로 평생을 살아오면서 과연 다른 국내문제, 이슈에 대해 어느 정도 국민정서에 부합하는 대안들을 갖고 있고 고민해 왔을 것인가 하는 의문을 해소해야 하는 숙제를 안고 있습니다. 또 직업관료의 한계로 많이 지적되는 정치적 리더십도 아직 확인되지 않은 부분이고요. 대선주자에게 필수적인 핵심 지지그룹도 아직 불명확합니다. 정치권 인사들은 선거나 인사청문회 같은 기회를 통해 개인적 문제들의 검증 과정을 거

치는데 반 총장은 대선에 참여하면서 본격적인 검증 무대에 처음 서게 됩니다. 외교통상부 장관을 역임했지만 그때는 인사청문회 제도가 도입되기 이전이었거든요. 혹 드러나지 않은 어떤 치부가 발견될 수도 있고요. 그런 것들을 약점으로 볼 수 있습니다.

새누리당의 대선주자 부재 상황이 반 총장에게는 가장 큰 기회였습니다. 하지만 최순실 사태로 당이 재창당 수준의 변화를 요구받고 있는 상황이라 지금으로선 반 총장이 꼭 새누리당의 대선후보로 영입된다는 보장은 없어진 것 같네요. 당 내에서 혁신 이후에도 영입 의견이 다수가 되면 모를까, 반 총장 영입에 적극적이었던 친박들이 힘을 잃은 상태에서 비박계가 주축이 될 새누리당 후속 정당도 그대로 반 총장에 문호를 열 것인지는 두고 봐야 할 것 같습니다. 그렇지만 보수정당 혁신 이후에도 야당 주자에 필적할만한 후보를 세우지 못하면 어쩔 수 없이 제3지대에 머물 반 총장 영입 여론은 보수층 유권자를 중심으로 거세질 겁니다.

아직 반기문 총장이 대선 구도에 진입하지 않은 상태에서 가장 궁금한 것이 아마 현재 지지도가 얼마나 견고한 것일까 하는 부분이었습니다. 거품이 아니냐, 검증국면이 되면 금방 꺼질 거다, 그런 분석이 상당했고요. 실제 최순실 게이트 여파로 반 총장 지지도가 하락하긴 했는데 그래도 현재 새누리당 잠룡 수준으로 폭락한 건 아닙니다. 개인 지지층은 일부 견디고 있는 상태니까요. 저는 반 총장의 지지도가 그렇게 허수, 호락호락한 지지층은 아니라고 봅니다. 국민이 수용하기 어려운 정도의 문제가 드러나지 않는 한 현재 반 총장의 지지도는 상당히 견고하다고 봅니다. 근거는, 반기문 개인의 인기보다 보수진영의 위기감이 반 총장을 떠받치는 힘으로 작동하고 있기 때문인데요.

호감도에 기반한 인기는 시간이 지나면서 감소하거나 거품이 빠지기 쉽지만 보수진영이 진보, 야권에 대항할 유일한 대안으로 반기문 총장에 주목하는 상황에서는 반 총장 지지도가 급락하거나 소멸될 가능성은 적어 보입니다. 물론 최순실 여파가 어느 정도 가라앉고, 당이 변화를 시도한다는 전제 하에서 드리는 말씀이지만요. 보수층은 반기문 총장을 보호해서 대선에 참여시켜야 한다는 절박함이 있다고 봐야 합니다.

또 다른 면을 하나 보면, 반 총장의 이념적 이미지 포지션입니다. 대선후보들도 이념성향 평가를 했는데 반 총장에 대한 국민인식은 5.84점입니다. 국민 평균보다 딱 1점 오른쪽으로 클릭되어 있어요. 새누리당은 7점을 넘었지만 반 총장은 새누리당이나 친박 수준의 강경보수로 비춰지지 않고 온건한 보수 이미지를 유지하고 있죠. 이 부분을 어떻게 유지하느냐 하는 것이 관건이긴 합니다만 합리적 보수, 따뜻한 보수이미지를 유지할 수 있는 대선 전략을 가동할 경우 반 총장은 보수진영의 강한 기대와 중도진영에 대한 소구력을 동시에 갖춘 강력한 후보로 계속 갈 가능성이 상당합니다.

물론 지금은 유동성이 매우 커졌습니다. 반 총장이 대선에 나설 것인지, 나선다면 어떤 루트를 밟을 것인지가 모두 불확실하죠. 보수정당이 새로 거듭나지 못하면 아예 대권도전을 접거나 제3지대에서 새로운 길을 모색할 가능성도 있다고 봅니다. 반기문 총장은 역설적으로 최순실 게이트로 인해 내년 초 귀국 직후부터 더 주목도가 높아질 것으로 보입니다. 만약 반 총장이 대권의지가 확실하다면 애매모호한 입장에 서서 관망할 여유가 없을 겁니다. 조기대선이 확실시되는 상황이니까요. 야권, 진보진영이 이미 반 총장을 경쟁자로 규정하고 문을 닫아 건 상황이므로 반기문 총장은 대선에 도전하려면 귀국하자마자 보수혁신과 새로운 국가체제 비전, 개헌에 대한 입장을 밝히며 강한 행보를 이어가야 한다고 봅니다. 박 대통령의 진퇴문제를 포함해서 합리적 국정안정 수습책도 제시해야겠죠. 그런 명확한 행보를 1~2월에 해 내야 안정적으로 대선 구도에 진입할 발판을 확보할 수 있을 겁니다.

만약 그때까지도 지금 새누리당이 뭔가 바뀌지 못하고 지리멸렬한 상태로 무늬만 혁신을 하고 있는 상황이라면 반 총장은 장외에서 제3지대를 발판으로 대선 구도 진입을 모색해야 할 수도 있습니다. 무조건 세력이 형성된 정당에서 시작해야 한다는 고정관념을 버리고 안철수 전 대표처럼 광야에서 시작하는 것도 방법이 될 겁니다. 자신을 중심으로 중도보수 세력을 끌어모으는 거죠. 적당히 지금 존재하는 보수정당에 올라타는 방식을 택할 경우 인물이 갖고 있는 강점이 급속히 소멸하면서 '보수정당 대선 후보 중 한 사람'으로 추락할 위험성이 상당하다고 봅니다.

반 총장에게 새로운 기회요인은 미국 대선이 될 가능성도 있습니다. 트럼프 대통령 당선으로 미국의 외교노선이 수정되고 한미 동맹에 어떤 압박이 커진다거나 할 때, 외교적인 문제들을 풀어갈 적임자로 반 총장의 주가가 더 올라갈 수 있죠. 대선의 중심축은 아니겠지만, 상당히 중요한 변수가 될 가능성이 있습니다.

김지연 현재 최순실 사태로 인해 새누리당 지지도가 크게 떨어졌는데, 기존 새누리당 내부 후보가 아니라 외부에서 수혈되는 반 총장이 상대적으로 이러한 비판에서 자유로울 수 있다는 의미인가요? 하여튼 반 총장이 내년 대선 후보로 오픈되면 전통적인 새누리당 지지층, 보수세력들의 지지가 강하게 들어갈 수 있다는 말씀이시죠?

이상일 최순실 정국 이전의 힘을 다 끌어 모으기는 쉽지 않죠. 누가 후보가 되든, 재창당이 어떻게 되든 보수정당에는 표를 던지지 않을 완벽한 이탈층이 꽤 있을 겁니다. 그렇더라도 전멸한 보수진영에 반 총장이 등장했을 때 어느 정도 보수층과 야권 기피층의 유입과 결집은 가능할 걸로 봅니다.

김지연 제가 보더라도 예전의 고건 총리 케이스랑은 좀 다른 것 같아요. 박 부대표님은 반기문 총장에 대해 어떻게 보시나요?

박시영 저는 반기문 총장이 국민들에게 어떻게 비춰지고 있는지 먼저 이야 기해보겠습니다. 연상되는 이미지는 반듯한 샌님, 모범생, 총명하고 온화 한 인물, 관료, 여우같다, 기회주의자, 무른 사람, 야심가 등입니다. 제 개 인적으로는 출세주의자, 전형적인 관료, 얼굴 마담, 모범생 이런 이미지가 떠오르네요. 좀 모호한 답변이 많고 어려운 질문을 잘 피해가서 기름 장 어로 불리는데 관료일 때는 괜찮겠지만 정치인으로서는 큰 약점입니다. 회 색지대에 있으면 안 됩니다. 자기주장이 선명해야 합니다. 특히 탄핵 정국 으로 새로운 정치, 새 체제에 대한 요구가 높고 강한 리더를 원하고 있는 상황에서 물에 물탄 듯 술에 술탄 듯 모호한 태도를 보이는 것은 금물입 니다. 정치입문 시 이 문제로 곤혹을 치를 것 같습니다.

반 총장의 장점은 우리나라가 배출한 '큰 인물'이라는 점입니다. 그리고 비정치인 출신이기 때문에 낡은 이미지가 적고 '신비감 요소'를 갖추고 있 다는 점입니다. 기대 요소로 외교를 잘 풀어갈 것 같고 청렴성과 통합 이 미지도 갖추고 있습니다. 딱 거기까지입니다. (웃음) 반면에 단점은 보수진 영이 선호하는 카리스마 스타일이 아니고 10여 년 간 한국을 떠나 있어서 한국 상황을 잘 모르는 데다 관료 생활도 외교부 관료만 했기 때문에 민 생의 어려움과 각종 현안과 핵심 정책에 대한 이해가 떨어진다는 점입니 다. 그리고 반 총장이 대통령이 돼도 대한민국이 지금과 달라질 것이 없 다, 별 변화가 없을 것으로 보는 시각이 많다는 점도 넘어서야 할 과제입 니다.

보수세력의 대체제가 없는 상황에서 반 총장에 대한 구애는 더 뜨거울 것입니다. 하지만 지지율 하락, 정권심판론 비등, 보수의 붕괴 등 난점 때문에 고심이 깊을 겁니다. 조기대선이 치러진다면 대선 준비할 시간이 부족하겠지만 후보 검증이 단축되는 만큼 반 총장으로서는 실 보다는 득이 된다고 볼 수 있습니다.

반 총장 지지층의 지지강도는 높지 않습니다. 그에 대한 국정 기대감이 크지 않기 때문입니다. 반기문 시대의 대한민국은 어떻게 바뀔까 하는 부분이 잘 안 보인다는 겁니다. 좀 깨끗해지고 국제적 흐름은 받아들일 것 같은데 잘 모르겠네, 이런 정도죠. 반면에 서민경제나 정치는 관록이 없고 서툴러서 지금보다 더 안 좋아질 것 같다는 우려를 갖고 있는 겁니다. 또한 정치적 기반이 없어서 정치인들에게 휘둘릴 것으로 보고 있습니다. 대표적 친미주의자라 미국 트럼프 대통령의 부당한 요구가 있을 때 우리나라 이익을 제대로 대변하지 못한 채 끌려갈 것이라는 걱정도 듭니다.

저는 박근혜-최순실 게이트로 인해 반 총장의 대선 도전이 다소 유동적이라고 봅니다. 대선판에 뛰어들 가능성이 더 크다고 보지만 주판알을 계속 튕기고 있을 것으로 판단합니다. 본인이 스스로 자초했든 아니면 박근혜 대통령의 꼬임에 넘어갔든 그는 '친박 후보'로 국민들의 뇌리에 인식돼 있습니다. 대통령 인기가 바닥이니 3지대를 고민할 수도 있을 겁니다. 탄핵 정국으로 3지대도 탄력을 잃었습니다. 비박계가 탈당해서 합류하기가 쉽지 않고 노 정객들만 득실거리는 상황입니다.

만약 반 총장이 3지대로 뛰어들면 또 다시 기회주의 행보를 한다고 지탄을 받을 수도 있습니다. 의리 없는 비양심적인 인물로 반 총장 이미지가 굳어질 수도 있습니다. 노무현 대통령이 유엔 사무총장 당선을 위해 그렇게 노력했는데 지금까지 거리를 두어 왔습니다. 야당에서는 응당 배신자 소리가 나옵니다. 그런데 이번에 박 대통령이 어려워지자 또 다시 말을 갈아타고 3지대로 나간다고 볼 겁니다. 대선에 출마하려 한다면 새누리당이 해체되지 않는 한 당연히 새누리당에 입당하는 것이 인간적, 정치적 도리라고 저는 봅니다. 단물만 빨아먹고 불리할 땐 나 몰라라 하는 인물을 누가 대통령으로 뽑겠습니까? 정치 신인답게 정도를 걸어야 하는 거죠. 반 총장의 불출마 가능성도 적지 않다고 봅니다. 보는 이유는 최근 박근혜-최순실 게이트의 영향으로 2위로 추락한 것도 있지만 여권이 분당되어 4자 구도로 치러질 가능성이 높아지고 있고, 특검 정국으로 내년 2~3월까지는 민심이 호전될 가능성이 크지 않기 때문입니다. 만약 민주당 후보로 문재인 전 대표가 확정된다면 이재명 시장 지지표를 대부분 흡수할 것이므로 본선에서 반 총장이 문 전 대표를 앞서기 어렵다고 판단할 수도 있을 겁니다. 혹독한 검증 국면도 남아 있고요. 따라서 반 총장이 1월 귀국한 이후 다각도로 점검한 후 신중하게 거취를 내릴 것 같습니다. 실제 많은 국민들이 반 총장의 대선출마를 반대하고 있습니다. 대통령에 어울리는 인물이 아닌데 대선에 도전해 흙탕물에 빠지지 말고 유엔 사무총장이라는 명예를 지켰으면 하는 바람을 갖고 있습니다. 반 총장 스타일 상 무리수를 둘 스타일이 아닙니다. 이런 점도 불출마 논거 중의 하나입니다.

만약 새누리당이 분당돼 반 총장이 신당 후보로 나서고 새누리당 후보로 다른 사람이 나선다면 새누리당 후보와 막판 후보단일화 및 연정을 할 것인지에 대한 입장을 명확히 내 놓고 대선 레이스를 시작해야 할 것입니다.

검증 국면은 막상 돌입하면 본인의 예상보다 몇 배는 까다롭습니다. 도덕성 및 정치 철학, 국내 현안에 대한 이해도, 정책 준비 정도 등 다각적으로 이뤄질 겁니다. 이 과정이 수치를 외워서 되는 문제가 아니거든요. 정치는 머리가 아닌 몸으로 체득하는 것입니다. 토론 과정과 인터뷰 과정에서 실수가 쏟아질 가능성이 많습니다. 부인하다가 과거 상반된 발언이 드러나 곤혹을 치를 수도 있습니다. 과연 UN 총장을 잘 했느냐는 것도 도마 위에 오를 텐데, 영국과 미국 외신으로부터 사상 최악의 UN 총장이라는 혹평을 받은 바 있지 않습니까? 벌써부터 코피 아난 전 사무총장과 반 총장의 업적을 비교한 동영상이 온라인 공간에 떠돌고 있습니다. 큰 인물이라는 이미지가 타격받을 것입니다.

또한 여권의 전통적 입맛에 안 맞는 스타일이라는 불만을 해소시킬 수 있느냐는 겁니다. 추진력도 약하고 경제도 모르고 정치경험도 없어 정치적 리더십이 약하다는 거죠. 그래서 여권 지지자들의 지지강도가 낮은 겁니다. 상대 후보들이 새로운 기대요소를 보여준다면 이반 현상이 심화될 수도 있습니다. 저는 갈 곳 못 찾아 반 총장에게 잠시 가 있는 표도 제법 된다고 보기 때문입니다.

반 총장이 신당의 얼굴로 대선 판에 뛰어든 다면 보수세력 입장에서는 대가 끊길 처지니까 '데릴사위'를 크게 반길 겁니다. 쌍수를 들고 환영하겠죠. 그러나 막상 당 경선에 뛰어들어 TV토론에서 상대 후보와 붙으면 몇 마디에 KO 펀치 당한다고 봅니다. 쉽지 않습니다. 국내 상황도 모르고 정치 경험도 없는 사람이 대처하기 쉽지 않거든요. 유승민 의원과 오세훈 전 시장 등의 매서운 공세를 이겨내지 못할 겁니다. 쩔쩔매고 당황할 것입니다. 지금 당장 링에서 내려오고 싶은 심정이 들 겁니다. 또 한 가지 걱정은 반 총장이 관료출신이라 관료들과 한 통속이 될 텐데, 관료가 변해야 대한민국이 발전하는데 과연 관료개혁을 해낼 수 있을까하는 우려가 큽니다.

종합적으로 말씀드리면 반 총장이 대선에 출마한다고 해서 야권이 겁먹을 필요는 전혀 없다고 봅니다. 반 총장의 개인득표력은 친여 보수성향 유권자 외에 7~10% 정도 된다고 봅니다. 허점도 많지만 강점을 보유한 만만치 않은 상대입니다. 강한 상대이나 약한 고리가 꽤 많습니다. 한 번에 무너지지 않겠지만 가랑비 옷 젖듯이 조금씩, 조금씩 축적이 되면서 내년 2~3월경에 지지세가 더 빠질 거라고 봅니다. 한마디로 반기문 총장, 만만하다. 저의 결론은 이것입니다.

이상일 지적하신 내용들은 많은 부분 동의합니다. 반기문 총장은 지금 장외에 있어서 자유롭기도 하지만 맞닥뜨려야 할 대선 검증 절차를 아직 거치지 않았으니 어떻게 될 것이라 단정해서 전망하기는 어렵죠.

야권에서는 반기문 총장이 실제 대선판에 들어오면 별로 내세울 것 없는 종이호랑이라는 점이 금방 드러날 것이다, 그런 기대를 하실 것 같은데요. 지금 한 발 한 발 대선 구도 진입을 위한 행보를 펼쳐가는 걸 보면 그렇게 허술하게 준비해서 국내에 들어오지는 않을 거라고 봅니다. 이미지, 개인 인기만 갖고 대권에 갈 수 없다는 정도는 반 총장 진영에서도 충분히 알고 있지 않을까요?

문제는 반기문 총장이 만약 대권의 꿈을 안고 귀국한다면 어떤 정치행보 속에서 대선도전을 현실화시킬 것인가에 대해 상당히 준비를 하고 들어와야 한다는 점입니다. 흐름에 맞춰서 천운이 맞으면 해본다, 그런 식으로 수동적인 대권의 꿈을 편다면 아마 기회가 오기 어렵겠죠. 정치권 전체가 요동치는 상황에서 강력한 대권의지를 피력하며 보수정당의 개혁 방향까지 제시하는 적극적인 행보를 준비하지 않으면 반 총장이 뜻하는 기회를 잡기는 어려울 것으로 봅니다.

그리고 네거티브 검증에 대한 준비보다 지금 한국이 처한 현실, 국민의 먹고 사는 문제에 대한 반기문 플랜이 얼마나 정교하게 준비되느냐가 핵심일 겁니다. 그 시험을 통과하지 못한다면 반기문 총장의 인기는 허망하게 꺾일 수도 있다고 봅니다. 격차, 양극화, 고령화 같은 우리 사회의 구조적인 문제와 성장동력을 회복시킬 방안에 대한 준비가 핵심일 것 같아요. 외교나 통일만 갖고 대통령을 할 수는 없잖아요. 국민들도 그렇게 보지 않을 거고요.

박시영 반기문 총장이 2016년 5월 관훈토론에서 시대정신으로 꼽은 것이 국민통합과 남북관계 개선입니다. 좋은 말인데 과연 남북관계 개선을 반 총장이 해낼 수 있을까에 대해 저는 굉장히 회의적이에요. 아마 국민들도 이 점은 별로 믿지 않을 것 같은데요. 극단적인 친미주의자인데 과연 중국과 미국 사이에서 균형을 잡고 북한과도 조율할 신뢰가 있을까요? 중국이나 북한이 그를 신뢰하지 않을 겁니다.

그리고 정치라는 게 굉장히 복잡한 것을 조율하는 능력이 있어야 합니다. 단기간 내 국내 문제를 제대로 파악하기가 쉽지 않아요. 페이퍼 몇 장본다고 해서 해결될 문제가 아닙니다. 당대표나 지도부를 하지 않았던 인물이 당대표를 처음 맡으면 많이 헤맵니다. 누구든지 그렇습니다. 경험을 해봐야 큰 시각도 형성되고 디테일도 강해집니다. 손학규 전 대표도 2011년 당대표를 거친 후 그 경험이 바탕이 돼 2012년 대선 때 '저녁 있는 삶'이라는 준비된 메시지를 내놨던 것입니다. 문재인 전 대표도 마찬가지입니다. 당대표를 해 봐서 지난번 대선 때보다는 여러 면에서 자신감이 커진 것을 확인할 수 있습니다. 그런데 반 총장은 정치초년병인데 최근 10년 동안이나 국내에 있지도 않았거든요. 민생문제, 경제문제 복잡합니다. 반 총장도 경륜이 풍부한 분이지만, 그 경륜이 정치경력이 아니라는 겁니다. 외교 부분에 한정된 부분이라는 거죠. 준비를 잘 하셔야 검증이라는 혹독한 관문을 통과할 수 있을 거예요.

김지연 관료 경력과 관련하여 간단하게 짚고 넘어갈게요. 관료를 오랫동안 해 온 반 총장이 그 속성을 잘 알기 때문에 관료를 개혁하는 데 적임이라고 말할 수도 있고, 어차피 같은 식구 출신이기 때문에 강한 개혁드라이브를 걸기 어렵다는 주장도 있습니다. 어떻게 생각하세요?

박시영 대한민국의 관료개혁이 굉장히 시급하고 중요한 문제인데요. 관료 중에 특히 경제부처, 기획재정부가 꽉 잡고 있습니다. 경제부처 관료들이 장악하고 있는데 경제부처 핵심간부를 외교부 수장이었던 반기문 총장이 잘 아느냐? 인맥도 적고 경제상황도 모르고 경제능력도 떨어지고요. 이런 상황이면 경제부처 관료들이 한 마디로 땅 짚고 헤엄칩니다. 대통령 갖고 놀죠. 반기문 총장이 리더십이 강한 것도 아니잖아요. 그들을 휘어잡지 못할 겁니다.

이상일 저는 관료사회를 오랫동안 본 사람이 오히려 본질적인 개혁도 가능하다고 봅니다.

프로세스를 잘 알고 어떤 것을 고쳐야 문제가 해결되는지도 잘 알고 관련 주체들과 네트워크가 강하기 때문이었겠지요. 관료주의가 팽배해져서 고쳐야 한다면 관료출신이 그걸 책임졌을 때 근본적인 대안도 내놓을 수 있다고 봐요. 물론 자신이 속했던 관료주의에 매몰돼 개혁을 포기할 우려도 있는 건 사실입니다만.

박시영 관료개혁은 관료출신인 반 총장보다는 국정을 경험한 문재인 전 대표나 성남시 개혁을 일군 이재명 시장, 협치시대를 연 남경필 지사, 소신 있는 유승민 의원 등이 더 잘 해낼 것으로 봅니다.

김지연 예전에 관료로서 오래 생활하면서 별 생각 없이 했던 행동이 지금 잣대로 보면 문제가 되는 것들이 있죠?

이상일 지난 봄 미국의 외교문서가 공개되면서 반기문 총장이 과거 미국에 있을 당시 김대중 동향보고를 했다는 의혹이 제기되기도 했고, 최근에는 일본 자위대의 남수단 파견활동에 감사 인사를 해 논란이 일기도 했습니다. 그런 것들이 조금 더 튀어나올 가능성도 있고 여러 변수가 있겠죠. 누구나 살아가는 동안 인식하지 못한 일인데도 나중에 문제가 되는 경우도 있으니까요. 그렇지만 진짜 문제가 되는 건 아까 말씀드린 것처럼 대선후보로서 얼마나 국내 문제에 대한 준비를 갖추고 들어오느냐에 달렸지 개인적 문제들이 크게 불거질 것으로 보지는 않습니다. 반기문 총장이 대선 레이스를 잘 견뎌내느냐 여부는 대통령 직에 도전하는 후보로 갖춰야 할 내용들을 얼마나 잘 공부하고 들어오는가에 달렸다는 게 제 생각입니다.

조금 더 구체적으로 짚어보면 보수정권 10년의 공과를 어떻게 해석하고 대안을 만들어 낼 것인가 하는 점이죠. 내년 대선은 보수 새누리의 경우 누가 후보가 되더라도 대선후보가 당의 정체성을 재규정하고 개혁적 보수의 깃발을 다시 세울 수 있어야 승리할 수 있습니다.

이익집단으로 전락한 보수세력이 다시 추구해야 할 가치와 보수의 도덕성 재무장 같은 근본적 화두부터, 보수를 궤멸 상황으로 몰아가고 있는 통치시스템의 합리화, 정경유착 고리를 혁파할 개혁안 같은 콘텐츠도 명확하게 준비해야 할 겁니다. 대선 구도에 뛰어든다면 국민이 궁금해 할 부분이 매우 많은 대선주자가 될 것 같네요.

김무성

박시영 골목대장 수준으로 전략, 이제 계보 수장도 내려놔야

이상일 자기 희생으로 보수개혁 문 열어, 당 재건 성공하면 재평가될 것

김지연 다음은 김무성 전 대표에 대해 두 분의 생각을 들어보도록 하겠습니다.

이상일 김무성 전 대표에 대해 여러 방향의 대선주자 입지를 논의했는데 그 사이 대선 불출마 선언을 해 버렸네요. (웃음) 총선 이후에 김무성 전 대표는 민생투어도 하면서 여러 각도로 정치적 재기를 모색했지만 뚜렷하게 주목받지 못했습니다. 총선 대패 책임론에서 당대표였던 김무성도 자유로울 수 없었고 위상이 상당히 추락해서 당 내 다른 잠룡들과 비슷한 수준으로 떨어졌죠. 그런 상태에서 벗어나기 어려울 것으로 봤습니다만, 오히려 최순실 사태로 다시 주목받는 흐름이 만들어지고 있는 것 같네요. 만신창이가 된 당을 그래도 추스르고 어떻게 가야 하는지 방향을 제시하는 역할을 시작하면서 김무성이라는 정치인에 대해 조금씩 평가가 달라지는 기류도 엿보입니다. 대선 불출마를 선언해서 지금 대선주자로 어떤 포지션을 가져갈 것이냐 논의하는 건 무의미해졌지만 김무성 전 대표는 다른 각도의 대선 국면에서 상당한 역할을 할 가능성이 높다고 봅니다.

　보수진영이 정당을 재건하고 대선후보를 끌어올려 선거를 치르려면 당 재건의 구심점이 필요한데요. 여기 반드시 필요한 사람이 사심 없이 당을 이끌어 갈 중심입니다. 대선주자가 확정되지 않았고 경선을 공정하게 치르는 과정을 제대로 하려면 중립적 입장에서 당을 이끌 인물이 필수적이죠.

김무성 전 대표는 불출마 선언으로 개인적인 사심이나 각 대선주자들의 이해관계에서 벗어나게 됐고 전직 당대표이자 비박계 좌장이라는 정치적 위상이 있어서 그런 역할에 적임이 되지 않을까 싶네요.

대선은 대선후보를 중심으로 굴러가지 당대표가 별로 중요하지 않다는 것이 통설이지만 지금 새누리당, 새로 거듭날 보수정당은 꼭 그렇지 않다는 생각입니다. 제대로 당을 만들어 가는 것과 대선을 준비하는 게 동시에 이뤄져야 하기 때문에 김무성 전 대표가 그 과정에서 중요한 역할을 할 기회를 얻을 수 있다고 보입니다 .

김지연 김무성 전 대표의 대표적 이미지가 '대장'이죠?

이상일 김무성 대표를 지칭하는 '무대'라는 말이 무성대장을 줄인 말이고 다들 편하게 그런 표현을 썼었죠. 지금은 그냥 이니셜처럼 사용되는 약칭이 된 느낌입니다만. 김무성 전 대표가 본인이 어떤 정책적 내용, 자신만의 브랜드를 들고 정치를 하지는 않았지만 그래도 큰 조직을 이끌고 세력을 유지하는 보스 이미지는 상당히 강했습니다. 최순실 게이트로 당이 크게 무너진 상황에서 통 큰 형님 같은 '무대'의 장기가 제대로 발휘될 수 있을지 지켜봐야 할 것 같습니다.

2012년 대선 당시에도 김무성 전 대표는 당시 친박에서 멀어져 있다가 결국 대선의 선대본부장으로 선거 캠프를 이끌었는데, 다음 대선에서도 킹메이커 역할로 돌아가게 되는 상황이 가능할 것 같네요. 김무성 전 대표는 2008년 총선에서 친이계가 주도한 공천에서 탈락했고, 2012년에는 친박계가 주도한 공천에서 배제되었습니다. 양쪽에서 모두 버림을 받은 전력을 갖고 있는데요. 그런데도 2012년 대선에서 박근혜 대선캠프를 이끈 선대본부장 역할을 맡게 되었죠. 만약 내년 대선에서도 당과 대선캠프를 떠받치는 역할을 하게 되고 그게 좋은 결과로 이어진다면 김무성이라는 정치인은 개인의 꿈은 이루지 못했지만 보수정권의 산파 역할에 충실했던 정치인으로 남게 되지 않을까요? (웃음)

박시영 김무성 전 대표하면 과거에는 보스, 맏형 같은 리더 이미지가 있었습니다. 거침없고, 해결사, 의리의 정치인 등 긍정적 요인이 있었는데요. 그러나 총선을 거치면서 한 방에 날아갔어요. 하늘 높이요. 과거부터 무식한 인물, 구태, 구식 등 옛날 정치인 느낌이 강하게 들었습니다. 팔자걸음에 주머니에 손 넣고 느릿느릿 걷고 거드름도 피우며 약간 안하무인 같은 느낌도 좀 들었고요. 총선 때 보니까 이 양반이 보스가 아닌 겁니다. 하루아침에 완전 좀생이 꼴이 돼 버린 거죠. 이한구 위원장과 충돌하면서 본인의 원칙을 관철하지도 못했고 대통령과 맞설 엄두도 못 냈고 몸조심 한 거죠. 여당이 압승하면 김무성 대표 자신의 공이다, 조금만 참자, 선거 이기면 자신이 당의 주도권을 잡는다. 이런 식으로 생각했겠죠. 뒤 늦게 옥쇄 파동을 일으키며 웃음거리를 남겼습니다. 이 과정을 지켜보며 측은지심이 들더라고요. 하도 당하니까 좀 불쌍해 보였던 거죠. 총선 때 자신의 긍정적 자산 요소를 다 잃어버린 겁니다. 그의 정치인생이 막을 내린 거죠.

  김무성 전 대표의 별명이 있지 않습니까? 30시간의 법칙. 30시간만 지나면 입장이 바뀐다 하여 붙여진 불명예스러운 별명이죠. 그러니까 그의 말에 신뢰가 없어요. 잘 안 믿는 거죠. 좀 있으면 또 바뀌겠지, 그런 식으로 정치권이나 언론에서 비아냥거린 거죠. 이번 탄핵 정국에서도 김무성 전 대표가 탄핵에 찬성하겠다는 입장을 냈다가 얼마 안 지나 주워 담고 탈당해서 국민의당과 손 전 대표 등과 연대할 것처럼 하다가 당 잔류를 선언하고, 달라진 점이 전혀 없는 정치인입니다. 대선 불출마를 선언했는데 별다른 감흥이 없는 이유이기도 합니다.

김무성 전 대표는 이미 부산의 대표성을 상실했습니다. 지역맹주가 아닙니다. 부산의 주도권이 문재인 전 대표에게 완전히 넘어갔다고 봐야 합니다. 킹메이커로 나선다면 대선결과에 따라서 정치수명을 연장할 수는 있겠지만 당대표에, 대선 후보로 나선 사람이 꼴사납게 그게 무슨 의미가 있겠습니까? 만약 문재인 전 대표가 19대 대통령에 당선된다면 본인의 지역구인 중구 영도에서 2020년 재선 도전도 위협받을 겁니다. 경력이 화려한 새누리당 도전자도 많고 민주당의 김비오 위원장의 도전도 만만치 않기 때문입니다.

오세훈

박시영 세상을 거꾸로 사는 사람이야, 참 희한해

이상일 불분명한 태도 문제, 세대교체 개혁주자 포지션 명확히 해야

김지연 다음은 오세훈 전 시장에 대한 두 분의 생각을 알아보도록 하겠습니다.

이상일 오세훈 전 시장은 서울시장으로 화려하게 당선될 때만 해도 젊은 보수, 스마트한 개혁적 보수 이미지가 강했죠. 그 전 2004년에는 '오세훈 법'으로 불리는 정치자금법 개정을 주도했던 적도 있고요. 그런데 재선 시장 재임 중 무상급식에 반대하며 시장 직을 걸고 정치적 승부수를 던졌다가 패하면서 보수적 이미지가 강한 정치인으로 탈바꿈합니다.

김지연 우리 여론조사에서도 오시장이 홍준표 지사와 함께 대표적인 보수이미지를 갖고 있는 것으로 나타났죠.

이상일 총선 전만 해도 종로에 출사표를 던진 오세훈 전 시장에 대한 보수층의 기대가 상당했죠. 반기문 총장은 장외에 있었으니까요. 오 전 시장이 종로에서 정치적 재기에 성공할 경우에 세대교체와 보수의 차기주자 위치로 도약할 수 있을 것이라는 기대감들이 있었는데 결국 종로에서 정세균이라는 야당 중진의 벽을 넘지 못하고 주저앉았어요.

　저는 개인적으로 오 전 시장에 대해 좀 아깝다는 생각을 많이 합니다. 보수진영에 몸담고 개인적으로 보수적 정책노선을 견지하더라도 본인이

원래 갖고 있던 새로움, 참신함, 개혁적 마인드를 유지했다면 강력한 차기 주자 대열에 올라설 수 있는 잠재력이 있다고 봤는데 좀 의외의 이슈에 정치생명을 건 승부를 걸면서 일찍 무너졌어요.

무상급식은 보편적 복지라는 성격을 갖고 있긴 하지만 아이들의 학교급식 현장을 이해했다면 무상급식에 대해 강력한 반대를 할 이유가 없었을 것 같은데요. 좀 안타깝죠.

이번 총선에서도 여론조사 상으로는 앞서거나 적어도 박빙 승부가 될 것이라는 관측이 많았습니다만 정세균 의장에게 상당한 표차로 패했습니다. 지역구 선거운동 과정은 들여다보지 않아서 잘 모르겠습니다만 유권자들과 직접 부딪히고 접촉하는 근접선거에 대한 경험이 많지 않았던 것이 소지역 선거에서 불리하게 작용한 게 아닌가 생각합니다.

그리고 차기 대선주자로 거론되는 위치에서 총선을 치렀다면 당시 새누리당의 공천갈등이라든가 이런 문제들을 포함해서 지역구를 넘는 주요 이슈에 대해 본인의 목소리를 충분히 냈어야 하는데 그런 부분도 소홀했죠. 대선주자급 총선후보라는 강점을 살리지 못하면서 총선에서도 패하고 대선주자로서 무게감도 같이 줄어든 상황입니다.

총선 이후에도 대선주자 반열에서 정치적 주가를 올리려면 국민적 관심사가 된 현안들에 대해 선명한 목소리를 내면서 본인의 정치노선을 명확히 세워가야 하는데 이런 부분이 잘 드러나지 않네요. 게다가 친박과 비박 중간에서 좀 왔다갔다 하는 갈지자 행보를 보여서 당 내에서도 오세훈이 과연 어떤 존재로 자리매김 될 것인가가 불확실합니다.

오세훈의 강점은 기성 정치인과는 좀 다른 새로움과 세련됨, 이런 데서 형성되는데 그 부분을 살릴 수 있는 젊은 개혁보수 정치인으로서의 행보를 명확히 할 필요가 있습니다. 특히 최순실 정국에서 앞으로 국가운영 시스템이라든가, 개헌, 당 개혁, 보수의 노선혁신에 대해 정연한 입장을 가지고 가야 앞으로 당 경선이든 대선 구도에서 어떤 기회가 만들어질 수 있을 것이라고 봅니다.

탄핵정국에서 남경필 지사가 탈당하면서 새누리당 내에서는 세대교체론을 내세울 경쟁자가 줄어든 상황입니다. 유승민 의원과 원희룡 지사가 있지만 유승민 의원은 세대교체 이미지는 좀 약하죠. 보수혁명을 깃발로 들 것으로 보이고요. 보수의 인적 교체를 기대하는 범 보수진영의 기대에 부응하는 '젊은 보수'의 가치를 내걸고 보수정당 개혁과 대선 경선에 나설 수 있다면 오 전 시장에 대해 보수진영이 다시 한 번 주목할 기회도 있을 수 있다고 봅니다.

박시영 오세훈 전 시장에 대한 긍정적 이미지와 부정적 이미지를 먼저 살펴보죠. 일단 준수한 외모, 엘리트, 언변이 뛰어나고, 글로벌 스탠더드를 강조하는 긍정적 이미지가 있고요. 다른 한편으로는 겉과 속이 다른, 말만 잘하는, 야심가, 쇼맨십에 능한, 잘난 척 하는 등의 부정적 이미지가 있습니다. 서울 시장할 때 강조했던 디자인 서울, 세빛둥둥섬, 요트 관광 등도 떠오릅니다.

오 전 시장은 과거에 비해서 달라진 측면이 두 가지가 있는데, 첫째는 다른 정치인들과는 상반되게 길을 걸어간 사람이라는 겁니다. 여권의 젊은 정치인들은 대개 보수에서 점차 중도로 옮겨 가는데 오 전 시장은 그 반대로 중도에서 보수로 간 사람입니다. 특이한 인물입니다. 재선 의원 때까지는 중도적 이미지가 강했는데 서울시장 이후로 보수색채가 너무 짙어졌고, 합리적인 인물에서 외골수에 강성 인물로 이미지가 180도 뒤바뀐 사람입니다. 그 점에 대해 개인적으로 왜 그랬는지 궁금하기도 합니다. 본인은 시장 때 일을 잘 했는데 야권이 발목을 잡았다고 느낀 것인지, 아니면 무상급식 때 한번 잘해서 뜨려고 했는데 오판한 것인지, 암튼 그 속내가 궁금합니다. 이러한 행보 때문에 중도의 시장은 잃었음에도 여권 전통적 기반인 보수의 시장에서는 지지가 유지되고 있습니다.

둘째는 표리부동한 이미지가 강화됐다는 점입니다. 진정성이 잘 느껴지지가 않고 왠지 겉과 속이 다른 사람 같다는 겁니다. 그의 진정한 속내가 뭔지 궁금하기도 합니다. 한때 잘나갔던 명품이 어느새 많이 닳고 닳아서 별로 거들떠보지 않는 싸구려 상품처럼 취급받는 게 아닌가 싶네요. 너무 멀리 가버린 느낌이죠.

여권 지지자만 놓고 보면 여권 후보 중 반기문 총장 다음으로 2~3위권에 속해 있습니다. 반 총장이 워낙 점유율이 높으니까 그 다음 후보들은 눈에 잘 안 띄는 것 뿐입니다. 시장 중도 하차 책임과 20대 총선에서의 큰 표 차이의 패배로 대선 기반이 크게 약화되었다고 봐야겠죠.

김지연 표리부동 관련해서 구체적 사례가 있나요?

이상일 본인이 자기 입지를 좁힌 사례가 있었죠. 새누리당 전당대회에서 이정현 의원의 당선가능성이 높다는 막판 분석이 나왔을 때, 오 전시장이 비박계인 주호영 의원 지지를 공개 선언합니다. 그런데 이게 어떻게 해석되었느냐 하면, 친박계 당대표가 선출될 경우 새누리당이 당 내 주자들에 대한 배려나 관심을 접고 반기문 총장에 올인하는 대선전략을 가동할 것이라는 우려 때문에 급작스럽게 비박계 지지를 선언한 것 아니냐고 해석되었죠.

오 전 시장은 차기 대선주자군 중에서 외형적으로 비박계지만 당 내 친박계의 지원을 받을 가능성이 있는 후보로 분류되었습니다. 종로 공천 때도 그렇고요. 그런데 갑자기 전당대회 직전에 비박계 후보 지지를 선언하면서 개인적 이해에 따라 쉽게 등을 돌리는 정치인으로 당 내에서 인식되기 시작했고 친박계도 오 전 시장에 대한 관심이랄까 애정을 접는 계기로 작용했다고 봅니다.

전당대회에서 자신의 목소리를 낼 거라면 새누리당이 앞으로 어떤 방향으로 가야 하는지를 설명하고 그 속에서 특정 후보에 대한 지지표명을 하든 그랬어야죠. 명분 없이 정치적 구도만 보고 행동한 것으로 비춰지면서 오 전 시장으로서는 당내에서 입지가 더 좁아진 계기가 되었습니다.

그럼에도 불구하고 오세훈 전 시장의 강점인 대중 커뮤니케이션 능력, 설득력 같은 점이 있기 때문에 대선 국면에서 오 전 시장이 자신의 역량을 잘 활용한다면 과거 서울시장 당선 때와 같은 기류를 만들어 낼 가능성도 있다고 봅니다. 차세대 보수주자 포지션에서요.

박시영 저 역시 반기문 요소가 등장하지 않았던 2015년 하반기만 해도 김무성 전 대표가 한참 잘 나갈 때였지만, 오세훈 전 시장이 제일 유력한 차기 여권 카드라고 봤죠. 오 전 시장이 나오면 야권이 꽤 고전하겠구나 했어요. 왜냐하면 오 전 시장은 말을 잘하고 여성층한테 어필할 캐릭터고, 또 세련된 느낌이 있어서 중도층과 20대 일부를 흔들 수 있다고 본 겁니다.

이상일 세대교체 이미지도 있고요.

박시영 감성에 능하고, 정책 소화능력도 있고, 토론도 잘하고, 경쟁력이 만만치 않다는 생각을 했지요. 사실 걱정을 좀 했어요. 그런데 20대 총선에서 낙마하는 겁니다. 그것도 상당한 격차로요. 아, 오세훈 끝났구나. (웃음) 미안한 이야기지만 종로구 출구조사 보며 정말 유쾌하게 웃었습니다.

이번 총선에서 새누리당 대선주자 여럿 날아갔지요. 오 전 시장, 김문수 전 지사, 김무성 전 대표까지요. 차기 대선에서 오 전 시장에게 기회가 완전히 없는 것은 아닙니다. 잠재력이 있고 보수층의 지지가 있기 때문에 반기문 총장 대타 카드로서 아직은 살아있다고 봐야겠죠. 그러나 별로 의미는 없을 겁니다.

남경필

김지연 지금부터는 남경필 지사에 대해 질문하겠습니다. 남 지사는 출마의사도 뚜렷한 것 같고, 최순실 게이트와 탄핵정국에서 새누리당을 가장 먼저 탈당했습니다. 어떻게 생각하세요?

이상일 남경필 지사는 여당 내 대권주자 중에서 가장 활발하고 적극적으로 대선 준비를 해 왔습니다. 도지사로 재임 중인 데도요. 자신의 대선 캐치프레이즈도 어느 정도 정립시킨 것으로 보였죠. 공유적 시장경제와 연정, 두 가지를 화두로 내세우면서 사회적 이슈인 모병제 같은 문제도 제기하고 경기도정에 '경영 마인드'를 부각할 수 있는 투자유치에도 열심입니다. 해외 대학 순회강연을 통해 글로벌 리더 이미지 구축도 신경 쓰는 것 같고요. 활발합니다.

남경필 지사는 나이에 비해 정치적 연륜이 지나칠 정도로 높죠. 5선에 경기도지사인데 이제 막 50대에 접어들었습니다. 약점으로 지적되는 것들은 아들의 군복무 중 사건과 이혼 같은 개인적 문제가 있고요. 젊은 정치인임에도 당을 개혁하고 쇄신하는 흐름을 주도하지 못하면서 참신한 느낌이 옅은 게 약점으로 꼽힙니다. 과거 남원정으로 지칭되던 소장그룹에 속하기도 했지만 이렇다 할 성과나 뚝심 있는 활동은 보여주지 못한 거죠.

저는 개인적 약점들은 본인의 과실을 크게 탓할 문제가 아닌 한 그렇게 큰 영향을 주지는 않을 거라고 봅니다. 가족과 관련된 일들이 남지사의 대선 도전에 걸림돌이 되지는 않을 거라고 보고요. 오히려 정치적 역량이랄까, 진정성, 리더십 이런 부분을 얼마나 빠르게 끌어올려서 중량감 있는 후보로 자리매김 되느냐 하는 게 관건이라고 봅니다.

새누리당이 최순실 게이트와 탄핵 대응, 당 쇄신 문제를 풀어내지 못하고 시간만 가면서 결국 남경필 지사가 먼저 탈당을 했습니다. 무소속 광역단체장 신분으로 이제 대선에 뛰어들 루트를 개척하거나 소속을 바꿔야 할 처지가 되었죠. 우선 새누리당이 분당 사태로 가고 비박계 탈당파가 규모를 이룰 경우 남 지사 입장에서는 당연히 친박을 배제한 새 보수정당에 합류하며 대선후보로 뛰어들 것으로 보입니다. 그런데 만약 비박계가 탈당을 하지 않고 당 안에서 인적교체와 노선교체를 갖고 당을 재창당하는 수순으로 갈 경우 남경필 지사는 제3지대에 머물게 될 수밖에 없을 것으로 보입니다. 반기문 총장이 새누리 후속 정당을 외면하고 제3지대로 온다면 반 총장과 연대를 통해 어떤 활로를 모색할 가능성도 있고 그것도 아닐 경우 손학규, 정의화 등 제3지대 정치인들과 함께 안철수 진영과 연대를 모색할 가능성까지 점쳐봐야 할 것 같습니다. 안철수 전 대표 입장에서 새누리당 탈당파와 손을 잡을 것이냐 하는 게 숙제로 남겠지만 선명하게 친박 새누리 노선과 선을 긋고 탈당한 경우에는 거절할 이유가 별로 없어 보입니다. 안철수 쪽으로서도 외연 확대가 절실한 상황이니까요.

보수 정당의 개혁적 차기 주자로 포지셔닝 되느냐, 중도진영의 새로운 그룹으로 편입되느냐 하는 갈림길에 남 지사가 곧 도달하게 되고 선택을 해야 할 상황이 펼쳐질 것 같습니다. 개인적으로는 보수 개혁의 깃발과 노선을 들고 새로운 보수의 가치를 추구하는 방향으로 가는 것이 장기적으로 남경필 지사가 더 큰 정치적 기회를 얻을 수 있는 길이 아닐까 생각합니다.

박시영 저도 크게 다르지는 않은데, 남경필 지사 하면 긍정적으로는 영리한 여우, 순발력이 좋고 감각이 좋은, 역동적인, 균형감각을 갖춘 인물 등의 느낌이 듭니다. 반면에 오렌지, 숙성이 덜 된, 가벼운, 잔꾀에 밝은, 쇼맨십에 능통한 등의 느낌도 생각나죠. 차기보다는 차세대 인물로 보여요. 모병제, 행정수도 이전 등 이슈 주도형이죠. 새누리당 인물 중에서는 괜찮은 인물이었죠. 탄핵 정국에서 선도 탈당을 감행했는데 그 용기에 박수를 보냅니다.

김지연 이 대표님도 말했지만, 사회부지사로 야당인물을 임명하는 등 연정을 구체적으로 실천하고 있다는 평가가 있는데요.

박시영 맞네요. 연정도 있었군요. 협치, 포용, 중도, 젊음의 이미지도 있습니다. 여러 강점 요소가 있습니다. 큰 재목은 아니나 미래가 기대되는 보수후보입니다. 깊은 맛은 좀 떨어지는 게 가장 큰 약점입니다. 자식 문제 등 가정사 문제도 걸림돌이죠.

경기도지사는 서울, 인천과 많이 다릅니다. 경기도는 하나의 벨트권이 아닌 각기 다른 시·군이 서울을 주변으로 모여 있는 특이한 구조죠. 그래서 도민들이 하나로 뭉쳐지지가 않고 따로따로거든요. 그래서 경기도정에 대한 관심도 기본적으로 낮습니다. 그러다 보니까 경기도지사 출신이 대권을 거머쥐기가 여간 어려운 게 아닙니다.

남 지사의 차기 대선 가도는 복잡할 것 같습니다. 비박계가 추가 탈당을 한다면 보수 혁신의 기치를 들고 신보수 세력의 중심에 설수도 있을 겁니다. 반기문 총장과 3지대 추진을 도모할 수도 있겠죠. 안철수 전 대표와 연대도 가능할 것입니다. 선도 탈당을 통해 새누리당의 족쇄를 어느 정도 벗겨냈으니까요. 하지만 이번 탈당과정에서도 여실히 드러난 것처럼 단기필마 이미지가 강합니다. 김용태 의원 한 명만 동반 탈당했으니까요. 원외 위원장 몇몇만 데리고요. 또한 현직 지사 신분이어서 독자적인 캠페인을 전개하는 데 제약도 많습니다. 이번 대선에서는 반등의 기회를 잡기 어려울 것으로 봅니다. 젊고 역동적인 인사인 만큼 향후 기회가 많습니다. 이번 대선만을 목표로 두고 이질적인 사람들과 새판 짜기에 휩쓸리지 말고 긴 호흡을 가지고 차차기 대선을 겨냥하여 가짜 보수를 해체하고 진짜 보수를 묶는 산파역할을 하는 것이 더 현명한 길이라고 충고하고 싶습니다.

이상일 선도 탈당까지 감행하며 탄핵 정국에서 선명한 목소리를 높였으면 남경필 지사에 대해서도 주목도가 높아질 만한데, 박근혜 대통령과 한솥밥을 먹던 여당 출신이어서 그다지 울림은 없는 것 같습니다. 이재명 시장의 지지율이 수직 상승한 것과 비교되지요. 연내에 지지율이 두 자릿수까지는 올라야 조기대선 국면에서 어떤 선택을 하든 남경필 지사에게 선택의 폭이 넓어질 텐데요. 지금까지의 흐름으로 봐서는 기회가 쉽게 올 것 같지는 않습니다. 그렇더라도 남경필 지사는 탄핵 주장과 탈당 행보를 '보수 개혁'이라는 가치로 연결시키는 노력을 계속해야 할 겁니다. 어떻든 최순실 사태는 탄핵 또는 임기단축으로 종료가 되고 대선국면이 펼쳐집니다. 그 때 범보수 진영은 그래도 누가 미래를 이끌어갈 것인지 두루 훑어야 하는 상황이 될 거고요. 계속해서 남경필표 콘텐츠들을 축적하고 대선 준비를 해가는 수밖에 없지요.

김지연 선거법상 어떤가요? 지사 직을 유지하면서 나와도 상관이 없나요?

박시영 현행 공직선거법상 지자체장이 대선에 출마할 경우에는 선거 90일 전(내년 9월 중순)에 사퇴해야 하지만, 그 전에 당내 경선이 치러지므로 현직을 유지한 채 당내 대선후보 경선에 출마해도 무방합니다. 현재로서는 조기대선이 치러질 가능성이 높은데, 조기대선의 경우는 보궐선거 규정이 적용돼 선거 30일 전에만 단체장 직을 사퇴하면 되므로 역시 경선은 지사 직을 유지한 채 치를 수 있을 겁니다. 정치적 결단을 보여주기 위해 사퇴하는 건 개인의 판단 몫이고요.

이상일 상대가 공격을 하죠. 경선을 해 보다가 안 되면 도지사로 돌아가려는 거 아니냐, 진짜로 한 번 해보겠다는 결기 없이 되면 좋다는 식으로 경선에 나온 것 아니냐, 하는 공격이 들어올 테니까요.

김지연 남경필, 박원순, 안희정 세 분은 비슷한 상황이네요.

박시영 남경필 지사는 어쨌든 **뺀질이** 이미지가 있어요. 그걸 극복해야 합니다. 요 근래 행보는 좋다고 보지만, 여전히 진정성 측면을 대폭 강화해야 합니다. 스킬에 집중하기보다는 진정성이 뚝뚝 떨어지는 것에 집중해야죠. 저는 오세훈 전 시장보다는 남경필 지사가 중도 확장력이 더 낫다고 봅니다.

유승민

박시영 가시 없는 장미는 없다, 취하려면 거침없이 나아가라

이상일 풍부한 보수개혁 콘텐츠, 욕심버리고 1인 정치 벗어나야 빛 발할 것

김지연 최근 일련의 사태 이후 새누리당 후보들의 지지도가 전반적으로 떨어진 것으로 나타나고 있는데, 유승민 의원은 어떤가요?

이상일 최순실 게이트 발발 초기에 유승민 의원이 강경한 진상규명 목소리를 높이면서 좀 주목을 받는 분위기였습니다. 그런데 탄핵 정국에 들어와서는 탄핵 찬성 입장은 명확히 밝혔지만 당 쇄신과 관련한 행보가 모호해지면서 오히려 탈당을 한 남경필 지사나 대선 불출마를 선언한 김무성 전 대표의 행보가 더 크게 보였죠. 유승민 의원이 결국 무너진 보수정당의 차기 주자로 가장 유력하지 않느냐 하는 관측은 많은데 대선주자 위상에 걸맞는 지지도 상승 흐름을 이끌어 내지 못하고 있습니다.

유승민 의원은 현재 보수진영의 대선후보 중 유일하게 보수의 노선과 가치, 철학의 문제를 제기하면서 대선주자 반열에 오른 케이스입니다. 원내대표 시절 교섭단체 대표연설에서 그리고 총선 직전 새누리당을 탈당해 무소속 출마를 선언하면서 늘 헌법가치, 헌법 제1조를 강조했죠. 그리고 계속해서 강연정치를 통해 보수혁명, 따뜻한 보수를 말하고 있습니다. 제가 볼 때는 보수진영 정치권에서 드물게 경제전문가, 안보전문가로 인정받으면서 보수의 철학적 가치에 무게 중심을 둔 정치인이 아닌가 싶어요.

새누리당이 지금 같은 계파논쟁이 아니라 유승민이 지향하는 보수의 가치와 시장의 자유를 옹호하는 보수노선, 또 다른 보수적 철학 이런 가

치논쟁으로 계파가 나뉠 수 있는 기회를 유승민 의원을 통해 가졌다면 참 좋았을 텐데 하는 아쉬움이 있습니다. 친박이 유승민 원내대표가 주장한 분배 지향형 따뜻한 보수 노선을 반박하고 자유시장경제나 시장원리의 강점을 따지고 논쟁하면서 그렇게 계파가 나뉠 수 있었다면 지금 같은 계파 구도는 벗어날 수 있었을 텐데 당시에는 그런 흐름이 만들어지지 못했죠.

하지만 결국 최순실 게이트로 보수 정치권이 아예 몰락 수준에 내몰리면서 이제 제대로 된 가치 중심의 보수를 바로 세워야 한다는 소리가 강해지고 있습니다. 잘못된 보수를 내세운 박근혜 대통령과 친박이 몰락한 것이지, 보수 자체가 잘못되었거나 몰락해야 하는 건 아니라는 소리가 보수 진영 내에서 제기되고 있죠. 그런 흐름 속에서 유승민 의원이 다시 확실한 보수개혁의 콘텐츠를 꺼내든다면 신보수의 중심에 설 가능성이 있다고 봅니다.

유승민 의원의 강점은 강고한 자신의 정치철학, 콘텐츠에 있죠. 안보이슈든 경제이슈든 또 사회적 문제에 대해서도 명확한 논리 체계를 갖고 대응할 수 있다는 것이 가장 큰 강점으로 보입니다. 시장의 무한자유를 일정하게 제한해서라도 문제점을 극복해야 한다는 유 의원의 논리에 대해 보수진영 일각에서 문제 삼기도 하지만 그런 평가가 일반화될 수 있을 만큼 유 의원이 보수노선에서 이탈했다고 보이지는 않고요. 오히려 지금 사회 흐름에 가장 부합하는 보수노선을 표방하고 있는 것으로 보이는데요. 문제는 그런 정치적 콘텐츠를 당내 그리고 보수진영 내에서 세력으로 묶어내는 정치적 리더십이 부족하다는 점이 약점으로 꼽히죠.

유승민 의원의 노선을 따르는 당내 의원들도 꽤 있는 것으로 알려져 있지만 그걸 외형적 그룹으로 묶어낼 수 있느냐는 본인의 리더십에 달렸다고 보거든요. 포용력이랄까 그런 것들을 포함해서 좀 더 유연하게 주변을 끌어안고 리드하는 면에서 유승민 의원이 아직 이렇다 할 강점을 보여주지 못하는 점이 아쉽습니다. 최순실 정국이 발발한 후에도 가장 강하게 문제점을 지적하고 나섰지만 정작 최순실 여파로 침몰 위기에 처한 당을 어떻게 바로 세울 것인가에 대해서는 적극적으로 나서지 않는다는 지적이 많았습니다. 이 부분이 아쉽다는 겁니다. 비박계에서 나름 리더십을 발휘할 수 있는 위치에 있고 대선주자로 분류되는 정치인이라면 위기 상황에서 당을 구하고 개혁하는 쪽에 무게중심을 실은 행보가 필요한 시기죠. 그때 자신의 리더십이 발휘되는 것이고요. 아직 끝난 것이 아니니 유승민이 앞으로 재창당 수준의 당 개혁과 결속력 회복 과정에서 무엇을 할 것인가 지켜봐야 할 겁니다.

박시영 새누리당 인물 중에는 유승민 의원이 제일 낫죠. 제 개인적으로 높게 평가합니다. 선각자 이미지가 있죠. 명석하고 용감하다, 소신도 있는, 송곳 등의 긍정 이미지가 있습니다. 반면에 리더가 아닌 참모 같은, 차가운, 능수능란하지 못한, 폭이 좁은, 친화력이 부족한, 이런 부정 이미지도 있습니다.

유 의원은 이념적으로는 따뜻한 보수를 표방하나 본인 캐릭터와는 잘 맞지 않는 느낌도 듭니다. 사람들과 잘 어울리지 못하고 겉도는, 혼자 노는 느낌, 외톨이 느낌이 강하게 듭니다. 인상 자체가 좀 차갑다 보니 더 그런 느낌이 드는 것 같습니다. 경제전문가라서 경제를 잘 안다는 큰 강점이 있고 이 대표님 말대로 콘텐츠가 풍부하다 이런 것이 합쳐져서 '보수의 미래' 같은 기대가 듭니다. 유승민 의원의 장점과 남경필 지사의 장점이 합쳐지면 신보수의 느낌이 괜찮은데 따로 따로 보면 부족한 부분이 보여서요. (웃음)

유 의원의 약점은 정작 보수층에서 지지를 못 받고 있다는 점이죠. 여당 지지층에서 비토 정서가 강하게 형성돼 있습니다. 보수층이 좋아할 만한 캐릭터는 아닙니다. 이념적으로도, 리더십 스타일도 그렇고, 대통령과도 맞섰고요. 그런데 최근 박근혜-최순실 게이트가 터지자 유 의원의 스텝이 꼬인 듯 보입니다. 경선 때 친박계의 지지를 의식해서 그런지 갈지자 행보를 보였거든요. 그 동안의 소신 있는 행보가 자취를 감춰 버린 느낌입니다.

당초 최순실 국정농단 파문이 일어나자 정가에서는 유승민 의원이 반등의 기회를 잡을 것으로 전망했습니다. 보수 혁신이 의제로 뜰 테니까요. 탄핵 찬성 입장을 밝히고는 있지만 세간의 기대와 다르게 유 의원은 거꾸로 걸어가고 있습니다. 남 지사처럼 선도 탈당에 동참하지 않았고 비박계를 하나로 모아낼 역량도 보여주지 못하고 있습니다. 나 홀로 정치가 여전히 지속되고 있습니다. 정치는 혼자 하는 게 아닌데 유 의원의 최대 약점은 정치적 리더십이 약하다는 점입니다. 만약 지난 번 총선에서 대구와 수도권에 출마한 자신의 직계 의원들을 당선시킬 힘을 보여줬다면 더 큰 인물이 되었을 텐데 지도자 반열에 오르기에는 아직은 힘이 좀 부치는 느낌입니다. 참모 이미지를 벗는 것이 일차적 과제입니다.

당내 기반을 축적하지 못하면 경선 통과가 난망하다고 봐서 좌고우면하지 않았나 싶습니다. 그러나 새누리당은 시한부 정당입니다. 재창당을 해야 할 처지입니다. 유승민 의원의 가치는 더 오를 겁니다. 비대위원장으로 거론되기도 합니다. 당을 확 바꾸려면 이만한 카드가 없긴 하죠. 막상 경선에 돌입하면 토론회에서 유 의원이 타 후보들을 압도할 것입니다. 논리정연하고 콘텐츠가 막강합니다. 반 총장이 새누리당 경선에 뛰어든다면 가장 경계해야 할 후보가 바로 유 의원일 겁니다.

이번 박근혜-최순실 게이트에 대해 유 의원도 책임이 없는 것이 아닙니다. 과거 친박계 핵심이었고 원내대표 사퇴 이후 대통령의 문제나 당의 문제점에 대해 침묵했던 것에 대해 솔직하게 고백하고 반성해야 한다고 봅니다.

김지연 이번 총선에서 유 의원 계파들이 예전 18대 총선 당시의 김무성 대표나 친박연대처럼 집단적으로 생존하지는 못했죠?

박시영 그렇죠. 자신의 직계들이 대부분 총선에서 살아남지 못했거든요. 경선에서 고전이 예상됐는데 최순실 국정파문이 유 의원을 도와주는 것 같습니다. (웃음) 보수 혁신의 적임자이기 때문에 유 의원의 가치는 시간이 갈수록 더 치솟을 것입니다. 상황은 좋아지겠지만 이를 크게 반등시킬 수 있느냐, 없느냐는 오롯이 본인의 정치력에 달려 있다고 봅니다.

김지연 그럼 유승민 의원이 계파를 지원하기 위해 구체적으로 움직인 건 있었나요?

이상일 유승민 의원과 아주 가까운 일부 후보를 지원하기는 했지만 유승민계로 묶일 수 있는 그룹을 아우르는 큰 행보는 보이지 못했습니다. 당시 상황을 보면 탈당한 상태에서 주변 후보들을 지원하는 게 힘들었을 것으로 보이긴 합니다. 대구라는 지역 특성도 있었고요. 조금만 움직임이 크면 유승민 의원이 새누리당, 박근혜 대통령으로부터 등을 돌린 것으로 매도될 수 있는 분위기였으니까요.

박시영 제일 가까운 측근들이 대구, 경북에서도 몇 명 떨어졌어요.

이상일 유승민 의원이 대선출마를 공식화하고 새누리당 경선에 뛰어들 경우에는 현재까지 보였던 약점을 극복할만한 대중적 이슈 파이팅이 가능한 기회가 좀 오지 않을까 기대합니다.

오세훈 전 시장과 남경필 지사도 자신의 논리를 제시하는 역량이 있는 분들입니다만, 유승민 의원의 보수혁명 콘텐츠는 반향을 크게 일으킬 소지가 다분하거든요. 경선에 이런 분들이 모두 참여할 경우 지금 같은 반기문 대세론으로만 새누리당 대선 경선이 치러지지 않고 관심을 가질만한 노선, 콘텐츠 논쟁도 전개될 수 있을 겁니다. 저는 유승민 의원을 포함해 자신의 정치철학이 명확한 분들이 국민과의 치열한 논쟁과 토론을 통한 접점에서 어떤 주장이나 적합한 보수진영의 후보를 놓고 경쟁하는 보수정당의 경선이 필수적이라고 봐요.

특히 유승민 의원은 과거 유시민 전 장관과 함께 토론 프로그램에 출연해 화제가 되었던 동영상이 지금도 유튜브에서 회자될 정도로 논리적 토론 역량이 출중한 대선후보입니다. 보수진영 내 경선을 기대하게 만드는 요인 중 하나라고 봅니다.

김지연 저는 아직 못 봤는데, 유승민 의원이 그렇게 토론을 잘하나요?

박시영 잘하죠.

이상일 우리 토론문화를 보면 정치인을 포함해 학자들까지도 무조건 자신의 주장만 반복하면서 상대의 논리에 논리로 대응하지 못하는 모습을 참 많이 보잖아요. 그런데 유승민 의원은 상대의 긍정적인 부분을 인정하면서 약점을 논리적으로 공격하는 역량을 과거부터 자주 보여주었습니다.

경선 과정에서 유승민이 자기 콘텐츠를 충분하게 풀어낼 시간이 주어진다면 유권자를 설득하는 힘을 발휘할 수도 있지 않을까 기대하게 되는 이유지요. 문제는 아까도 말씀드렸지만 너무 '나 홀로 정치인' 이미지가 강한 현재의 분위기를 바꾸는 거죠. 아무리 똑똑해도 주변으로부터 '리더'로 인정받지 못하는 정치인이 대선후보가 되고 대통령까지 되기는 어렵다고 봅니다. 현실정치 속에서 꿈을 펼쳐보고 싶다면 개인적 성격을 넘어서는 자신과의 싸움도 필요한 게 아닌가 싶습니다. 한계를 극복해야죠.

김지연 유 의원의 '따뜻한 보수'라는 것이 구체적으로 뭐죠? 정책을 만두라고 했을 때 만두피는 보수, 만두 속은 진보라는 걸 얘기하는 건가요?

박시영 경제 정의의 중요성과 재벌 개혁을 강조하는 등 나름 합리적 주장을 합니다. 정부의 경제정책 기조를 부유층이나 특권층 중심에서 중산층이나 서민층 중심으로 바꿔내야 한다는 문제의식에 공감하고 있는 인물입니다.

이상일 유승민 의원이 자신의 정치를 설명할 때 공화, 정의라는 단어를 씁니다. 보수가 기득권과 상류층을 대변한다는 인식은 지금까지 보수진영이 보였던 한계 속에서 형성된 인식이지 보수의 근본 가치가 그런 것은 아니죠. 보수주의 철학에 동의하더라도 충분히 정의나 공정, 서민을 위한 정치를 펼 수 있고 그래야 합니다. 그걸 풀어가는 기본 방식이 보수주의 노선에 기초한다는 점이 다를 뿐이지 정의, 공정이 진보의 전유물은 아니죠. 유승민 의원은 그런 부분을 이야기하고 있다고 생각되네요.

김지연 과거 유 의원은 친박의 대표적 인물이었지만 지금은 대통령과 맞서는 강성 인물로 포지셔닝 되어 있습니다. 그렇게 된 원인이 정책에 관련된 소신 때문에 그런 건가요? 구체적으로 대통령과 사이가 벌어지게 된 계기가 있었나요?

박시영 몇 해 전부터 사이가 틀어진 것으로 알고 있는데 결정적인 것은 원내대표 때 국회연설이 계기가 됐다고 봅니다. 증세 없는 복지는 허구라며 신

보수의 방향을 제시했죠. 대통령의 방침에 정면으로 반기를 든 겁니다. 국회법 개정안 관련해서도 대통령과 척을 졌고요. 야당의 요구를 받아들였으니까요.

이상일 연설에서는 증세 없는 복지는 허구다, 이 말이 강했었고 원내대표 할 때 국회법개정안을 수용했죠.

김지연 원내대표 전에는 크게 문제가 없었나요?

박시영 그 전에는 소원한 정도였는데 그 이후로 적대적 관계로 간 거죠.

이상일 친박과 유승민, 대통령과 유승민이라는 관계는 이제 끝난 거 아니냐는 시각이 강했지만 저는 그렇지 않다고 봅니다. 일상적 정치흐름 속에서 관계가 형성되는 것과 대선이나 지금 정국처럼 큰 판이 전개되는 상황은 다를 수 있다고 보는 거죠.

당이 재창당 수순을 밟아야 할 정도로 위기가 심화된 지금은 계파나 친소관계 같은 건 별 문제가 안 될 거라고 봅니다. 2012년 총선을 앞두고 당시 한나라당이 위기에 처했었잖아요. 2011년 무상급식 주민투표 불발로 서울시장이 날아가고 안철수와 박원순이 떠오르고 하면서 이런 기류라면 총선에서 크게 패할 것이라는 위기가 감돌았을 때요. 그 때 당명을 새누리당으로 바꾸고 로고 바꾸고 당을 혁신하면서 주도한 비대위원장은 주류 친이계가 아닌 친박을 이끈 박근혜 비대위원장이었습니다. 현직 대통령과 정말 치열하게 경선을 치러서 마치 한 지붕 두 가족 같았던 박근혜 위원장이 전권을 쥐고 당을 새롭게 변모시키죠. 유승민뿐 아니라 김무성이든 누구든 역량만 있다면 계파관계를 떠나 충분히 그런 역할을 할 기회가 있고 그래야 한다고 봅니다.

얼마 전까지 당을 재건하는 역할도 반기문 총장에게 맡겨지지 않겠느냐는 관측이 있었죠. 당에 들어와 새롭게 혁신을 주도하면서 대선주자로 발돋움하는 식으로요. 하지만 재창당 수준의 개혁에 외부인사가 그걸 주도할 힘은 없을 거라고 봅니다. 지금 새누리당은 당내 자원을 최대한 활용해서 살 길을 모색해야 하는 처지죠. 누가 누구와 가깝고 멀고를 따질 계제가 아니라고 생각합니다. 누구든, 유권자와 국민의 눈높이에 맞는 노선을 내걸고 당을 바꿀 비전을 들고 나온다면 힘을 모아야 살 길이 열릴 테니까요.

유승민 의원은 특히 새누리당 입장에서 볼 때 경선에서 이길 경우 새로운 바람을 일으킬 수도 있고 만약 경선에서 지더라도 유승민 같은 분들이 새누리당 대선후보를 받쳐줘야 합니다. 진보진영이 준비한 '경제민주화'라는 무기에 대해 보수적 입장에서 대안을 제시하고 야권 플랜의 허점을 짚어내는 데 중요한 역할을 할 수 있는 분 아닙니까?

안철수

박시영 첩첩산중, 유혹의 길이냐? 정도의 길이냐? 인생은 길다
이상일 총선 후 실종된 '새정치', 안철수의 길 다시 꺼내들어야 할 때

김지연 지금까지 새누리당 후보로 거론되는 5명에 대해 알아보았습니다. 이제부터는 야당 후보 차례입니다. 같은 방식으로 진행할 텐데, 먼저 안철수 전 대표에 대해서 질문하도록 하겠습니다. 박 부대표님?

박시영 일단 2012년에 비해 정치인의 때가 많이 묻었습니다. 웃음기가 많이 사라졌고 경직돼 있죠. 화나 있는 표정이 많습니다. 탄핵 정국 전에도 그랬습니다. 쫓기는 사람처럼 여유가 없어졌습니다. 안철수 전 대표에 대해 대중들은 차기 대권 가능성은 희박하다고 보고 있습니다. 하지만 본인의 길을 꾸준히 걸어가고 있다고 보고 있습니다. 과거보다는 단단해졌고 승부사 기질이 강해졌다고 평가합니다. 그러나 이구동성으로 신선함이 떨어졌다고 말합니다. 정치를 알아간다는 느낌도 들지만 기회주의자 이미지도 덧칠됐습니다. 새로운 길을 걷느라 생고생 하고 있다는 동정론도 있습니다.

저는 안 의원을 보면 남다른 소명의식을 갖고 있는 사람처럼 보여요. 상당히 비장감이 느껴질 정도입니다. 역사가 본인에게 부여한 책무를 다 짊어지고 사는 사람처럼 보입니다. 주변사람들도 과거보다는 친근하게 편하게 다가서기 어려운 느낌이 들 것 같아요.

안철수 전 대표의 지지를 떠받치는 핵심요인은 '시대정신 부합도'입니다. 다른 후보들보다 시대정신 실현 측면에서 강점이 높다는 점입니다. 안 전 대표의 이미지가 공정사회, 경제정의, 경제성장, 소통확대, 청년배려와 맥

이 닿아 있습니다. 이런 진단에 동의하지 않는 독자들도 있겠으나 안 전 대표의 호감층은 그렇게 보고 있습니다. 인생 스토리 때문에 국정기대감도 타 후보들에 비해 뚜렷합니다. 이것이 정치인 안철수가 지금까지 버틸 수 있는 근본적인 힘입니다.

대통령이 되면 벤처를 키우고 이공계를 살리고 청년문제를 우선에 둘 것 같다는, 지금 사회와는 다를 것 같다는 긍정적인 이미지를 안 의원은 보유하고 있습니다. 정치적인 패착과 실수를 연거푸 해도 지지도가 급락하지 않은 이유도 바로 그 점 때문입니다. 지난 대선 때에 비해 강점도 분명해졌지만 약점 이미지도 많이 노출이 된 상태입니다. 자기중심적이고 독선적이고 아집이 강하다는 느낌이 강해진 거죠. 본인의 입지 강화를 위해서는 어디로 뛸지 모른다는 느낌도 형성돼 있습니다. 박지원 비대위원장의 뛰는 행보 때문에 손해를 보는 느낌입니다. 노회한 박지원 의원과 신선한 안철수 전 대표는 잘 안 맞는 궁합입니다. 결이 너무 다르죠. 탄핵 정국으로 국민의당 지지도는 조금씩 상승했지만 안 전 대표의 지지도가 벽에 부딪힌 느낌입니다. 이재명 시장이 그의 앞길을 막고 있습니다. 안 전 대표가 선명한 주장을 하더라도 이 시장 때문에 눈에 띄지 않습니다. 지금까지는 문 전 대표만을 의식해서 행동했는데 이제는 이 시장까지 의식해야 할 상황에 처했습니다.

이번 대선에서 안 전 대표의 선택지는 아주 넓고 경우의 수가 많습니다. 그 중에 가능성이 있는 경우의 수는 크게 다섯 가지입니다. 첫째는 손학규 전 대표, 정의화 전 의장 등을 국민의당에 참여시켜 경선흥행을 시킨 후 국민의당 후보로 나서는 길입니다. 둘째는 손 전 대표나 남경필 지사 등 3지대 신당을 추진하는 세력과 국민의당이 통합해 신당 후보로 도전하는 길입니다. 셋째는 더민주와 국민의당이 통합하여 원-샷 경선에 뛰어들어 야권의 대표후보로 도전하는 길입니다. 넷째는 국민의당 후보로 선출된 뒤 더민주와 연립정부를 매개로 후보단일화 경선에 도전하는 길입니다. 다섯째는 국민의당 후보로 선출된 뒤 새누리당과 연립정부를 매개로 후보단일화 경선에 도전하는 길입니다.

이렇듯 선택지는 많습니다. 박근혜-최순실 게이트로 새누리당과의 연정은 불가능해졌습니다. 하지만 야당은 물론 3지대에서도 러브콜을 받을 수 있기 때문에 2012년에 이어 또 다시 2017년에 대선 판을 흔들 장본인은 안철수 전 대표입니다. 합종연횡 등 정계개편 가능성 때문에 지지도에 비해 안 전 대표의 몸값은 높게 유지될 것으로 봅니다. 중도 보수까지 확장력이 높다는 것이 그의 매력 이기 때문이겠죠.

하지만 탄핵 정국으로 조기대선이 다가오면서 안 전 대표의 시름이 깊어질 것 같습니다. 반전의 계기가 잘 보이지 않아서 그렇습니다. 개헌을 매개로 한 정계개편에 발을 잘못 디디면 그 순간 정치인생이 끝날 수도 있기 때문입니다. 유혹의 길과 정도의 길 중 어느 길을 선택해야 하는지 고민이 많을 것 같습니다.

김지연 경제분야에 대한 전문성이 있다고 보시는 거죠?

박시영 약간 있습니다. 기본적으로 사업가 출신이고 뭔가 미래를 바꿀 수 있을 것 같은 긍정적 이미지가 있습니다. IT, 이공계, 벤처, 창조경제 등을 통해 청년의 일자리와 성장 동력에 대한 나름 해법이 있는 것처럼 보이잖아요? 본인의 능력과는 별개로 국민들이 일단 그렇게 받아들인다는 의미입니다. 하지만 그 이미지가 과거에 비해서는 좀 좁혀진 느낌이 들죠. 2012년에는 메시아 같은 느낌이 있었잖아요. 우리 사회를 구해줄 것 같은, 그런데 정치하면서 다 날렸죠. 사람 좋은 이미지도 크게 퇴색됐죠. 본인밖에 모르는 철없는 어린애 같은 이미지도 강화됐고요.

이상일 안철수 전 대표는 그래도 여전히 기존 정치인들과는 좀 다른 모습, 문법을 보여주는 정치인이라고 평가해야죠. 처음 정치권에 진입했을 때 불었던 안풍(安風)은 사그라들었지만 그래도 국민의당이라는 자신만의 정치적 자산을 보유하고 살아남았습니다. 보통 대선판에 구원투수처럼 등판하다 실패한 경우에 그대로 소멸되는 경우가 대부분인데 안철수 전 대표는 탈당과 창당이라는 정치 승부수를 통해 생존했고 내년 대선에서도 중요한 등장인물이자 변수가 되어 있습니다.

그럼에도 불구하고 호남당의 대선주자로 기존 보수와 진보의 대립구도에 끼어든 입장에서 안철수의 대선 승리 가능성은 낮다고 봤습니다. '나홀로 정치'를 할 때보다 여건은 좋아졌지만 안풍의 핵심이었던 새로움, 새로운 정치라는 슬로건이 상당부분 무력화된 상태라고 봤기 때문입니다. 총선 이후에도 새 정치 브랜드에 무엇을 담을 것인지 명확히 보여주지 못하면서 지지도 하락해 반기문, 문재인과 대적할만한 파워는 보여주지 못했죠. 지금도 그렇고요.

그런데 최순실 변수가 안철수에게는 어쩌면 큰 기회를 만들어 줄 가능성이 있는 것 같습니다. 보수가 제대로 체력을 회복하지 못한 채 무기력하게 대선판에 임할 수밖에 없을 경우 보수표의 일정비율과 중도층의 상당수가 대선에서 누구를 찍을 것인지 고민스러울 수밖에 없거든요. 최순실 파장으로 박 대통령과 새누리당 지지도가 동반하락하고 반기문 총장마저 1위 자리를 문재인에게 내줬지만 문재인 후보의 지지도는 크게 오르지 않았습니다. 이 현상이 의미하는 것은 보수와 중도층 상당수가 보수에 대한 지지를 철회했지만 더민주, 문재인으로 쉽게 갈 수 없다는 것을 뜻합니다.

이 경우에 안철수가 중도주의와 영호남 연대를 기치로 독자노선을 걸을 경우에 보수에 실망한 표심을 상당히 흡수할 수도 있지 않을까 하는 생각입니다. 물론 정권교체를 열망하는 진보진영은 강하게 결속되어 야권의 단일대오를 요구하겠지만 안철수 입장에선 지난 대선의 복기 같은 단일화 요구 수용은 매우 어렵다고 보이거든요. 그리고 안철수가 보수정당과 연대하거나 연정할 가능성은 없지만 본인 스스로 중도를 말해왔고 정책노선에도 그런 부분이 있기 때문에 강성 야당과 연성 야당 구도로 대선 구도가 재편될 가능성도 조심스럽게 점쳐볼 수 있을 것 같습니다.

그렇더라도 '안철수의 길'은 매우 험난해 보입니다. 조금만 좌클릭을 더 하면 결국 기존 야당과 같은 포지션에 갇히게 되고 우클릭을 잘못했다가는 중도층이 안철수에 대해 보수와 타협하는 것 아니냐는 의구심을 갖게 되죠. 최순실 정국에서 문재인보다 안철수가 더 강경한 입장을 보이며 정권퇴진을 요구하고 나서면서 보수세력과 연대, 연정 가능성은 차단했지만 새누리당이 분열되고 제3지대에 중도적 보수층이 모여들었을 경우 안철수가 그 세력과 연대하는 것은 충분히 가능하다고 봅니다.

김지연 안철수 현상이라는 것을 한마디로 표현하면 '새로움'이라는 것인데요. 기존 정치의 틀, 사고와 표현 방식 등을 바꾸겠다고 해서 초기에 인기가 많았었잖아요? 이 대표님 말은 안철수 현상이 없어졌다는 건가요?

이상일 처음에 불었던 안철수 현상이나 안풍은 소멸됐다고 봐야죠. 하지만 완전히 제거된 것으로 보이지는 않습니다. 여전히 기성 정치권보다는 때가 덜 묻은 이미지는 남아 있으니까요. 그런데 대선국면이 가까워지는데도 유권자들의 기대감이나 지지는 늘지 않고 있잖아요. 안철수 현상을 복원하려면 본인이 내세우고 있는 중산층 복원과 공정성장론을 어떤 방식으로 구현할 것인지 보다 명확하게 꺼내 놔야 할 겁니다. 기존 정당, 후보들과는 뭔가 차별화된 내용으로요.

박시영 안철수 현상은 안철수 개인으로만 남아 있진 않습니다. 아직 채워지지 않은 상태이기 때문에 대중의 욕구는 여전한데요. 과거에는 안철수 전 대표가 그 욕구에 부합하는 인물이어서 일체감이 형성된 것이었는데 이제는 안 전 대표가 때가 많이 묻으면서 그 대변 이미지가 축소가 됐다는 겁니다.

이상일 그렇죠. 대선판만 놓고 볼 때 안철수 지지도 위축의 외적 요인은 반기문 현상입니다. 반기문 총장의 지지율이 높아지거나 높게 나온 조사일수록 안철수 전 대표의 지지율은 낮게 나옵니다. 지지층이 일부 겹친다는 얘기죠. 그런 점이 있기 때문에 반기문이 결국 보수정당을 택해서 전과 같은 지지율을 확보하지 못하거나 대선 출마를 아예 접을 경우에 새로운 정치를 기대한 유권자들은 결국 안철수 쪽으로 회귀할 가능성도 있다는 겁니다.

안철수 전 대표가 자력으로 지지율을 끌어올리려면 똑같은 목표를 설정하더라도 안철수 방식으로 상징되는 새로운 노선이나 가치를 지향해야 할 겁니다. 어려운 일입니다. 이런 건 안철수만이 할 수 있다, 또는 안철수가 가장 잘 할 것이라는 신뢰를 쌓아야 하는데 그게 쉽지 않죠. 특히 외형적으로 국민의당이라는 자산을 확보했지만 국민의당이 결국 더민주의 호남축이 탈당해 이뤄진 정당이라는 점에서 후보를 떠받쳐서 시너지 효과를 낼 수 있는 신선한 정당 모습을 보여주지 못하는 것도 문제구요.

안철수 전 대표와 국민의당이 안고 있는 딜레마일 것 같아요. 제3당 위치에서 원내활동을 감안한다면 박 원내대표 같은 분의 경험과 정치력이 크게 도움이 되지만, 안철수의 대선후보 포지션 강화를 고려할 때는 별 도움이 안 될 가능성이 높거든요. 새롭고 신선한 정당의 모습으로 비춰지긴 어렵잖아요. 지금은 안철수 대표와 국민의당이 제3의 길, 새정치를 말하면서도 기존 정치와 유사한 문법으로 정치를 풀어가는 상황에 갇혀 있는 것 같습니다.

김지연 아주 단순한 질문인데요. 정당이나 세력, 이런 것은 다 빼고 인물만 놓고 볼 때는 안철수 의원이 대통령으로서 얼마나 자질을 갖추고 있다고 보세요?

박시영 저는 10~20% 정도는 부족하다고 봐요. 이 수치는 좀 후하게 준 겁니다. (웃음)

이상일 저도 개인적 역량은 훌륭하지만 대통령으로서 자질로 본다면 부족한 면이 있다고 봅니다. 주변 또는 국민과의 커뮤니케이션 능력이 부족해 보여요. 중요 국면에서 적극적으로 자신의 목소리를 내고 설명해야 일반인이 안철수라는 사람을 점점 이해할 수 있는데 그런 면이 아쉽습니다.

또 총선을 거치며 많이 변했다고는 하지만 통솔할 수 있는 리더 역할이 편해진 것 같지 않습니다. 여전히 주변관계가 협소하고 폭넓게 교류하는 것으로 보이지는 않아요. 그런 점들이 개인적 강점을 가리는 게 아닌가 싶습니다.

이런 약점은 물론 안철수에게만 해당되는 건 아닙니다. 앞서 여권 후보 얘기할 때 유승민 후보도 비슷한 면들이 있었죠.

박시영 한 가지 지적하면 안 전 대표가 굉장히 고집 센 사람이 됐는데, 도그마에 너무 갇힌 느낌이라 할까요. 아집이 강하다 보니 자꾸 외통수를 둡니다. 좋게 보면 승부사 기질이 생긴 건데 나쁘게 보면 불통과 독선이거든요. 2015년 하반기에 당내에서 '혁신안'에 대한 논쟁이 촉발됐는데 겉으로는 비주류의 '문재인 흔들기'고 속셈은 비주류의 '공천권 보장'이었거든요.

혁신안이 발표되자 안철수가 느닷없이 혁신안을 비판하고 나섭니다. 진보 진영의 고질적 병폐인 체질개선의 내용이 없다는 겁니다. '반쪽짜리 혁신 안'이라고 평가절하 한 건데 그의 지적 중에 수긍할 부분은 분명 있었습니다. 이 과정에서 문재인 전 대표를 매섭게 몰아세우죠. 상호 갈등을 매끄럽게 풀지 못한 문 전 대표의 리더십도 아쉬웠지만 안 전 대표의 옹졸한 태도가 더 문제였다고 저는 봤습니다. 문 전 대표가 당시 당대표를 맡은 후, 당 혁신에 함께 나서자며 수차례 안 전 대표와의 연대를 제안했지만 안 전 대표가 받을 듯 받을 듯하다가 결국 거부했던 거거든요. 그러다 보니 서로 간의 앙금이 쌓여 있었을 테고 문재인 전 대표 측은 안철수 전 대표가 대선을 의식해 비주류의 '문재인 흔들기' 공세와 호흡을 맞추는 걸로 봤겠죠.

당내 갈등이 커지자 총선을 앞두고 중간지대 의원들이 중재안을 냅니다. '문재인-안철수-박원순'이 연대하여 총선을 돌파하자는 제안이었는데, 이른 바 '문안박 연대' 주장을 안철수 전 대표가 거부하죠. 왜 박원순 시장 까지 포함시키느냐고 안 전 대표 측이 기분 나쁘다는 겁니다. 결국 강 대 강 대치국면으로 끌고 가 총선을 코앞에 두고 안 전 대표가 혁신전당대 회를 요구하고 나섭니다. 제안이 그럴싸하지만 총선 전에 전대를 하게 되 면 공천권 문제가 걸려 있어 모든 의원들이 사생결단을 하게 되고 당은 갈 가리 쪼개지게 됩니다. 그걸 모를 리 없는 안 전 대표가 그렇게 주장한 것 은 문 전 대표를 압박하여 항복 선언을 받겠다는 걸로 받아들여진 거죠. 문 전 대표에게 책임지고 물러나라는 얘기거든요. 안철수의 얼굴로 총선 을 치르겠다고 선언한 거죠. 그렇지 않으면 탈당한다고 배수진을 친 겁니 다. 끊임없이 외통수를 두었죠. 문 전 대표는 혁신전대 불가피성을 밝히며 '문-안 연대'로 총선을 돌파하자고 수차 달래지만 씨도 안 먹힙니다.

민주적 절차에 의해서 당대표가 선출이 됐는데 특정인이 물러나라고 나선 꼴입니다. 이 과정을 보면서 저는 안철수 전 대표가 사적인 감정을 공적인 틀에서 풀려고 한다고 생각했습니다. 문 전 대표에 대한 안 좋은 감정을 그렇게 풀려고 한다고 느꼈습니다. 좀 황당했습니다. 대통령이 되려는 분이 저래서는 안 되는데 하고 느꼈던 거죠. 그리고 고쳐야 할 점이 한 가지 더 있는데, 공적 채널보다는 사적 채널의 의존도가 높은 것 같습니다. 최근 박근혜-최순실 게이트로 온 나라가 난리인데 사적 채널의 의존도가 높은 대선 후보는 위험합니다. 안 전 대표가 정치에 뛰어든 지 얼마 되지 않은 시점까지는 공조직 기반이 적다 보니 정치권 밖의 인사들로부터 자문을 받을 수밖에 없었다고 봅니다. 그러나 지금까지도 지속되고 있는 거 아니냐는 의심의 눈초리가 있습니다. 사실이 아니기를 바랍니다. 안 전 대표는 대선 후보로서는 아직 훈련이 더 필요한 상황이 아닌가 그렇게 봅니다.

김지연 정치인으로서의 안철수에 대한 약점을 얘기할 때 소통 방식의 문제나 스킨십 문제 등을 지적하는 사람들이 많았는데, 요즘은 어떤가요? 개선이 되었나요?

박시영 안철수 전 대표의 메시지는 좋아졌습니다. 강단 있고 분명합니다. 안 전 대표가 조금씩 좋아지고 있다고 봅니다. 국민들의 분노를 각을 세우면서 잘 담아내고 있습니다. 정권퇴진 투쟁을 선도해서 벌이는 모습도 좋습니다. 개헌에 대해 분명한 태도를 보인 점도 높게 삽니다. 다만 권력의지가 지나치게 강해서 '대권욕'으로 비춰진다는 측면을 잘 관리해야 한다고 봐요. 혹여나 정권교체에 반하는 선택을 하는 것 아니냐는 일각의 우려를 확실히 불식시켜야 합니다.

정권교체와 야권의 정권창출을 위해서 노력하겠다, 비박이나 반기문 등 새누리당 쪽 사람들과는 세력을 통합하거나 후보단일화 또는 연정하는 일은 절대 없을 것이다, 이런 분명한 입장을 표명할 타이밍이 점점 다가오고 있는 겁니다. 이런 행보가 안철수 지지율을 끌어 올릴 겁니다. 박근혜-최순실 파문으로 여권이 붕괴돼 합종연횡 등의 새로운 공간이 커진 것은 안전 대표에게 호재이지만 이에 현혹돼 본인의 중심을 잃고 갈지자 행보를 하게 되면 낡은 정치의 틀에 갇히게 돼 지지율 반전도 불가합니다. 새누리당과 손 잡으면 촛불민심이 가만 두겠습니까? 그런 일은 없을 것으로 봅니다.

문재인

박시영 본인의 링에서 싸워라. 정치보다는 통치를 잘할 사람

이상일 벌써 부자 몸조심 행보, 대세론 흔들리면 답이 없다

김지연 지금부터는 더불어민주당 후보군을 다뤄볼 건데요. 얼마 전까지 여론조사 상에서 반기문 총장과 2강 구도를 형성했고 최근 들어서는 1위를 달리고 있는 문재인 전 대표부터 시작하죠.

박시영 문재인 전 대표하면 일단 예의가 바르고 양심적인 사람이라는 이미지가 먼저 떠오르죠. 참여정부 때 청와대에서 몇 번 지나치면서 뵈었는데 저 같은 직원들이 인사를 드리면 저희보다 허리를 더 숙여서 답례를 받아주던 모습이 인상 깊게 남아 있습니다.

문 전 대표는 담백하고 청렴하고 원칙적이고 정의로운 느낌도 듭니다. 무엇보다 진정성이 강하게 느껴지는 인물입니다. 반면에 우유부단하고 친화력이 부족하고 보스 기질이 약합니다. 스피치 전달력도 떨어집니다. 재미도 없고 좀 답답한 스타일이죠. 이런 약점에도 불구하고 사심이 적고 대의를 중시하고 혁신적이고 진보적이어서 진보층이 좋아하는 것 같습니다. 진보진영의 대표선수 이미지를 확보하고 있죠. 반면 중도층의 소구력이 높지 않고 보수층의 비토가 큰 것이 약점입니다.

지금은 많이 바뀌었지만 올해 추석 무렵만 해도 '힘없는 외톨이' 이미지가 형성돼 있었습니다. 왜냐하면 야권의 대표성은 있는 것 같은데 당대표 시절 비노 측의 반발로 극심한 당내 분란을 겪다 보니 주변에서 잘 따라주지 않는 느낌이 강하게 형성된 겁니다. 한편으로 강력한 리더십이 부족

하다 보니까 유약해 보이는 면도 있고 국민들이 합리적인 느낌보다는 이념과 감정에 다소 치우친다는 느낌도 받았던 것 같습니다.

2012년 대선 때보다는 문 전 대표의 이미지가 약화됐습니다. 지지도는 받쳐주고 있지만 지지자들의 지지 강도는 과거처럼 확고하지 못합니다. '문재인이 대통령이 되면 뭘 바꿀 수 있지? 우리 사회가 뭐가 달라지지?'에 대한 확신이 잘 들지 않기 때문에 그렇게 변한 것이죠. 정권에 맞서 강력하게 싸워야 하는데 그런 단호한 모습을 보여주지도 못한 것 같고 세상을 바꿀 정책이나 의제를 내 놓은 적도 별로 없었으니 그럴 만도 합니다. 추석 시점까지 이랬던 평가가 그 뒤로 바뀌었습니다.

10월 초 싱크탱크 '국민성장'의 출범 과정과 '송민순 회고록' 사건을 대처하면서 달라진 면모를 보여줬습니다. '달라진 문재인'의 모습을 보여준 거죠. 지지지와 국민이 요구하는 방향으로 움직인 겁니다. 본인의 원래 모습이 그러했는데 지금까지 그렇게 비춰지지 않아서 문제였는지는 모르겠으나 어쨌든 긍정적 방향으로의 뉴(new) 문재인의 모습이 표출된 겁니다. '경제교체'와 '대청소' 등 표현이 단호해졌고, 경제문제를 중심에 두겠다는 확고한 의지를 보였고, 변화에 대한 열망을 잘 담아냈으며, 연설 능력도 많이 개선됐습니다. 100여 명의 학자들이 모여들면서 '외톨이' 우려도 사라졌습니다. 국민들에게는 대선준비를 착실히 하고 있었구나 하는 인식을 심어주었고 지지자들에게는 안도감을 심어줬습니다. 그 다음 일정으로 대기업 경제연구소장들과 만남을 가졌는데 야권 일각에선 비판의 목소리가 터져 나왔지만 상당히 의표를 찌른 행보였습니다. 대통령을 하겠다는 문 전 대표에게는 필요한 일정이었고 긍정적 효과가 훨씬 더 컸다고 저는 봅니다. 말만이 아니라 행동으로 보여주는구나 차근차근 준비하고 있구나 하는 인식을 강하게 심어줬습니다.

성장 문제에 집착하는 것이 아니냐는 우려가 있었지만 때 마침 송민순 회고록 문제가 딱 불거진 겁니다. 위기가 기회가 됐습니다. 본인이 기억이 잘 안 난다고 해서 비난도 받았지만 여당이 파 놓는 덫에 걸리지 않으면서도 정면으로 색깔론 공세를 맞받아치고 단호하게 대응하는 모습을 보여줘 호남 등 전통적 야권 지지층에서 호감도가 높아졌습니다. 무엇보다 진보 진영의 대표선수로 확실히 자리매김하게 된 것이 본인에게는 큰 소득이 됐겠죠. 경제행보와 송민순 회고록 대처로 지지율이 소폭 상승했고 존재감이 강화됐습니다.

한 고비 넘기나 싶더니 다시 위기가 찾아옵니다. 대통령의 개헌 제안으로 개헌 정국이 돌입하면서 문 전 대표의 대선가도에 난관이 조성되는 듯했습니다. 그런데 공교롭게도 개헌 제안 당일 JTBC의 '최순실의 대통령 연설문 개입' 의혹이 동시에 폭로되면서 한 순간에 정국이 반전됩니다. 대통령의 개헌 시도는 물 건너갔고 정국 주도권은 야권이 틀어쥐게 됐습니다.

정권에 대한 실망으로 반기문 총장이 하락하고 그 자리를 문 전 대표가 꿰찼습니다. 지지도 1위 후보로 올라선 것입니다. 하야 투쟁 국면에서 문 전 대표가 거국중립내각을 먼저 꺼내 패가 꼬이면서 정무적 판단이 서툴다는 비판에 직면합니다. 이재명 시장, 안철수 전 대표, 박원순 시장은 정권퇴진투쟁에 앞장서며 선명성을 강조하고 있는 데 반해, 문 전 대표는 중대결심을 내비치며 대통령 2선 후퇴를 주장하고 신중한 행보를 선택합니다. 긴 호흡을 가지고 국민들에게 책임감과 안정감을 보여주는 포석이었죠. 하지만 1위 후보라고 몸 사린다는 불만이 터져 나왔습니다. 또 다시 정치력에 대한 의문부호가 붙었습니다. 지금은 강단 있게 싸울 때인데 문 후보 측에서 전략적 판단을 잘못 내린 겁니다. 우유부단하다는 그간의 비판적 이미지가 더 강화되었습니다. 중도층 일부가 붙었겠지만 집토끼인 진보층의 일부가 빠져나갔습니다. 문 전 대표는 힐러리의 길을 걸으면 안 됩니다. 힐러리의 길이 아닌 샌더스의 길 쪽으로 스탠스를 이동해야 합니다.

그래야 집권의 길이 열립니다.

탄핵 정국 초반의 신중한 태도를 벗어 던지고 최근 문 전 대표가 정권 퇴진투쟁의 선봉에 나서고 있습니다. 유력 대선 주자이기 때문에 잠룡들과 행보가 같을 수는 없습니다. 하지만 현 시국이 조기대선과 연계돼 있기 때문에 문 전 대표의 행보는 무엇을 하든 어차피 정치적 계산으로 보일수밖에 없습니다. 이럴 때는 해법이 따로 없습니다. 대중이 원하는 정도의 길을 걸어야 하는 법입니다. 호랑이처럼 용맹스럽게 싸워야 합니다. 정의의 사도로 우뚝 서야 하는 겁니다.

11월 중순 이후로는 문 전 대표의 자신감이 부쩍 늘어났고 든든함을 보여주고 있는 것 같습니다.

그 동안 말문을 닫았던 문 전 대표의 지지자들이 최근 문 전 대표가 정권퇴진투쟁에서 앞장서자 다시 결집하고 있습니다. 이들이 봇물처럼 쏟아져 나오며 온라인 공간이 후끈 달아오르고 있습니다.

여당 및 보수언론의 모든 화살이 문 전 대표에게 향합니다. 국민의당도 매 한 가지입니다. 문 전 대표만 무너뜨리면 자신들에게 기회가 온다고 판단하는 겁니다. 때문에 지지율을 더 끌어올리기가 어렵습니다. 더군다나 이재명 시장이 치고 올라와서 문재인 대세론은 일견 약화된 듯합니다. 하지만 조기대선이 치러지기 때문에 문 전 대표가 차기 유력한 대통령에 한발 더 다가서 있는 것은 부인할 수 없는 사실입니다. 또한 지난 대선을 거친 후보이기에 다른 여타의 후보들과는 달리 검증 국면에서도 큰 하자 없이 통과될 것이라는 점도 안도감을 주는 대목입니다. 이런 이유 때문에 문재인 대세론은 아직 꺾이지 않았다고 봅니다.

저는 문 전 대표는 정치보다는 통치를 잘할 사람으로 봅니다. 노 전 대통령처럼 사람을 열광시킬 매력적 요소는 적습니다. 정치적 판단 능력도 뛰어난 것 같지 않습니다. 친화력도 약합니다. 하지만 공명정대하게 국정을 처리하고 구체제를 변화시킬 방안들을 현명하게 잘 찾아낼 것으로 봅니다. 참여정부의 부족했던 면들을 일신해서 좀 더 진일보시킬 것 같은 믿음이 듭니다.

앞으로 대선 가도에서 몇 번의 고비와 위기가 찾아올 것입니다. 과감할 때와 신중할 때는 잘 조화롭게 선택해야 하는데 대중의 호흡과 정치적 상황을 고려해 전략적 판단을 잘 내려야 합니다. 촛불민심과의 괴리된 행보를 보여서는 안 됩니다. 그렇다고 촛불민심에만 갇혀 있어서도 안 됩니다. 유력한 대선주자인 만큼 그에 걸 맞는 리더십, 정치력을 보여줘야 하는 겁니다.

문 전 대표의 핵심과제는 다음 두 가지입니다. 첫째는 야권 지지자들에게 본선에서 이길 수 있다는 '이길 후보'라는 확신을 심어줘야 합니다. 둘째는 세상을 크게 바꿀 수 있다는 '바꿀 후보'라는 믿음을 심어줘야 합니다. 새로운 나라에 대한 확신이 들도록 담대한 변화의 상을 보여줘야 합니다. 그래야 진보층은 물론 중도층의 마음까지 얻을 수 있습니다. 그렇게 되면 이길 후보라는 인식도 강고해집니다. 정의로운 세상과 격차 해소에 대한 비전을 담아내야 합니다. 한마디로 국정 기대감을 높이는 게 문 전 대표의 최대 과제입니다.

이상일 문재인, 지금 시점에서 차기 대권에 가장 가까이 가 있는 분입니다. (웃음) 보수여권은 만신창이가 되었고, 반기문 주가도 떨어졌습니다. 문재인 전 대표에게는 지난 대선보다 확실히 강력한 기회가 온 것 같네요. 2012년과는 다른 모습으로 대선을 준비하는 것 같습니다. 정권 탈환에 대한 의지가 강하고 흔들림이 없어요. 대선을 위해서라면 다른 문제들은 양보할 수 있다는 정치적 고려도 상당하구요. 그렇기 때문에 총선에서 김종인 전 위원장을 영입하고 그런 것들이 가능했던 거 아닐까요.

문재인 하면 떠오르는 강점은 인품 측면입니다. 신뢰할 수 있고 깨끗한 이미지를 유지하고 있는 정치인이죠. 사심 없는 정치인 이미지도 강하고요. 최순실 게이트로 도덕성 있는 지도자를 기대하는 심리가 더 강해져서 문 전 대표는 이 부분에서도 상당한 강점을 갖게 될 거라고 봅니다. 다만, 문재인 전 대표도 어떤 의사결정 과정이 뭔가 폐쇄적이라는 느낌을 자주 주는데 그 부분은 약점이 될 겁니다. 특정한 의사결정 그룹이 별도로 존재하는 것 아니냐, 비선그룹 중심으로 정치적 결정들이 이뤄지는 것 아니냐는 의구심을 지우는 문제는 숙제가 될 겁니다.

약점은 문재인의 강점 영역이 개인적 측면에 국한돼 있다는 겁니다. 국가경영 역량이나 비전, 리더로서 보여줘야 할 행보와 같은 정치적 자질에 대해서는 아직도 많은 사람들이 문재인이라는 사람이 어떤 사람인지 잘 이해하기 어려워 한다고 생각됩니다. 간단히 말하면, 사람은 좋은데 대통령감인지는 잘 모르겠다, 여기에 머물고 있는 게 문 전 대표의 가장 큰 약점입니다.

야당에서는 문재인 대세론을 이야기하는 분들이 많은데요. 당내 대세론이지 밖에서는 그렇게 지지층이 확산되지 못하고 있잖아요. 왜 그럴까, 그 부분을 주목해 봐야 하는 게 아닌가 싶어요. 문재인 전 대표를 보면 내부의 의지는 강한지 몰라도 소극적인 모습으로 보입니다. 어떤 문제에 직면했을 때 자신의 생각이 명확하고 철저하지만 그걸 적극적으로 표출하고 정치라는 외적 활동을 통해 드러내는 것은 약합니다. 문 전 대표를 잘 알고 애정이 있는 지지층 내에서는 강력한 힘이 유지되고 있지만 저 사람이 왜 정치를 하는 것인지, 무엇을 하려는 것인지 잘 보이지도 않고 이해하기 힘든 나머지 유권자들에는 항상 의문스러운 부분이 되죠. 왜 저 사람은 대통령이 되려 하는 것인가, 무엇을 위해 하려는 것인가, 이런 것들이 분명히 보이지 않습니다.

정권교체와 대선승리를 위해 거기 동조하는 모든 세력을 끌고 가고 싶다, 이런 의지를 표출해 내는 힘이 약한 겁니다.

김지연 지금도 그런가요? 2012년에는 그런 느낌이 좀 있었는데요.

이상일 전보다는 좀 더 명확해졌죠. 말하는 문법도 그렇고 단호한 모습도 강해졌습니다. 하지만 문재인 자신이 확실히 믿고 있는 가치의 문제에서는 분명한 모습이 보이는데 정치적 리더로서 역할이 필요할 때는 여전히 좀 미적거리거나 모호한 태도가 있어요.

잘 드러나고 있는 예가 바로 최순실 게이트 대응과정입니다. 제1야당을 이끄는 실질적 리더, 대선주자 1위 후보라면 탄핵 여론이 비등해진 상황에서 어떻게 전체 국면을 수습해 가는 것이 가장 합리적이고 국가적 피해를 최소화하는 것인가를 숙고하고 결단하는 모습이 필요합니다. 여론에 끌려가는 게 아니라 어느 시점부터는 민심을 이끌고 수습을 주도해야 하는 거죠. 그런데 거국중립내각 요구, 대통령 2선 후퇴 요구, 질서 있는 퇴진 요구에서 탄핵 불가피론까지 계속 입장을 바꿔오는 과정은 철저하게 여론에 끌려 다니는 모습뿐이었습니다.

읽는 것이 아니라 여론의 눈치를 보고, 박 대통령이 민심이 끓어오르는 온도에 비례해 한걸음씩 후퇴하면 그걸 받아서 좋은 수습책을 제안하는 게 아니라 강성 여론에 편승해 다시 한 계단 공격 수위를 올려 왔죠. 문재인 전 대표뿐 아니라 야권 전반이 그런 식으로 대응하고 있긴 하지만 특히 문재인은 대선주자 1위라는 타이틀에 걸맞는 행보를 전혀 보여주지 못했다고 평가합니다.

박 대통령이 결국 백기를 들고 3차 대국민 담화에서 진퇴 문제를 국회의 결정에 맡기겠다는 사실상 하야 예고를 했는데요. 야 3당은 즉시 탄핵 국면을 지연시키거나 바꾸려는 꼼수라고 강력 비판하며 탄핵일정 강행을 얘기했습니다. 저는 이런 대목에서 문재인이라면 적어도 대통령의 담화가 국민 정서에 부합하는 내용은 아닐지라도 국정혼란을 최소화하고 정치적 불안정성을 제거하기 위해 탄핵과 별도로 적절한 시점의 대통령 하야를 추진하는 것도 대안이 될 수 있다. 그런 부분을 설명했어야 한다고 봅니다. 일시적으로 돌팔매를 맞을 수 있지만 냉정히 따져보면 탄핵을 밀어붙이고 가결이나 부결이 불확실한 국면에 정치적 도박을 거는 게 맞는 것인지 또 헌재의 탄핵심판이 어떤 일정으로 진행될 것인지 불확실하고 탄핵소추안이 인용되면 정치권이 제대로 준비할 시간도 없이 즉각 60일 후 대선을 치러야 하는 상황에 직면합니다. 그렇다면 박 대통령을 위해서가 아니라 국가와 국민을 위해 더 나은 대안을 찾아보고 설득하는 방법 안에서 리더십이 구현되는 거 아닐까요?

그런데 문재인 전 대표는 오히려 즉각 퇴진과 조기대선을 기대하면서 여론에 편승해 탄핵 강행론에 머물렀죠. 탄핵 일정이 어떻게 진행될지는 모르지만 설사 탄핵이 국회에서 가결되고 헌재가 인용해 된다고 하더라도 더민주나 문재인이 탄핵을 주도했다는 평가는 받지 못할 거라고 봅니다. 더불어 탄핵 국면에서 개인적 이해관계를 떠나 합리적 대안을 갖고 국민을 설득해 본 정치인이라는 평가도 받기 어렵죠. 1위 대선주자라는 자리가 지금은 화려하게 보일지 몰라도 그런 식으로는 정작 대선국면에서 매우 불안정한 1위에 그칠 수밖에 없을 겁니다.

박시영 저는 그 부분에 대해서는 이 대표님과 생각이 많이 다릅니다. 탄핵 정국의 해법은 탄핵밖에 없습니다. 대통령이 진정성을 갖고 3차 담화를 한 것도 아니고 자중지란을 만들 요량으로 던진 덫입니다. 잘못된 것을 법적으로 바로 잡아야만 우리사회가 바뀔 수 있습니다. 적당히 정치적으로 타협할 때가 아닙니다. 그런 성질의 사건이 아니라고 봅니다.

문 전 대표를 포함한 모든 정치인이 원칙을 지키느냐의 문제입니다. 대통령은 정치게임을 통해 탄핵을 피하고 특검을 피하고 임기연장에 나선 겁니다. 대통령 및 여당의 재집권 전략의 일환일 뿐입니다. 진정성 있는 사과를 한 적이 있나요? 검찰 수사를 받은 적이 있나요? 특검 수사도 받는다는 보장이 없습니다. 설령 여야가 임기단축을 합의해도 대통령이 번복하면 그 뿐입니다. 박근혜 대통령은 그러고도 남을 위인입니다. 때문에 야권이 이 문제를 정치적으로 접근해서는 절대 안 됩니다. 탄핵을 강행해야 합니다. 혹여 부결되어도 역풍은 새누리당이 받게 됩니다.

문 전 대표의 집권을 반대하는 정치세력들이 여야를 가리지 않고 개헌을 매개로 정계개편을 시도하고 있습니다. 국민의 뜻과 무관하게 말이죠. 문 전 대표는 지금처럼 강력하게 대처해야 합니다. 탄핵 정국에서 국민의 요구를 받들어 맨 앞에서 용감하게 싸워야 합니다.

대선 가도에서 문 전 대표가 바꿔야 할 부분이 있습니다. 첫째는 정치적 리더십을 바꾸라는 겁니다. 한마디로 강단 있고 든든한 문재인으로 거듭나라는 거죠. 이게 '뉴 문재인' 플랜의 골자가 되어야겠죠. 둘째는 친노의 굴레에서 벗어나야 한다는 겁니다. 친노에 대해 긍정적인 층도 많지만 야권 지지자 내에서도 비판적인 시각이 있고 중도층을 품으려면 어쩔 수 없습니다. 셋째는 호남을 더 품어야 한다는 점입니다.

하나씩 살펴보면, 리더십 문제의 핵심은 결단력과 규모감의 문제입니다. 신중하다 보니 타이밍을 놓치는 경우가 많았습니다. 답답하게 느껴진다는 거죠. 요즘은 단호한 표현들이 늘었고 즉각적으로 현안에 대처하고 있어 다행입니다. 그리고 작은 현안에 갇히지 말고 국가비전 등 큰 화두를 던지는 모습이 필요합니다. 그래야 국가 지도자 같은 느낌이 드는 거죠. 국정기대감도 높아지는 거고요.

이어서 친노 문제를 말씀드리면, 일단 좀 억울할 겁니다. 당사자도 그렇고 친노진영도 그렇고요. 여당과 종편은 물론 야권의 비노 세력 모두가 이점에 대해선 한 편이죠. 지금 더민주 안에는 실제 알려진 것처럼 친노 직계 의원은 많지 않습니다. 흔히들 말하는 범친노가 있을 뿐인데 이분들 중에 친노 직계는 소수거든요. 문 전 대표의 측근으로 알려진 정치인이 김경수, 노영민, 전병헌, 임종석, 최재성, 홍영표, 전해철 등인데 대부분 친노 직계 인사들은 아니잖아요. 표창원, 양향자, 김병관, 조응천 등을 영입했지만 그들도 친노는 아니죠. 그러나 어쩌겠습니까? 국민들이 그렇게 인식하고 있는데 지혜롭게 대처하면서 불식시켜야죠. 친노 프레임을 극복하기 위해선 두 가지가 필요합니다. 첫째는 캠프구성 등 핵심인사의 풀을 넓히고 통합행보를 강화하는 것입니다. 둘째는 친노의 문제점에 대해서 문 전 대표 본인이 쓴 소리를 아끼지 말아야 합니다. 친노 인사 중 비난 받을 소지가 드러나면 과감히 도려내야 합니다. 온정주의 태도를 버려야 됩니다. 문 전 대표가 집권해도 친노가 집권세력의 중추역할을 할 것이라고 국민들은 보고 있기 때문에 부동층을 공략하기 위해서는 이 문제를 피해갈 수 없습니다. 문 전 대표에게는 친노진영을 더 건강하고 성숙한 수권 세력으로 변화시켜야 하는 역할까지 부여된 겁니다. 이것 또한 문 전 대표에게 주어진 숙명입니다. 노무현 후광효과를 받은 만큼 본인의 몫이 맞습니다. 어찌 보면 문재인 전 대표에게는 친노, 더민주, 진보진영 전체에 대한 변화 과제를 한 몸에 부여 받고 있는지도 모릅니다. 그만큼 국민의 기대를 받고 있다는 방증일 겁니다.

김지연 문 대표가 친노의 대표 정치인이기는 하지만 이번 총선에서는 기존 친노와는 성격이 좀 다른 친문세력을 다수 당선시켰죠?

박시영 친문을 어디까지 구분할 거냐가 애매하죠. 국민들은 친노와 친문을 그다지 분류하지 않는 것 같고요. 같은 부류의 사람들로 볼 겁니다. 하지만 정치권은 좀 다르긴 합니다. 친문에는 친노 인사가 아닌 분들도 많이 포진돼 있기 때문이죠. 친문 내에는 친노 성향의 의원이 절반 정도도 안 되는 것 같은데요.

김지연 아까 반기문 총장, 안철수 전 대표 때도 얘기했지만 그들은 독특한 지지층이나 아이덴티티가 보이거든요. 이 대표님도 말했지만 문재인 후보는 빅3 중 아주 유력한 대통령 후보임에도 불구하고 친노 이미지가 너무 세서 그런지 본인의 독특한 부분들이 잘 안 보인다는 평가가 있습니다만.

박시영 그건 그렇지 않아요. 부산·경남·울산 지역 주민이나 정의당 및 진보 성향의 무당파 중에서는 문재인 전 대표의 지지가 높습니다. 요즘 이재명 시장이 진보정당 지지층에서 우위를 보이기도 하지만 문 전 대표 인기도 높습니다. 노무현 대통령 이후 부산·경남·울산을 대표하는 정치인이라고 보는 것 같고 진보성이 강하기 때문이죠. 진보층이 볼 때 정권을 잡으면 개혁적으로 운영할 것 같다는 기본적인 신뢰가 밑바탕에 깔려 있는 것 같아요.

이상일 아직도 친문보다는 친노가 더 쉽게 쓰이는 말입니다. 오래 쓰다 보니 익숙해져서 그런 부분도 있겠지만, 여전히 문재인은 자기만의 고유한 정치 영역, 지지층을 만들어 내는 부분에서 약하기 때문에 친문으로 단어를 바꾸지 못하고 친노의 울타리 안에 갇혀 있는 게 아닌가 싶어요. 대선에 두 번 도전할 정도 되면 노무현 전 대통령의 그늘에서 벗어나 자신의 브랜드를 만들어야죠.

박시영 지금까지 그랬죠.

이상일 문재인은 노무현에 대한 의리라고 할까, 로열티가 너무 강해서 그런 면도 있지 않을까요? 지난 대선 때 NLL 발언 논란도 그렇고, 송민순 전 장관의 회고록이 발단이 된 북한인권법 표결에 참여하기 전에 북한의 의견을 물었느냐에 대한 논란도 그렇습니다. 내용이 좀 다르긴 하지만 두 사안의 공통점은 노 전 대통령 재임 중의 일이라는 점이고 그런 문제에 맞닥뜨리면 문재인은 극도로 말을 조심하거나 대응이 불분명해져요. 자신의 문제이기 이전에 노 전 대통령의 통치기간에 대한 논란으로 이어지는 문제이기 때문에 그런 건 아닐까 하는 생각이 든 적도 있거든요.

어쨌든 친노의 그늘을 극복하고 친문으로 가려면 문재인표 정치가 무엇인지 명확하게 선을 긋는 작업이 필요한데 아직 그런 면에서 명확성이 드러나지 않습니다. 친노의 아우라가 너무 강하거나, 문재인이 친노의 한계를 적시하고 독자적인 정치노선을 걸을 의지가 없거나 그렇게 해석됩니다.

그것이 결국 문재인이 대선후보로 나왔을 때 진보진영과 중도층 일부를 아우르는 확장성을 보이지 못하고 진보세력 표만 결집시키는 현상으로 나타나는 거죠. 1:1 구도에서 대선 승리를 장담하지 못하는 '친노 후보' 틀에 갇혀 있다는 느낌입니다. 김종인 전 대표가 더민주에 합류하면서 그 부분을 상당히 강하게 본 것 같아요. 그래서 문재인 대세론에도 불구하고 다른 대안에 계속 주목해야 했던 게 아닌가 싶은데요. 제가 보기에도 더민주의 정권탈환 전략은 오히려 문재인이 버티고 서서 진보진영을 이끌면서 중도 내지는 세대교체론을 펼칠 수 있는 새로운 후보를 지원하는 방식이 더 효과적일 것 같아 보이는데요. (웃음)

박시영 변화의 과제에 대해서는 엇비슷한 것 같고요. 지난 대선은 노무현 후광효과로 문재인 전 대표가 싸웠던 거죠. 다음 대선은 '문재인 브랜드'로 싸워야 합니다. 후광효과에서 벗어나 자신만의 브랜드로 승부해야죠. 일단 저는 문 전 대표가 바뀔 거라고 봅니다. 본인은 물론 지지자 모두가 승리에 대해 너무나 간절하기 때문입니다. 정권교체를 위해서는 모든 것을 바꿀 태세가 있는 거 아닐까 싶습니다. '국민성장' 출범을 보면서 그런 의지를 읽게 되었습니다. 탄핵 정국에서 잘못 대처했을 때 시각을 교정하고 선명한 대응으로 전환되는 과정을 보면 권력의지가 상당히 강해졌다는 느낌을 줍니다.

탄핵 정국에서 중심을 잘 잡아야 합니다. 야권에게 무조건 좋은 국면인 것 같지만 자칫 잘못하면 낭떠러지에 빠질 수 있습니다. 우리나라 보수집단이 이번 사건으로 다 망한 것 같지만 절대 호락호락하지 않습니다. 문전 대표는 촛불민심과 호흡을 함께 하되 민심과 여의도 정치권 중간에서 중심을 잘 잡아야 합니다. 때론 민심의 반 보 앞에, 때론 민심의 반 보 뒤에 가면서 말이죠.

탄핵 정국에서 단호하고, 유능하고, 지도자 같은 모습을 축적시켜야 합니다. 그래야 국가지도자 이미지가 강화되거든요. '뉴 문재인 플랜'을 만든다면 아마 이것이 골격이 되어야 할 겁니다. 결국 시대정신과 맥을 같이 가야 하겠죠.

시대정신 중에 공정, 평등 등 '정의'의 문제를 본인의 브랜드로 삼는 게 좋을 듯싶네요. 기존의 그 이미지가 좀 약화된 것 같거든요. 캠페인을 통해 강화시켜 내야 합니다. 박근혜-최순실 게이트로 정의에 대한 국민의 욕구가 더 커졌습니다. 사회정의와 경제정의를 해소할 적임자로 부각되는 게 유리할 겁니다. 불평등 해소를 위한 특단의 대책이 마련되면 좋겠지요. 캠페인 전개 시 진보의 뒤 공간이 열리지 않는 데 일단 초점을 둬야 합니다. 이재명 시장에게 이미 많이 잠식당했습니다. 세상을 바꿀 담대한 비전을 이슈화하여 지지자들을 결속시키는 것이 우선입니다. 소극적 지지자로 전락한 사람들에게 입을 열도록 만들어 줘야 할 거 아닌가요? 그게 먼저입니다. 심장을 다시 뛰게 하는 것이 급선무입니다. 평범한 진리인데 이걸 자꾸 까먹는 사람들을 가끔 접합니다. 지지자들에게 무기를 손에 쥐어 줘야 하는 것이 일차적입니다. 그런 다음 산토끼를 잡으러 가면 되는 것입니다. 이때 진부한 의제는 과감히 버려야 합니다. '망가뜨린 10년'으로 인해 진보층과 중도층 모두가 좋아할 만한 이슈는 차고 넘칩니다.

김지연 당내에서는 여전히 문재인 전 대표가 압도적인 것 같은데, 좀 더 들여다보면 어떤가요?

박시영 당내에 문재인 대세론과 회의론이 동시에 존재합니다. 대세론이 우세하지만 회의론도 적지 않습니다. 그 배경에는 대세론 지속으로 '피로감'이 형성됐고, 호남 및 국민의당의 비토와 중도층 확장의 문제를 지적하며 '본선 경쟁력의 의구심'이 자리 잡고 있습니다. 문 전 대표로서는 이 두 가지 모두 어려운 문제입니다. 첫 번째 문제는 달라진 문재인의 모습을 통해 해결하면 될 것 같습니다. 다행히 반 총장 지지가 빠지면서 다자구도에서도 문 전 대표가 앞서고 있는 만큼 이 부분에 대한 우려는 과거보다 줄어들었다고 봅니다.

최근 이재명 시장의 지지세가 무섭습니다. 문 전 대표의 턱 밑까지 쫓아왔습니다. 지지율이 역전되면 문 전 대표의 회의론이 급속히 확산될 수 있습니다. 후보들에 대한 본격적인 검증국면에 들어가기 전에 이 시장에게 역전을 허용할 지가 관심 포인트입니다.

문제는 두 번째 입니다. 호남의 민심을 얻으려면 대선 필승카드라는 확신을 더 심어주는 것이 일차적입니다만 정서적으로 우리 사람이라는 인식을 높여야 합니다. 문재인 전 대표의 부족한 부분입니다. 친화력이 부족하다 보니 본인이 필요할 때만 호남을 찾아 구애에 나선다는 느낌을 준다는 거죠. 대부분의 비호남출신 야권 정치인들이 그렇습니다. 호남사람들이 편한 사람, 우리 사람으로 느낄 수 있도록 특별한 일 없어도 자주 찾아가서 만나고 어울려야 합니다. 친구처럼 말이죠. 막걸리도 한잔 하면서 그들의 일상에 녹아들어야 합니다. 허물없는 사이처럼 가까워져야 하는 거죠.

사실 호남의 반문정서는 왜곡된 프레임입니다. 여론조사를 해보면 호남에서 여전히 문 전대표가 1위입니다. 40대 이하에서 지지가 높습니다. 하지만 50~60대에서 좋지 않습니다. 반문정서의 핵심은 호남도 세대투표가 강화되었다는 점입니다. 문 전 대표로서는 호남의 50대 공략이 중요해 보입니다.

다른 한 가지는 '영남정권, 부산대통령'이라는 오해를 없애기 위해서라도 호남의 참신한 인재들을 발굴하여 후보 캠프에서 중용하는 것이 좋습니다. 말로만 호남을 위한다고 해봐야 별로 믿지 않습니다. 사람으로 보여줘야 합니다. PK에서의 선전이 호남에 긍정적 영향을 줄 거라고 보지만 호남 관리를 잘 못하면 부정적으로 비춰질 소지도 배제할 수 없습니다. 우리랑 상관없는 부산 후보라는 이미지만 더 강해지는 거죠. 그래서 호남에 더 공을 들이고 잘 관리해야 합니다. 내년 대선에서 중요한 관전 포인트라고 저는 생각합니다. 더불어 호남의 비전을 제시해야 하는 거죠. 호남을 어떤 곳으로 키워낼 것인지 정책을 들고 와서 말해야죠.

박원순

박시영 본인에게 안 맞는 옷인데 입을 수밖에 없는 신세

이상일 풍부한 생활정치 역량, 평상 시국이면 주목도 높을텐데

김지연 다음은 박원순 시장 순서입니다. 박 시장의 이미지와 장단점에 대해 말씀해 주시죠.

박시영 박원순 시장은 시민운동가 출신이잖아요. 입지전적인 스토리를 가진 인물이죠. 참여연대, 아름다운 재단, 아름다운 가게, 희망제작소 등 시민사회의 선도적 의제들을 성공적으로 이끌어온 시민사회의 대부죠. 공익적인 삶, 이타적인 삶을 살아온 사람이고 창의적인 분 같아요. 친근하고, 소탈하고, 옆집아저씨 같은 푸근함도 느껴지죠. 톡톡 튀는 아이디어도 많고 시대 흐름을 잘 읽는 것 같다는 느낌도 들고요.

저 개인적으로 박 시장을 연상하면 지난 시장선거 때 백팩을 매고 거리에서 시민을 만나는 '나 홀로 유세' 장면이 떠오릅니다. 기성 정치인들과는 다르구나, 참신하다는 느낌을 받았습니다. 그러나 단점도 적지 않습니다. 일단 좀 피곤한 스타일인 것 같아요. 일벌레로 알려진 것처럼 모든 것을 본인이 관여하려다 보니 주변사람들이 피곤해 하죠. 너무 꼼꼼한 것도 탈이거든요. 한마디로 시민단체 사무총장 리더십이죠. 디테일을 따지다 보니까 스케일이 작은 사람처럼 느껴지고 참모 이미지가 여전히 남아 있죠. 대통령 후보로서는 약점입니다. 특히 분노의 정서가 세상을 뒤덮고 있는 이 시점에서는 더더욱 그렇죠. 평시에는 참 잘할 사람인데 전시에는 약간 안 어울리는 느낌이 듭니다.

김지연 그래도 서울시장으로 좋은 평가를 받기도 했는데요.

박시영 서울시 정책 중에 참신한 정책들이 참 많습니다. 일을 추진하는 방식도 시민들과 함께하는 방식으로 많이 바뀌기도 했고요. 아무래도 박 시장께서 희망제작소 등 시민단체를 운영하며 정책 노하우가 많이 축적되었고 거버넌스의 중요성을 익히 알고 있기 때문에 새로운 시도들이 많아졌지 않나 싶습니다. 재선 시장으로 시장 직에 전념했었고 정치인 출신도 아닌데다 정치적 현안에 대해 언급을 별로 하지 않다 보니 행정가 이미지가 부쩍 강해진 것 같아요. 이 부분이 대통령 후보로서는 약점 요소이기도 합니다.

관료형 리더 이미지가 형성된 겁니다. 그런 면에서 같은 단체장이면서도 정치적 목소리를 강하게 표출했던 이재명 시장과 많이 비교가 됩니다. 각자 개인적 특성이 있기 때문에 박 시장이 이 시장처럼 해야 한다고 보지는 않지만 시장은 정무직인 만큼 정치현안이나 정부 정책에 대해 소신 있는 목소리를 내야 할 때 침묵으로 일관하는 것은 적절하지 않습니다. 너무 점잖다 보니까 야권 지지층에게 아쉬움을 남겼습니다.

박 시장의 지지율이 작년에 비해 많이 빠져서 걱정입니다. 최근에는 국무회의에서 호통 좀 치고 이전과는 다른 모습을 보이고 있습니다. 정치적 메시지를 적극적으로 피력하고 정권퇴진투쟁에 적극 나서고 있습니다. 이번 대선에서 승부를 보려고 하는 것 같습니다. 메시지가 단호해졌고, 행보의 보폭도 커졌습니다.

대선후보로서 박 시장의 극복과제는 정치적 리더십에 대한 의구심 해소입니다. 당대표는 물론 국회의원도 안 했고 행정가, 시민운동 경험이 전부인데 이 경험만으로 국정을 담당할 수 있을까? 대통령은 정치를 알아야 하는데 정치적 감각이 있나? 이런 의문을 갖고 있는데 이에 답해야 합니다. 박 시장이 정치권에 확신을 심어주는 것이 일차적 과제입니다. 인맥 풀도 대폭 넓힐 필요가 있어 보입니다. 시민사회에서 검증된 분들이 주로 보필을 하는 것 같은데 각계 전문가들이 좀 더 결합해야 하지 않을까 싶습니다. 또한 차분한 스타일인데 경선 레이스에서 대중을 휘어잡고 지지자들을 흥분시킬 수 있는 그 무엇을 만들어 낼 수 있을지 잘 연상이 안 됩니다. 이런 것들이 보완되고 개선되어야 할 것 같습니다.

박 시장의 기회요인은 호감도가 비교적 높고 확장력이 높다는 것이겠죠. 호남에서 우호적이고 국민의당 지지자들도 거부감이 적습니다. 때문에 경선만 통과하면 본선에서의 경쟁력은 양호하다고 볼 수 있습니다. 문제는 경선인데 쉽지 않은 상황입니다.

김지연 당 내 기반은 어때요?

박시영 그렇게 탄탄하진 않습니다. 국회의원 중에 박 시장 계보라고 할 만한 사람이 시민사회 출신 인사가 주축인데 10여명 정도 됩니다. 우호적인 의원들까지 포함하면 20여명 정도로 늘어납니다. 하지만 지자체 단체장 중에는 지지세가 폭 넓게 형성돼 있습니다. 반문성향을 띠는 손학규계 등 비노 의원들이 우호적입니다. 하지만 이들이 끝까지 박 시장을 지지할 지는 두고 봐야 합니다. 박 시장의 지지도가 오르지 않으면 이재명 시장으로 말을 갈아탈 수도 있기 때문입니다. 박 시장의 가장 큰 동력은 시민사회인데 시민사회 역량이나 영향력이 과거에 비해 줄어들었으나 최근 탄핵 정국에서 시민사회의 존재감이 살아나면서 일정부분 회복이 되었습니다. 박 시장에게는 다행스러운 대목입니다.

당 내 기반이 적은 박 후보로서는 시민사회가 큰 우군인데 힘이 어느 정도 돼줄지 모르겠습니다. 박 시장 주변 인사들은 안철수 전 대표 쪽과도 가깝습니다. 시장 출마 당시 도움 받은 경험이 있으니까요. 그리고 손학규 전 지사와도 가까운 분들이 박 시장 측근에 포진돼 있습니다. 정권 퇴진 투쟁과정에서 안 전 대표와 공동보조를 한 적도 있는데 안 전 대표와의 우호적 관계가 민주당 경선과정에서 도움 될 수도 있고 발목을 잡을 수도 있습니다. 본선만 생각하면 야권 단일화 가능성도 높아지고 이득인데 당 경선만 생각하면 민주당 지지층들이 안 전 대표에 대해 호의적이지 않아서 불리합니다.

박 시장의 약점 중 하나는 정무적 판단이 약하고 큰 그림을 그리지 못한다는 점일 겁니다. 최근에는 강경 드라이브를 걸고 있지만 과거에는 늘 조심스러워 하고 좌고우면한다는 이미지가 많이 축적이 되어 있습니다. 최근 이재명 시장이 부상하면서 관심권에서 밀려난 느낌입니다. 안타까운 상황이죠.

김지연 실제 박 시장 본인은 안 그런데, 주변에서 그런 말이 있죠?

박시영 네. 그렇습니다. 유약한 이미지가 형성돼 있습니다. 실제로는 매우 강직한 분인데 대중에게는 그런 이미지가 전달돼 있습니다. 박 시장도 김무성 전 대표처럼 1년 전에는 잘 나갔습니다. 메르스 문제를 잘 대처해서 인기가 치솟았잖아요. 야권 후보 중 1위였는데 작년 연말을 기점으로 문재인 전 대표에게 밀린 거죠. 지지도가 서서히 추락했고 지금은 한 자리 수에 머물고 있습니다. 재반등을 하려면 확실한 변곡점이 필요한데 탄핵 정국에서는 그 변곡점을 확보할 방안은 잘 보이지 않습니다. 캠프의 고민이 깊을 겁니다. 박 시장이 탄핵 정국에서 강력한 주장을 하시지만 눈에 잘 들어오지 않습니다. 더 강력한 이재명 시장이 있기 때문이죠. 지금은 누구나 선명한 기치를 들 때이지만 그 모습이 박 시장과 잘 어울리는 모습은 아닙니다. 박 시장의 딜레마죠. 인품 좋고, 시민 사회에서 한 획을 그었기 때문에 잠재력은 충분하다고 보는데 조기대선이 치러지는 만큼 문 전 대표나 이 시장이 조기에 무너지지 않는 한 박 시장에게 기회가 오기는 쉽지 않을 것 같습니다.

박 시장은 50대 이상 중장년층의 지지는 아직 살아 있으나 야권의 주력 지지층인 40대 이하에서 문 전 대표와 이 시장에게 크게 밀리고 있는 점이 문제입니다. 젊은 지지층에게 어필할 방안을 시급히 모색해야만 합니다. 그래야 경선에서 힘을 쓸 수가 있습니다. 당내 경선에서 박 시장이 1위 싸움을 하기에는 현 상황이 너무 어렵습니다. 단기에 도약할 발판이 잘 보이지 않습니다. 1위 전략에 힘을 쏟다가 3위로 전락하기 보다는 2위 전략을 구사하는 것이 현실적일수도 있다는 생각도 듭니다. 결선투표에 진출한다면 승부를 걸어볼 수도 있고, 목표의 절반 이상을 달성한 셈이라고 볼 수 있기 때문입니다. 당내 경선과정에서 누구에게 과녁을 집중할지 정해야 합니다. 전략적 목표에 따라 문 전 대표와 이 시장 중에서 그 타깃이 달라질 수 있기 때문입니다. 시간이 흐를수록 박 시장 캠프의 고민이 깊어질 것 같습니다.

이상일 박원순 시장의 강점은 다양한 콘텐츠를 생산해 내는 기획력하고 소통 능력이라고 봅니다. 설득력도 있고요. 오랜 시민단체 활동으로 일상생활의 다양한 측면에 대해 고민해 온 경험을 통해 축적된 능력이 아닌가 싶어요.

약점은 정치적 기반이 취약하다는 점이죠. 더민주 소속으로 있지만 외부에서 볼 때 박 시장에 대해 더민주 안에서 정말 '동지'라는 개념으로 인정하는 것인지 의문이고요. 그런 당 내 취약한 기반이 별로 변화된 것으로 보이지 않습니다.

시민운동을 해 왔지만 민주화 운동 세력과는 좀 다른 방식을 택했잖아요. 과거에는 비슷한 길을 걸었을지 몰라도요. 박 시장은 시민운동가에서 서울시장으로 변모했지만 그 과정에서 국회의원이라든가 당 내 활동 같은 정치영역이 생략되어 있어요. 만약 박원순이 대선 경선에 참여할 경우 상당히 새로운 정치인의 모습을 보여줄 수도 있고 별다른 주목을 받지 못할 수도 있습니다.

최순실 사태로 전국적인 시민운동이 촉발되었는데 이런 공간에서 박원순 시장이 어떤 역할을 할 수 있을지 모르겠네요. 시장이 아니었으면 상당히 움직일 수 있는 폭이 넓었을 것 같은데 정권퇴진의 기치를 내걸긴 했지만 일정하게 시장 신분이 제약이 될 것으로 보입니다. 어떤 흐름을 조직화하고 하나의 운동으로 만들어 가는 면에서 오랜 경험이 있잖아요. 과격한 투쟁방식을 배제하고도요.

김지연 대통령 감으로 괜찮다는 뜻으로 들리는데요.

이상일 보수 진보, 여야 정당의 입장이나 유불리를 떠나서 저는 우리 정치가 좀 많이 달라져야 한다고 생각합니다. 그런 측면에서 박원순 시장도 정치의 패러다임이랄까 정치가 추구하는 방향을 새롭게 설정할 수 있는 분 중 하나가 아닌가 싶어요.

여당은 물론이고 야당도 이번 대선에서는 좋은 후보를 뽑는 경선, 국민이 정치인에 대해 더 많이 이해할 수 있고 그들의 정치철학을 평가할 수 있는 경선이 치러지면 좋겠습니다. 누가 각 당의 승자가 되든 치열하게 정치의 내용을 가지고 경쟁하는 경선이 되면 좋죠. 미리부터 누구는 누구를 지지하고 누구의 편이고 그렇게 세력으로 나뉘어서 득표 싸움만 하지 말고요. 그래야 정치도 발전하고 조금 더 국민과 함께 호흡하고 소통하는 대통령이 나올 수 있지 않을까요.

박원순 시장은 야당 소속 시장이지만 시장 재임기간에 당파적 색깔이나 이념 색채가 강한 문제들에 집중하기보다 일상적 시정운영에 집중했던 시장으로 기억될 것 같습니다. 그런 점이 대선 국면의 야당 내에서는 박 시장의 입지를 외려 좁힐지 모르지만 제가 볼 때는 행정에 치중하는 시장으로서 자기 역할을 분명히 설정했던 것으로 보이거든요. 바람직하다고 봐야죠. 업적에 치중해 임기 중에 무리한 사업들을 밀어붙이지도 않았고요. 서울역 고가 공원화 문제가 논란이 되긴 했지만, 전반적으로 일상적 시민의 삶과 관련된 행정에 집중한 것으로 보입니다. 그런 점들이 정치인 박원순을 평가할 때 긍정적 측면으로 조명돼야 하는데 진보진영 내에서는 별로 그렇게 평가하는 것 같지 않네요. (웃음)

박시영 박 시장 캠프에서는 시장 직을 중도에 던질지 말지를 고민할 텐데 모험해서는 안 됩니다. 서울시장은 워낙 막중한 자리인 만큼 내년 2월까지 지지율 등 전반적인 상황을 고려하여 신중히 결정해야 합니다. 저는 19대 대선에서 승부가 여의치 않다면 시장 직을 유지한 채 뛰어드는 게 낫다고 봅니다. 차차기의 길도 있기 때문입니다. 만약 내년 초까지 문재인 전 대표와 이재명 시장 간의 양강 구도가 지속된다면 대선 불출마를 심각히 고려해야 합니다. 불출마가 흠이 되지 않습니다. 3선 시장도 매우 의미 있기 때문입니다. 대선 경선 레이스에 뛰어들어 2위 밖으로 밀려난다면 서울시장 3선 도전의 길도 영영 막힐 수 있기 때문입니다. 현명하게 대처해야 합니다.

김지연 더민주 후보군 중에 박원순 시장과 안희정 지사가 현역 광역단체장이라는 공통점이 있잖아요. 포지션이 비슷해서 두 사람이 서로에게 마이너스가 되는 건 없나요?

이상일 각 개인마다 고민하는 문제이긴 한데 당 내에서 단체장 신분인 후보들은 서로 영향을 줄 수밖에 없죠. 더민주는 안희정, 박원순 두 사람이 같은 입장이잖아요. 한 사람이 직을 던지고 경선에 참여했을 경우 그렇지 않은 사람은 진정성이라고 할까 그런 걸 의심받을 수밖에 없어요. 차차기 노리고 지금은 그냥 해보는 거 아니냐 하는 질문이 나오게 되니까요.

김지연 제가 물어보고 싶은 게 이거였거든요. 둘 중 하나가 단체장 직을 던지면 나머지 한사람이 그런 압력을 많이 받지 않을까요?

박시영 안희정 지사와 남경필 지사는 현직을 가지고 도전하겠다고 피력한 걸로 알고 있고요. 박원순 시장만 아직 명확하게 얘기하지 않은 것 같은데 현직을 버리고 도전할 가능성은 매우 적다고 저는 보고 있습니다.

안희정

박시영 선각자를 몰라주는 세상, 그러나 누구를 탓하랴
이상일 문재인, 반기문에 가린 미완의 기대주, 장기 투자주로 평가 계속될 것

김지연 자연스럽게 안희정 지사로 넘어가도록 하겠습니다. 두 분이 생각하시기에 안 지사의 장단점은 무엇입니까?

박시영 안희정 지사는 일단 충남지사직을 잘하고 있는 것 같습니다. 여론조사에서 광역단체장 직무수행평가를 하면 1위거든요. 안 지사 스타일 자체가 충남 정서에 잘 맞는 것 같아요. 보수층을 자극하지 않으면서 산업화 세력의 공도 인정하고 중도층을 포용하려는, 나름 현명하게 잘 대처하고 있다는 생각이 듭니다. 그런데 이 점이 충남에서는 먹힐지 몰라도 더민주 대선후보 자격으로는 득보다 실이 더 많고 촛불민심의 정서와 부합되지 않는다는 것입니다. 그러다 보니 지지율에서 고전을 면치 못하고 있는 겁니다.

안 지사에게는 혁명가의 풍모가 느껴집니다. 본인의 살아온 과정도 범상치 않습니다. 청소년시절부터 혁명을 꿈 꾸어왔던 사람이고 학교도 중퇴하고 검정고시로 마쳤잖아요. 학생운동권 출신이고 감옥도 여러 번 갔다 왔습니다. 시대를 앞선 선각자이고 겸손하면서도 강건한 지도자입니다.

노 대통령 당선의 일등공신이면서도 빛이 아니라 그늘에 서 있었습니다. 본인이 다 떠안고 감옥살이를 갔다 왔고요. 그 뒤로도 대통령에게 부담 줄까봐 청와대에 들어가지 않았지요. 2007년 대선에 참패하자 친노는 폐족이라고 선언하며 반성의 길을 걷기도 했습니다. 2008년 총선 때는 당

의 결정을 받아들여 총선출마를 포기한 적도 있고요. 그릇이 참 큰 인물이죠. 굉장히 바른 사람입니다. 경청하는 자세도 잘 갖춰져 있고요. 저도 예전에 몇 번 만나봤습니다만 단단한 사람이라는 느낌이 들었습니다. 쉽게 흔들리고 이런 사람이 아닙니다. 사람을 잘 포용하는 면도 있고 의리를 중시합니다. 자기 사람을 잘 안 바꾸고 오래 데리고 있는 걸 보면 그런 느낌이 듭니다.

이런 긍정적인 이미지가 있는 반면에 대선 후보로서의 치명적인 약점도 많습니다. 일단 말이 어려워요. 대단히 추상적이고 현학적입니다. 고상하고 멋진 말인 것 같은데 딱 꽂히지 않습니다. 지식인의 냄새가 너무 강해요. 본인이 철학과 출신이라 그런지 사용하는 문장이나 어휘가 고급스럽긴 한데 폼을 좀 잡는 것처럼 보인다고 할까요? 정서적인 면이 적고 딱딱한 느낌이 듭니다. 사석에서 만나면 굉장히 부드러운 사람이고 소통을 잘하는데 언론 인터뷰에서는 그렇게 비춰집니다.

인간적인 면모를 좀 더 부각시켰으면 좋겠어요. 쉬운 말로 설명하고 농담도 많이 섞고요. 한 번에 바뀌긴 어렵겠지만 그래도 노력해야 합니다. 대중 정치인으로 큰 꿈을 이루려면 이겨내야죠. 본인이 옳다는 생각이 강하다 보니까 연설할 때도 보면 말이 장황하고 주입식이 되는 겁니다. 남을 가르치려 한다는 느낌까지 듭니다.

김지연 안 지사는 토론이나 연설을 잘하는 것으로 알려져 있잖아요.

박시영 말을 잘합니다. 근데 좀 길죠. (웃음) 콘텐츠가 풍부하다 보니 원고 없이 즉석에서도 자유롭게 연설을 소화할 수 있는 몇 안 되는 정치인이죠. 그런데 야권 지자들에게는 연설을 대하는 눈높이가 매우 높습니다. 노 대통령 수준으로 맞춰져 있다 보니까 어지간해서는 감동이 좀 적습니다.

안 지사가 넘어서야 할 과제 중에 하나는 차기보다는 차세대 리더라고 인식되고 있다는 점이겠죠. 이게 약점입니다. 아무래도 나이가 적다 보니까 그런 꼬리표가 따라오죠. 50대 초반으로 절대 적은 나이가 아님에도 말이죠. 그리고 문재인 전 대표와 지지층이 상당부분 겹치는 문제도 지지도 반등을 가로막는 요인입니다. 정무적 감각이 탁월하지만 국회의원을 해보지 못한 점도 약점입니다.

안 지사 캠프의 강점은 끈끈함인 것 같아요. 학생운동시절과 2002년 대선과정에서 맺어온 동지들이 오랫동안 핵심참모로 활약하고 있는데 끈끈한 의리로 이어져 온 느낌입니다. 인력 풀이 협소한 느낌이 들긴 하지만 좋은 전문가들이 결합하고 있는 것으로 들었습니다. 안 지사는 고대 출신입니다. 고대 동문들이 워낙 잘 뭉치잖아요. 도움이 크게 될 겁니다. 안 지사가 뜨려면 킬러 콘텐츠를 만드는 것이 중요합니다. 충청에서 반기문과 대등한 싸움을 벌이는 것도 필요하고요.

이상일 안희정 지사는 학생운동 이후 노무현 전 대통령의 대선캠프에서 정치를 배우고 당협위원장으로 활동하다 도지사에 당선된 이력을 갖고 있습니다. 매 단계마다 정치적 역량을 키워가는 느낌을 주는 인물이고요. 특히 재선 광역단체장을 하면서 확실하게 중량급 정치인으로서 면모를 보여주기 시작한 것 같아요.

운동권의 교조주의적 태도와 진영논리도 허물면서 행정을 이해하고 정치의 길을 다시 모색해 가는 게 아닌가 싶습니다. 당 단체장 신분으로 도지사를 두 번째 하는데 공직사회의 평가도 좋은 것 같고 여당과도 크게 갈등이슈를 만들지 않아요. 오히려 어떤 경우에는 청와대나 여권, 행정부처의 입장을 잘 포용하는 메시지를 보내기도 하구요.

흔히 보는 야당 중견 정치인들의 행로와는 다르게 강경론에 매몰되지 않는 폭넓은 시야를 가진 정치인으로 성장해가는 모습입니다. 안희정 지사, 보수 입장에서 만만하게 볼 수 없는 상대라고 봅니다.

김지연 그럼, 안 지사의 약점이랄까? 위협요인은 뭐라고 생각하세요?

이상일 약점은 박 부대표님이 지적한 거랑 비슷한데 너무 엄숙하고 곧은 이미지를 지키려 하는 것 아닌가 싶어요. 장점이기도 하지만, 대중정치 영역에서 보면 가까이 하기 어렵고 그래서 좀 매정해 보이기도 하고 그렇죠. 차갑고 거리감이 느껴지는 부분을 극복해 갈 필요가 있어 보입니다. 직접 접촉할 때 그렇다는 게 아니라 언론을 통해서 보이는 모습을 이야기하는 겁니다.

주목할 만한 주자지만 현재 대선구도 환경이 안희정에게는 매우 불리합니다. 당 내에서는 문재인이라는 큰 나무 뒤에 가려 있고 지역기반이 반기문과 겹치기 때문에 충청 대망론에도 1순위로 올라타기 어렵죠. 열심히 해도 두각을 나타내기 어려운 포지션에 있어요. 이번 대선에서 문재인을 꺾고 시대교체라는 자신의 화두를 들고 나올 수 있을지 미지수지만 언젠가는 한국정치가 주목하게 될 사람이라고 봅니다.

또 안희정 지사의 메시지들을 보면 '미래' 이야기를 많이 합니다. 필요한 화두고 안 지사와 잘 부합되는 지향점이라는 생각이 듭니다. 그렇지만 그 '미래'를 위해 투자할 킬러 콘텐츠는 명확히 보이지 않네요. 시대의 흐름이 바뀌고 사회구조가 크게 변화되는 국면에서 안 지사가 내세울 '미래'와 '미래를 위한 정책'들이 무엇인지 보다 구체적으로 설명할 필요가 있다고 생각됩니다. 그래야 막연한 차차기 주자 위치에서 벗어날 수 있겠죠.

박시영 저도 하나 더 붙이면요. 개인적으로는 제가 노사모 일을 하면서 몇 번 봤었죠. 2002년 대선 과정에서요. 이 분이 경우도 밝고 겸손하고 참 따뜻한 사람이에요. 당시 우희정이라고 불렸잖아요.

김지연 좌희정 우광재 아닌가?

이상일 좌희정 우광재였어요.

박시영 (웃음) 맞네요. 좌희정 우광재. 선거 캠프에서 일하는 20대 초반의 젊은 여직원들 있잖아요. 대개는 그 분들의 맡은 역할이 단순실무 일을 맡는 경우가 많은데 그 분들을 참 잘 챙기더라고요. 식사도 같이하고 커피도 마시면서 대화를 많이 나누는 것을 봤어요. 그 모습이 참 신선했습니다. 선거 때는 바쁘니까 주로 캠프에서 위치가 높은 사람들 위주로 챙기게 되잖아요. 그런데 좀 다르더라고요. 인상적이었습니다. 기본이 잘돼 있는 사람이라는 느낌을 받은 거죠.

문 전 대표와의 관계설정에 대해 어려움이 있을 겁니다. 친노 지지자들한테는 문 전 대표, 안 지사 모두 소중한 자산이어서 선의의 경쟁을 하라고 할 겁니다. 하지만 안 지사 입장에서는 문 전 대표를 넘어서려면 차별화는 불가피하고 차별화를 하다 보면 네거티브하지 않을 수 있나요? 그런데 네거티브 하자니 친노 지지자들의 뜻에 어긋나고 자칫 역풍 불 것 같고요. 콘텐츠로 승부한다면 괜찮겠지만 정책으로 차별화하기가 쉽지 않거든요. 비전 싸움에서 과연 문 전 대표나 안 지사나 차별성이 얼마나 나겠습니까? 회의적입니다.

안 지사가 당의 미래 자산이므로 잘 안 되더라도 상처를 입지 않았으면 합니다. 대선 승부처인 '4말5초'(45~54세)에서 우위를 점하려면 야권에서 안 지사와 이재명 시장 같은 후보들이 선전을 해야 합니다. 또한 충청에서 반 총장의 돌풍을 선봉에서 차단해야 하고요. 이래저래 안 지사의 역할이 중요한 시점입니다.

김부겸

박시영 난세의 지도자가 아니다, 술자리에서 빛이 나는 사람

이상일 소박한 아저씨의 대구 혁명, 전쟁 선봉장 이미지는 없어

김지연 다음은 김부겸 의원에 대한 두 분의 평가를 들어보도록 하겠습니다.

박시영 김부겸 의원의 이미지는 이웃집 아저씨, 맏형 등 푸근한 느낌이 떠오릅니다. 얼굴도 둥글둥글하고, 실제 만나 봐도 친화력이 상당히 좋습니다. 발군입니다. 통합적인 인물이고 중도성향에 가까운 사람입니다. 적이 별로 없고요. 주변을 아우르는 특장점이 있습니다. 김 의원의 이런 면 때문에 여의도 정가의 우량주로 오랜 기간 주목을 받았습니다. 특히 지난 총선에서 대구에서 김문수 전 지사를 물리치고 여의도에 금의환향하면서 단박에 대선후보 반열에 올랐습니다. 내각제나 이원집정부제를 하면 중용될 인물입니다. 때문에 김 의원이 개헌과 관련된 행보를 하다 보면 오해 아닌 오해를 받는 경우가 많습니다.

김 의원에게는 열린우리당에 몸담은 이후 지금까지 우유부단 이미지가 너무 강하게 형성돼 있습니다. 큰 약점입니다. 현안이나 이슈가 제기될 때 목소리를 내지 않고 당대표 선거 때마다 후보로 거론됐지만 매번 중도에 접었잖아요. 모든 사람들이 '김부겸, 당신이 하쇼'라고 모아질 때만 움직이려 한다는 느낌이 든 거죠. 상황이 녹록치 않아도 본인의 결심이 서면 돌파하는 승부사적 기질을 발휘하지 못했던 겁니다. 그러니 약하다는 이미지가 형성된 겁니다. 눈치 보는 정치인으로 인식된 거죠. 워낙 신중하기도 하지만 이런 속성 때문에 탄핵 정국 등에서 존재감이 약화될 수밖에 없는

겁니다. 한마디로 난세의 대통령 후보로서는 잘 안 맞습니다.

김지연 김 의원은 야권 후보 중에서 비교적 빠른 시간에 대선 도전 의사를 표명했죠?

박시영 네, 그러나 김 의원은 인간성이 참 좋고 양식을 가진 정치인이지만 대통령 감은 아닙니다. 모질지가 않죠. 정치적 결단이나 강단도 부족하고. 대구에서 멋지게 이기고 돌아와서 한동안은 주가가 폭등했죠. 따뜻하고 포용적이고 친화력이 좋은 게 큰 장점인데요. 맏형같은 느낌이 들죠. 술자리에 가면 좌중을 유쾌하게 만들고 휘어잡을 줄 압니다. 술자리처럼 행동하면 확 뜰 텐데, 이런 생각을 개인적으로 가져본 적도 있었습니다. 추진력이 약하고 중도 이미지가 강하다 보니 회색 이미지가 너무 덧칠됐죠. 여기저기 기웃거리는 느낌이라고나 할까요? 긍정적으로 보면 신중하고 사려 깊고 통합적인 것으로 받아들여질 텐데 개혁성향의 지지자들이 보면 답답하고 좀 속 터지죠. 그러다 보니 지지도 패턴도 유승민 의원과 아주 유사합니다. 자기진영 지지자들의 평가는 박하고 상대 지지자들은 후한 스타일이죠. 타협적이고 중도 이미지가 강해 여당 지지자들이 좋아하는 겁니다. 때문에 민주당 경선 통과 가능성이 거의 없다고 봅니다.

총선 때도 대구에서 지역정서를 자극하지 않으려고 현 정권에 대해 거칠게 각을 세우지 않았죠. 선거 때니까 이해하자는 생각이 들면서도 당대표 선거 등 정치적 선택의 기로에 서면 늘 좌고우면하니까 김 의원에 대한 기대치가 낮아진 겁니다. 본인 스스로가 치고 나가지 못하는 거죠. 화끈한 맛이 없습니다.

이런 부분을 과연 김 의원이 어떻게 극복할 수 있을지 모르겠으나 넘어서기에는 많이 벅차지 않을까 싶네요. 야권 지지자의 입맛에 맞는 이야기를 하면서도 국민 모두를 아우르는 포용 이미지, 이 두 마리 토끼를 다 잡아야 하잖아요. 야권의 집권가능성이 커진 상황에서 김 의원이 뜨려면 확장력을 강조할 게 아니라 애매모호한 입장을 벗어 던지고, 좀 더 과감해져야 한다고 봅니다. 진보진영한테 돌 맞을 각오를 하더라도 본인의 소신을 강력히 피력하고 맞대응해 그들을 설득시키든지 아니면 야권 지지자의 흐름에 부합하는 메가 이슈를 던지면서 새로운 이미지를 심어주든지 양 단간의 결단이 필요하지 않을까 싶네요. 존재감 없이 임하다가는 경선에서 의미 없는 존재로 전락할 것입니다.

이상일 김부겸, 결국 이번 총선에서 대구입성에 성공했죠. 아깝게 계속 패해서 대구라는 보수의 성지에서 야당 깃발을 들고 도전하는 게 너무 무모한 거 아니냐는 생각들을 했는데 결국 성공했어요. 표 차이도 상당히 났고요.

이정현 대표가 순천에서 재선에 성공하면서 김부겸과 이정현, 두 사람이 지역주의의 벽을 깬 상징적인 인물들이 되었습니다. 대구라는 보수적 동네에서 야당 후보면서도 유권자들로부터 항상 인간적으로 좋은 평가를 받았거든요. 김부겸 하면 항상 따라붙는 말이 아깝다는 말들이었습니다. '사람은 좋은데 당이 그래서…' 그게 대구 정서였다고 보는데요. 그만큼 인간적 호감도나 친근감의 측면에 강점이 있다고 봐야죠. 뚝심이나 본인의 정치적 소신도 분명하고요.

하지만 대선 구도에 대입하면 지역주의의 벽을 깨는 성공에도 불구하고 '통합'이라는 큰 목표 외에 김부겸이 어떤 정치를 하고자 하는지 왜 대선에 나와야 하는지에 대해서는 제대로 목소리를 못 냈다고 봅니다. 당장 지역 정치에 무게 중심을 두었기 때문이겠지만 큰 판에서 뭔가를 해낼 정치적 리더십은 미완이라고 평가됩니다. 당이나 사회저변의 주요한 문제들에 적극 목소리를 내고 나서는 중앙정치인으로 한 단계 더 업그레이드를 해야 하는 시기 같은데요. 곧바로 대선 경선에서 업그레이드와 정치적 부상 두 단계를 해내기는 좀 어려운 게 아닌가 싶습니다.

그러나 안희정과 함께 야권에서는 차세대 주자, 통합을 기치로 내걸 수 있는 정치인 하나를 보유하고 있다고 봅니다. 지금처럼 위기의식이 강한 상황에서는 당장 급한 불을 끌 수 있는 힘을 갖고 있는 대선주자들이 두각을 나타낼 수밖에 없지만 어느 정도 평상심이 회복됐을 때 앞으로 대한 민국을 이끌어 갈 정치인에 대해서도 주목하는 흐름이 형성될 겁니다. 그런 시기가 오면 역시 주목받는 정치인이 되지 않을까 싶네요. 앞으로 지역 주민이 아닌 국민 전체와 어떤 메시지를 들고 소통하는지 지켜봐야 할 것 같습니다.

결국 박근혜의 시대가 끝나고 대구, TK도 변화될 수밖에 없을 테니 이번 정권이 끝나고 난 후에 오히려 김부겸의 운신의 폭이 더 넓어지겠죠. 지금은 개인적으로 선택이 어려울 겁니다. 그래도 박 대통령에 대한 인간적 연민을 많이 갖고 있을 대구지역에서 최순실 정국에 대해 본인 소신만 갖고 대응해 가기도 어렵구요.

김지연 당 내 세력이나 지분이 좀 있나요?

박시영 그 부분은 제가 얘기하는 게 나을 텐데요. 김 의원은 중진이나 원로들이 대부분 다 좋아합니다. 품성이 온화하고 선배 정치인들 깍듯이 예우하고 친화력도 좋기 때문이죠. 자기 고집이 세지 않으니까 대인관계가 원만합니다. 기자들도 좋아하고요. 대중이 주목하기보다는 여의도에서 더 주목하는 인물인 셈이죠. 같은 한나라당 출신이다 보니 2007년 대선 경선에서는 손학규 캠프 좌장 역할도 했었지요. 젊은 시절에는 노 대통령과 함께 통추에서 활동하기도 했습니다. 당 내 조직상황만 보면 경선에서 김부겸 위원이 약진할 가능성도 있습니다. 국민 지지도는 매우 낮지만 손학규계 인사들의 지지를 얻을 수 있고 중진의원들의 호감이 높아 당 내 조직 싸움은 밀리지 않을 수도 있지만 저는 그 가능성을 매우 낮게 봅니다. 대선은 조직이 아니라 국민적 지지로 가기 때문입니다. 대선 경선에서는 후보가 대중의 호응을 불러일으키지 못하면 조직은 힘을 거의 못 쓴다는 사실을 명심해야 합니다. 탄핵 정국이 잦아들면 개헌을 매개로 본인의 입지를 넓혀 보려고 노력할 것 같습니다. 그것이 구태로 보이지 않도록 잘 관리해야 할 것입니다. 대선 전 개헌 시도는 이미 낡은 프레임으로 국민들이 받아들이고 있기 때문이죠. 각 정치세력의 개헌 시도를 권력 창출의 도구로, 정치적 입지 강화의 수단으로 촛불민심은 보고 있습니다. 자칫 발을 잘못 담그면 기존 자산까지 다 날려버릴 수도 있습니다.

이재명

박시영 노 대통령과는 같은 듯 다른 듯. 여권도 반기는 이재명
이상일 난세에 빛을 발한 투쟁형 후보, 선명성이 발목 잡을 수도

김지연 요즘 야권 후보 중에서 지지도 상승이 눈에 띄는 이재명 성남시장에 대해 알아보도록 하겠습니다. 박 부대표님께서 먼저 말씀해 주시죠.

박시영 이재명 시장의 가장 큰 이미지는 이단아인데 시원하고 재미있다는 점일 겁니다. 탄핵 정국에서 사이다 발언으로 상종가죠. 강하고 단단합니다. 분노정서를 자극하는 데 탁월하고 순발력이 좋습니다. 이 시장은 거칠지만 대중의 언어를 구사할 줄 압니다. 한 마디로 투박한 질그릇 같습니다. 집단지성을 잘 활용하는 영리함도 갖췄습니다. 이재명 브랜드가 만들어졌습니다. 정치적 감각이 빠르고 승부사 기질이 강합니다. 선이 굵고 비타협적이어서 젊은 층과 개혁 층에서 인기가 높습니다. 화끈하니까 그 만큼 열광적인 팬들도 많은 겁니다. 이 시장의 인기의 비결 중에는 성남시정을 잘 이끌어왔던 것이 밑바탕에 깔려 있습니다. 복지에서 큰 성과를 냈죠. 유능한 진보의 면모를 보여준 겁니다. 이 시장은 매우 입지전적인 인물입니다. 가정형편이 어려워 중학교를 중퇴하고 공장에서 일하며 다치기도 했던 '흙수저' 출신입니다. 배고픔을 이겨내며 고학으로 성공한 사람입니다. 스토리텔링 요소가 많습니다. 이런 점들이 강점 요소인 것 같고요.

반면에 부정적 이미지로는 우선 협소하다는 느낌이 듭니다. 단기필마인데다가 국회 경험이 없고 기초단체장 일만 한 사람이다 보니까 국가 전반을 바라보는 시각이 좀 좁지 않나 하는 의구심이 형성돼 있습니다. 그 다

음으로는 외골수이고 지나치게 감정적이고 공격적이어서 확장성의 문제가 있을 수 있다는 점입니다. 설득보다는 힘으로 굴복시키는 스타일입니다. SNS 소통에 매우 적극적인데 독설 때문에 간혹 눈살을 찌푸리게 할 때가 있습니다. 이 시장의 형님과 형수와의 불화 등 가정사 관련한 논란이 온라인에서 뜨겁습니다. 상황을 들어보면 충분히 이해되는 측면이 있지만 욕설 파문을 처음 듣는 국민들의 충격은 상당할 것 같습니다. 이 문제를 종편에서 하루 종일 도배하지 않습니까? 이와 관련한 집중포화가 예상되는데 어떻게 극복할지 궁금합니다.

지금의 탄핵정국, 시민혁명의 시대에서는 이 시장의 리더십과 스타일이 대중의 정서와 부합합니다. 하지만 이 정국이 지나고 대선에 본격 돌입하면 상황이 달라질 수 있습니다. 차분해지고 냉정해지게 됩니다. 너무 강하면 부러질 수 있습니다. 상대방에게 저주를 퍼붓는 방식이 지지자들이야 속 시원하겠지만 국가지도자로 가는 길에는 감표 요인이 될 수도 있음을 잊지 말아야 합니다. 새누리당에서는 내심 이재명 시장이 문 전 대표를 꺾고 본선에 오르기를 바라고 있습니다. 검증 국면에서 타격을 입힐 수 있다고 보는 겁니다.

단호한 것과 거친 것은 구분할 줄 알아야 합니다. 과격한 용어를 사용하는 데다 집안의 불화 때문에 거칠다는 이미지가 형성돼 있습니다. 원석의 느낌도 들지만 덜 다듬어진 느낌입니다. 때문에 이 시장이 복지를 강조하고 큰 성과를 냈지만 따뜻한 이미지가 떠오르지 않습니다. 다소 차갑고 냉철한 이미지로 다가옵니다. 권위적인 느낌도 듭니다. 럭비공처럼 어디로 튈지 모른다는 불안감도 좀 있습니다.

장점도 분명하고 단점도 명확한 정치인이 이재명 시장이 아닌가 싶습니다. 일각에서 노 대통령과 이 시장이 유사하다고 이야기합니다. 거칠 것 없고 불의에 맞서 싸우고 정치적 감각도 탁월하고 승부사적 기질도 비슷합니다. '흙수저' 출신의 비주류 출신이고 변호사로 자수성가한 인물이기도 합니다. 당 내 기반이 없는 단기필마임에도 충성도 높은 지지층과 국민의 관심으로 급부상하는 과정도 비슷합니다. 노 대통령과 유사한 점이 많습니다.

하지만 두 분의 성품이나 스타일 측면에서 다른 점도 많았습니다. 노 대통령은 단호했고 불의에 당당하게 맞서 싸우면서 거침없이 내달렸지만 후보 시절 절제력을 갖춘 분이었습니다. 성품이 따뜻하고 소탈한 정치인입니다. 예의가 바르고 자신을 낮출 줄 아는 겸손한 분이기도 합니다. 권위적이지 않습니다. 수평적 마인드를 갖춘 인물입니다. 본인의 이해관계 보다는 늘 대의명분을 중시했습니다. 국회의원과 장관을 지낸 분으로 여의도 정치권과 국정에 대한 이해도 밝았던 분입니다. 이런 면은 차이가 좀 나는 것 같습니다.

이 시장의 지지율이 급상승 중입니다. 이번 대선에서 돌풍을 일으킬 장본인은 이 시장이라고 오래전부터 생각해왔지만 탄핵 정국으로 돌풍의 강도가 달라졌습니다. '이재명 태풍'이 불고 있습니다. 이 시장의 지지가 반등했는데 어떤 후보의 지지층을 잠식했는지 살펴보면 문 전 대표의 지지층보다는 군소 잠룡들의 지지층 상당수를 흡수했고 대선 후보 '판단 유보층'의 지지를 이끌어낸 것 같습니다.

더민주 경선 흥행의 파란 불이 들어왔습니다. 이 시장의 지지자들이 매우 열정적입니다. 세상을 바꾸라는 대중의 요구가 커진 점도 이 시장에게는 호재입니다. 정치권 기반이나 조직력 등 불리한 여건을 충분히 상쇄할 것으로 봅니다.

저는 이 시장이 선전하는 이유를 다음 네 가지로 봅니다. 첫째는 신선한 신상품이라는 점입니다. 기성정치인과 다른 유형의 인물로 받아들이고 있습니다. 둘째는 말만이 아닌 실적이 있는 인물이라는 점입니다. 성남시의 성과가 뒷받침해주고 있습니다. 셋째는 사이다 발언입니다. 대중의 정서를 잘 읽는 정치인입니다. 넷째는 세상을 확 뒤집을 거라는 기대감을 준다는 겁니다. 강단 있어서 불의한 세력을 제압하고 급진적 정책으로 세상을 바꿀 것이라고 보는 겁니다.

보수세력이 문재인 때리기에 집중하다보니 순풍을 다는 것이라는 일각의 주장도 있지만 탄핵 정국에서 이 시장의 장점이 빛을 발하고 있고 그것이 지지로 연결됐습니다. 이 시장은 상대적으로 남성층에서 인기가 높고 여성층에서 인기가 낮습니다. 하지만 수도권에 거주하는 주부층에서는 인기가 좋습니다. 복지정책의 성과로 수도권의 일반 주부들 사이에서도 성남으로, 분당으로 이사 가야겠다는 이야기가 나올 정도입니다. 수도권에서 지지도가 더 반등할 가능성이 있습니다. 이 시장이 급진적인 인물로 비춰지지만 진보층 못지않게 중도층에서 이 시장의 지지가 괜찮습니다. 그들이 이 시장을 좋아하는 이유도 대중 언어를 사용하고 기성정치인과 다르다는 점일 것입니다. 그리고 성남시의 복지성과는 중도층들도 좋아하는 내용이니까, 그들이 볼 때도 거부감이 덜 드는 거겠죠.

확장 가능성을 어떻게 보여줄 것인지, 다듬어지지 않았다는 우려를 무엇을 통해 해결할 것인지, 가족사, 정책 역량 등 검증 국면을 어떻게 통과할지가 관건이 될 것 같습니다. 후보 검증국면에서 이 시장이 대통령이 되면 급진적이 정책이 많아 사회 혼란이 극심할 것이라는 종편과 보수의 공격이 이어질 것입니다. 철저히 대비해야 합니다. 박근혜 게이트의 최대 수혜주이고 트럼프 당선으로 주목도가 높아진 이 시장의 돌풍의 끝이 어디일지 궁금합니다.

이상일 이재명 시장은 생활형 민감 이슈에 발 빠르게 대응하는 면에서 탁월하죠. 기억나는 게 저소득층 여학생들 생리대 문제가 불거졌을 때도 그렇고, 전에 메르스나 청년수당 같은 이슈들에 대한 반응, 대응하는 속도가 빠릅니다. 또 그걸 SNS를 통해 직접 제기하고 소통하기 때문에 다른 정치인보다 한 박자 빠르게 치고 나오기도 하구요. '손가락 혁명군'인가요? SNS 친구들을 중심으로 대선 준비를 하는 게 아니냐는 관측이 있죠.

처음에는 너무 돈키호테 같은 강성발언과 이벤트성 이슈에만 능한 시장이 아닌가 싶었는데 지속적으로 현안에 대해 목소리를 키우면서 기초단체장임에도 불구하고 중위권 이하 대선주자들 중에서 오히려 빨리 두각을 나타내는 흐름까지 만들었어요.

그런 장점이 최순실 정국에서 툭 튀어 나오는 모양새가 되었습니다. 대통령 하야, 탄핵을 강하게 주장하고 최순실 사태의 비판에 적극 나서면서 분노표심을 일정부분 흡수하고 있는 것 같습니다. 최근 여론조사에서는 이재명 시장이 15% 대까지 상승하며 문재인, 반기문과 함께 3강 구도를 형성하는 게 아니냐는 분석도 제기되고 있습니다.

저는 이런 기류가 탄핵정국 이후에도 계속해서 유지되기는 어렵다고 봅니다. 그렇지만, 문재인 전 대표가 야권과 지지층을 강하게 이끌어 가는 모습을 제대로 보이지 못해왔기 때문에 조기대선 체제로 갈 경우 경선까지 이재명 현상이 이어질 가능성도 배제하기는 어려울 것 같네요. 대치정국이 심화되거나 정권을 상대로 한 투쟁분위기가 격화되었을 때 이재명의 주가는 반복적으로 상승할 기회가 있는 것으로 보입니다. 이제 기초단체장 위치는 충분히 벗어난 확실한 대선주자 반열에 오른 셈이 되었으니까요.

그렇지만 여전히 싸움닭, 과격한 이미지가 강하고 민감한 이슈에 대한 발언 수위가 너무 세서 이재명을 좋아하는 지지그룹과 비토그룹이 명확하게 나눠질 가능성이 높은 인물 특성을 갖고 있습니다. 강력한 지지층을 보유하겠지만 외부로 지지층을 확산시키기는 어렵다는 의미로도 읽히는 부분입니다. 대선주자라고 할 때 국민들이 기본적으로 '이래야 한다'는 어떤 규범적 이미지가 있는데요. 이재명은 그런 각도에서 본다면 좀 튀는, 너무 강성으로 치우친 면이 많아 보이는 정치인 같아요.

물론 요즘 국제정치 흐름을 보면 이재명 같은 정치인들이 파란을 일으키며 정치판을 바꾸는 사례들이 종종 나오고 있죠. 이미 대통령이 돼서 국제적인 관심을 받는 필리핀의 두테르테 대통령도 그렇고요. 미국에서도 전 세계를 충격에 빠뜨리며 예상을 깨고 트럼프가 당선이 됐죠. 이재명 시장도 그런 면에서 본다면 어떤 흐름에 따라서는 강력한 다크호스가 될 자질이 충분해 보이는데요. 아직은 우리사회가 좀 온건한 성향을 좋아하는 기류가 강하기 때문에 일반 대중적 차원에서 보면 종종 수용하기 어려운 문법을 사용하는 정치인이 아닐까 생각합니다.

그럼에도 불구하고 야당의 경선 레이스에 이재명 후보가 참여했을 때 활력소가 될 것이라는 점에는 동의합니다. 보수정당 경선에 홍준표 지사가 참여한다면 유발될 수 있는 비슷한 효과가 있지 않을까요? 좀 더 선명하고 강한 진보적 담론을 내기도 하고, 다소 과격해 보이는 대안도 머뭇거리지 않고 제시함으로써 다른 후보들의 대안이나 정견에 대한 평가의 스펙트럼을 확장시키는 면이 있을 겁니다.

박시영 이재명 시장은 여당과 보수진영을 공격하는 주 공격수 역할을 수행하고 있습니다. 그런 면에서 이 시장의 역할은 막중합니다. 이 시장의 정치적 최대 업적은 유능한 진보의 측면을 보여준 것이죠. 매우 소중한 지점입니다. 물론 너무 강성이다 보니 비토 층도 많습니다. 반대 층을 설득하기보다는 힘으로 몰아세워 항복을 받아내는 스타일이기 때문에 나라를 맡기기에는 걱정스럽다고 이야기하는 분들도 있습니다.

이 시장을 좋아하는 사람들 중에 문재인 전 대표의 호감 층들이 적지 않게 존재합니다. 문 전 대표와의 싸움에서 네거티브 수위를 어느 정도로 할 것인지가 고민거리일 겁니다. 네거티브 강도가 높을 때 지지자들이 어떻게 반응할지도 두고 볼 대목입니다. 저는 이 시장 입장에서는 절반의 성공을 거두었다고 봅니다. 전국적 지명도를 획득했고 문 전 대표와 대등한 싸움을 전개할 정도의 파괴력을 보여줬기 때문입니다. 설령 경선에서 1위가 안되더라도 2위만 차지해도 의미 있는 성공입니다. 대선 후 곧바로 치러지는 2018년 광역단체장 선거에 도전할 힘을 키웠기 때문입니다. 경기지사보다는 서울시장에 도전할 가능성이 높습니다. 따라서 대선 경선에 상당히 전투적으로 임할 것입니다. 문 전 대표는 물론이고 박원순 시장도 경쟁대상이기 때문에 그렇습니다. 두 분을 다 잡으려면 여간 힘든 일이 아니겠지만요. (웃음)

이상일 저는 오히려 이재명 시장이 여권, 여당을 공격하는 얘기는 많이 해줬으면 싶은데요? (웃음) 야당이나 야권 지지층은 좋아하겠지만 중도적 입장에 서 있는 유권자들 눈에는 지나치게 과격한 공격으로 보일 가능성이 크거든요.

과도한 공세가 역효과를 낸 경우가 많죠. 2012년 총선의 김용민 막말 사태도 그렇고, 같은 당은 아니었지만 2012년 대선에서 이정희 후보가 박근혜 후보에게 독설을 퍼부었던 것도 진보진영에 결코 도움이 되지는 않았다고 봅니다.

물론 지금 정국에서는 이재명 같은 선명한 정치노선이 한결 주목도가 높을 겁니다. 메시지도 명쾌하고 입장도 분명하죠. 최순실 정국에서 탄핵 주장을 가장 먼저 하면서 대선후보로서 중량감도 높아졌잖아요. 정공법이 먹히는 흐름에서 이재명은 좀 뜨뜻미지근한 야권후보들보다 두각을 나타낼 확률이 있습니다. 대선 국면에서 지속적으로 지지층을 확보할 수 있느냐 하는 부분은 아직 회의적입니다만 적어도 공세 정국에서 치고 나가는 힘이 있다고 봐야죠. 정치 흐름이 이재명에게 도약의 기회를 제공한 것 같네요.

손학규

박시영 수처작주의 미혹이 앞을 가린다. 망가지는 것은 한 순간

이상일 늘 반 박자 빠른 선택, 명분을 기다리지 못해 기회를 잃다

김지연 마지막으로 손학규 고문에 대해 알아보겠습니다. 얼마 전 정계복귀를 선언했죠?

박시영 10월 20일에 공식적으로 정계복귀를 선언하고 대선 레이스에 뛰어들었습니다.

김지연 복귀한다는 게 대선에 나온다는 얘기인가요?

박시영 더민주를 탈당하면서 개헌을 고리로 뛰어든 거죠. 본인이 주도적으로 새 판짜기에 나서겠다는 건데, 글쎄요. 좀 안타깝죠. 손학규 전 대표는 대선 도전 3수 아닙니까? 승부를 걸 때는 과감히 배팅해야 하는데 늘 그러지 못했습니다. 한발 늦거나 몸을 사렸죠. 또 어떨 때는 너무 빨리 결정합니다. 정치적 타이밍을 잘 못 잡는 것 같아요. 중요한 결정을 할 때는 주변과 상의하지 않고 독단적으로 의사결정을 할 때가 많아 난처하게 된 경우가 많았죠.

이번 더민주 탈당도 자신을 지지하는 주변 정치인들과 상의하지 않은 채 결행한 것으로 알려져 있지 않습니까? 강진 백련사 토담집에서 오랫동안 기거하면서 많이 변했을 거라고 봤는데 별로 안 변한 것 같아요. 손 전 대표는 인간적으로는 참 좋은 분입니다. 점잖고 염치를 아는 정치인입니

다. 영국 신사 같다는 얘기도 하죠. 옥스퍼드에서 공부도 했으니까요. 합리적이고 실용적인 분이죠.

반면에 부정적 이미지도 많습니다. 철 지난 정치인, 우유부단, 좌고우면, 리더보다는 총리가 어울리는 2인자, 꼰대 이미지도 있죠. 엘리트 의식이 은연 중 강합니다. 메시지 전달력이 약합니다. 당 대표시절 매번 원고를 보고 읽다 보니까 강인한 느낌이 들지 않고 무른 사람 느낌만 축적이 된 겁니다. 인상이 부드럽다 보니까 더 그런 것 같아요.

대선 가도의 최대 약점은 야권 지지기반과 잘 안 맞는 겁니다. 더민주에서 탈당했으니까 3지대를 노려보겠지만 새누리당과 함께 할 것이 아니라면 야권 지지층들과 정서적으로 맞아야 하는데 그렇지 못하다는 겁니다. 야권 기반은 20~40대가 많은데 손 전 대표는 50대와 60대 지지층이 많습니다. 확장력이 크다고 볼 수도 있지만 집토끼들에 대한 소구력이 너무 낮은 게 문제입니다. 다만 호남에서 오랜 기간 칩거하다 보니 호남에서의 동정여론은 있습니다. 호남 지지를 노려볼 만하지만 호남에서 반등은 어려운 상황입니다.

개헌을 매개로 3지대에서 정의화 전 의장 등과 세력을 규합하여 신당을 추진해보려고 할 텐데 뜻대로 안 될 것입니다. 책임총리 논란 과정에서 손 전 대표가 물망에 오르기도 했지만 셀프 공천하는 인상을 주면서 모양만 구겼습니다. 더민주에서 탈당하지 않았다면 기회가 왔을 법도 한데 적극적인 개헌파이고 더민주와 척을 져서 총리 자리도 물 건너간 상황입니다.

3지대 신당을 추진하다 상황을 봐서 국민의당에 합류할 수도 있을 겁니다. 대선에서 주연은 못돼도 조연은 충분히 될 수 있는 분인데 무리한 욕심을 내다 보니 정치인생 말년이 안 좋은 것 같아 좀 안타깝습니다. 과유불급 상황인데 본인이 주인공이 되려고 하는 것 같습니다. 정치원로로서의 품격 있는 행보를 해줬으면 하는 바람입니다.

김지연 손학규 고문이 탈당한 이유가 뭐라고 보세요?

박시영 문재인 전 대표가 버티고 있어서 더민주 경선을 피하고 싶기도 했겠지만 더민주의 지지기반이 본인의 지지기반과는 전혀 다르거든요. 그래서 탈당한 것 같아요. 희망이 보이지 않으니까요. 손 전 대표의 지지기반은 50~60대에 있고 호남에 있기 때문에 더민주보다는 국민의당과 더 잘 어울립니다. 정계복귀 명분이 있어야 하는데 마땅치 않으니까 개헌을 들고 나온 거죠. 국민의당으로 가자니 안철수 전 대표의 들러리가 되는 것 같고 3지대에서 정치세력화를 모색하자니 여건이 쉽지 않고 고민이 깊을 겁니다. 반기문 총장이 3지대 신당을 추진한다면 함께 할 수도 있을 겁니다. 하지만 이 또한 쉽지 않은 상황입니다. 손 전 대표는 탄핵 정국 이후 개헌에 목숨 걸 것입니다. 마지막 승부수를 띄워보는 거죠. 이도 저도 실패하면 안철수 전 대표와 결합할 가능성이 높지 않을까 싶습니다.

손학규 전 대표는 야당의 소중한 자산이고 집권 후 이 분의 역량을 활용할 지점이 많은데 냉철하게 현 시점을 판단했으면 좋겠습니다. 과거 본인의 화려했던 시절에 젖어 있는 것 아닌지 걱정됩니다. 마음을 비우고 정권교체에 기여할 방안을 찾는다면 손 전 대표의 할 일은 많습니다.

김지연 계파인 이찬열 의원이 탈당했는데 동조할 의원들이 있을 것으로 보시나요?

박시영 별로 없을 겁니다. 손 전 대표도 탈당을 종용할 입장이 아니죠. 면이 안서죠. 총선 때 지원 유세하면서 등판할 걸로 기대했는데 하지 않았잖습니까? 더민주 내 손학규 계보가 10~15명 정도까지 됩니다. 이분들 탈당은 거의 없다고 봐야죠. 만약 손 전 대표가 3지대 정치세력화에 성공한다면 몇 명 나갈 수 있겠지만 먼저 나가서 손 전 대표와 동고동락을 같이할 의원은 없다고 봅니다. 자신들의 향후 재선 고지에서 손 전 대표가 무슨 도움이 되겠습니까? 손 전 대표가 대통령될 가능성도 거의 없고 나이가 많으셔서 이번 대선 지나면 진짜 은퇴할 수밖에 없기 때문에 더 그렇죠.

이상일 손학규 전 고문이 욕심을 내려놔야 되는 게 아니라 당에서 좀 보듬 었어야 되는 거 아닙니까? 나가려면 나가세요, 뭐 그런 분위기였던 거죠?

박시영 야사인데요. 총선 당시 김종인 전 대표가 손학규 전 대표 측과 합의해 손 전 대표가 막판 더민주 지원유세를 나오기로 했다고 합니다. 손 전 대표가 결심을 마치고 옷가지까지 다 챙겨서 경기도로 지원 유세 오던 중에 국민의당 모 의원이 이를 알고 강력하게 제지해서 수포로 돌아갔다고 전해 지고 있습니다. 다시 강진으로 돌아갔다는 겁니다. 이 이야기가 여의도 정 가에 쫙 퍼져 있습니다. 들어 보면 이 말에 신빙성이 좀 있어 보입니다.

김지연 좀 더 구체적으로 들어볼 수 있나요?

박시영 남양주에서 행사가 있었고 양측이 사전에 조율이 돼서 오기로 했는데 국민의당의 모 의원들이 강력하게 설득을 시킨 거예요. 국민의당에 손학규계 의원들이 많으니까요. "손 전 대표님, 지금 더민주 지지하면 안 된다. 더민주가 총선에서 망해야 손 전 대표한테 기회가 오는 거 아니냐? 더 민주는 이번에 망할 거다. 좀 기다려라." 정확히는 모르겠지만 뭐 이런 식의 논리를 펴지 않았겠습니까? 국민의당 입장에서는 손 전 대표의 지원유 세를 막아야 하니까 응당 그렇게 말했겠죠. 그 이야기를 듣고 다시 강진으로 회군합니다. 기회가 없었던 게 아니라 본인이 발로 걷어찬 거죠.

만약 손 전 대표가 총선 때 더민주를 지원 유세했으면 총선 승리 공신이 되고 당내 역할도 더 높아졌고 결국 책임총리도 맡았을 겁니다. 지금의 상황은 누구를 탓할 상황이 아닙니다. 손 전 대표 본인이 자초한 것이니 말이죠. 손 전 대표의 최대 약점은 정치적 판단력이 떨어진다는 겁니다. 주위와 상의 없이 본인이 성급하게 결론내리고 뒷북치는 스타일입니다. 과거 대선 때의 모습과 크게 달라지지 않은 것 같습니다.

이상일 대선과 관련해 제3지대 논의가 나올 때마다 주목받은 정치인이 손학규였습니다. 탈당을 할 것이라는 관측도 상당했고 명분이나 현실적 세력 문제 때문에 나오지 못할 것이라는 예상도 있었는데 결국 더민주를 탈당했네요. 동반탈당 의원은 이찬열 의원 한 명입니다만 더민주 내에 그래도 손학규 계보로 분류되는 정치인이 꽤 있죠. 앞으로 흐름이 주목됩니다.

더민주 내에 그대로 있었을 경우에 손 고문의 정치적 재기는 어려웠다고 봅니다. 대선 경선에 참여하더라도 당내 구조가 별다른 반향이나 폭발력을 보이기 어려운 구조죠. 또 국민의 힘을 빌어 대선레이스에서 치고 올라가려 해도 장기간 은둔 생활을 하며 정치적 목소리를 별로 내지 않아서 쉽지 않은 형국이었고요.

결국 탈당을 했습니다. '국민 속으로'라는 캐치프레이즈를 내걸었는데요.

손학규의 탈당으로 우선 안철수-손학규 연대 문제에 관심이 집중되고 있잖아요. 손 전 고문은 개헌 깃발을 들고 개헌을 매개로 한 연대 가능성을 제시했는데 이건 실제 개헌이 중요해서가 아니라 개헌론을 중심에 놓고 일단 독자세력화를 꾀하는 행보로 보입니다. 안철수 전 대표는 개헌 전에도 할 일이 많다며 당장 연대할 가능성은 일단 차단하고 있는 상황이고요.

김지연 그래도 손 고문의 탈당으로 제3지대론이 더 탄력을 받는 것 아닌가요?

이상일 저는 손학규가 탈당했지만 다른 추가변수가 없을 경우 안철수-손학규가 후보 단일화 또는 경선을 하는 것 외에 다른 방식의 제3지대는 불가능할 것으로 봤습니다. 그런데 최순실 게이트와 탄핵 정국으로 제3지대 가능성이 점점 확장되고 있는 상황입니다. 새누리당에서도 남경필 지사와 김용태 의원이 탈당했고 원외 당협위원장들도 꽤 탈당 대열에 합류했습니다. 탄핵 과정에 따라 추가 탈당 가능성도 배제할 수 없고요.

반기문 총장조차 귀국 후 일단 제3지대에 머물면서 대선 행보를 구체화하는 모색을 할 거라는 관측이 더 현실적인 상황이 되었죠. 그렇기 때문에 제3지대가 친박-친문을 배제한 확대된 정치그룹으로 묶어질 가능성도 약간은 생겨났다고 봅니다. 새누리당이 만약 분당 수준으로 갈라진다면 확실한 제3지대, 제4지대가 형성될 수 있죠. 그렇더라도 손학규 고문에 포커스를 맞춰 생각해 보면 대선 구도에서 손 고문이 쉽게 두각을 나타낼 수 있을 확률은 낮아 보입니다. 개헌을 활용한다고 해도 반드시 손 고문이 개헌론의 대표주자 자리를 차지하기 어렵습니다. 제3지대에 모인 대부분의 정치인들이 개헌을 이야기할테니까요.

어쨌든 손 고문으로서는 탄핵 정국과 개헌론자들의 결집 가능성으로 탈당 후에 이렇다 할 계기가 없던 흐름에서 하나의 기회를 포착할 여지는 남은 셈입니다. 반기문 총장까지 제3지대로 들어와 경선을 한다면 상당한 주목을 받을 수 있죠. 그럴 경우 안철수 전 대표까지 흡인하는 상황도 가정해 볼 수 있고요. 그 속에서 누가 승자가 될 것이냐는 다른 문제지만 손 고문으로서는 그런 시나리오를 염두에 두고 무엇인가 자신의 캐치프레이즈를 준비해 둬야 할 겁니다. 단순하게 안철수와 연대하는 형태의 도전으로는 어떤 임팩트를 만들기 어렵다고 보입니다. 더민주를 탈당해 다시 한

번 대권에 미련을 보인 정치인으로 평가절하 될 수밖에 없을 테니까요.

구도 얘기만 하다 손학규 개인에 대한 얘기가 없었네요. 손 전고문은 소위 오피니언 리더들에게 인기가 많은 타입입니다. 예전에도 기자들이 뽑은 대선후보 선호도 조사에서 1위를 했던 적이 있는 것으로 기억되고요. 그만큼 정치에 관심이 많은 층에서 볼 때는 내공도 있고 여러 가지 합리적 소신을 갖고 있는 정치인으로 평가된다는 거죠. 그런데 일반 국민에게는 '괜찮은 정치인' 수준을 넘는 강력한 영향력을 보여주지 못한 채 오래시간이 흘렀어요. 손학규가 추구하는 정치를 어필하지 못하고 주로 탈당이나 칩거, 이런 움직임만 부각되었죠. 그러다보니 손학규 브랜드가 무엇인지 모호해지고 정계복귀를 할지 말지, 탈당을 할지 말지 그런 액션만 주목받았잖아요. 앞으로 대선국면에서 어떤 모습을 보여줄지 저도 궁금합니다. 강진에서 칩거하는 동안 어떤 국가운영 비전을 만들었을지요.

김지연 저도 손 고문의 비전이 궁금합니다. 하지만 손 고문의 국가비전이 빛을 보려면 힘이 좀 생겨야 하지 않을까요? 여권과 야권에서 동참하는 사람들이 있어야지요.

박시영 한 가지 덧붙이면 김종인 전 대표는 본인이 직접 대선후보로 나서고 싶은 욕구가 있기 때문에 손 전 대표, 김종인 전 대표의 결합이 쉽지 않다고 봅니다. 김 전 대표는 반 총장과의 이원집정부제를 매개로 연대를 추진할 가능성은 있습니다. 본인이 총리를 맡고 반 총장이 대선 후보로 나가면 되니까요. 김 전 대표의 메시지를 보면 야권이나 여권 중에 경제민주화할 사람이 아무도 없다, 나밖에 없다는 얘기를 매번 강조하고 있거든요.

손 전 대표가 유일하게 기대할 수 있는 부분은 호남에서 돌풍을 일으키는 건데 강진에 있었고 호남에 기반을 가지고 있어서 우호적인 정서가 꽤 있습니다. 하지만 호남의 민심이 쪼개져 있다는 겁니다. 문 전 대표, 이 시장, 박 시장, 안 전 대표, 반 총장 등 고루 나눠져 있기 때문에 손 전 대표가 호남을 장악할 가능성은 거의 없습니다. 상당기간 서로가 균점할 것으로 보입니다.

따라서 손 전 대표가 믿을 구석은 개헌을 매개로 새판 짜기에 들어가는 것이고 비박들이 대거 탈당해 3지대가 커지는 것밖에 없습니다. 하지만 그곳에서 손 전 대표가 주역이 될 가능성은 크지 않다고 봅니다. 탄핵 정국의 여파가 있는데 더민주의 손학규 계보들이 3지대로 뛰쳐나올 명분이 없습니다. 만약 나간다면 본인들의 정치생명은 끝난다고 봐야죠. 지금 시점에 국민의당에 바로 들어가기에도 명분이 없습니다.

때문에 손 전 대표는 당분간 정국상황을 지켜보며 탄핵 정국이 끝나면 개헌 불씨를 지피는데 총력을 기울일 것입니다. 더민주 탈당만 안 했어도 책임총리 가능성은 있었던 셈인데 왜 그렇게 성급하게 탈당했는지 참 모를 일입니다.

김지연 두 분 말씀을 들어보면 대선까지 손 고문의 미래는 그리 밝아 보이지 않네요.

박시영 손 전 대표가 유일하게 살 수 있는 방법은 딱 네 가지입니다. 첫째는 개헌을 띄워보는 거죠. 그러나 실패할 것입니다. 개헌은 물 건너갔다고 보는 게 맞습니다. 둘째는 3지대에서 세력을 모은 후 국민의당에 뛰어드는 겁니다. 안철수 전 대표와 맞붙는 그림입니다. 그러나 이것도 실패할 것입니다. 셋째는 반 총장과 남경필 지사 등 비박들과 연계해서 3지대를 구축하는 겁니다. 실현 가능성도 적지만 손 전 대표에게 대선 후보 자리는 오지 않을 겁니다. 넷째는 야당의 통합 경선을 제안하는 거예요. 민주당과 국민의당이 통합한 후 야당의 모든 후보들이 뛰어들어 원-샷 경선에 참여하는 방식이지요. 이 시나리오가 손 전 대표나 안 전 대표에게 가장 현실적인 방안이라고 봅니다. 그런데 조기대선이 치러진다면 매우 서둘러야 합니다. 원-샷 경선을 준비하려면 시간이 촉박하기 때문이죠. 만약 이 모든 것이 무산된다면 대선에 손 전 대표는 출마하지 않을 것입니다. 다자 구도에서 무소속 출마하기에는 그럴만한 자금도 조직도 국민의 지지도 없기 때문이죠.

김지연 유일한 방법이 여론조사인데요.

박시영 선거인단 경선 방식은 가능합니다. 조기대선이 탄핵으로 열릴 수도 있고 질서 있는 퇴진 방식으로 열릴 수도 있을 텐데 상황에 맞게 경선방식은 탄력적으로 운영할 수는 있습니다. 더민주 지지층 일부와 국민의당 지지층 일부는 손학규 전 대표에 대한 기대감을 갖는 사람들이 있거든요. 야당 원-샷 판을 만드는 것이 안 전 대표나 손 전 대표 모두에게 해볼 만하다고 봅니다.

김지연 손학규 후보가 여의도로 나온 타이밍이 그리 좋은 것 같지는 않네요. 최순실 사태로 개헌이다, 제3지대다 모두 묻혀 버리고요. 막상 정치에 복귀하고 탈당까지 했는데 할 일이 없어진 모습처럼 보이기도 하는데요?

박시영 할 일은 있을 것 같은데요. 판이 불확실하니까 여기저기서 오라고 손짓하잖아요. 개헌으로 승부 보려고 했는데 상황이 안 좋아져서 고민이야 많겠지만요. 상황 봐서 야권을 통 크게 묶어내겠다, 내가 대선후보가 되면 좋겠지만 안 되더라도 정권교체에 기여하겠다, 내 역할을 하겠다, 그렇게

나올 수도 있어요. 그게 좋다고 보죠. 손학규의 정치 자산을 좋게 남겨야
죠. 그런 역할을 해야 한다고 봅니다.

저평가 우량주(상대진영에서 본 우량주)

박시영 안희정과 유승민. 둘 다 대통령 되기 어려울 텐데

이상일 유승민과 안희정. 대선이 이번에만 있는 건 아니니까

김지연 지금까지 12명의 여야 대선 후보에 대한 두 분의 의견, 평가를 들었습니다. 지금 시점에서 절단해서 보면 빅4를 문재인, 반기문, 이재명, 안철수 후보라고 할 수 있는데 이 분들 이야기는 지금까지 너무 많이 했으니까요. 이들을 제외한 나머지 후보 중에서 저평가 우량주라고 해야 할까요? 아니면, 저 사람은 탐난다, 괜찮은 사람이다, 라고 생각되는 사람이 있나요?

박시영 아깝거나 데려오고 싶은 사람요?

김지연 박 부대표님은 여권 후보 중에 골라 주세요.

박시영 저는 유승민 의원밖에 없어요.

김지연 그럼 야권에서는요?

박시영 처음에는 안희정 지사였는데 잘 안 될 것 같고 지금은 이재명 시장이죠.

김지연 그럼 이상일 대표님은요?

이상일 저도 똑같아요. 안희정, 유승민요. 아까운 사람은 유승민이고, 데려오고 싶은 사람은 안희정이에요.

김지연 이건 또 같네요? 신기하게도요.

박시영 이 대표님이랑 나랑 70~80% 정도는 시각이 같다니까요.

이상일 보는 눈은 비슷한 것 같아요. 예를 들어 유승민 같은 사람은 대선 경선에 반드시 나와 줘야 하는 사람이고 본인이 후보가 될 수도 있지만 만약 그렇지 못하더라도 누군가 보수진영의 후보가 됐을 때 그 사람의 콘텐츠를 받쳐줄 수 있는 역할로 꼭 필요한 인물입니다. 보수혁명, 혁신 이런 게 하루아침에 주장만 한다고 만들어지는 건 아니잖아요. 유승민은 계속해서 보수의 혁신과 방향을 이야기해 온 보수정치인입니다. 보수가 지금처럼 위기에 처했을 때 어떻게 바꿀 것인가를 논의하는 데 크게 기여할 수 있는 분이죠. 유승민이 이야기한 혁신이 모두 정답은 아닐 수 있지만 보수층에서도 많은 부분 동의하는 분들이 많을 겁니다.

안희정은 야당 인사지만 차세대 리더 이미지를 차곡차곡 쌓으면서 별다른 실점 없이 정치적 중량감을 높여가는 면이 참 좋아 보입니다. 여권에도 그런 인물들이 없는 건 아니지만 안희정의 정치수업이 한결 안정감 있고 개인적으로나 정치적으로나 폭을 넓히면서도 어느 계파나 진영 논리에 강하게 치우치지 않는 모습으로 보이네요.

1. 보수의 집권 전략

박시영 "꼼수가 아닌
정수로 가야,
철저히 붕괴돼야
새싹 돋는 법"

이상일 "모든 것을 내려 놓고
'제대로 된 보수'
세우기에 집중해야
가능성 열려"

김지연 이제 우리 세 친구의 이야기가 거의 막바지에 이르렀네요. 독자들의 관심은 결국 내년 대선에서 누가 집권할 것인가?인 것 같은데요. 쉽지는 않겠지만, 천리안(?)을 가진 두 분의 전망을 들어보도록 하겠습니다.

여권의 재집권 전략에 대해서 먼저 이야기를 시작하겠습니다.

박시영 앞에서도 말씀드렸지만 새누리당이 봉합되기 보다는 분열될 가능성이 더 높아 보입니다. 적정선에서 봉합되면 반 총장이 온다고 해도 차기 대선은 어렵다고 보기 때문이죠. 그런데 분열되면 둘 중 하나가 죽어야 자신이 살기 때문에 골육상쟁이 시작될 수밖에 없습니다. 서로 헐뜯고 비방하느라 날 새는 지도 모를 것입니다. 야당이 이 문제로 그동안 골병든 것 아닙니까? 이제 여당 차례가 되는 거죠. 여권도 야권과 마찬가지로 두 세력으로 분열되어 대선을 치를 공산이 커졌습니다.

만약 분당되더라도 보수층의 힘의 균형 추는 반 총장이 참여하는 신당 쪽으로 쏠릴 것입니다. 신당은 대통령의 그림자를 최대한 지우려고 할 것이고 중도보수정당으로 포지셔닝하려고 할 것입니다. 유승민 의원의 선전이 중요합니다. 그래야 신당 경선에 대한 관심이 높아질 것 같습니다.

친박계는 대선 이후를 겨냥하며 새누리당을 고수하려고 할 겁니다. 친박계가 새누리당을 유지하든 독자적인 정당을 만들든 이번 대선에서는 별 의미 없는 존재이고 폐족 아니 멸족의 길을 걷게 될 수도 있지만, 대통령 지지층이 10% 정도는 된다고 보고 후일을 도모하는 겁니다. 만약 차기 대선에서 반 총장의 신당이 대패한다면 보수의 중심을 보수의 본류인 자신들이 되찾을 수도 있다는 기대를 갖고 있을 겁니다. 따라서 당의 대선후보를 독자적으로 내고 반 총장의 신당과는 연대 없이 끝까지 갈 가능성이 높습니다. 이들의 눈은 대선이 아닌 저 멀리 2018년 지방선거, 2020년 총선에 가있는 겁니다. 물론 보수집권을 위해 대선 직전 막판 연대를 할 가능성도 남아 있긴 합니다.

저는 보수집권의 전략적 카드는 네 가지로 봤습니다. 첫째는 개헌 드라이브입니다. 둘째는 반기문 총장 안착입니다. 셋째는 안 전 대표 및 국민의당과의 연정 추진입니다. 넷째는 색깔론 공세입니다. 위 네 가지를 단계별로 구사할 것으로 봤습니다. 그런데 상황변화가 발생했습니다. 탄핵 정국이 이어지면서 개헌 카드와 국민의당 연정 카드는 물 건너가는 분위기입니다. 남은 카드는 반 총장 안착 카드와 색깔론 공세입니다. 또한 예기치 못하게 탄핵안 가결로 여당의 균열이 커졌고 분당 가능성이 높아졌습니다.

여권의 균열로 반 총장의 상품 가치는 더 오르고 있습니다. 그러나 반 총장이 불출마할 가능성도 여전히 있는 만큼 여권의 전략그룹이 초긴장 상태일 것으로 봅니다. 검증국면에서 버텨 줄지 자신이 없고 새로운 세상을 염원하는 현 시기 국민들의 요구와는 잘 부합하지 못하는 후보이기 때문이겠죠. 그렇다고 유승민 의원을 밀자니 집토끼를 놓칠 것 같고 고민이 많을 것 같습니다.

반 총장 개인기로는 한계가 있기 때문에 신당이 만들어진다면 신당에 대한 국민적 관심을 불러일으킬 지가 중요할 것입니다. 그런 면에서 반기문 총장, 유승민 의원, 남경필 지사의 시너지를 잘 만드는 것이 신당의 성공적 안착에 관건이 될 겁니다.

또 다른 고민은 탄핵 정국에서 떠난 새누리당 이탈 층을 얼마나 복원시킬 수 있느냐 일겁니다. 여권은 탄핵 정국이 걷히면 이탈한 새누리당 지지층의 80~90% 정도는 복구할 수 있으리라 기대하겠지만 저는 잘해야 60~70% 수준일 것으로 봅니다. 일부는 야권 지지로, 일부는 기권 층으로 남아 있을 것 같습니다.

4자 구도가 형성된다면 친박계가 미는 새누리당 후보가 어느 정도를 잠식할 지가 관심거리입니다. 후보가 누구냐에 따라 득표력이 달라지겠지만 최소한 6~9% 정도는 가져가지 않을까 싶습니다.

문재인 전 대표만 쓰러트리면 해볼만하다고 여권은 여기고 있습니다. 이재명 시장은 검증국면에서 휘청거릴 것으로 보고 이 시장의 부상을 내심 반기고 있습니다. 반 총장과 이 시장의 구도면 승산 있다고 보는 겁니다.

다자구도를 잘 관리하는 것이 여권으로서는 중요합니다. 안 전 대표와 국민의당이 민주당과 통합이나 후보단일화를 매개로 한 연정에 나서지 못하도록 이간질을 시키는 것입니다. 그리고 보수성향의 지지층을 신당 지지층으로 대부분 묶어내 새누리당 후보의 지지율을 최대한 낮추는 것이 중요한 과제일 겁니다.

뭐니 뭐니 해도 현재 남은 카드 중 가장 위력적인 카드는 색깔론 공세입니다. 북풍도 북풍이지만 남풍 가능성도 배제할 수 없습니다. 트럼프의 등장으로 북한을 향해 돌출적인 행동이 일어날 수도 있기 때문입니다. 대선이 끝나는 날까지 안보를 통한 색깔론 공세는 지속될 것입니다. 보수정당으로서는 제일 남는 장사이기 때문입니다. 박근혜-최순실 게이트 이후 급격히 무너진 보수층을 결집시키고 새누리당 이탈층을 복원시킬 유일한 무기이기도 합니다. 경제문제에 대해 낙제점을 받은 여당으로서는 안보이슈, 색깔론에 더 집착할 수밖에 없을 겁니다. 회심의 '송민순 회고록' 카드가 별다른 재미를 못 봤지만, 남북 긴장고조, 사드 배치 착수, 전술핵 배치 등 다양한 이슈를 꺼내 들고 야당 후보의 안보관을 집요하게 물고 넘어질 것입니다. 반 총장의 이미지를 극대화하는 방안도 이 속에서 찾을 겁니다.

탄핵안 가결로 보수세력은 사실상 문을 내렸다고 봅니다. 퇴임 1년 전에 국정시스템이 이 정도로 붕괴된 것은 근래 처음입니다. 보수가 다시 집권하려고 하는 것 자체가 국민들에게 참 염치없는 짓이라고 봅니다. 그러나 권력의 속성상 재집권을 위해 몸부림을 칠겁니다.

다음 대선은 야권으로 무조건 넘어가는 걸까요? 글쎄요. 저는 탄핵 정국 이전보다 분명 야권한테 좋아졌지만 아직 게임은 끝나지 않았다고 봅니다. 특정 세력 단독으로 집권하기 어려운 국면이므로 보수의 혁신, 반기문 총장의 등장, 트럼프의 활용, 정계 개편, 개헌 카드 등 다양한 변수들이 도사리고 있습니다.

김지연 외생변수의 영향력에 대해서는 어떻게 생각하세요? 미국하고 북한이 세게 붙는다거나 IMF에 준하는 경제대위기설이 현실로 온다면요? 그리고 그밖에 검토해 볼 만한 변수가 있나요?

박시영 급작스럽게 붕괴할 가능성도 배제하기 어렵습니다. 징후가 좋지 않습니다. 국민의 절반 정도가 대선 전에 큰 위기가 닥칠 것을 우려하고 있습니다. 경제사정이 최악인 데다 정치도 불안하고 대통령은 레임덕에 빠져 있으며 트럼프의 등장으로 더더욱 위기감이 커졌다고 보는 겁니다. 경제대위기가 닥치면 여당한테 대형 악재가 될 것입니다. 무조건 정권은 야당에게 넘어가게 됩니다. 또한 남북한 극한 대치상황이 오래 가다 보니까 피로감이 쌓였고 보수의 대북관리능력에 대한 회의적인 시각이 강화되고 있기 때문에 색깔론 공격도 별로 먹히지 않을 것 같습니다.

저는 시대흐름을 쫓아가지 못하는 세력은 도태된다고 봅니다. 지금 새누리당 등 보수 세력이 딱 그 짝입니다. 10년 전, 20년 전 사고에 머물러 있습니다. 세상이 변해서 다른 해법을 요구하고 있는데도 불구하고 반성하지 않은 채 여전히 국민의 눈과 귀를 가리려고만 합니다. 비선실세의 국정 농단 의혹을 제기한 지가 오래되었는데도 그 누구 하나 진언 한마디 하지 않았습니다. 여권은 통렬한 반성과 발상의 대전환 없이는 '반기문 깜짝쇼'로 위기를 모면하지 못할 것입니다. 어떻게든 정권만 연장하면 된다는 생각은 버려야 합니다. 야당에게 권력을 넘겨주는 것이 역사의 순리입니다.

꼼수 쓰려고 애쓰지 마세요. 통하지 않습니다. 보수의 혁신 없이 재집권에 운 좋게 성공한다 한들 대한민국의 무엇이 나아지겠습니까? 절망적인 상황이 5년 더 연장될 뿐입니다.

김지연 지금까지 야권에서 바라보는 여권의 대선전략에 대해 박 부대표님의 말씀을 들었습니다. 지금부터는 이 대표님께서 여권의 재집권 전략에 대해 말씀해 주시죠.

이상일 여권의 재집권 전략이라는 말은 무의미해진 것 같습니다. 대통령이 탄핵 절차를 통해 임기를 종료하든, 예고된 하야 일정을 밟든 현직 대통령이 없는 상태에서 대선이 치러질 테니까요. '보수가 재집권하려면' 정도가 적당한 표현이 될 것 같네요. 그럼에도 보수의 재집권 전략을 논하기가 쉽지 않은 상황입니다. 이 책을 읽을 독자들과 국민의 눈에 보수 세력과 현 집권세력은 상당부분 동일한 집단으로 인식될 테니까요. 한때 보수정권에 참여해서 일했던 사람으로서 저도 참 무참한 심정입니다.

현재 상황에서 조망한다면, 야당은 가만히 있어도 정권탈환이 코앞까지 와 있는 상황이고, 보수진영은 여러 경우의 수들이 모두 맞아 떨어져야 혹시나 하는 기대를 한 가닥 걸어볼 수 있는 처지라고 해야 할 것 같네요. 재집권 전략이라기보다 보수가 정권을 유지하거나 아니면 적어도 제대로 대선을 치러보기 위해 필요한 조건들을 살펴본다는 말이 더 적합할 것 같습니다.

현재 여권, 보수진영이 어느 정도 처참한 상황에 처했는지는 굳이 설명해드리지 않아도 다들 알고 계실 거라 생각합니다. 수치 몇 개로 표현하면 대통령 지지도 4%, 탄핵 찬성여론 7~80%, 새누리당 지지도 10% 초반대, 여당내 대선주자들 지지율 5% 미만입니다. 그게 지금 보수 새누리당의 현

주소입니다. 외부에 반기문 총장이 있지만 반 총장의 대선 지지율도 20% 이하로 하락해 문재인 후보에게 1위 자리를 내준 것으로 나타나고 있습니다. 총체적 위기죠.

선거의 기본 요소를 '구도-후보-캠페인'으로 꼽기도 하고, '정당-인물-이슈'라고 표현하기도 합니다. 표현만 다르지 별 차이는 없는 것 같은데요. 저는 보수진영이 집권전략을 가동하려면 두 가지에 집중해야 어떤 기회를 잡을 수 있을 거라고 생각합니다.

첫 번째는, 최순실 게이트로 무너진 보수를 재건하는 일입니다.

인물보다 정당 재건에 집중해야 한다는 뜻이죠. 무너진 보수의 가치를 제대로 세우고 보수정당을 재건하면 누구를 후보로 내세우든 보수성향 유권자들을 어느 정도 결집시키는 것이 가능할 겁니다. 반대로 당을 제대로 재건하지 못한 채 인물에 의존할 경우에는 매우 불안정한 바람이나 이슈전에 의존할 수밖에 없고, 진영논리를 갖고 야권을 공격하는 게 어려워집니다. 당이 어려워졌다고 해서 반기문 총장 등 외부의 인물에만 눈을 돌려서는 보수진영을 다시 묶어세우는 일은 난망할 겁니다. 최우선 과제는 어떻게 제대로 된 보수정당을 만들어 나가느냐 하는 문제여야 합니다.

지금 이 시점까지도 대통령 탄핵 문제를 어떻게 풀 것이냐 하는데 막혀 새누리당 내 친박 지도부와 비박이 갈등하는 모습을 보이고 있습니다. 답답한 현실인데요. 어떤 식으로든 대통령이 5년 임기를 다 채우지 못하고 정권을 내려놓을 것이라는 사실이 자명한 이상 친박이라는 계파는 정치적으로 소멸될 수밖에 없습니다. 그 이후를 겨냥한 '신보수 정당 재건'이 매우 중요합니다. 대선까지 시간도 많지 않기 때문에 현재 새누리당 구성원들, 정치인만 갖고 되지 않을 겁니다.

이미 보수진영의 원로와 학자들이 일제히 '새로운 보수'에 대한 담론들을 쏟아내기 시작했습니다.

"사이비 보수의 실패를 딛고 도덕적이고 성찰하는 보수(補修)로 거듭나야 한다(연세대 송복)", "이해관계로 움직이는 정치적 보수에서 가치를 중시하는 철학적 보수로 가야 한다(서울대 박세일)" 등 근본적 문제부터 활발하게 '보수 재건'의 방향들이 제시되고 있죠. 보수 정치권이 귀담아 들어야 할 말이라고 봅니다. 이런 보수의 새로운 구축에 대한 이야기들은 점차 구체적 방향성을 갖고 지속될 겁니다. 강원택 서울대 교수는 "국가 주도의 과거 방식에서 벗어나 보수가 양극화, 저출산, 비정규직 문제 등에 대해 주도적으로 나서야 하고 보수 정치권의 세대교체도 필요하다"고 지적했는데요. 공감이 많이 가는 말이었습니다.

새누리당을 해체 수준으로 바꾸고 재창당한다고 해서 집권 여당으로서 져야 할 이번 사태의 책임에서 완벽하게 벗어나지는 못할 겁니다. 그렇지만 통렬한 반성과 혁신의 기치를 내 걸고 보수 재건에 나서야 그 속에서 잘못된 부분을 바꾸고 지켜야 할 가치를 다시 정립하는 과정을 밟을 수 있습니다.

조기대선으로 대선 시계가 당겨진다고 해서 어떻게든 인기 있고 명망 있는 대선후보만 발굴해 내세우는 데 집중할 경우에 보수는 확실하게 실패할 것으로 봅니다. 후보의 인물 경쟁력과 바람을 유지시켜줄 수 있는 건 확고한 텃밭, 진영이 되어야 합니다. 정당이 그 역할을 수행할 수 없을 때 제아무리 강한 바람을 일으킨 후보라 하더라도 지속적으로 그 인기를 유지하지 못한다는 건 이미 여러 번 목격된 사실입니다. 과거 노풍이 그랬고, 정몽준, 안철수, 문국현 같은 대선 주자들이 바람과 함께 등장했지만 결국 실패하지 않았습니까. 노무현 전 대통령은 결국 집권에 성공했지만 노풍을 유지하며 쉽게 이긴 선거가 아니었습니다. 바람은 진즉에 꺼졌고 그나마 정당 경선에서 승리해 당을 등에 업고 단일화에 성공했기 때문에 이긴 것으로 봐야 합니다.

반대로 당을 탄탄하게 재건해 가면 설사 지금은 약체로 보이는 후보가 대선 본선에 오른다 하더라도 이 후보를 보완해 가면서 지지층을 결속시키는 힘을 정당이 발휘할 수 있습니다. 반기문 총장처럼 대중적 인기가 있는 인물이 합류할 가능성도 커지고, 그럴 경우 승리 가능성도 더불어 높아지겠죠. 보수정치권의 현실을 감안할 때 지금은 후보, 인물에 따라 갈라지고 서로 싸울 여력이 없습니다. 정당을 제대로 세우지 못하면 백약이 무효일 겁니다.

지금 새누리당의 틀을 갖고는 도저히 보수정당 재건이 어렵다고 판단되면 다른 길도 모색해야 할 겁니다. 친박 문제가 해소되지 못하고 어정쩡하게 봉합해 당명을 바꾸는 수준으로 정당 재건이 가능할 리 없습니다. 그런 현실이 계속된다면 외부에서 보수정당을 재창당하는 움직임으로 가야 한다고 봅니다. 보수정당은 오랜 기간 당의 기본 틀을 유지하면서 정권을 유지하고 재창출하는 데 성공해 왔기 때문에 당 밖으로 튀어나가는 원심력이 크게 약화된 것으로 보이는데요. 지금은 과거 위기와는 본질적으로 다른 국면입니다. 적당히 쇄신하고 바꾸는 정도의 수습으로 위기가 해소되지 않을 겁니다. 새누리당 내에 있든 외부에 있든 보수정치권이 깊이 고민해야 할 부분이라고 생각합니다.

실패한 보수의 문제점을 성찰하고, 국민 앞에서 반성하고 새로운 보수가 지향할 가치들을 설명하며 정당의 토대를 굳건히 하는 데서 보수의 대선전략이 시작돼야 한다고 봅니다. 양극화나 격차 같은 문제가 심화되고 사회가 불안해진 현실에 봉착해서 대대적인 혁신으로 사회를 안정시킨 성공사례를 외국에서 찾아보면 대부분 '보수 성향의 정권' 아래서 이뤄진 일들입니다. 한국의 보수 정치권이 그 방향으로 선회해야 미래를 기대할 수 있는 길이 열릴 거라고 봅니다.

두 번째, 보수가 주력해야 할 전략은 진보진영과의 대비 전략 부분입니다. 유권자들의 정서를 잘 읽어야 합니다. 정당 재건이 우선 과제라고 말씀드렸지만 그 일이 어느 정도 성공적으로 전개되더라도 지금 보수진영은 효율적인 전략 구사 없이 대선에서 이기기 어려운 것이 현실입니다. 인물 경쟁력 측면에서 야권, 진보진영에 우위를 점하고 있지 못하기 때문입니다. 불가피하게 기회요인이 될 수 있는 점들을 찾아 극대화하고 상대의 약점을 내 강점으로 치환해 내세우는 선거전략이 불가피합니다.

보수가 주목해야 할 현상들을 먼저 짚어봐야겠죠.

문재인과 안철수의 분열 대립은 총선 전에 시작돼 계속되고 있습니다. 대선에서도 이들의 연대나 단일화 이슈가 제기되겠지만 지난 대선처럼 손쉽게 이뤄지지는 못할 겁니다.

또 탄핵정국으로 여권이 폭망한 상황에서도 문재인 후보의 지지도는 20% 수준에 머물고 있습니다. 대선주자 전체 중 1위라고는 하지만 상대진영이 몰락하는데도 문재인의 지지율이 오르지 못하는 현상에 대해 잘 살펴볼 필요가 있습니다. 지지층은 당연히 결집하겠지만 문재인에 대해 무엇인가 불안한 요소가 여전하다는 뜻일 테니까요. 오히려 지금 야권 대선후보들의 지지도 상승은 새누리당과 박근혜 대통령에 대한 실망이나 반감 때문에 생긴 반사이익 형태를 띠고 있다고 봐야죠. 집권세력에 대한 실망이 그렇게 큰 데도 야권이 이런 상황을 일소하고 국가를 경영할만한 대안으로 뚜렷하게 국민 눈에 보이지 않는다는 사실을 방증하는 현상 아닐까요?

저는 최근 현상을 보면서 진보진영과 야권의 본질적 문제가 '리더십 부재'에 있다고 진단합니다. 분열은 표면적 현상이고요. 문제의 핵심은 리더십이 없다는 점입니다. 광화문에 100만, 200만에 가까운 촛불이 켜지고 시민들이 탄핵, 퇴진을 외치며 거리로 나왔습니다. 그런 흐름이 계속될 때 제대로 된 정치인, 정당이라면 여론과 민심을 모아 어떻게 끌고 갈 것인지

대안을 내놓고 리드를 해 가야 맞습니다. 하지만 지금 진보를 표방한 정당들, 야권은 촛불 민심에 기대서 끌려가기만 하지 주체적인 대안으로 국민을 설득하거나 설명하면서 리드하지 못하고 있습니다. 탄핵 정국이요? 그건 국민이 주도한 거지 야권이 주도한 게 아닙니다. 거기서 야권의 치명적 약점이 드러나고 있죠. 강성 운동권 논리가 여전히 팽배하고 제도정치권이 해야 할 책임감은 부족하다, 국민의 열망이나 기대를 정치가 흡수해 주도할 수 있는 역량이 없다, 그런 문제들이 드러난 것이라고 봅니다.

대선 국면에서 보수가 강하게 어필할 수 있는 부분이 그런 점들이라고 생각되네요. 방향을 정하고 정한 방향으로 밀고 가는 추진력이나 힘, 리더십 측면에서 야권, 진보진영은 여전히 약점을 보이고 있습니다. 정치의 위기뿐 아니라 경제-사회-안보가 총체적 난국에 빠진 한국사회의 미래를 이끌 지도자를 뽑는 선거가 다음 대선입니다. 지금 벌어진 일들이 '보수의 본질적 문제'가 아닌 '박근혜 대통령의 특수성과 친박의 문제'라는 점을 명확히 털어내고 제대로 된 보수의 역량을 보여줄 수 있을 때 보수에게도 다시 기회가 올 수 있다는 것이 제 생각입니다. 진보진영의 여전한 운동권 논리와 야권의 불안한 리더십 부분을 적극적으로 파고들 필요가 있습니다.

덧붙여서, 보수정당 재건과 결부되는 이야기이긴 합니다만 보수 정치의 주요 화두를 재점검하는 건 기본이 되어야 할 겁니다. 보수가 추구할 가치를 재정립하는 과정에서 지금까지 보수 세력이 비판받아 온 부패와 기득권 옹호 문제를 어떻게 털어낼 것인지 방안을 마련해야 할 것이고요. 경제정책의 기조와 골격을 변화시키는 것도 핵심 과제입니다. 격차 또는 양극화로 표현되는 구조적 불평등 문제를 완화시키는 데 초점을 둔 경제정책이 절실한 상황이잖아요. 도매금으로 새누리당이 모두 욕을 먹고 있지만 그동안 당 내 인사들의 메시지나 활동들을 보면 경제정의나 공정 문제에 대해 상당한 관심을 보여온 분들도 많습니다. 그게 당 내 주류로 부각되지 못해서 그렇죠. 그런 것들을 전면에 내세우면서 새롭게 거듭나는 과정이 필요한 상황입니다.

　보수의 강점이 위기 상황에서는 뭉치고 단결해 온 점이거든요. 또 위기가 심각할 때 문호를 개방하고 다양한 인사들을 영입해 그동안 성공을 해왔는데 이 부분은 지금 카드로 쓰기 쉽지 않아 보이지만 최대한 그런 노력도 병행해야 할 겁니다. 진보적 기조를 표방한 경제학자나 장 외 정치인들, 합리적 보수를 주창한 학자들 이런 분들에게 당의 문을 열고 주요한 역할을 부여하면서 보수 혁신의 길을 걸어야 합니다. 그렇게 간다면 진보진영의 분열 DNA가 현실화시킬 다자구도와 불안한 야권의 리더십 때문에 보수진영에도 기회가 올 수 있지 않을까 하는 생각입니다.

2. 진보의 집권 전략

박시영 "하늘이 준 기회다.
담대한 비전과
진영대결로
승부해라"

이상일 "보수가
무너졌는데도
'대안'으로
인정받지 못하는
원인 성찰해야"

김지연 넘어가도록 하겠습니다. 이번에는 야권의 정권 교체 전략인데요. 현재로서는 가능성이 높아 보이지만, 이 역시 변수가 존재합니다.

먼저 이 대표님께서 말씀해 주시고, 박 부대표님 얘기도 들어 보겠습니다.

이상일 야권의 정권탈환 전략은 지극히 기본에 충실하면 되는 것 아닐까요? 참 쉬워 보이는데 막상 실천하기는 어려울 수도 있을 것 같습니다. 야권이 정권을 탈환하려면 제1과제는 분열 요소를 극복할 방도를 찾아야 할 겁니다.

야권은 정권탈환 가능성이 극대화되었기 때문에 오히려 분열 DNA가 되살아나고 활성화 될 소지가 다분합니다. 문재인과 안철수, 이미 분당을 해서 서로 다른 둥지에 자리를 잡고 대선출마를 준비 중인데요. 아무리 보수가 지금 허망하게 무너진 것처럼 보여도, 막상 최순실 국면이 정리되고 박 대통령의 그림자를 지운 보수정당이 탄생했을 때 대선 승리를 완벽히 자신할 수 있을까요?

'87년 대선에서 노태우 후보는 36.7% 득표로 대선에 당선됩니다. 당시 김영삼 후보의 득표는 28.0%, 김대중 후보는 27.0%였어요. 둘이 만약 후보단일화든 양보든 어떤 결론을 냈다면 대한민국 정치사는 크게 바뀌어 있겠죠. 서로 당선을 자신했고 양보는 외면하다가 결국 노태우 후보에게 패하고 말았습니다.

지금 국면을 그때와 같이 볼 수는 없겠죠. 아마, '87년보다 지금 야권이 한결 좋은 여건에서 대선을 치르게 될 겁니다. 12월 대선이든 조기대선이든 마찬가지고요. 그렇더라도 문재인과 안철수가 결국 야권 표심을 분할하는 구도를 끝까지 유지했을 때 야권의 정권탈환 가능성은 한층 낮아집니다. 야권에서도 스스로 알고 있으면서 극복을 못하는 문제잖아요. 그런 구도 때문에 지금 최순실 정국에서도 야당끼리 주도권 경쟁을 하고 대선 승리가 눈앞에 보이는데도 이길 것이라고 자신하지 못하고 있고요. 유권자들이 스스로 알아서 정리해 줄 것이다, 혹은 후보단일화 압박을 가해 정리해 줄 것이라고 믿는 것은 너무 무책임한 전략처럼 보입니다.

야당 주요 인사들, 대선후보들이 입버릇처럼 말한 대로 정권교체가 시대의 요구고 사명이라 믿는다면 확실한 승리를 위해 야권이 어떻게 대선에 임할 것인가 정리할 수 있어야겠죠. 그게 안 된다면, 사실상 목표는 정권교체가 아니라 '내가 당선되는 것'으로 봐야 할 것 같습니다. 저는 이 문제가 대선구도의 핵심 변수로 자리 잡고 있고 야권의 승리 가능성을 불확실하게 만드는 가장 큰 요소라고 봅니다.

다른 하나, 야권이 유의해야 할 전략은 어떤 내용을 중심으로 대선을 치를 것인가와 관련된 문제입니다. 안 그래도 보수정권 10년의 실정을 공격하는 데 주력하려던 야권이 최순실 정국을 만나면서 대대적인 공세 기조로 접어들었습니다. 비판할만한 문제고 실제 민심도 여권에 대해 엄청난 비판의 화살을 보내고 있죠. 마치 시민과 야당들이 하나가 된 것처럼 보입니다. 그렇지만 이런 착각에 빠져 대선을 보수진영 공격에 중심을 두고 선거를 치를 경우 야당이 큰 패착을 두는 거라고 봅니다.

지금은 박대통령과 최순실 문제, 그 와중에 싸움으로 세월을 보내는 새누리당을 공격하는 게 시원해 보이고 유권자들도 호응을 하지만 막상 대선에서 누구에게 표를 던질까를 고민할 때는 달라질 거라고 봅니다. 과연 이렇게 참담해진 한국정치를 새롭게 할 사람은 누군지, 먹고사는 문제에 도움이 될 후보가 누구인지를 보게 되죠. 누가 뭐래도 대통령 선거는 회고적 투표를 넘어 미래를 보고 투표하는 기류가 막판에 형성될 수밖에 없습니다.

경제문제, 사회경제적 이슈들에 대해 야권이 준비한 내용이 무엇인지, 어떻게 사회를 바꿀 것인지를 제시하는 데 주력해야 한다고 봅니다. 여당,

집권세력을 공격하는 것만으로 내 표가 늘어나는 건 아닙니다. 그 상황에서 누가 대안인가에 대한 답을 내와야 하는 거죠.

그리고 솔직해야 할 겁니다. 복지공약을 말하려면 그에 따른 재원은 어떻게 충당하고 증세는 어떻게 할 것인지, 비정규직과 청년취업을 이야기하려면 어떻게 나누고 분배해서 함께 사는 세상을 만들 것인지에 대해 솔직해야 한다는 뜻입니다. 분명히 누군가는 지금보다 손해를 보거나 부담이 늘어날 수밖에 없는 정책대안들을 제시하면서 어두운 부분은 숨기고 장밋빛 공약들만 내걸 때 과연 야당이 수권정당으로서 제대로 인정받을 수 있을 것인지 저는 의문입니다.

정치적 공세도 필요하겠지만, 그게 주가 돼서는 정책정당으로 무장한 보수정당이 출현했을 때 아마 만만치 않은 싸움을 벌여야 할 겁니다. 지난 대선에서 문재인 후보가 패한 이유의 핵심인 '준비되지 않은 사람만 좋은 후보'였다는 점을 상기해야 할 것 같네요. 86세대가 왜 문재인 대신 박근혜를 택했는지 잘 살펴보고 그 속에서 대선전략이 도출돼야 야권의 정권탈환 꿈이 실현되지 않을까요?

그런데 지금까지 흐름으로 봐서는 분열 문제나 정책정당 면모 부각 두 가지 다 어정쩡한 상태에 와 있는 것 같습니다. 최순실 정국에서 비판하고 욕하기는 쉽습니다. 그에 대한 대안으로 인정받기 위해 무엇을 준비해야 하는지 야권이 진지하게 고민해야 할 때라고 봅니다. 당장 최순실 사태로 국정마비 상황이 계속되는데도 야당들이 책임 있는 수습책을 제시하지 않으면서 어느 면에서는 국민들로부터 비판의 목소리도 나오고 있다고 봐야 하지 않을까요? 이슈가 너무 커서 묻혀버렸지만 야당들이 현 국면을 주도하지 못하고 끌려가는 건 그럴만한 믿음과 책임감을 보여주지 못했기 때문이라고 생각합니다.

김지연 잘 들었습니다. 그럼, 박 부대표님이 생각하는 야당의 집권전략에 대해 들어보겠습니다.

박시영 탄핵 정국이 마무리되고 선거 체제로 돌입하면 이탈했던 보수층의 최대 70% 정도는 복원된다고 봐야 합니다. 유권자 지형이 보수3 중도3 진보4 구도로 형성될 것 같습니다. 보수층이 타격을 입었으나 한 번에 몰락하지 않습니다. 중도 층이 야권집권을 선호하나 대선 후보로 반 총장에게 우호적인 점을 잊어서는 안 됩니다. 진보진영이 탄핵 가결에 취해 있다가는 또 다시 전투에서 이기고 전쟁에서 지는 우를 범할 수 있습니다. 긴장해야 합니다.

진보 집권 플랜은 민주당을 중심으로 설명하겠습니다. 정의당과 국민의당은 뒷부분에서 간략히 다루겠습니다.

야권이 집권하기 위해서는 9일 통과된 탄핵안 가결이 헌재에서 통과되도록 해야 합니다. 현 국면은 헌법을 수호하는 세력 대 헌법을 위반하는 세력 간의 대결입니다. 정의와 불의의 싸움이고 상식과 몰상식의 대결입니다. 한 치의 양보도 있어서는 안 됩니다. 국민들을 믿고 촛불민심과 함께 가면 됩니다. 국정조사와 특검을 통해 대통령을 더 압박해야 합니다. 김기춘 전 실장과 우병우 전 수석을 구속시켜 국정농단의 공범들이 철저하게 죄 값을 받도록 해야 합니다. 세월호 진상 규명을 반드시 해내야 합니다.

향후 투쟁 과정에서 새누리당을 물고 늘어져야 합니다. 그들은 명백하게 대통령과 공범입니다. 석고대죄할 집단인데 반성하는 기미가 전혀 보이지 않습니다. 시늉만 할 뿐입니다. 중요한 것은 친박계만이 아니라 비박계도 마찬가지 공범이라는 겁니다. 최근 비박계가 탄핵 정국에서 갈지자 행보를 해서 그들의 본색이 국민들에게 다 드러난 점을 다행스럽게 생각합니다. 친박이든 비박이든 그들이 최순실 존재를 정말 몰랐겠습니까? 오래

전부터 정가에 파다했던 최순실, 정윤회인데 말이죠. 비박 인사들이 언제 한번 대통령에게 맞서서 비선들의 국정농단에 대해 진언한 적이 있습니까? 자신들은 무죄고 마치 친박만의 문제로 돌리려는 것은 참으로 염치 없고 온당치 못한 처사입니다. 결코 용서해서는 안 됩니다. 저들은 또 다시 반기문 총장, 유승민 의원 등 간판만 바꿔서 승부를 보려고 할 것입니다. 마치 박근혜 정권과는 무관한 사람들이므로 자신들이 정권을 잡으면 정권교체 하는 것처럼 호도하려 들 것입니다. 비박계가 탈당해 반 총장 등과 3지대에서 연대할 가능성도 배제할 수 없는 상황인 만큼 이들의 준동을 경계해야 합니다.

민주당이 정권교체에 성공하려면 시대정신인 공정 사회, 경제적 불평등 완화에 대한 담대한 비전을 제시해야 합니다. 박근혜-최순실 게이트로 정의의 문제, 공정의 문제가 더 부각되고 있습니다. 그렇다고 경제문제 등 미래문제를 소홀히 해서는 45~54세, 중도층 공략에 실패하게 됩니다. 두 마리 토끼를 다 잡아야 합니다. 정권을 평가하는 회고적 투표는 박근혜-최순실 게이트로 종지부를 찍었다고 봅니다. 회고적 투표에만 매몰되어서는 안 됩니다. 반 총장을 진영대결로 가두고 난 후 전망적 투표를 대비해야 합니다. 대선은 전망적 투표가 여전히 중요합니다. 이 점을 결코 잊어서는 안 됩니다. 지금부터는 프레임과 구도, 캠페인에 대해 말씀 드리겠습니다.

그리고 MB 정권과 박근혜 정권 10년에 대해 대한민국을 '망가뜨린 10년'으로 규정하고 진영대결을 강화해야 합니다. 민생, 민주주의, 남북관계 등 위기에 처한 실상을 낱낱이 파헤쳐 진보정권 10년과 대비시켜서 진보진영의 능력에 대한 우위성을 드러내야 합니다. 보조 축으로 '공정사회' 대 '특권사회' 구도도 병행하는 것이 좋습니다. 이 싸움에서 명심해야 할 점은 국민들이 이명박, 박근혜 두 대통령만의 무능을 넘어서서 우리사회 보수진영 전반의 능력에 대해 불신을 갖고 있다는 것을 잊어서는 안 됩니다.

낙수효과 등 보수의 경제논리에 대해 믿지 않는다는 것입니다. 따라서 공격의 포인트를 두 대통령으로 국한시키지 말고 보수진영 전체로 확대해야 합니다. 그래야 반기문 총장도 보수진영의 후보로 가둘 수 있습니다. 이 캠페인을 통해 야권 균열로 인한 지지구조의 약화를 해소할 수도 있습니다. 이렇듯 진영대결 구도를 강화하는 것이 정권창출로 가는 첩경입니다.

아울러 반기문 총장을 박근혜 아바타, 기회주의자로 규정하고 비판해야 합니다. 반 총장이 새누리당 후보로 나서지 않고 신당 후보로 나서도 상관없습니다. 박 대통령이 정권연장을 위해 띄우려고 한 후보 아닙니까? 대통령 혼자서 나라를 꾸려갈 수 있습니까? 반 총장을 떠받치는 세력이 바로 박근혜 세력, 새누리당이라고 국민들에게 알려야 합니다. 보수 세력한테 이 나라를 또 맡기면 나라가 완전히 무너질 수 있음을 알려야 합니다. 만약 반 총장이 3지대로 나간다면 기회주의자로 규정하면 됩니다. 노 대통령을 배신하더니 박근혜 대통령이 곤궁에 빠지자 또 다시 자신을 돌봐준 박근혜 대통령과 친박을 배신하려고 한다고 폭로해야 합니다. 염치없는 행동이고 비양심적인 인사라고 공격하면 됩니다.

이번 대선과정에서 진보진영이 경제전선, 안보전선에서 정면으로 보수세력과 붙어야 합니다. 회피해선 절대 안 됩니다. 자신 있게 붙어서 압도해야 합니다. 경제전선은 '신경제' 대 '낡은 경제' 싸움으로 규정하고 신경제의 비전을 제시해야 합니다. 새로운 패러다임을 제시하고 확신을 심어줘야 합니다. 세상이 크게 변화할 거라는 희망과 꿈을 줘야 하고 국민 개개인의 삶이 구체적으로 어떻게 바뀌는지 연관성을 알려줘야 합니다. 진보가 주창했던 분배강화, 임금주도성장 등에 대한 전 세계적인 공감대가 형성되어 있는 만큼 자신 있게 치고 나가야 합니다. 비정규직 철폐, 최고임금제 도입, 최저임금 결정방식 변경, 과세 개혁, 가계부채 해결 등 소득불평등을 개선할 대담한 정책을 들고 나가야 합니다. 우리사회가 근본적으로 바뀔

수 있다는 기대와 확신을 심어줘야 합니다. 아울러 DJ 때 IT를 키운 경험을 살려 신성장 동력에 대한 비전을 밝혀줘야 합니다.

이 과정 속에서 국가가 무엇이며, 왜 존재하는지를 시민들이 체감할 수 있게 해줘야 합니다. 새 시대의 요구에 맞는 '국가 역할론'을 새롭게 정립해야 하는 겁니다. 국가가 왜 존재하는지, 국민의 의무는 있는데 왜 국가의 의무는 없는지 이슈화 시켜야 합니다. 야권은 경제문제와 아울러 한반도 평화와 북방경제 이슈를 적극적으로 제기해야 합니다. '한반도 비핵화'와 '평화협정 체결' 등에 대한 해법을 제시해야 합니다. 미국의 공화당 신정부와 발 빠르게 채널을 만들어 놓을 필요도 있습니다. 아울러 '유라시아대륙철도' 문제와 '개성공단 재개', '북한 지하자원 공동개발' 등 남북경협 확대문제 등에 대해 담대한 비전을 제시해야 합니다.

진보는 분열로 망한다는 속설이 있습니다. 가슴 아픈 이야기입니다. '87년 트라우마가 있습니다. 1987년 6월 항쟁의 성과로 직선제를 어렵게 쟁취했지만 양김의 분열로 대선에서 패배했습니다. 박근혜 게이트로 위대한 시민혁명 시대를 다시 맞이했습니다. 또 다시 그런 뼈아픈 경험을 되풀이해서는 절대 안 됩니다. 탄핵 정국에서는 국민의당 등 3당 공조에 힘을 기울여야 하지만 조기대선이 치러지면 민주당과 국민의당은 결국 경쟁할 수밖에 없습니다. 따라서 이 부분에 신경쓰기보다는 민주당 내부의 분열 요소를 차단하는 것이 더 중요하다고 봅니다. 문재인 전 대표 지지층과 이재명 시장 지지층이 온라인 공간에서 치열하게 공방을 벌이는 모양인데 벌써부터 우려의 목소리가 나오고 있습니다. 두 분은 정권교체를 위해서 없어서는 안 될 '환상의 복식조'입니다. 도를 넘지 않도록 적극적으로 대처해야 합니다. 그리고 개헌 시도 등을 두고 당 내에 분란을 조성하는 행위가 일어날 소지가 있습니다. 개헌에 대해 조속히 당론을 정해야 합니다. 대선 후보가 개헌에 대한 공약을 들고 나가 차기 정부 초반에 추진하는 것으로 봉합해야 합니다.

　국민의당과 정의당을 간략히 살펴보도록 하겠습니다. 먼저 정의당에서 경선이 치러진다면 노회찬 의원 보다는 심상정 대표가 당선될 확률이 높습니다. 정의당이 독자출마를 끝까지 고집하기 보다는 민주당과 연정을 추진하여 새로운 나라 건설에 민주당과 함께 주역으로 나서는 게 좋다고 봅니다.

　탄핵 정국으로 국민의당의 대선 준비가 많이 꼬였습니다. 유력주자인 안철수 전 대표의 지지율이 곤두박질하고 있습니다. 이재명 시장한테 뒤지면서 존재감이 사라지고 있습니다. 문재인만 아니면 새누리당과도 손잡을 수 있다는 일각의 구상이 탄핵 정국으로 물 건너갔고 조기대선으로 인해 개헌도 물건너 갔습니다. 반 총장과의 연대도 어렵습니다. 손 전 대표 세력과의 연대는 필요해 보입니다만 어쨌든 다자 구도를 인정하고 독자적인 힘으로 안 전 대표가 승리할 방안을 찾는 것에 집중하거나 민주당과 통 크게 연대하는 방안을 찾아야 할 것입니다.

　현실적으로 차기 대선은 다자 구도 속에서 치러진다고 봐야 합니다. 때문에 야권 연대나 통합에 대해 지나치게 목을 매는 것은 무의미합니다. 연정이나 원-샷 경선을 매개로 통합하는 방안도 모색해볼 필요가 있으나 조기대선 특성상 현실성이 떨어집니다. 따라서 지나치게 상대를 자극하지 말되, 아래로부터의 지지층 단일화 운동을 강력히 전개하여 실질적인 단일화 효과를 낼 수 있도록 하면 됩니다. 당선 가능한 후보에게 힘을 모아주는 방식입니다. 촛불동력이 지지층 단일화 운동으로 전환되도록 집단지성을 발휘해야 합니다. 'Change Korea' 운동처럼 야권 지지층 단일화를 위한 유권자운동이 활성화되어야 합니다. 보수진영에게 정권을 헌납해서는 절대 안 된다는 국민적 공감대를 모아내야 합니다. 만약 양당의 갈등 양상이 도를 넘어서면 야권 지지자들이 한목소리로 강력한 경고를 보내야 합니다. 어떤 식이든 정권교체의 대의에서 벗어나지 않도록 양당과 대선 후보를 강제해내야 합니다.

이번 대선의 승부처를 명확히 파악하고 그곳에 화력을 집중해야 합니다.

첫째, 연령은 45~54세(4말5초)입니다. 특히 50대 전반이 중요합니다. 야당 집권을 선호하면서도 반 총장에 대해 여전히 호의적인 계층입니다. 2012년 대선에서 문재인 후보가 박근혜 후보에게 약 8%p 정도 약세를 보였던 연령층입니다. 60대 이상 고연령층 인구의 급증으로 인해 이 연령층에서 반드시 10%p 이상 우위를 보여야만 야권이 승리합니다. 박근혜-최순실 게이트 이후 50대가 크게 돌아섰습니다. 특히 50대 주부들의 이탈이 큽니다. 정유라 사건, 성형 시술 의혹, 최태민 집안과의 관계 등 감정이입하기 좋은 소재가 많습니다. 특히 정유라 사건이 휘발성이 강합니다. 내 자식도 저렇게 차별 받겠구나 하며 분노를 느끼고 있으니까요.

둘째, 지역은 PK와 호남 민심입니다. 박근혜-최순실 게이트로 수도권은 우세할 것으로 봅니다. PK 민심을 먼저 잡아야 합니다. TK도 박 대통령에 대한 배신감으로 흔들리고 있습니다만 우선적으로 PK를 야권 우위지역으로 확고히 만들어내야 합니다. 반 총장의 영남, 충청 연합 시도를 무력화시키는 방안입니다. PK에서의 지지를 입증해내고 이걸 가지고 호남에 호소해야 합니다. 호남의 폭발적인 지지를 얻기 위해서는 집권가능성을 확실히 보여주는 것이 일차적입니다. 당선가능성이 높은 후보로 호남이 밀어주기를 호소해야 합니다. 민주당에 비우호적인 계층이 50~60대인데, 이들 중 50대를 먼저 공략해야 합니다.

셋째, 성별은 여성입니다. 특히 40~50대 여성들의 호응을 얻어내야 합니다. 지난 대선에서 '여성대통령'에 대한 소구력과 박정희 후광효과로 크게 밀렸습니다. '50대 여성층'에서는 무려 31.5%p를 졌습니다. 다행히 박근혜-최순실 게이트의 여파로 여성층이 확실히 야권으로 돌아서고 있습니다.

주부들이 이 사안에 대한 관심과 분노는 폭발 직전입니다. 이런 정서를 잘 활용하여 지역별 주부 조직을 확대해야 합니다. 그리고 여성층이 소프트웨어 분야에 관심이 많은 만큼 교육, 복지, 보육, 의료 등에 있어서 과감한 정책을 제안할 필요가 있습니다.

3. 각 정당의 경선 전망

박시영 "문재인과
이재명의 싸움
기대된다.
후유증을
최소화해라"

이상일 "새누리 이후
정당구도 불분명,
'보수개혁' 노선
두고 경선 치러야"

김지연 각 정당의 당 내 경선에 대한 전망을 듣도록 하겠습니다.

이상일 보수진영은 지금 새누리당이 그 골격을 유지한 채 재창당 수순을 밟을 것인지 분당을 통해 보수가 분화될 것인지조차 불확실한 상태입니다. 정당 구도가 불분명해 경선 전망을 내놓기 어렵습니다. 아직도 친박 지도부 거취 문제, 조기전대 여부, 당 해산과 재창당, 탈당과 분당 이슈들이 얽혀 한 치 앞을 내다보기 어려운 국면이니까요.

일단 단순화해서 보면 어떻게든 당이 면모를 바꾸고 그 후에 경선을 치를 것으로 보이는데요. 반기문 총장이 가세할 경우와 그렇지 않은 경우로 나눠봐야 할 것 같습니다. 그리고 차기 대선경선의 특징은 장기간 레이스가 불가능할 거라는 겁니다. 조기대선을 기정사실로 놓고 보면 4월, 6월, 8월 설들이 있는데 어느 쪽이든 평상시 대선과 같은 장기 레이스는 어렵죠. 경선에서도 후보들의 면면을 찬찬히 살펴볼 여유가 많지 않고 단기 경선이 치러진다는 특성도 감안해야 할 것 같습니다.

먼저 반 총장이 합류하지 않거나 못한다면, 보수혁명을 주장하는 유승민과 세대교체를 내세울 오세훈, 원희룡 정도가 경합하는 경선이 예상됩니다. 김무성 전 대표는 불출마를 선언했고 남경필 지사가 탈당을 했으니까요. 세대교체 요구도 상당하겠지만 우선 무너진 보수를 재건해야 한다는 당위가 워낙 거센 흐름이라 이런 구도에서는 유승민의 경선 승리 가능성이 높아 보입니다. 본인이 평소부터 따뜻한 보수, 보수 혁명을 주장해온 자산이 축적되어 있으니까요. 또 탄핵과 탈당 국면에서 자리를 굳건히 지키면서 당 내에서 비토세력도 줄어들지 않았을까 싶고요.

반 총장이 보수정당의 경선에 참여한다면 반기문 대 유승민이 경륜에 바탕한 인물론과 보수혁신 콘텐츠론으로 맞붙는 흐름이 형성되지 않을까 싶습니다. 이런 국면에서는 보수 혁신도 중요하지만 당원들이나 지지층이 우선 '승리 가능성'에 주목할 것으로 봅니다. 반기문 카드라면 본선에서 해볼 만하다는 기대감이 모이게 될 거고 그런 흐름에서는 유승민의 '보수 혁신' 콘텐츠가 빛을 발하기 쉽지 않죠. 반기문 경선 승리 가능성이 높다고 봅니다.

더민주는 경선에서 문재인이 쉽게 후보로 올라설 것으로 봤는데 최근 이재명 현상을 보면 만만치 않은 승부가 펼쳐질 수도 있을 것 같네요. 국민의당은 손학규와 안철수가 후보자리를 놓고 경쟁할 경우 결국 안철수로 정리되지 않을까 싶습니다.

박시영 민주당 경선부터 말씀드리죠. 일차적으로는 당 내 경선 관리가 중요합니다. 조기대선이 유력해진 만큼 경선 시기와 방식이 초미의 관심으로 등장했습니다. 조기대선 시점이 4~5월에 치러질 공산이 크고 늦어도 6월을 넘지 않을 것 같습니다.

탄핵이 이뤄진다면 경선기간은 짧으면 20일, 길어야 한 달입니다. 따라서 짧은 기간 안에 모두 마치려면 국민 경선의 원칙을 지키되 현실적인 방안을 잘 강구해야 합니다. 당헌당규에 도입가능성을 열어 둔 결선투표제를 최대한 적용해야 합니다. 모바일 투표도 당연히 실시해야 한다고 봅니다. 지혜롭게 경선방안을 잘 도출하는 것이 중요하다고 말씀드리고 싶습니다. 후보자들이 원칙에 어긋난 주장을 하지 않을 것으로 봅니다.

경선 후유증을 최소화하고 당의 모든 자원을 경선을 통과한 본선 후보에게 모아내야 합니다. 그래야만 특정후보가 집권하는 시대가 아닌, 당이 집권하는 시대를 열수 있습니다. 조기대선으로 인해 다양한 캠프의 인재들이 뭉칠 수 있는 환경이 조성되지 않을까 싶네요.

당과 대선후보가 환상적인 콤비가 돼야 합니다. 당은 갈등 이슈를 지배하는 힘을 보여줘야 하고 수권세력으로서의 안정감도 보여줘야 합니다. 그러나 당이 지나치게 중도로 갈 필요는 없습니다. 이번 조사에서도 나왔지만 유권자들은 당보다는 대선 후보의 이념성향이 훨씬 중요하다고 보고 있기 때문입니다. 따라서 당은 집토끼를 확고하게 장악하는 데 주안점을 둬야 합니다. 그래야 대선후보가 중도까지 넘나들며 외연을 확장할 수 있는 겁니다. 당이 중도로 가는 순간 대선후보는 집토끼 잡으려고 진보 층에 발이 묶입니다. 그래서는 안 됩니다.

민주당 경선이 불꽃이 튀길 것 같습니다. 지난 2012년 대선경선은 결선투표 없이 문재인의 압승으로 끝났지만 이번에는 좀 다를 수 있습니다. 결선투표의 실시 가능성이 반반 정도는 되는 것 같습니다. 경선 돌풍의 주역은 '아웃사이더'인 이재명 시장의 몫일 것입니다. 문 전 대표를 적지 않게 위협할 것이라고 봅니다. 이슈를 주도하며 지지자들을 열광시킬 것입니다. 하지만 탄핵 정국이 걷히거나 검증 과정에 들어서면 이 시장의 지지도가 조정국면에 들어설 가능성이 높습니다. 그 위기를 어떻게 견뎌내는 지가 이 시장의 운명을 좌우할 겁니다.

때문에 이 시장으로서는 촛불민심의 영향력이 유지되고 있는 연말 연초에 문 전 대표를 지지율에서 역전시켜 내야 합니다. 그것이 최상의 전략입니다. 검증 국면이 돌입하기 전에 무조건 1위로 올라서는 것이 중요합니다.

문 전 대표와 이 시장의 지지층의 동질감이 높은 편입니다. 하지만 지나친 갈등으로 본선에서 양 지지층이 화학적 결합을 못할 수도 있습니다. 그러면 무조건 대선에서 집니다. 선의의 경쟁을 뜨겁게 펼치되 상대후보나 상대후보의 지지층을 적으로 대하면 결코 안 됩니다.

저는 문재인 전 대표와 이재명 시장이 당내 경선에서 치열한 경합을 벌이겠지만 결국 문 전 대표가 승리할 것으로 봅니다. 그 이유는 다음과 같습니다.

첫째는 문 전 대표와 이 시장의 지지도를 보면 민주당 지지층에서는 문 전 대표의 지지율이 50%에 달하고 있습니다. 반면 이 시장은 20%에 머물고 있습니다. 당 내 경선에서는 이들의 힘이 결정적입니다. 이 시장은 정의당 및 무당파, 20대 등에서 지지가 높지만 아직 민주당 지지층에서의 지지는 문 전 대표에게 크게 밀리는 상황입니다.

둘째는 이 시장의 경우, 검증 국면을 통과해야 합니다. 문 전 대표는 이에 대한 과거 경험이 있기 때문에 결정적인 하자는 없을 듯합니다. 이 시장의 경우 말실수 등 난관이 기다리고 있을 겁니다. 큰 타격이 없을 수도 있지만 중도층 등 지지층의 이탈이 적지 않게 일어날 수도 있습니다.

셋째는 조기대선의 특성 및 당 내 구조입니다. 조기대선의 특성상 지역별 순회경선이 짧아질 수밖에 없고 이변이 일어날 소지가 적습니다. 이 시장이 호남에서의 압도적 우위를 보인다면 상황이 크게 달라질 수 있으나 그렇지 못할 경우에는 문 전 대표가 유리합니다. 의원들이 기초단체장을 높게 보지 않는 경향이 있고 이 시장에 대한 거부정서도 존재합니다. 상당수 의원들이나 지역위원장이 문 전 대표 쪽으로 기울어 있고, 양강 구도로 가면 갈수록 안희정 지사의 지지층이나 박원순 시장의 지지층의 다수는 이 시장 보다는 문 전 대표 쪽으로 기울 가능성이 좀 더 높다고 봅니다. 안 지사의 표는 같은 친노라서 그렇고 박 시장의 표는 차기 서울시장 경쟁을 의식해서 그렇다고 봅니다.

넷째는 본선경쟁력이 높은 후보에게 표 쏠림이 일어난다는 점입니다. 이 시장의 사이다 발언 중 독설도 많습니다. 탄핵 정국이었던 전시 상황에는 상큼하고 달콤해서 인기를 끌고 있지만 평시 상황에 돌입하면 이 시장의 장점이 단점으로 보이고 불안감으로 다가올 수도 있습니다. 그런 측면들 때문에 막상 본선에 돌입하면 반기문 총장 대비 경쟁력 측면에서 문 전 대표에 비해 이 시장이 떨어질 수 있다고 봅니다. 물론 반기문-문재인-안철수 가상대결과 반기문-이재명-안철수 가상대결 결과, 이 시장의 경쟁력이 더 높게 나온다면 그의 본선경쟁력에 대한 의구심은 크게 줄어들 겁니다.

다섯째는 문재인 전 대표가 2002년의 이인제가 아니기 때문입니다. 문 전 대표가 반 총장의 대선 출마 선언 이후 지지율이 다자 구도에서 밀리면 '문재인 회의론'이 퍼지면서 이 시장한테 기회가 올 수 있습니다. 하지만 현재 다자 구도에서 1위를 차지하고 있으면 문재인 대세론이 흔들릴 공산은 별로 없다고 봅니다. 과거 2002년 때 이인제 후보는 본선경쟁력도 없었고 무엇보다 낡고 구태 정치인이라는 이미지가 강했습니다. 과거 보수정당에 몸담았던 인사여서 정서적 거부감도 작용했고요.

정체성이 달랐던 분이죠. 노풍이 불 수 있는 여건이 구비되어 있었던 겁니다. 새 정치에 대한 열망, 노무현이라는 정치인에 대한 매료 그리고 대세론을 장악하고 있는 이인제에 대한 거부감, 이인제의 본선경쟁력에 대한 회의감 등이 종합적으로 맞물려서 일어난 겁니다. 그런데 지금 상황은 어떻습니까? 문재인과 이인제는 많이 다르다고 봅니다. 민주당 지지층 중에 문 전 대표에 대한 실망감을 크게 갖는 분들도 있겠지만 이인제와는 견줄 수 없는 거 아닐까요? 때문에 이 시장의 폭발적인 반등을 기대할 정도의 여건은 아닌 것으로 저는 보고 있습니다.

여섯째는 문재인 전 대표가 이전과 달라졌기 때문입니다. 촛불정국에서 행보가 다소 꼬였지만 그 이후로 단단해졌고 과감해졌습니다. 그리고 국가지도자로서의 준비를 착실히 하고 있다는 느낌을 줍니다. 다양한 인재들을 영입하고 중도층 공략도 조금씩 성과를 내는 것 같습니다.

결론적으로 이재명 시장이 큰 반향을 불러일으키며 돌풍을 이어가겠지만 끝내 산을 넘지는 못할 것으로 봅니다. 문 전 대표는 경선 때 캠프 진용을 잘 짜야 합니다. 소수 몇몇 측근에 휘둘려서도 안 되고 지나치게 의원 중심으로 가져가서도 안 됩니다. 경선 확정 후에는 공조직과의 연계성을 높여야 합니다. 지난 대선처럼 따로 국밥이 되어서는 안 될 것입니다.

각 대선 캠프는 소수 몇몇이 좌지우지하는 구조를 만들어서는 안 됩니다. 또한 의원들 중심으로 모든 의사결정이 이뤄지게 해선 안 됩니다. 피가 안 통하는 동맥경화 현상이 나타나면 그 캠프는 생명력을 잃습니다. 덩치만 크다고 잘 굴러가지 않습니다. War Room 형태처럼 핵심참모들이 상황을 한 눈에 파악하고 작전을 협의하는 시스템을 구축해야 합니다. 의원들과 실무자들이 수평적으로 논의해야 합니다. 명성이나 학번 위주가 아닌 실력 위주의 인사로, 위계적인 문화가 아닌 수평적인 문화로, 혼자가 아닌 집단지성의 힘이 발휘되는 방식으로 변화시켜야 합니다.

만약 국민의당과 민주당이 통합하여 원-샷 경선을 할 경우에는 문재인 전 대표와 안철수 전 대표가 결선투표까지 갈 것으로 봅니다. 결선투표에 가더라도 뚜껑을 열어보면 65% 대 35% 정도로 문 전 대표가 앞설 것으로 봅니다. 당세가 민주당이 강하고 이재명 시장 지지층들도 안 전 대표보다는 문 전 대표에게 투표할 가능성이 높기 때문입니다.

반기문 총장이 중심이 되는 신당이 만들어진다면 당연히 반 총장이 대선 후보가 될 것입니다. 새누리당이 분당되지 않고 당명만 바꾼 채 그대로 간다고 해도 결국 반기문 총장을 영입시킬 것이고 반 총장이 후보로 선출될 것입니다. 후보 선출 이후 보수 일색에서 탈피해 중도보수 정당의 느낌이 들게 하도록 기성 정치인 보다는 새 인물 영입에 박차를 가할 것입니다. 유승민 의원이 선전하겠지만 벽을 넘지 못할 것입니다.

민주당은 지금부터 반기문 총장에 대한 대비책을 당 차원에서 철저히 해야 합니다. 도덕성 및 자질 검증에 필요한 정보수집에 나서야 합니다. 유엔 사무총장으로서의 능력과 부적절한 행동에 대해서도 살펴야 합니다. 과거의 발언 등을 철저히 분석해야 합니다.

국민의당은 안철수 전 대표가 후보가 될 것입니다. 이변은 없을 것 같습니다. 손학규 전 대표 등이 안 전 대표와 후보 단일화를 한다 해도 안 전 대표가 낙승할 것으로 봅니다.

김지연 혹시 새누리당 안철수, 이런 그림도 그려볼 수 있나요?

이상일 정치에서 절대 안 되는 건 없다고들 하니 가능성이 완전히 없다고 하긴 어렵지만 현실적으로 안철수 후보가 새누리당과 손을 잡는 일은 어렵지 않을까요? 지금까지의 정치행보를 봐도 어렵다고 보이는데 최순실 정국으로 인해 안철수와 보수가 연대하는 그림은 비현실적인 가정 같습니다.

박시영 저는 과거에는 그 가능성을 최대 50% 정도로 봤는데 지금은 거의 없다고 봅니다. 하는 순간 국민의당은 촛불민심에 의해 풍비박산 날 겁니다.

김지연 50%면 무척 높게 보네요. 그 근거에 대해 설명해 주시죠.

박시영 박근혜-최순실 게이트로 인해서 안 전 대표의 새누리당 가능성은 없어졌다고 봅니다. 그런데 이 사건이 불거지기 전에는 그럴 개연성이 있다고 봤습니다. 왜냐하면 안철수 전 대표 본인이 차기 대선에 대한 집념이 너무 강해서 그런 느낌이 들었죠. 나이로 보면 차차기도 가능한 나이인데 그 분의 행보를 보면 차차기는 고려하지 않고 이번이 아니면 자신에게 다신 기회가 안 올 것으로 생각하는 것 같아요. 저 개인적으로는 안철수 전 대표 주변 인사가 다른 사람들과 모인 사석에서 오해를 낳을 만한 이야기를 했다는 소식을 접한 적도 있습니다. 정치는 생물이고 정당은 집권하는 것이 목표인 만큼 어디로 튈지 아무도 모르는 거죠. 그런데 지금은 상황이 달라졌고 새누리당과의 연대는 불가해졌다고 봅니다. 안철수 전 대표가 선두에서 정권퇴진투쟁을 하고 있지 않습니까? 매우 바람직한 현상입니다.

김지연 만약 반기문 총장에 기스가 많이 나서 지지도가 크게 추락하고, 그때까지 새누리당의 잠룡이 뜨지 못하는 상황이라면요.

박시영 저는 반기문 총장을 위협할 여권 잠룡은 거의 없다고 봅니다. 반 총장이 불출마하면 유승민 의원이나 오세훈 전 시장 둘 중으로 기울겠죠. 둘 중의 누가 나와도 야당 후보에게 안 됩니다.

김지연 이 대표님께서도 새누리당 잠룡의 경쟁력이 높지 않다고 보시는 건가요?

이상일 지금까지 여론 추이로 봐서는 인물들의 자체 경쟁력은 높다고 보기 어렵죠. 그렇지만 결국 대선 본선구도가 펼쳐지면 보수정당이 얼마나 혁신을 해내느냐에 따라 지금은 경쟁력이 높지 않아 보이는 잠룡이라도 상당한 부상이 가능할 수 있다고 봅니다. 보수 유권자층을 대략 30%로 잡았을 때 이들이 결국 대선에서 어디로 표를 던질 것이냐 하는 고민이 있지 않겠습니까? 전혀 기대감을 주지 못하는 당과 후보라면 차라리 투표를 포기하거나 안철수 등 대안을 고려하겠죠. 하지만 보수정당이 어느 정도 제자리를 잡고 진보와 대립각을 세워간다면 인물을 떠나 정파, 정당에 대한 투표도 꽤 있을 겁니다.

4. 19대 대통령

박시영 "문재인 대통령
시대가 열린다,
참여정부를
뛰어넘어라"

이상일 "다자구도 조기대선,
승부는
끝나지 않았다,
보수개혁으로
진검승부 펼쳐야"

김지연 본선 구도도 짚어보죠.

이상일 양자구도로 보수와 진보진영이 격돌한다면 야권의 후보가 누구로 정리되든 야권이 승리할 거라고 봅니다. 조기대선이라는 특성도 감안해야 합니다. 보수가 혁신을 해도 완벽하게 체력을 회복하지 못한 채 대선을 치러야 합니다. 반기문을 내세워도 보수에 대한 강한 실망감이 발목을 잡아 지지층이 완벽히 복원되기 어렵습니다. 탄핵 국면까지 가지 않았다면 저는 아마 보수와 진보가 1:1로 격돌하는 구도에서는 보수의 승리를 점쳤을 겁니다. 하지만 지금은 보수 성향의 유권자들이 보수에 대한 강한 실망을 표출하고 있는 상황이라 1:1 구도에서 결집력이 강한 야권이 승리할 가능성이 높다고 생각되네요. 그런 구도라면 문재인의 당선 가능성을 높게 봐야겠죠.

3자구도로 끝까지 갈 경우는 반기문과 문재인, 안철수가 박빙승부를 펼 가능성이 높아 예측이 쉽지 않습니다. 보수가 어느 정도 결집은 하겠지만 이전 같은 40%대 득표는 쉽지 않을 겁니다. 그렇더라도 반기문 카드에 보수정당 혁신이 더해진다면 기본적으로 30%대 지지율을 시작으로 판세가 재편된 대선 구도가 전개될 것으로 봅니다. 지금처럼 보수진영 후보가 20% 이하로 떨어진 현상이 대선 국면에서도 그대로 전개되지는 않을 겁니다. 탄핵이 종료되면 새 판이 열립니다. 따라서 야권의 표 갈림 정도에 따라서는 보수가 승리할 가능성도 분명히 있다고 생각되는데요. 문재인과 안철수가 진보진영, 호남의 표심을 어떻게 분할하느냐에 따라 승부가 달라질 것 같습니다. 야권이 한쪽으로 쏠린다면 야권 후보 중 한 사람이 승리할 것으로 보이고 만약 절묘하게 야권표가 분할된다면 보수 후보가 승리하는 경우의 수도 있을 것 같습니다.

박시영 이번 조사에서도 드러났듯이 '반드시 투표층'에서 야권 지지층이 높습니다. 최근 일어난 박근혜-최순실 게이트까지 감안한다면 '여야 적극 투표층'의 투표율 격차는 더 벌어질 것입니다.

충성도, 결집력에 있어서 야권이 크게 앞설 것으로 확신합니다. 현실적으로 민주당 경선을 통과한 후보가 차기 대통령이 될 가능성이 가장 높다고 봅니다. 이번 국정농단 사건으로 후보만이 아닌 정당을 투표기준으로 함께 고려할 것입니다. 그런 면에서 볼 때 민주당 후보로 선출될 가능성이 높은 문재인 전 대표가 차기 대통령에 유력하다고 봅니다. 문 전 대표가 탄핵 정국 및 조기대선의 최대 수혜자라고 봅니다. 대통령은 하늘이 내린다고 합니다. 최근 일련의 흐름을 보면 문 전 대표에게 그 기운이 드리운 듯합니다. 따라서 19대 대통령은 문재인입니다.

하야 투쟁과정에서 우유부단한 모습이 노출되긴 했지만 최근 중심을 잘 잡고 있습니다. 올해 추석 이후 연말까지의 행보를 보면 상당히 안정감과 자신감을 보여주고 있습니다. 단호한 문재인으로 탈바꿈하고 있죠. 경제문제도 정공법으로 치고 들어가고 있고요. 색깔론 공세에도 맞받아치는 모습을 보여줬습니다. 그런 면에서 변화된 문재인의 모습을 읽었는데 그 기조로 나간다면 승산이 높다고 봅니다.

차기 대선의 유일한 변수는 구도 변수일 겁니다. 그러나 다자 구도라 하더라도 촛불민심이 이러한 구도 변수를 상쇄하고도 남습니다. 구도 변수에 당이나 후보들이 얽매이지 말고 국민만 보고 과감히 나가면 됩니다. 아래로부터의 야권 단일화 운동이 유권자를 하나로 강력히 묶어낼 것입니다. 정권교체에 대한 열망이 너무 높아져서 당선가능성이 높은 야권 후보에게 힘을 모으는 지혜로운 선택을 하게끔 환경이 만들어졌습니다. 구도 변수에 신경쓰기보다는 담대한 비전을 만들어내고 캠페인에 더 집중해야 합니다.

끝으로 야권 대선후보들에게 공개적으로 '리스타트'(Restart), '대한민국 다시 시작하자!' 라는 캠페인을 제안 드립니다. 박근혜-최순실 사건으로 대한민국이 무너졌습니다. 이 캠페인을 전면화했으면 합니다. 기존 방식 갖고는 대한민국 안 됩니다. 체질을 확 바꿔야 합니다. 보수정권이 10년 동안 집권하면서 대한민국을 망가뜨렸는데 이제 다시 시작하자는 개념도 중의적으로 담아낸 슬로건입니다. 만약 문 전 대표가 민주당 후보가 되면 써먹기 좋지 않나 싶기도 하네요. 본인이 대선 재수생이기도 하니까요.

김지연 두 분이 말씀하셨지만, 누가 대통령이 될 것인가는 결국 구도 변수에 달려 있는 것 같습니다. 현 시점에서 가능성이 높은 3자 구도를 전제로 두 분의 예측을 들어 보는 것으로 우리 세친구의 대선 전망을 마치도록 하겠습니다.

만약, 조기대선에서 보수정당(새누리당 재창당)-반기문, 더민주당(정의당 선거연대)-문재인, 국민의당(일부 제3지대 포함)-안철수가 출마하여 3자구도로 대결한다면 누가 승리할 것으로 예상하세요?

박시영 문재인 후보가 무난히 승리할 것입니다. 최소 7%p 정도로 반기문 후보를 누를 것 같습니다. 문재인 45%, 반기문 38%, 안철수 17%로 문 후보의 7%p 내외 승리를 예측합니다. 막상 대선에 돌입하면 차기집권에 대한 세력 선호도 측면에서 야권과 여권의 대선지형이 6대4 정도로 좁혀질 것입니다. 야권 선호층 중에 비문정서가 뚜렷한 층이 15% 남짓 된다고 봅니다. 이들을 제외하면 문 전 대표의 득표율이 최대 45% 정도로 전망됩니다. 반 후보의 개인득표력이 있지만 검증 국면에서 일부 타격을 받고 새누리당-보수정당 틀에 갇혀 반등의 제약이 따릅니다. 따라서 40% 이상을 돌파하기는 어려울 것으로 봅니다. 이탈한 새누리당 지지층의 절반 정도는 반기문 후보가 복구하겠지만 나머지는 복구하기 어려울 것입니다. 박근혜 정권에 실망해서 기권하는 보수층도 많을 것으로 봅니다. 안철수 후보 지지층의 일부는 정권교체 열망 때문에 당선 가능성이 높은 문재인 후보에게 표를 던질 것입니다. 더군다나 보수정당이 분열돼 4자 구도로 치러진다면 문재인 후보와 반기문 후보의 격차는 10% 정도까지 벌어질 것으로 봅니다.

이상일 재창당 된 보수정당이 어느 정도 새로움을 담아 낼 것인지가 변수라 좀 조심스럽네요. 새누리당의 재창당 로드맵이 아직 나오지 않았습니다. 새누리당의 지금 골격을 그대로 두고 당명을 바꾸고 뭐 그런 정도의 재창당이라면 국민들 눈에 새로 창당된 정당과 기존 새누리당이 전혀 다르게 보이지 않을 수도 있겠죠. 그렇지만 탄핵이 완료되면 우선 박근혜 정권에 대한 '심판'이 완결지어지는 효과가 있습니다. 국민들을 울분에 차게 했던 문제가 일단 해소되기 때문입니다. 그리고 반기문 총장이 새 보수정당에 후보로 올라선다면, 기존 여당에 덧씌워진 책임론에서 어느 정도 자유로운 상태기 때문에 무너진 보수정당의 새 기수로 움직일 수 있는 공간이 충분히 확보될 것으로 보입니다. 물론 전제는 새누리당의 재창당이 기존의 부패한 보수 이미지에서 벗어나고 친박으로 통칭되는 박근혜 정권의 흔적이 상당부분 탈색되었다는 전제에서 하는 전망입니다.

그럴 경우 3자 구도 대선이 치러진다면 저는 반기문 총장이 신승할 가능성도 있다고 봅니다. 문재인 후보는 여전히 20% 초반 선에서 지지층 확장력을 보여주지 못했습니다. 안철수의 지지율도 답보상태는 마찬가지였지요. 탄핵 정국에서도요. 그 이야기는 실망해서 흩어진 보수층 뿐 아니라 중도진영에서도 지금 부상해 있는 야권 후보들을 차기 대선의 대안으로 인정하지 못하고 있다는 뜻입니다. 새로 거듭난 보수정당에 반기문 카드라면 1차 보수층 결집과 2차 중도층 설득까지 빠른 시간 내에 복구가 될 것으로 봅니다. 새로운 진영논리 구축으로 표결집이 가능하리라는 거죠. 물론 쉽지 않을 겁니다. 워낙 보수에 대한 실망감도 축적이 되었으니까요. 전망한다면, 군소후보 득표율을 감안하지 않고 100%를 기준으로 반-문 각 40%, 안 20%를 놓고 격돌할 것으로 예상합니다. 앞서 말씀드린 대로 진보진영이 문 후보로 세를 몰아준다면 3자 구도에서도 문재인 후보가 승리하겠지만, 야권의 표가 분산될 가능성이 더 높다고 봅니다. 3자 구도면 반기문 승리 가능성도 상당하다, 그 정도로 전망할 수 있을 것 같습니다.

김지연 장시간 고생 많이 하셨습니다. 술 한 잔 하러 가시죠.

부록

1. 여론조사 자료로 선거결과 예측하는 방법
: 선거 여론조사 결과와 실제 선거결과는 왜 차이가 발생하는가?

국내에서 선거여론조사가 처음 언론에 보도된 것은 1987년 대통령선거 때라고 볼 수 있습니다. 여론조사에 대한 사회적 인식이 높지 않았을 때였기 때문에 그다지 유권자의 주목을 받지 못했습니다. 또한, 결과의 정확성 여부 역시 논의의 대상이 되지 못했었지요.

그러던 중 1995년 1회 지방선거와 1996년 15대 총선에서 방송사 선거 예측조사가 실시되면서 급속도로 대중의 관심을 끌게 되었고 점차 선거여론조사가 선거 시기 언론 보도의 주요 소재로 활용되기 시작했습니다.

조사결과와 실제결과의 비교를 통해 여론조사의 정확성을 직접적으로 측정할 수 있는 선거조사의 특성 때문에, 그동안 매 선거는 국내 조사/통계 전문가들이 예측오차를 두고 벌이는 진검승부의 장이 되어왔습니다.

이러한 전문가들의 노력으로 인해 지난 20여 년 동안 한국의 조사방법론은 급속도로 발전했다고 볼 수 있는데요. 하지만 대선과 지방선거와 같이 성과가 좋았던 선거도 있었으나 다수의 국회의원 총선거에서는 크고 작은 실패를 맛보았습니다.

여기서 중요한 것은 그 실패의 대부분이 전화조사를 사용한 것이라는 점입니다. 주지하다시피 방송3사가 공동으로 실시하는 출구조사(Exit Poll)는 그동안 매우 높은 정확성을 보여 왔지만, 전화조사를 통한 선거예측은 그렇지 못해 왔습니다. 그럼에도 불구하고 정당이나 언론의 필요 때문에 국내 선거여론조사에서 전화조사가 차지하는 비중은 여전히 절대적입니다.

일반적으로 선거여론조사는 크게 정당이나 후보자가 공천, 경선 혹은 선거전략수립을 위해 실시하는 여론조사, 언론사에서 보도를 목적으로 선거 일주일 전까지 실시하는 사전 여론조사 그리고 방송사 선거예측조사로 구분해 볼 수 있는데, 이중에 유권자가 선거 이전에 판세를 알 수 있는 거의 유일한 조사가 바로 언론사의 사전 여론조사입니다. 선거에서 언론이 차지하고 있는 영향력을 고려할 때, 공표·보도되는 선거여론조사는 특히 품질이 매우 중요하다고 할 수 있습니다.

여기에서 품질이란 결국 선거와 관련한 여론을 과학적으로 정확히 측정해야 한다는 것을 의미하는데요. 여론조사가 여론의 측정도구로서의 기능을 잘 수행하기 위해서는 측정하고자 하는 사회특성에 대한 이해가 잘 반영되어야 합니다. 집전화 및 무선전화 보급률, 계층별 재택률의 차이, 여론조사를 회피하거나 거절하는 유권자의 심리 등에 대한 정확한 이해와 이를 고려한 조사방법론 적용은 좋은 조사의 기본이 될 수 있을 것입니다. 이와 함께 다른 나라에서 찾아볼 수 없는 한국만의 정치, 언론 환경에 대한 이해도 필요합니다.

이러한 선거여론조사에 대한 품질 개선 노력은 반드시 필요하지만, 많은 자원을 투입하여 고품질의 여론조사가 생산되더라도 실제 선거결과를 잘 예측할 수 있는 것은 아닙니다. 왜냐하면 (사전)선거여론조사와 선거예측조사는 분명히 다른 것이기 때문입니다. 두 조사의 공통점은 정교하게 데이터를 수집하는 데 있지만, 결정적인 차이점은 분석을 통한 예측과정이라는 것이 선거예측조사에만 있다는 것입니다.

현재 언론이나 정치권 그리고 일부 학계에서 주장하고 있는 선거여론조사 정확성에 대한 비판은 사전 여론조사(주로 언론사 실시)와 선거예측조사를 구분하지 못한 데서 기인한 부당한 것이라는 점을 분명히 하고 싶습니다. 올해 20대 총선이 끝나고 일부 학자가 선거여론조사의 품질을 지적하면서 선관위에 등록된 사전 여론조사와 실제선거결과의 비교를 통해 오차를 계산하고 품질을 평가했습니다. 그리고 일부 언론은 이를 크게 보도하였는데 이 모두 같은 실수를 반복한 것이라고 말할 수 있습니다.

공직선거법에 따라 선거일 7일 전까지만 실사가 가능한 사전 여론조사는 투표의향을 밝힌 유권자, 기권의향자 그리고 투표 여부를 정하지 않은 유권자를 모두 포함하여 조사됩니다. 또한 사전 여론조사에는 '무응답/지지후보 없다/아직 지지후보를 결정하지 못했다'는 응답층이 다수 존재합니다.

선거결과 예측을 위해서는 이러한 조사 과정의 특성들을 반영해서 정교한 예측분석을 실시해야 하는데, 언론이나 인터넷을 통해 유권자들에게 전달되는 여론조사 결과들은 거의 대부분 이런 과정이 생략된 채 공표·보도되는 것입니다. 즉 이러한 이유 때문에 사전 여론조사 결과가 당선자 예측 또는 득표율 예측으로 활용되는 것은 대단한 비약이 따를 수 있다는 것입니다.

현재와 같은 사전 여론조사 결과만을 가지고 실제선거결과를 예상해 보려면 다음과 같은 문제가 해결되어야 합니다.

첫째, 여론조사 공표제한 조항이 없어져서 미국, 영국 등 대부분의 국가와 마찬가지로 선거일 직전까지 여론조사가 가능해야 합니다. 주지하다시피, 현재 한국의 공직선거법은 선거일 일주일 전까지만 공표용 여론조사를 허용하고 있습니다. 여론은 항상 변화하고 있고, 그 변화의 크기와 방향은 누구도 쉽게 예측할 수 없음에도 불구하고 현행법상 가장 다이나믹하게 여론이 변하는 선거전 일주일 동안 여론조사가 금지된 것입니다. 실제로 20대 총선 이후 실시된, 한국일보를 비롯한 몇몇 여론조사에 의하면 유권자의 30% 전후가 "투표일 7일 전부터 투표 당일 사이에 투표할 후보를 결정"하는 것으로 나타났습니다.

정리해 보면, 사전 여론조사 결과와 실제 선거결과가 비슷하려면 투표일 6일 전부터 투표전일까지의 선거운동이 유권자 표심에 영향을 거의 주지 못해야 하며, 선거판도에 영향을 줄 만한 변수도 발생하지 않아야 합니다. 하지만 지난 2002년 대선 당시 정몽준 후보의 노무현 후보 지지철회와 같은 이른바 '스윙'(swing) 현상을 어떻게 통제할 수 있겠습니까?

둘째, 사전 여론조사에서 투표의향을 밝힌 유권자들이 실제 투표에 모두 참여해야 합니다. 비록 응답자에게 질문을 통해 투표 예상층을 파악하고 있으나, 실제 투표라는 '행동(Action)'으로 이어지는지 여부는 확인하기 어렵습니다.

여론조사에서 투표의사는 전형적으로 '사회적 요망 효과(Social Desirability Effect)'가 반영된 질문이기 때문에 투표의사 조사결과와 실제 투표율의 상관관계가 생각만큼 높지는 않습니다.

특히 현재와 같이 연령대별 지지성향의 차이가 뚜렷한 상황에서 특정 연령층의 투표참여/기권이 전체 선거세세에 크게 영향을 미친다는 점을 고려할 때, 정교한 투표율 추정작업이 생략되어 있는 사전 선거여론조사로 실제 결과를 예측하는 것은 아주 무모한 일이라고 할 수 있습니다.

셋째, 여론조사를 거절하거나 지지후보를 밝히지 않은 응답자 계층에 편향(Bias), 즉 특정 지지성향을 가지고 있는 사람이 몰려 있는 현상이 나타나면 안 됩니다. 하지만 실제로는 이 계층 역시 투표기권자와 마찬가지로 편향을 가지고 있다고 알려져 있습니다

일부 정치권이나 언론, 학자들이 말하는 소위 '숨어 있는 표'라는 것이 바로 이것이며, 여론조사만으로는 정확하게 측정할 수 없습니다. 이러한 편향 분석을 제대로 하기 위해서는 고도의 전문성이 필요한데 사전 선거 여론조사에는 이 부분이 생략되어 있거나 비전문가에 의해 과도하게 많이 들어가 있는 것이 문제입니다.

그렇다면 일반 유권자들이 이러한 사전 선거여론조사 결과만을 가지고 실제 선거결과를 예측하는 행동은 불가능한 것일까요?

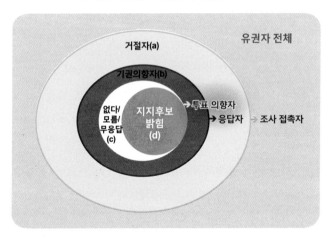

[여론조사 응답자와 유권자의 관계도]

공표나 조작의 목적이 아니고 개인적인 판단을 위한 목적이라면 독자들에게 간단한 팁을 드릴 수 있을 것 같습니다.

앞의 그림을 살펴보겠습니다.

선거 예측은 거절자(a), 기권의향자(b), 없다/모름/무응답(c)을 잘 처리하는 과정입니다.

1단계, 먼저 언론에 보도되는 많은 여론조사 결과 중에 공신력 있고 품질이 높다고 판단되는 조사 결과들을 선택합니다.

2단계, 언론에 보도되는 것은 지지후보를 밝힌 응답자(d)의 응답결과인데 후보들의 지지율을 합계가 100%가 되도록 조정합니다.

3단계, 거절자(a)의 처리입니다. 일단 거절자 편향의 방향과 크기를 예상해야 합니다. 독일의 노이만 교수(Noelle-Neuman, 1984)가 주장한 '침묵의 나선효과'에 의하면 여론 환경이 자신이 지지하는 정당/후보에 대해 불리하다고 인식하는 경우 정치적 의견표명을 삼가는 경향이 있는데, 이러한 경향은 보수적 유권자의 경우 더욱 강조되어 나타난다고 합니다. 이러한 특성을 염두에 두고 다음과 같은 분석을 실시합니다.

여론조사 결과 A후보가 지고 있는 판세이거나, 언론이나 인터넷 등으로부터 공격을 받거나, 혹은 A후보를 지지한다고 말하기 꺼려지는 상황인지를 체크합니다. 만약 그렇다면 A후보의 지지도를 올려줍니다. 얼마나 올려주어야 하는지가 문제인데, 대체적으로 1%p~5%p 정도가 적당합니다. 숨어 있는 편향이 클수록 많이 올려주면 되는데, 전문가들은 정교한 모델링을 통해 그 크기를 산출해 낼 수 있지만 일반 유권자들의 경우는 순전히 개인 판단으로 할 수밖에 없습니다. A후보에게 올려준 만큼 다른 후보 지지도에서 **빼면** 됩니다.

거절자 편향의 방향을 잘못 판단하면 오차가 훨씬 커지기 때문에 주의해야 합니다.

4단계, 기권의향자(b)의 처리 단계인데 투표율을 고려한 보정작업을 실시해야 합니다. 당연히 모든 유권자가 투표에 참여하지는 않기 때문에 득표율 예측에는 적절한 투표율이 고려되어야 합니다.

지난 18대 대선과 같이 투표율이 70% 중반대를 넘어설 것으로 예상되면 특별한 투표율 보정작업이 필요하지 않습니다. 하지만 예측하고자 하는 선거의 투표율이 60%대, 혹은 50%대로 예상되면 어느 정도 보정이 필요합니다.

과거 사례를 통해 분석해 보겠습니다. 전국 투표율이 54.2%였던 2012년 19대 총선 당시, 20대 투표율이 45.0%, 30대가 41.8%, 40대가 50.3%, 50대가 64.6%, 60세 이상이 69.7%였습니다. 만약 이번 선거의 투표율이 50% 중반대가 될 것으로 예상되면 이 자료를 이용하여 여론조사 결과를 재조정하면 될 것입니다. 여기에서 전체 투표자 중 20대와 30대 투표자의 비중이 전체 유권자 중에서 20대와 30대 유권자의 비중보다 줄어들었다는 점이 포인트입니다. 즉, 20대와 30대 유권자로부터 지지가 높은 후보(대부분 진보성향)의 지지도를 약간 내리고 60세 이상 유권자의 지지가 높은 후보의 지지도를 그만큼 올리는 작업을 하면 됩니다.

사전투표제도 도입 이후 20대 연령층의 투표율이 상대적으로 많이 오르면서 투표율 보정작업은 훨씬 복잡해지고 있습니다. 때문에 투표율 보정작업은 최소한으로 하는 것이 좋을 듯싶습니다.

5단계, 없다/모름/무응답(ⓒ)의 처리인데 여론조사에서 지지후보를 밝히지 않은 '모름/무응답'을 분류하는 단계라고 할 수 있습니다. 공표되는 모든 여론조사는 해당 언론사 홈페이지나 중앙선관위 홈페이지에 가면 그 결과를 교차분석표 형태로 볼 수가 있는데요. 이 자료를 보면 후보 지지도 항목에서 모름/무응답 비율이 어느 정도인지 파악할 수 있습니다. 전문 조사기관에서는 모름/무응답 분류를 위해 판별분석이나 회귀분석을 실시하기도 하지만, 생각만큼 잘 분류되지 않습니다.

간단하게 이 단계를 진행하려면 교차분석표를 보고 어떤 계층에서 모름/무응답이 높은지 살펴보고, 그 계층에서 지지가 높은 후보를 약간 올려주면 됩니다. 단 전제조건은 이 계층에 숨어 있는 표, 즉 편향이 없다는 판단이 들 때 실시하면 됩니다. 하지만 실제로는 편향이 존재하는 경우가 더 많으므로 이 분석 단계는 생략하는 것이 예측력을 높일 수 있습니다.

이러한 복잡하고 어려운 작업을 일반 유권자들이 일일이 계산하는 수고를 덜어 주었으면 좋겠습니다. 여론조사 공표 금지시점에 대한 공직선거법 개정이 이루어진다면, 유권자들은 편하게 전문가들의 선거예측결과를 각종 언론을 통해 알 수 있게 될 것입니다. 현재의 판세에 대한 정확한 정보를 가지고 투표할 후보를 충분히 심사숙고한 뒤 가벼운 마음으로 투표장에 들어갈 수 있기를 기대합니다.

2. 여론조사 홍수 속에서 품질 높은 여론조사 고르는 법
　: 어떤 여론조사를 믿어야 하나?

　선거 기간 중에 발표되는 많은 여론조사 결과들을 보고 주위의 많은 분들이 왜 결과들이 이렇게 다를 수가 있느냐고 질문하곤 합니다. 대학에서 조사방법론이나 표본조사론을 공부한 지인들조차도 비슷한 질문을 합니다. 저는 그때마다 이렇게 이야기합니다. 다른 것이 정상이다. 일반적으로 사람들은 패스트푸드점의 햄버거와 고급 레스토랑의 스테이크 맛이 왜 다르냐고 질문하지는 않습니다. 또한 수백만 원하는 고급 명품가방과 동네 시장에서 살 수 있는 비슷한 모양의 가방을 두고 품질을 비교하지는 않습니다. 여론조사 역시 마찬가지입니다. 많은 전문가들과 체계적인 시스템을 통해 만들어지는 품질 높은 여론조사가 있는가 하면, 정확성보다는 저렴한 비용이 더 우선인 여론조사도 있다는 것입니다.

　하지만 선거기간 발표되는 여론조사 결과들은 유권자들의 지지후보 결정 등 선거 결과에 영향을 미칠 수도 있기 때문에 음식이나 가방과 같이 개인적인 취사선택의 문제로만 취급할 수는 없는 것 같습니다.

　중앙선거관리위원회에서도 이러한 문제인식하에 여론조사공정심의위원회를 구성하고 오차(errors)가 크고 품질이 낮은 여론조사결과가 언론에 공표되는 것을 제한하고 있습니다. 오차는 조사의 설계, 표본추출, 설문지 작성, 실사, 분석에 이르는 조사의 전 과정에서 나타날 수 있습니다. 하지만 일반인들이 이 모든 과정을 들여다보고 품질을 판단하라고 하는 것은 현실성이 없습니다.

　여기서 저는 독자들에게 품질 높은 여론조사 결과가 어떤 것인지 알 수 있는 팁을 드리고자 합니다. 지금부터 말씀드리는 3가지만 잘 살펴보시면 범람하는 여론조사의 홍수 속에서 품질 높은 여론조사가 어떤 것인지 판단할 수 있을 것이라고 생각합니다.

첫 번째 기준은 조사방법이 무엇인지를 살펴보는 것입니다. 현재 우리 나라에서 언론에 공표되는 여론조사 방법은 전화면접과 ARS(Automatic Response System), 이 두 가지가 대부분입니다. 간혹 온라인조사나 면접조사 결과가 공표되기도 하지만 흔하지는 않습니다. 전화면접 조사는 조사원이 직접 응답자에게 전화를 걸어 인터뷰하는 방식을 취하지만 ARS 조사는 조사안내, 참여요청, 질문 등 전화면접에서 면접원이 하는 일을 사전에 모두 녹음해두고 이것을 활용하는 방법입니다. 기계가 전화를 걸어 전화를 받으면 녹음이 나오고 응답자에게 1, 2, 3, 4 등 숫자 버튼을 눌러 응답하게 하는 방식입니다. ARS 조사는 품질이 낮은 반면, 비용이 저렴하기 때문에 언론에 많이 인용되고 정치권에서 활용이 많이 되어 왔습니다.

ARS 조사는 몇 가지 심각한 문제점을 갖고 있는데요.

첫째, 조사에 참여하고 싶은 응답자들만으로 자료가 얻어진다는 점입니다.(self-selected sampling) 둘째, 통계적 이론에 근거한 표본추출방법 및 추정 방법을 사용하지 않는다는 점입니다. 셋째, 기존 전화면접 조사보다 응답률이 크게 낮으며 넷째, 가구 내에서 응답자의 무작위 추출이나 재접촉(Call-back)이 이루어지지 않고 다섯째, 응답자가 입력을 잘못하더라도 오류를 수정할 수 없습니다. 결론적으로 표본의 대표성에 심각한 문제가 있으며 조사과정에서도 오차가 크게 발생할 수 있다는 것입니다.

일부 국내 ARS 업체에서는 미국에서도 사용되고 있는 방법이며 품질이 높다는 연구결과도 있다고 주장하고 있습니다. 하지만 이는 사실과 다릅니다. 미국은 전화소비자보호법(TCPA; Telephone Consumer Protection Act)에 따라 기계가 자동으로 응답자에게 전화를 거는 것 자체가 불법입니다. 국내 ARS 업체가 언급한 방법은 ARS가 아니라 IVR(Interactive Voice Response) 방법인데, 이는 다른 방법입니다. 즉 IVR은 전화면접원이

전화를 걸어 응답자에게 조사협조 요청을 하고 응답자가 이를 승낙하면 약속된 시간에 전화를 한 뒤 녹음된 음성이 나오고 숫자 버튼을 눌러 응답하는 방식입니다. 미국에서 알콜 및 약물 이용과 관련해서는 IVR조사가 더 효과적이라는 연구가 있습니다만, 이는 국내에서 사용되는 ARS와는 다른 방법이라는 것을 염두에 두어야 할 것입니다. 물론 미국에서도 저렴한 비용 때문에 불법적인 ARS 조사를 수행하는 업체가 있기는 하지만 소수이며 언론에서도 이를 받아주지 않고 있습니다.

국내에서도 이미 한국통계학회와 한국조사연구학회, 한국조사협회(KORA) 등 조사통계의 대표적 전문가 그룹에서는 ARS 조사를 과학적 조사방법으로 인정하고 있지 않습니다. 또한 이번 20대 총선을 거치면서 선거관리위원회와 정치권을 중심으로 ARS 조사의 문제점에 대해 공감대가 형성이 되면서 언론 공표 등 중요한 조사에는 ARS 조사 방법을 사용하지 말 것을 권고하는 논의가 시작되고 있습니다.

이러한 이유 때문에 저는 독자들께서 여론조사 결과를 보실 때, 먼저 조사방법이 무엇인지 살펴보시라고 말씀드리고 싶습니다.

다음으로 두 번째 기준은 조사에 사용한 표집틀(Sampling Frame)이 무엇인지를 살펴보는 것입니다. 약간 어려울 수 있는데요. 쉽게 말씀드려 집전화(유선전화)를 사용하는지, 휴대전화(무선전화)를 사용하는지에 대한 내용입니다.

현재 한국에서 사용하고 있는 전화조사 표집틀은 다음과 같은 다섯 개입니다.

첫째, 집전화 RDD(landline random digit dialing)입니다. 인명편 지역번호와 국번을 무작위로 추출하고 다시 4자리 번호를 컴퓨터를 통해 무작위로 생성해 전화를 거는 방식을 말합니다. KT 전화번호부에 포함되지 않는 비등재 가구(현재로서는 50% 전후로 추정)까지 포함하여 조사를 할 수 있다는 장점이 있습니다. 또한 읍/면/동 단위의 세부 지역 샘플링이 가능하기 때문에 국회의원 총선에서도 사용할 수 있다는 장점도 있습니다. 하지만 집전화가 없는 가구와 부재중인 가구원에 대한 조사가 불가능하다는 단점도 존재합니다.

둘째, 휴대전화 RDD(cell phone random digit dialing)입니다. 국번과 전화번호 8자리를 무작위로 생성해 전화를 거는 방식입니다. 집전화 RDD의 단점을 해결할 수 있어 이론적으로는 모집단 포함률(Coverage rate) 측면에서 가장 우수하다는 평가를 받고 있습니다. 대통령선거와 같은 전국 단위 조사나 서울, 경기와 같은 대규모 광역단체 조사에서 대표적으로 사용되는 방법입니다. 하지만 읍/면/동 단위의 세부 지역 샘플링이 불가능하다는 단점이 있습니다.

셋째, '여론조사 안심번호'인데요. 정확한 용어는 '휴대전화 가상번호'입니다. 20대 총선을 앞두고 개정된 공직선거법에 의하면 정당이 요청하면 이동통신사업자(SKT, KT, LGT)는 유효기간이 있는 휴대전화 안심번호를 생성해 제공할 의무가 있다고 되어 있습니다. 또한 2016년 6월 중앙선거관리위원회가 국회에 제출한 공직선거법 개정안에 따르면 공표·보도 목적의 선거 여론조사까지 확대하여 휴대전화 가상번호(안심번호) 활용을 의무화하도록 되어 있습니다. 이로서 휴대전화를 이용한 읍/면/동 단위의 세부 지역 샘플링까지 가능하게 되었습니다.

하지만 휴대전화 가상번호 활용 여론조사는 통신사에 비용을 지불해야 때문에 선거 여론조사가 위축될 수 있다는 지적이 있습니다. 또한 등록 주소 기준으로 전화번호가 분류되기 때문에 법인폰 사용자가 오분류 되는 경우가 있으며, 향후 본인의 전화번호를 휴대전화 여론조사 DB에서 빼 달라고 요청하는 사람이 많아질 경우 다시 커버리지의 문제가 발생할 수도 있습니다.

넷째, 집전화 RDD와 휴대전화 RDD를 결합한 유무선 복합(Dual Frame) RDD 조사인데, 집전화와 휴대전화의 단점을 서로 상쇄시켜 현실을 잘 커버하고 있다는 국내외 연구결과들이 있습니다. 하지만 집전화와 휴대전화 모집단 비율 산정에 논란이 존재하며 가중치 부여 방법 역시 미정립되어 있습니다.

다섯째, 집전화 RDD와 휴대전화 패널을 함께 사용하는 방법입니다. 집전화로 접촉이 어려운 직장인 계층이나 20대/30대 연령층 등을 사전에 조사업체 등이 구축해 놓은 패널을 대상으로 조사를 실시한 후 집전화 RDD 조사결과와 합치는 방식입니다. 이 방식은 총선 등 작은 단위 선거까지 사용할 수 있다는 장점이 있지만 무엇보다도 패널의 대표성에 문제가 있을 경우 전체 결과가 오염될 수 있다는 단점이 존재합니다.

앞선 조사방법의 경우에서는 명확하게 전화면접의 품질이 높다고 말씀드릴 수 있지만, 표집틀과 관련해서는 어떤 것이 좋은지 약간 애매한 부분이 있습니다. 집전화는 대체적으로 재택율이 높은 계층이 표집될 가능성이 높기 때문에 조사 결과가 약간 보수후보에게 유리하게 나올 수도 있습니다. 반면 휴대전화는 그 반대로 진보후보에게 유리하게 나올 수도 있습니다. 만약 보수후보가 판세에서 불리하거나 공격을 받는 선거에서는 집전화 조사결과가 더 실제와 비슷한 결과를 낼 수도 있으며, 반대의 경우에서는 휴대전화 결과가 더 비슷한 결과를 낼 수 있습니다. 이번 20대 총선에서 휴대전화 조사결과가 더 정확했다고 해서 내년 19대 대선에서도 같은 결과가 반드시 이어지리라고 보기는 어렵습니다.

경험적으로 보면 둘째(휴대전화 RDD), 셋째(휴대전화 가상번호), 넷째(유무선복합 RDD) 방법이 상대적으로 나은 것으로 판단되며 선거 종류나 특성에 맞추어 사용하면 될 것으로 생각됩니다.

마지막으로 세 번째 기준은 조사를 직접 실시한 조사기관이 어디인지 살펴보는 것입니다. 조사기관은 실제 조사과정에서는 오차를 줄이고 품질을 높이는 핵심적인 역할을 수행하기 때문에 무엇보다도 중요하다고 할 수 있습니다.

국회 백재현 의원(더불어민주당)이 2016년 국정감사에서 밝힌 자료에 따르면, 선거여론조사의 가장 큰 문제점으로 비전문 조사기관 난립을 들고 있습니다. 2014년 지방선거에서 83개였던 여론조사 업체는 20대 총선에서는 186개로 103개나 증가했는데 이른바 떴다방 업체들로, 전화기 1대만을 두는 등 설비와 전문인력을 갖추지 못하고 있다고 합니다. 또한 협회 미가입 업체도 154곳이나 된다고 합니다.

독자들께서 믿을 만한 조사기관이 어디인지 알 수 있는 가장 쉬운 방법은 한국조사협회(www.ikora.or.kr) 회원사인지를 확인해 보는 것입니다. 조사협회(KORA)는 1992년 설립된 이후 엄격한 조사윤리강령을 준수하고 있으며 통계청, 한국조사연구학회 등과 함께 조사 품질 향상을 위해 노력하고 있습니다. 또 한 가지, 중앙선거여론조사공정심의위원회(www.nesdc.go.kr) 홈페이지에 들어가 보면 선거여론조사기준을 위반하여 조치한 내역들이 나오는데 이를 확인하는 것도 좋은 방법입니다.

주위에서 볼 때 자기 생각과 일치하면 정확한 조사, 다르면 부정확한 조사라고 생각하는 사람들이 많은 것 같습니다. 하지만 조사는 엄격한 과학의 영역입니다. 독자들이 언론에서 믿을 만한 여론조사 결과와 의심스러운 조사 결과를 구분하시는 데 도움이 되었기를 기대합니다.

19대 대통령

2016년 12월 26일 | 초판1쇄

지은이 | 박시영, 이상일, 김지연
펴낸이 | 유윤선
펴낸곳 | 토크쇼

편집인 | 김수진, 송영림
디자인 | 김경희
마케팅 | 김민영

출판등록 2016년 7월 21일 제 2016-000106호
주소 | 서울 영등포구 63로 40 327호
전화 | 070-4200-0327
팩스 | 02-780-0327
전자우편 | talkshowpub@gmail.com
ISBN | 979-11-958749-6-5(03340)